成方三十二译丛

中央银行学

——维护货币稳定和金融稳定的理论与实践

THAMMARAK MOENJAK 著

本书翻译组 译

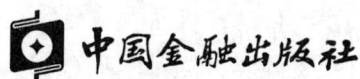

责任编辑：张　驰
责任校对：潘　洁
责任印制：丁淮宾

Title：Central Banking：Theory and Practice in Sustaining Monetary by Thammarak Moenjak, ISBN：978-1-118-83246-2
Copyright© 2014 by John Wiley & Sons Singapore Pte. Ltd.
All Rights Reserved. This translation published under license. Authorized translation from the English language edition, Published by John Wiley & Sons. No part of this book may be reproduced in any form without the written permission of the original copyrights holder
北京版权合同登记图字 01-2014-6683
《中央银行学——维护货币稳定和金融稳定的理论与实践》中文简体字版专有出版权属中国金融出版社所有，不得翻印。

图书在版编目（CIP）数据

中央银行学——维护货币稳定和金融稳定的理论与实践（Zhongyang Yinhangxue）/（泰）蒙贾著；本书翻译组译．—北京：中国金融出版社，2015.10
书名原文：Central Banking：Theory and Practice in Sustaining Monetary and Financial Stability
ISBN 978-7-5049-8095-3

Ⅰ.①中…　Ⅱ.①蒙…②中…　Ⅲ.①中央银行—经济理论　Ⅳ.①F830.31

中国版本图书馆 CIP 数据核字（2015）第 196853 号

出版
发行　中国金融出版社
社址　北京市丰台区益泽路 2 号
市场开发部　（010）63266347，63805472，63439533（传真）
网上书店　http://www.chinafph.com
　　　　　（010）63286832，63365686（传真）
读者服务部　（010）66070833，62568380
邮编　100071
经销　新华书店
印刷　北京松源印刷有限公司
装订　平阳装订厂
尺寸　169 毫米 × 239 毫米
印张　27
字数　356 千
版次　2015 年 11 月第 1 版
印次　2015 年 11 月第 1 次印刷
印数　1—10050
定价　62.00 元
ISBN 978-7-5049-8095-3/F.7655
如出现印装错误本社负责调换　联系电话（010）63263947

献给我挚爱的父母——
Thamrongsak 和 Lugsana Moenjak

序

金融是现代经济的核心,而中央银行作为现代金融的核心,其肩负的重要责任和历史使命可见一斑。尤其是2008年全球金融危机爆发后,社会各界对中央银行及其角色定位和职能作用的关注达到了前所未有的高度。中国人民银行作为我国的中央银行,被国家赋予了制定和执行货币政策、防范化解金融风险、维护金融稳定和提供金融服务的重要职能。当前,在全球经济结构性调整日益深化、我国经济步入新常态的大背景下,中央银行如何更好地履行职能、发挥作用,确保我国经济持续健康发展,既是值得我们深入思考的问题,也是金融从业人员、相关学者、普通公众等社会各界普遍关心的问题。特别是,通过对于中央银行发展历史、角色定位、职能作用及面临挑战的了解与认知,有助于社会公众更好地理解和考量中央银行的各项决策和政策效果。鉴于此,人民银行团委精心挑选了Thammarak Moenjak先生的《Central Banking—Theory and Practice in Sustaining Monetary and Financial Stability》一书作为"成方三十二译丛"的首次尝试,二十余名央行青年业务骨干组成翻译团队,将自身从业背景与翻译技巧完美结合,本着忠于原著、力求精准的原则,历时一年时间,终于将中文版《中央银行学——维护货币稳定与金融稳定的理论与实践》呈现在大家面前。

就这部译作而言,我认为至少有三个方面是可圈可点的,一是兼顾中央银行的历史、现在和未来。以中央银行诞生的背景开篇,既阐述了中央银行职能及国际货币体系的演变,又介绍了现代货币政策体系、金融稳定相关理论及维护金融稳定的最新进展,更提出了后危机时代中央银行面临的挑战,可以说较为全面、系统、客观地介绍了中央银行的历史、现在和未来。二是兼顾理论知识和案例分析,在阐述货币政策与金融稳定相关理论知识的过程中穿插经典案例及分析,两者相辅相成、相得益彰。三是兼顾内容的专业性和语言的可读性,将专业性较强的中央银行业务用通俗易懂的语言表述出来,一些关键的概念、术语也专门标注出来,较以往的此类书籍更具可读性,较好地兼顾了社会各界读者的需求,同时对于中央银行的工作人员和金融从业者而言,这部译作也不失为一本有助于学习研究的好书。

"成方三十二译丛"是人民银行团委搭建的服务央行青年成长成才的又一新平台。首部译作《中央银行学——维护货币稳定与金融稳定的理论与实践》的诞生,让我感受到广大央行青年对中央银行事业的无限热情和神圣的责任感、使命感,更让我看到了人民银行未来发展的希望!期待更多的央行青年能够在这个平台上锻炼、成长!期待看到"成方三十二译丛"更多的精彩译作!

译者的话

中央银行被赋予国家使命，在国家经济生活中具有不可替代的作用。自1668年第一家中央银行成立以来，中央银行的角色和职能随着历史的发展和国际风云的变幻而不断地发展演进。特别是2008年国际金融危机爆发后，世界经济金融环境更加错综复杂，中央银行的职责有了一些新的变化，其维护货币稳定，特别是金融稳定的重要性愈发凸显，也激发了社会各界对中央银行的进一步关注。

一直以来，人民银行团委致力于服务央行青年成长发展，努力为央行青年提升学习研究能力和岗位履职能力搭建平台、创造条件。2014年底，人民银行团委组建了央行青年翻译人才库，计划打造"成方三十二译丛"这一翻译研究品牌，每年组织青年业务骨干翻译1-2本有影响力、受关注的经济金融类书籍，将金融知识宣传普及与服务央行青年成长成才有机结合起来。2015年，人民银行团委与中国金融出版社合作，从国际货币基金组织、美联储等推荐的经济金融类图书中精心挑选了Thammarak Moenjak先生的《Central Banking——Theory and Practice in Sustaining Monetary and Financial Stability》一书，作为"成方三十二译丛"的首次尝试。

本书的英文版于2014年出版发行。其内容不仅涵盖货币银行学的传统理论，而且包括了金融危机后主要央行的一些最新货币政策实践，涉及很多专业术语。作为年轻的翻译团队，我们深知，翻译专业书籍不是简单的字符转换，需要在深刻理解原著且忠实于原意的基础上进行创作，要求翻译人员不仅要具有扎实的货币政策理论功底、宽广的国际视野，还要熟悉相关货币政策操作实践。在翻译过程中，我们始终怀着敬畏之心，在忠实于原文的前提下，以

"信、达、雅"为目标,向翻译的最高境界努力。整个翻译团队从初译、交叉校译,统稿,到最后的审校,期间反复推敲,数度修改,力求通过严谨的审校和大量的时间投入来提升译文的准确性和专业性,同时又兼顾语言的可读性,确保用词精准、文字流畅、通俗易懂。期望读者在读完这本书后,能对中央银行的历史、职能、目标、措施及未来所面临的挑战等都有更好的理解。

本书翻译团队主要来自人民银行广州分行、长沙中支。作为有幸参与"成方三十二译丛"首部译著的翻译团队,我们分工明确,团结协作:孔丽娜(第一章),许超丽(第二章),陈瑞(第三章),叫婷婷(第四章),刘玫(第五章),司马亚玺、吴璟(第六章),张炎涛、高一铭(第七章),李孟来(第八章),周哲英、罗栋(第九章),肖跃、周洁、雷艳(第十章),梁忠伟、申珊丹(第十一章),胡明区、胡鹏飞(第十二章),邓婷、杨波、钟宇平(封页前言、第十三章),胡丕吉、常皓(第十四章)。长沙中心支行纪委书记李志军负责翻译的组织和审校,司马亚玺、李孟来、胡丕吉负责统稿。整个团队克服诸多困难,精诚团结,历时半年多的努力,终于将本书的中文译本呈现在广大读者面前。

本书中文版凝聚了许多人的心血和努力。在此感谢人民银行团委的支持与信任,感谢白力书记为本书中文版的面世所做的大量工作,感谢人民银行广州分行、长沙中心支行党委的高度重视和大力支持,感谢所有参与本书翻译的央行青年工作之余的辛勤付出,感谢李志军书记百忙之中字斟句酌、数易其稿、精益求精的审校,感谢中国金融出版社张驰主任的悉心指导和细心编辑。

由于水平有限,本书的翻译难免存在不当之处,我们也期待与读者有更多的切磋与交流。本书中文版的面市,虽然意味着译者的工作告一段落,但我们深知,身为人民银行的一员,对中央银行业务的探索和研究依然任重道远,需要继续加倍努力,不懈追求!

本书翻译组
2015 年 10 月

目　　录

前言 ·· 1

致谢 ·· 4

第一部分　中央银行概述 ··· 5

第一章　中央银行发展简史 ··· 7

第二章　国际货币体系简要回顾 ····································· 24

第三章　现代中央银行的定位和职能：中央银行究竟是
　　　　什么 ·· 48

第四章　现代中央银行职能概述：现代中央银行试图达到的
　　　　目标是什么 ··· 71

第二部分　货币稳定 ·· 91

第五章　现代货币政策实践的理论基础 ··························· 93

第六章　货币政策制度：中央银行如何运用货币政策规则
　　　　实现货币稳定 ·· 114

第七章　货币政策实施与金融市场操作 ·························· 142

第八章　货币政策传导机制：利率变动如何影响居民、企业、
　　　　金融机构、经济活动和通胀 ····························· 169

第九章　汇率和中央银行 ··· 187

第三部分　金融稳定 ·· 219

第十章　金融稳定：定义、分析框架与理论基础 ············· 221

第十一章　金融稳定：风险监测与识别 ························ 246

第十二章　金融稳定：干预工具 ·································· 270

第四部分 维护未来金融稳定与货币稳定 …………… 299
    第十三章 中央银行未来面临的挑战 …………… 301
    第十四章 未来中央银行的战略及实施 …………… 325

注释 ……………………………………………… 340

索引 ……………………………………………… 404

前　言

本书旨在让读者深入理解中央银行的角色和职能、其指导思想背后的理论以及实际操作。在2007~2010年国际金融危机期间，相关学者、从业人员和普通公众再度对中央银行业务产生了兴趣。许多人认为中央银行在此次金融危机中要负主要责任，但有些人并不认同。然而，大多数人认为中央银行在未来应着力于维护货币稳定和金融稳定。

虽然当前中央银行业务是公众关注的焦点，但面向学生和一般读者的此类综合性书籍并不多。大学程度的中央银行学课程仍然相对较少。学生、投资者、市场及政策分析师，甚至是中央银行的新职员不得不将大量纷繁冗杂的信息进行整合，来了解中央银行到底在做什么，以及为什么要这样做，但他们对这些问题的了解分散而不成体系。

当前市面上为数不多的涉及中央银行各种业务的书籍主要是面向专业读者，如对此领域感兴趣的学者、经验丰富的中央银行从业人员。这些书籍假定读者在货币经济学、银行监管，或是其他中央银行业务操作上有深厚的理论基础，因此往往会深入阐述中央银行的独立性、货币政策的透明度，或《巴塞尔协议》等的要点，而这些知识对于非专业人士及初学者而言，很难被理解和消化。

一方面，虽然货币经济学有关书籍会阐述货币政策严密的理论基础，但通常并不会对其实际操作进行详细描述，而且，在很多情况下，其关于货币政策操作的描述已经过时。另一方面，面向普通读者的中央银行学畅销书籍没有系统地提供充足的理论基础，而使感兴趣的读者能够理解中央银行选择或放弃一种政策手段的原因。

本书旨在填补这一空白，系统地向缺乏宏观经济学基础的读者和学生介绍最新的中央银行学。本书以简单易懂的方式介绍了这些理论及其如何在实践中将这些理论加以应用的实例。希望读者通过本书能进一步探求他们感兴趣的问题，最终能准确判断中央银行的决策，进而具备事先预测中央银行政策的能力。

第一部分介绍中央银行背景。第一章简要回顾了中央银行的发展历程，以及中央银行不同职责的产生。第二章介绍了国际货币体系，它是中央银行操作的背景。第三章回顾了现代中央银行的职责。特别是，现代中央银行具有的共性和差异性。第四章回顾了现代中央银行被赋予的三大重要职责：货币稳定、金融稳定，以及充分就业。

第二部分重点阐述货币稳定。过去30年来，维护货币稳定是中央银行的首要职责。第五章回顾了货币政策的理论基础，中央银行为实现货币稳定而采取的政策手段。第六章介绍了不同的货币政策制度，即中央银行在追求货币稳定时会采用的制度。第七章介绍了货币政策的实施，实际中通常是通过金融市场操作来实现。第八章介绍了货币政策怎样传导至经济，影响货币稳定以及产出和就业。第九章介绍了汇率——中央银行关注的另一个关键变量，它是用外币表示的本币价格，也能影响货币稳定和金融稳定。

第三部分重点关注金融稳定。这是自20世纪80年代以来，特别是2007~2010年国际金融危机爆发以来，中央银行被赋予的另一重要职责。第十章介绍了金融稳定的不同定义、适用于中央银行目标的分析框架，以及与金融稳定有关的重要理论。第十一章研究分析了中央银行用于识别和监测风险、维护金融稳定的工具。采用第十章介绍的分析框架，如宏观经济、金融机构、金融市场，来对这些工具进行分析。第十二章剖析了中央银行应对风险、维护金融稳定的各种手段和工具。

第四部分着重介绍中央银行未来面临的挑战及如何做好应对准备。第十三章分析了形成中央银行政策操作背景的三大主要因素：

前　言

全球化的深入推进、金融业务的不断发展，以及国际金融危机的遗留问题。第十四章分析了中央银行如何做好准备迎接未来挑战，以发挥其对社会的价值。本章采用公共政策分析框架进行分析，涵盖如何提高分析能力、操作能力以及中央银行的政策水平。

　　面向学生和教师的辅助材料可登录威利公司的网站 wiley.com 查找。

致　　谢

我能完成本书的撰写，要感谢很多人和机构直接或间接的帮助。

我要感谢威利公司许多帮助这本书出版的人们，特别是 Nick Wallwork、Jules Yap、Emilie Herman、Lia Ottaviano、Jeremy Chia、Gladys Ganaden、Chris Gage、Tami Trask 在整个过程中一直给予我莫大的鼓励、诚挚的帮助和热心的支持。

我要感谢新加坡国立大学李光耀公共政策学院优秀的教职员及同窗。特别是公共管理项目专家，你们的友情是我人生中的宝贵财富。

非常感谢泰国中央银行给我机会从事自己感兴趣的工作，我能从中充分汲取深厚的知识储备，并向我身边许多敬业奉献、才华横溢的朋友、领导和同事们学习。

非常感谢 Charles Adams、Robert J. Dixon、Charles Goodhart、Kishore Mahbubani、Paul A. Volcker、Christopher Worswick，他们花费了大量宝贵的时间来审阅初稿。当然，其中的任何疏漏，文责自负。

我还要感谢我的父母，Thamrongsak 和 Lugsana Moenjak，是他们多年的爱、支持和奉献才使本书得以完成。

第一部分　中央银行概述

第一部分介绍中央银行的背景知识。

第一章简要回顾中央银行自400年前诞生以来的历史沿革以及各项职能是如何形成的。

第二章介绍国际货币体系背景。中央银行自其诞生起就具有国际性视野，了解国际货币体系对于我们了解中央银行非常重要。

第三章回顾现代中央银行职能。尽管各国中央银行具有不同特点，但在现代中央银行职能方面也有相同之处。

第四章回顾现代中央银行的使命，即核心目标。同样，各国中央银行既有共性也有个性。本章讨论了三大重要职责：货币稳定、金融稳定，以及充分就业（特别是以美国为例）。

第一章 中央银行发展简史

学习目标

1. 阐述中央银行的历史角色和职能;
2. 解释中央银行各项角色和职能形成的原因;
3. 定义货币及其与中央银行的联系;
4. 阐述现代各国中央银行的共性和个性。

中央银行是历史上一个相对较新的现象,这可以追溯至400年前。尽管如此,在相对短暂的历程中,中央银行已经发展成为最重要的公共机构之一,并深刻影响着每个人的日常生活。本章简要回顾中央银行在各个时期的发展情况,以使读者了解中央银行发展历程的相关背景知识。

本章首先回顾中央银行诞生之初的背景,论述中央银行较早期的职能,诸如硬币分类、纸币发行、政府的银行和银行的银行等。其后,论及中央银行新角色如最后贷款人、银行监管者和货币政策制定者等。最后,定位于中央银行现阶段发展情况,特别是2007~2010年国际金融危机爆发所导致的对中央银行职能全面的自我审视。

1.1 中央银行诞生之前

在中央银行诞生之前,人们往往使用各种贵金属如金、银之类作为商品或劳务交易的度量手段。从经济角度看,贵金属被视作合适的"钱",是因为它们拥有三大内生特征。首先,贵金属被广泛作为交易媒介。人们愿意用商品或劳务交换贵金属,并认为可以用贵金属交换其他所需物品。其次,贵金属能很好地储存价值。人们得到贵金属后,可以保存起来以备将来使用它买到所需物品。与谷物或牲畜不同,贵金属既不会腐烂,也不会轻易减少光泽。再次,贵金属能用作计量单位,因为它们能被分割成既定价值的统一单位。

1.2 硬币分类和储存

当社会发展到一定程度的时候,贵金属作为钱币使用变得更加正式和标准化。贵金属被制作成硬币以便于运输,同时也被印制标记证明其重量和价值,以便更容易被识别和分类。

在17世纪的欧洲,硬币在商业上的使用是较为麻烦的,需要商人付出很多的精力。虽然不同国家采用不同币值和不同金属含量的硬币,这些硬币却非常自由地跨境流通着。另一方面,同一个国家不同时期铸造的具有同样名义价值的硬币也可能含有不同的实际金属量,这是因为一些国家有时会使用越来越轻的贵金属来铸造相同名义价值的硬币,以获取额外收入,这就造成了硬币贬值[1]。

此外,由于使用时间长久,硬币会磨损,其中的贵金属含量可能会减少。有时,人们为获取硬币中的贵金属,也会对硬币进行裁切[2]。

为解决硬币使用问题,1609年,一些商人以及作为当时全球重要贸易中心的阿姆斯特丹市政府决定设立阿姆斯特丹银行,以负责硬币的整理、分类和储存工作。阿姆斯特丹银行的成功也推动了其他欧洲城市和君主政权效仿设立银行[3]。

1.3 纸币发行

按照阿姆斯特丹银行的模式,1656年,瑞典成立了斯德哥尔摩银行。起初，该银行只是简单吸纳铜币并以房产之类的有形资产为抵押放贷[4]。然而，5年后，当瑞典国会决定减少新铸造硬币的含铜量时，同样名义面值的旧硬币由于含铜量更高便显得更有价值。民众纷纷收储旧硬币，致使银行挤兑并导致斯德哥尔摩银行面临生存危机。

为不使硬币告罄，斯德哥尔摩银行采取了向提取铜币的储户发行信用票据（称为"暂时赊欠纸"）的办法来应对危机。这些暂时赊欠纸由于具有固定面值、无利息、可以自由交易等特征，也被视作现代意义上的初期纸币[5]。最初两年，这个方法获得了成功，但其后由于斯德哥尔摩银行无法完全按信用票据面值进行兑付，政府不得不出面进行干预。

1668年，瑞典国会批准设立了一家新银行以取代斯德哥尔摩银行。最终这家新银行演变成现在的瑞典中央银行——瑞典银行，该行是目前世界上最古老的中央银行（注：阿姆斯特丹银行因为对资助荷英战争的东印度公司投资而发生亏损，于1819年倒闭[6]）。

尽管斯德哥尔摩银行被新银行所取代，但纸币作为交易媒介却被保留下来并逐渐融入现代金融体系中。对在银行存钱的商人而言，相互交易时转让钱币所有权比转让钱币本身更为方便。因此，对银行而言，当在本行存有钱币的客户与未在本行开户的客户进行交易时，仅仅签发票据就可以进行客户之间的结算也使银行工作更为便利。在早期斯德哥尔摩银行发行纸币后的几个世纪里，纸币在许多国家都非常流行，而且纸币的发行并非限定于由政府或君主政权设立的银行。在许多国家，私有银行也被授权发行自有纸币。

1.4　政府的银行

瑞典银行不仅对商人服务，也对政府提供贷款。后来，许多其他国家设立中央银行来支持政府财政支出特别是战事支出。这些银行包括：（1）英格兰银行，1694年成立，作为股份有限公司来为英法战争提供资金支持，其后被授权管理政府账户[7]；（2）法兰西银行，1800年成立，既帮助政府管理财政又在巴黎发行纸币（被授予特许权），一定程度上也是为了稳定因法国大革命而引起的纸币恶性通胀后的经济形势[8]；（3）西班牙银行，尽管是1856年由其前身银行和另一家银行合并而成，但其起源可以追溯到1782年，当年，其前身银行设立的目的主要是为国家参与美国独立战争提供资金支持[9]。

通过为政府提供经费和管理财政，早期的中央银行与政府之间建立了紧密联系，并取得良好的回报。由于借钱给政府，早期中央银行发行的票据被公众广泛认同，因为公众认为政府一定会按承诺还款。例如，早期的英格兰银行，其借给政府多少资金就可以发行多少票据。在这种情况下，这些票据（与现代纸币不同，因为其面值是可变的，金额由银行出纳员手写）的面值没有贵金属支撑，而是由政府作出的偿还承诺来支持[10]。

1.5 银行的银行

19世纪，中央银行与政府紧密相依，发行的纸币被广泛使用（或者说是享有发行纸币的特权），这有助于吸引商业银行在中央银行开户存款，使商业银行实际上成为中央银行的客户。这样，中央银行除成为政府的银行外，也成为商业银行的银行，且该角色的作用越来越重要。以此为基础，现代银行业的雏形逐渐形成。

19世纪的英格兰，各小城镇散布了很多小型银行，主要从事商业票据贴现。这些小型银行往往寻找位于伦敦的更大的商业银行作为代理银行，以进行存款、资金投资和其他交易。由于英格兰银行拥有在伦敦65英里半径范围内发行票据的特许权[11]，伦敦的商业银行发现使用英格兰银行发行的票据更有助于在同业间的清算。

更为便利的是，商业银行通常在英格兰银行开户并使用这些账户来清算同业之间的债权或存放准备金。英格兰银行于是成为那些本身拥有广泛代理行网络的商业银行的主要资金存放和清算中心。由于英格兰银行作为银行的银行这一职能较以往更为显著，因而其被称为"中央"银行。其后，许多国家的中央银行借鉴了英格兰银行作为"银行的银行"这一职能。

1.6 金融体系的保护者：最后贷款人

早期的银行体系很容易陷入恐慌并导致银行破产。实质上，银行及其他金融机构的存款贷款之间存在期限错配，存款往往是短期的，而贷款则是长期的。各种事件如农业收成差、违约、战争等都可能引起储户恐慌并引发挤兑，由于无法及时收回贷款并向储户支付存款，银行会因此承受巨大的压力。

在19世纪早期，人们普遍认识到，金融恐慌和银行破产不仅会对直接卷入的部门造成经济损失，也会在宏观上造成商业和社会的混乱，并使社会付出高昂的代价。不过，平抑恐慌、挽救银行涉及很多因素，包括庞大的金融资源、广泛的金融系统网络、专业的操作技能和公众的信心。而中央银行不仅与政府联系紧密，而且拥有大额准备金和广泛的代理行网络以及发行纸币的专权，这些都赋予了其承担金融体系保护者职能这一独一无二的地位[12]。

起初，中央银行并不情愿借钱给头寸紧张的代理行，而是更热衷于维持自己的黄金储备。中央银行认为自己本质上仍是银行，而不是公共组织，任何对陷入困境中的银行的救助都可能是对竞争对手的救助[13]。

由于大多数的金融恐慌最终会危害每个人，在19世纪后半期，英格兰银行为回应不断增多的批评，开始承担对陷入困境中的银行最后贷款人的职能。即便如此，为保护自己不受损失同时防止商业银行滥用该救助机制，英格兰银行仅仅贷款给那些有较好抵押物的银行，并收取高于市场利率的利息[14]。

值得注意的是，正因为需要中央银行来应对金融恐慌，美国中央银行才得以复兴。早在1913年前,美国模仿英格兰银行设立了两家中央银行:美国银行(1791~1811年)和美国第二银行(1816~1836年),但由于公众对金融集权的不信任,两家银行的寿命都不是很长。在没有中央银行的80年间,美国的金融恐慌和银行破产非常频繁。1907年,一场严重的银行危机凸显了设立中央银行的必要性,并使得联邦储备银行于1913年应运而生[15]。

1.7 银行监管者

在履行最后贷款人职能的过程中,救助陷入困境中的商业银行的资金可能并不能完全收回,因此中央银行要承担自有资产受损的风险。特别是,当陷入困境中的商业银行面临资不抵债问题(即负债超出资产和资本合计)而不仅仅是流动性问题(即负债并未超出资产和资本合计,但在试图变现资产去满足债务要求时引发损失)时风险就更大。实际上,中央银行在未深入了解陷入困境中的商业银行的资产负债情况的背景下,很难区分该银行是存在清偿能力问题还是存在流动性问题,这就导致中央银行在承担救助任务时存在一定风险。

中央银行为防止自身资产负债表出现损失,自然会对拟实施救助的商业银行进行信誉评估,而这需要事先熟悉商业银行的营运和资产负债情况。自然而然的,中央银行从自身利益出发,会事先考虑确保商业银行是安全、合规经营的,并且不会轻易陷入危机。

许多中央银行认识到,要达到确保商业银行安全、合规经营这一目的,必须及时监察商业银行的营运、检查其账簿并适时对相关银行发布监管指令。换言之,承担最后贷款人职能之后,中央银行紧跟着开始承担银行监管者的职能。

然而,实际上,中央银行只有在其被视作本质上是为公众利益服务的公共机构,而不是追求自身利益的竞争性银行时,其监管地位的形成才成为可能。中央银行是为公众利益服务的公共机构这一观点直到1914年第一次世界大战爆发后才被广泛认可,当时许多政府需要中央银行为自己提供战时的金融管理[16]。

尽管如此,并非所有的中央银行都拥有监管权。在一些国家,银行救助是使用纳税者的钱而不是中央银行的自有资产,因此往往出资最多的公共部门(如财政部)拥有银行监管权力。在这些国家,特别是在德国,银行监管传统上由中央银行以外的其他机构负责实施[17]。

案例:中央银行承担银行监管职能的争论

20世纪90年代末,一些中央银行如英格兰银行、日本银行和澳大利亚储备银行,开始将银行监管权外放给其他机构。这其中的主要原因在于:(1)受20世纪70年代末金融自由化进程的影响,金融体系发生了一定变化,银行与其他非银行金融机构之间的界限更为模糊;(2)担忧银行监管职能会和中央银行其他职能如实施货币政策等相冲突[18]。

首先,金融体系的变化模糊了不同类型的金融服务如银行、保险和基金管理服务之间的界限,这就意味着银行监管应根据监管目的,即系统稳定性(审慎监管)和消费者保护而不是根据市场服务类型来组织。因此,银行监管应由同样监管非银行金融机构的独立部门实施[19]。

其次,作为货币政策执行者,中央银行必须调整银根来确保经济稳定。然而,人们担心,如果银行监管权保留在中央银行,一旦调整银根会对其监管下的商业银行的利润和资产负债表造成潜在损失,中央银行就可能不愿按实际需要调整银根[20]。

与此相反,有人认为应将银行监管权保留在中央银行,理由包括:(1)能为货币政策的执行获取信息,即从银行监管中获取的微观层面信息有助于货币政策制定者更好地了解经济情况,从而制定出更合适的货币政策;(2)中央银行拥有与支付体系和市场活动相关的信息，而独立的银行监管部门很难获取商业银行支付交易量的实时信息、商业银行在中央银行的头寸情况以及商业银行在金融市场中所拥有的分量[21]。

不管怎样，2007~2010年国际金融危机加剧了中央银行是否应该承担金融监管职能的争论。在英国，三大核心管理部门（中央银行、金融管理局和政府）的合作失败被引证为导致银行挤兑现象出现且化解无效的原因之一。2011年，英国政府决定将各类金融机构的监管权归还给英格兰银行，同时建立一个崭新的、独立的机构来负责消费者保护和促进金融机构之间的良性竞争。

1.8 货币政策的管理者

由于早期中央银行已经较其他银行具有更高的金融地位，公众因而非常信任其发行的纸币。为了维系这一信任，许多中央银行实行了金本位制，即用黄金来固定本国货币的币值，并且仅仅在拥有额外的黄金储备时才发行相匹配的货币。然而，其后，由于战争和全球黄金储备有限等原因，中央银行放弃了使用黄金作为标准。20世纪中期，中央银行逐渐认识到，货币政策短期内在促进产出、控制通胀和促进就业方面是有效的。

1.8.1 金本位制和消极的货币政策

19世纪后期，在英格兰银行的带领下，原有的和新兴的中央银行开始采用金本位制，这意味着中央银行只能依据其持有的黄金储备价值发行货币。那时候，中央银行很少关心发行的货币如何影响经济活动，只是被动地根据其持有的黄金储备来发行货币，并没有主动通过货币发行来刺激经济。大多数中央银行主要关注将货币对黄金的价值维持在公布的水平上[22]。

第一次世界大战期间，各参战国放弃使用货币发行与黄金挂钩的办法以便于更自由地印钞来支持战争需要，金本位制实际上已被废除。"一战"结束后，由于所有中央银行都没有足够的黄金来支撑国内货币，国际社会于是开始实行金汇兑本位制。在这一体系下，大国将其货币币值锚定于黄金，而小国则除黄金外同时以储备大国的货币来支撑其本币币值。

即使在20世纪30年代大萧条期间，各国货币与黄金挂钩的机制仍然存在。尽管1919年"一战"结束后，中央银行已经开始关注就业、经济活动和价格水平，但他们关注得更多的仍是自身的黄金储备[23]。那时，中央银行对货币发行与经济活动、就业和价格水平之间的本质联系了解得还相对较少。

1.8.2　布雷顿森林体系和积极的货币政策

20世纪50年代，在乔治·梅纳德·凯恩斯（John Maynard Keynes）的影响下，各国政府和中央银行开始意识到可通过积极的财政政策和货币政策影响经济运行。那时，国际社会已经采用一种新的国际货币框架即布雷顿森林体系取代金本位制。在布雷顿森林体系下，美国将美元对黄金的价值固定在每盎司黄金35美元上，而其他国家则将其货币币值与美元挂钩。这样一来，布雷顿森林体系实际上成了固定的国际汇率体系。在此汇率体系下，美元的价值与黄金固定，其他国家则将自身的汇率与美元固定。

20世纪60年代的美国，在刺激经济活动和降低失业率的各项措施中，采用积极的货币政策占据了主导地位。然而，另一方面，积极的货币政策以及美国政府庞大的财政支出，也导致了美国通胀风险的快速上升。钉住美元的各国政府和投资者均担忧，通胀会加速削弱美元对商品和劳务的购买力。

由于美国持续发行货币而没有考虑其固定的黄金配比，因此美元和黄金之间的联系也受到质疑。那时候，随着许多国家"二战"后重建工作的完成并启动经济自由化进程，国际间的贸易和资本流动开始恢复。越来越频繁的国际资本流动对那些持续贸易逆差国家的货币造成了压力,并导致这些国家受到投机性攻击。

1.8.3　治理通胀:货币供应量增长目标制

20世纪70年代初期,布雷顿森林体系就已经摇摇欲坠了。面对通胀以及许多国家不断用美元兑换黄金的压力,美国政府决定放弃美元与黄金的联系。同时,投机资金的频繁攻击迫使许多国家不仅解除了其货币与美元的关系,而且还允许本国的货币浮动[24]。

到了20世纪70年代,人们逐步认识到,采用积极的货币政策来持续刺激经济增长从长期来看弊大于利。理论和实践告诉人们,在实施货币政策时,中央银行需要遵循一种明确的规则,而不是单纯的酌情决定。这也意味着,中央银行的操作要独立于政府,以避免当选的政客总是试图刺激经济以获取短期利益而不顾经济的长期稳定[25]。为了实现操作的独立性,中央银行必须服从民选机构(如国家议会或美国国会)赋予的职责,而一旦职责(如货币稳定)确定后,中央银行便能独立履行职责。

为了抑制自20世纪70年代中期开始的螺旋式上升通胀预期,20世纪70年代后期和80年代初,美联储和英格兰银行决定大幅收紧货币供应,并明确宣布将执行货币供应量目标制。在这一目标制下,中央银行承诺不超发货币,以避免货币过快贬值(即通胀显著上升)。尽管早期在降低通胀率方面取得了成功,然而不到五年的时间,人们发现货币供应量和实体经济活动之间的关系并不稳定,美国和英国均放弃了货币供应量目标制[26]。

20世纪80年代后半期,中央银行在寻找名义"锚"用于执行货币政策方面取得了一定的成效。在那段时期,许多小国仍选择固定其货币对美元的汇率,并受惠于宽松的国际贸易环境及较低的美元通胀率(这也会引致这些国家自身货币的低通胀率),而后来这些国家宏观经济管理的失当往往导致其货币持续贬值和通胀居高不下[27]。

1.8.4　维护货币稳定性:通胀目标制

在新西兰,新西兰储备银行(RBNZ)一直在寻找一种新的货币政策名义"锚",并最终于1989年开始正式采用通胀目标制作为货币政策制度。从那时起,这一制度被世界上许多中央银行采用并修改。该制度有三大核心要素:(1)公布一定时期内通胀目标值;(2)执行货币政策以使通胀率在一定时期位于目标范围内;(3)高透明度和问责制[28]。

在通胀目标制下,为保持通胀率在公布的目标范围内,中央银行时常要调整其政策利率,以影响实体经济的借贷成本,并进而影响经济活动和通胀。通胀目标制的流行,部分原因在于其强调货币政策执行的透明度和问责制[29]。通胀目标制下,中央银行会报告其调整政策利率的原因,公众也可自行判断中央银行是否能将通胀率控制在目标范围内。如果通胀目标未能实现,中央银行行长就需要向政府或议会解释原因。

1989年新西兰储备银行采用通胀目标制后,许多发达国家和新兴市场国家的中央银行也采用了这一货币政策制度。采用这一制度的发达经济体的中央银行,包括英格兰银行、澳大利亚储备银行、加拿大银行和瑞典中央银行等。而数量众多的新兴市场国家的中央银行,如捷克国家银行、巴西银行、智利银行、印度尼西亚银行、以色列银行、韩国银行、泰国银行和南非联邦银行等,在采用通胀目标制上显示出较大的差异性。

2007~2010年国际金融危机后,美国联邦储备银行和日本银行采用通胀目标作为其货币政策的指导。不过,这些中央银行仍在采用量化宽松的非常规货币政策来促进经济复苏。就日本而言,通胀目标被认为是帮助国家从通缩中走出来的希望。日本的通缩自20世纪90年代初资产价格泡沫破灭后屡屡爆发并影响着经济发展。

1.8.5 共同货币:欧元的诞生

2000年,中央银行的货币政策实施方面出现了一项重大事件,即欧元以一种共同货币的形式正式取代了欧盟11个初始成员国的货币。当年,为有利于欧洲中央银行(ECB)履行职责,这11个初始成员国的中央银行放弃了本国货币政策实施者的角色。目前,欧洲中央银行仍为欧元区成员国履行着货币政策实施的职责[30]。

1.9 现阶段的中央银行

各国现代中央银行有许多共同点,同时,因为其不同的历史背景和指导思想,又存在许多不同之处。大多数现代中央银行致力于实现较低且稳定的通胀和金融稳定目标,并且禁止直接为政府支出融资。只不过,不同中央银行常常采取不同的方法。此外,美联储在2007~2010年国际金融危机后再度强调充分就业的职责,这也是非常独特的。

1.9.1 现代中央银行的共性

尽管各国中央银行诞生的时间和环境不同,到了21世纪初,人们认为现代中央银行还是有着一些内在的共同之处:(1)致力于维护货币稳定;(2)聚焦于金融稳定;(3)禁止直接借款给政府。

首先,在货币稳定方面,正如后面章节会详细论述的,过去四十年的理论发展和大量高通胀教训表明,要保持经济的长期发展,中央银行最应该做的事就是创造稳定的货币环境,即较低且稳定的通胀环境。在这种环境下,居民和企业更有可能去优化其投资和消费。这种要求与中央银行持续直接刺激经济的要求不同,因为连续刺激经济可能导致通胀螺旋式上升,并可能妨碍居民和企业作出最优决定。

其次,在金融稳定方面,国际上每次金融危机(特别是2007~2010年国际金融危机)的教训表明,为确保经济长期发展,无论中央银行是否具有银行监管权,其在维护金融稳定方面都应该直接发挥作用。中央银行能维护金融稳定,是因为其既能作为管理者事前确保金融体系有活力,又能作为最后贷款人防止金融体系彻底崩溃。平稳运行的金融体系能确保资本的有效分配,促使经济长期、可持续的发展。

再次，尽管许多早期的中央银行成立初衷是为政府融资，但现代大多数经济体往往禁止中央银行直接借款给政府，因为这可能导致恶性通货膨胀。直接借款给政府近似于直接印钞给政府以支持其购买商品和劳务，这将导致货币对商品和劳务的购买力贬值。在供求理论下，中央银行提供的货币越多，货币的购买力（或价值）就越低。如果大量发行货币，货币购买力就可能快速下降，人们将不再相信手中的货币可以保值，从而极易导致恶性通货膨胀。

值得注意的是，出于现实考虑以及相关制度的逐渐演变，目前，硬币分类已经在很大程度上从现代中央银行分离出去。一方面，在大多数国家，目前硬币已由财政部隶属的铸币厂发行，而不是由中央银行发行。另一方面，公众和中央银行已经广泛认可纸币发行特权，并且这一特权已经融入到中央银行的业务中。

1.9.2 现代中央银行的分化

然而，新世纪来临后，即使中央银行应维护货币稳定和金融稳定的共识已经形成，中央银行之间仍存在一些明显的差异。这些差异体现在：（1）维护货币稳定方面的实际操作；（2）维护金融稳定方面的制度调整；（3）中央银行在促进充分就业时的明确定位。

首先，在货币稳定层面，中央银行采取的方法各有不同。中央银行可能依据所处的情况和环境采取不同的货币政策和汇率机制以保持货币稳定，详见第六章至第九章的论述。

例如，尽管越来越多的中央银行开始采用通胀目标制作为货币政策框架，但是一些有影响力的中央银行，包括中国人民银行和欧洲中央银行等始终没有一个官方的通胀目标。

在采用通胀目标制的中央银行中，也存在一些细微差别，包括目标特质的差别（如通胀目标值和达到目标的时期等）。同时，非通胀目标制的开放性小型经济体的中央银行，如新加坡金管局和香港金管局，主要通过管理汇率来保持货币稳定。

其次,在金融稳定方面,各国中央银行的金融监管权也存在一定差异。在20世纪90年代,一些中央银行,包括英格兰银行、日本银行和澳大利亚储备银行,将其银行监管权分割给了外部管理机构。不过,如前所述,在2007~2010年金融危机后,英格兰银行将十多年前分割给外部机构的银行监管权收了回来。

另一方面,自欧元区诞生以来,各成员国的中央银行还保留了各自的银行监管权力,而欧洲中央银行直到2014年才获得银行监管权。2013年,在本世纪初发生的欧元区危机到达顶点后,授予欧洲中央银行银行监管权的议案才被通过[31]。与此同时,相当多的中央银行,如美联储等,一直保留着银行监管权(尽管在美国,货币监理署和联邦存款保险公司等其他管理机构也拥有银行监管职能)。

再次,与其他中央银行显著不同的是,美联储还将充分就业作为法定的职责。这一点将在第四章详述。2007~2010年国际金融危机爆发前,由于短期内需要在就业和通胀间作出权衡,为保障充分就业,美联储总是低调协调以免引起公众误读。为降低失业率,中央银行可能会允许通胀的短期上升,而一旦允许通胀上升,就似乎意味着中央银行在货币稳定方面愿意作出让步。

为避免这种困扰,许多中央银行更愿意将充分就业纳入经济长期可持续发展框架。然而,2007~2010年国际金融危机爆发后,美国失业率上升的同时面临着通缩而非通胀,美联储通过量化宽松货币政策,即向实体经济注入大量流动性的非常规货币政策,再次强化了其促进充分就业的职责。

1.9.3 2007~2010年国际金融危机后的自我审视

2007~2010年肆虐全球的金融危机对大多数中央银行来说都是一次冲击(详见第二章)。该危机促使中央银行开始重新审视自身的任务和职能。

许多在危机中遭受重创国家的中央银行,包括美联储、英格兰银行和欧洲中央银行均采用了非常规货币政策工具,如购买政府债券和大量注入流动性等。美国和英国的中央银行用此防止经济陷入通缩境地，而欧洲中央银行则用此减缓其部分成员国的经济衰退以及保持欧洲体系的稳定。

国际金融危机下，中央银行维护金融体系稳定的职能被各方利益相关者深度审视。一种认为中央银行应当在维护金融稳定方面发挥更积极的作用的共识开始形成。依靠市场力量自我调节已经被证明是无效的，因为对市场参与者的短期刺激可能与全社会的长期利益不一致。

同样，也存在与中央银行制度调整相关的现实问题。正如在后面章节将详细探讨的，危机中产生的协调难问题促使英国政府将20世纪90年代被分割出去的银行监管权重新交还给了英格兰银行。

尽管离危机开始爆发已经过去五年，全球经济仍然在试图寻找立足点。对中央银行职能的重新审视仍然在继续，而其改革依然是世界性的争论（详见第十四章）。第二章，我们将在现代中央银行运行框架的更广泛背景下，回顾国际货币体系的演变。第三章，我们将论述现代中央银行的职能。

小结

自400年前诞生之日以来，中央银行已经取得了相当大的发展。从硬币分类、储存以及特定情形下战事融资开始，中央银行已经承担货币发行者、政府的银行、银行的银行、金融体系的保护者、银行监管者和货币政策的管理者等职能。

目前，现代中央银行既存在相同点，又有不同之处。相同点包括：（1）致力于货币稳定，（2）聚焦于金融稳定，（3）禁止直接借款给政府。不同之处在于：（1）在稳定货币方面操作不同，（2）在维护金融稳定方面的制度调整不同，（3）在确保充分就业方面的定位不同。

关键术语

积极的货币政策　　　　通胀目标制
银行监管者　　　　　　最后贷款人
银行的银行　　　　　　交易媒介
政府的银行　　　　　　货币稳定
纸币发行　　　　　　　货币供应量增长目标制
金融稳定　　　　　　　操作独立性
充分就业　　　　　　　消极的货币政策
金汇兑本位制　　　　　储值手段
金本位制　　　　　　　记账单位

复习思考题

1. 货币的核心特征有哪些？
2. 在17世纪的阿姆斯特丹，采用硬币作为支付手段存在哪些问题？
3. 作为中央银行的职能之一，纸币发行最初是如何出现的，特别是在斯德哥尔摩银行的例子中？
4. 与其他借据对比，纸币有什么核心特征？
5. 早期的中央银行在作为政府的银行时，主要优势是什么？
6. 为什么中央银行作为金融体系的保护者具有独一无二的地位？
7. 为什么中央银行会成为商业银行的银行？
8. 中央银行为何要监管商业银行？
9. 中央银行为何不应监管商业银行？
10. 为什么我们认为在金本位制时期，中央银行在实施消极的货币政策？
11. 积极的货币政策试图达到什么目标？
12. 为什么现代中央银行不能直接负担政府债务？

13. 为何我们要中央银行独立于政府操作？

14. 通胀目标制的核心特征有哪些？

15. 现代中央银行有哪些相同点？

16. 现代中央银行主要不同之处有哪些？

17. 尽管在农业经济里牲畜被用于交换商品和劳务，但我们不认为其是货币的主要原因是什么？

18. 政府打算从中央银行直接借款来投资大型基础设施项目以提高市民的生活条件，中央银行应该同意借款给政府吗？原因为何？

第二章　国际货币体系简要回顾

学习目标

1. 阐述金本位制、金汇兑本位制及布雷顿森林体系的主要特点并解释其局限性。
2. 阐述布雷顿森林体系崩溃后国际货币体系的主要特点。
3. 解释2007~2010年国际金融危机发生的合理原因。

　　第一章回顾了中央银行业务的发展简史。本章将简要介绍国际货币体系的演变，以更好地理解中央银行业务发展的背景。自阿姆斯特丹银行成立并对不同国家不同成色的硬币进行分类的那天起，国际因素一直贯穿于中央银行业务的历史。金本位制出现后，中央银行将货币价值与黄金价值挂钩。随着全球经济的发展，中央银行业务随之演变。

　　本章将国际货币体系的历史分成四小节。第一节涵盖第二次世界大战结束前的历史时期，具体包括金本位制、金汇兑本位制和"一战"及"二战"导致的20世纪初的国际金融动荡。

　　第二节涵盖"二战"后至20世纪70年代初（也就是布雷顿森林体系时期）。尽管布雷顿森林体系在20世纪70年代初就消亡了，但该体系是我们今天所知道的现代国际货币体系的开端。布雷顿森林体系时期创建的两家国际机构——国际货币基金组织（IMF）和世界银行，现今仍在正常运作并对全球经济和金融保持着强大的影响力。

　　第三节涵盖布雷顿森林体系崩溃后的时期。本部分的重点：

(1) 20世纪70年代的全球通货膨胀问题,该问题引起了对货币政策的最终目标和中央银行在管理经济中的角色的反思,(2) 20世纪90年代的新兴市场货币投机性攻击,此次攻击导致很多国家放弃固定汇率制度,(3) 2000年欧元的推出,使欧元成为国际贸易与金融领域又一种流行货币,(4) 2007~2010年的国际金融危机,现今仍有着持续的影响。

2.1 国际货币体系的发展:第二次世界大战结束前

从18世纪到1914年第一次世界大战爆发,国际货币体系主要建立在金本位制的基础上。第一次世界大战促使很多国家放弃金本位制,以有效地为战时支出筹资。第一次世界大战后,恢复金本位制的尝试从未获得真正的成功。

2.1.1 金本位制

18世纪至1914年第一次世界大战爆发期间,英格兰银行对全球金融体系的影响力随着大英帝国霸主地位的确立而逐步上升。在这期间,英格兰银行将英镑与黄金挂钩,使得包括德国和日本在内的其他国家纷纷效仿。这种将本国货币价值与黄金价值挂钩的体制就叫做金本位制[1]。

在金本位制下,中央银行有义务将币值保持于公布的以黄金计值的价格。在该体制下,流通中的货币数量由中央银行持有的黄金数量决定。只有在持有的黄金足够支持额外的货币的情况下,中央银行才能发行更多的货币。值得注意的是,在金本位制下,中央银行持有的黄金数量取决于该国国际收支逆差或顺差的规模。国际收支逆差的国家需支出黄金储备,而国际收支顺差的国家则收入黄金。

2.1.2 金汇兑本位制

第一次世界大战期间,很多国家放弃钉住黄金,依靠印钞来资助战时支出。印钞加上战争破坏导致的稀缺——无论是人力、工厂和设备、原材料还是生产力的稀缺——到1918年"一战"结束时，迅速推高了通货膨胀[2]。

1922年，在意大利热那亚召开的国际经济会议上，很多国家表示愿意恢复金本位制。但是，由于当时已没有足够的黄金用作中央银行的储备，会议一致同意，较小的经济体可将主要经济体的货币作为储备，而主要经济体则按其发行的货币量持有黄金。较小经济体持有主要经济体的货币作为储备的体制被称为金汇兑本位制[3]。

2.1.3 大萧条与20世纪30年代：国际金融体系的动荡

在1922年热那亚会议召开前，1919年，美国已重新将美元与黄金挂钩。1925年，英国紧随其后，将英镑兑换黄金的比例固定在"一战"前的水平，以提高在金本位时代已是业界领跑者的英国金融机构的信誉。但是，到1925年时，英国的商品和劳务价格已高于"一战"前的水平。在这种情况下，英格兰银行不得不实行紧缩性货币政策，将英镑兑换黄金的比例推高至战前的水平。紧缩性货币政策严重推高了失业率，损害了经济，并削弱了其他国家以在伦敦银行存款的形式持有英镑的信心[4]。

1929年，全球经济慢慢进入长达十年之久的衰退，也就是进入了"大萧条"。最近的研究表明，金本位制是大萧条开始、加剧及扩散的主要影响因素。那时，大部分国家已恢复金本位制。随着美国为放缓过热的经济而实行紧缩性货币政策，大量黄金流入美国。为保持自身的黄金储备，其他国家也只好实行紧缩性货币政策并上调利率。这在全世界造成货币政策的紧缩，同时也导致了经济活动的持续收缩和物价总水平的持续下降（即通货紧缩）[5]。

全球经济衰退导致了世界范围内大量金融机构的倒闭，这反过来又进一步加剧和扩大了经济萎缩，同时也导致了对金汇兑本位制的信心下滑。随着很多国家将持有的英镑兑换成黄金，英国被迫于1931年再次放弃金本位制。许多国家在大萧条时期放弃金本位制，严重影响了选择将货币与黄金挂钩的其他国家。由于很多放弃金本位制的国家将自身的货币贬值以抑制进口和保护国内就业,国家之间经济摩擦随之产生。这种货币的竞争性贬值政策也叫做"以邻为壑"政策,通常会引起受影响的国家以贸易壁垒的方式进行反击。在这期间,北美和欧洲的汇率波动、贸易限制和通货紧缩导致了拉美国家拒付外债。20世纪30年代国际金融体系的失灵是"二战"后全球金融体系设计者应牢记于心的教训[6]。

2.2 国际货币体系的发展:布雷顿森林体系

"二战"后,国际社会同意采用新的国际货币体系,也就是布雷顿森林体系,该体系以达成协议的地方命名。在这个体系下,美国持有黄金作为储备,并将美元的币值固定在每盎司黄金35美元的价位。随着美国因越战出现赤字,该体系的压力逐渐增加并最终于20世纪70年代初瓦解。

2.2.1 布雷顿森林体系

1944年7月,44个国家的代表在美国新罕布什尔州的布雷顿森林会晤,构思新的国际货币体系,防止20世纪30年代的错误重演。20世纪30年代的经济萧条教训深刻,它告诉人们,为了预防未来的国际金融危机,新的国际货币体系应在将通货膨胀稳定在低水平的同时能够使各国不再诉诸贸易保护主义而达到国际收支平衡及充分就业[7]。

在新的体系下,其他所有国家的货币与美元挂钩。美元是"二战"后崛起的最强大国家的货币,且保持长时间低通胀的记录。美元则与黄金挂钩,每盎司黄金35美元。该体系的成员国可持有黄金或以美元计价的资产作为储备。成员国可将美元资产以公布的汇率卖给美联储,获得实物黄金。换言之,新体系下其他所有国家的货币与美元挂钩,美元则与黄金挂钩。

为确保全球经济长期稳定，布雷顿森林会议提议建立了两家国际机构——国际货币基金组织（IMF）和世界银行。国际货币基金组织旨在帮助成员国不用诉诸贸易保护主义来处理国内就业问题。世界银行则旨在帮助欠发达国家解决长期发展问题[8]。

2.2.2 国际货币基金组织

20世纪30年代的大萧条和国际货币体系动荡的经验教训表明，政府最终更关心国内失业率的降低，而不是试图将汇率保持在固定水平。当国内失业率上升时，各国通常采用贸易保护主义和竞争性货币贬值的政策，而这将威胁全球经济稳定。国际货币基金组织的主旨就是帮助成员国不用诉诸贸易保护主义和竞争性货币贬值来应对国内失业问题[9]。

为达到这个目的，国际货币基金组织主要依靠两个机制。首先，国际货币基金组织以货币和黄金的形式从成员国筹集资金，当某成员国面临国际收支平衡问题时，便可向国际货币基金组织借款。其次，尽管成员国的汇率以一定的水平与美元挂钩，如果有必要，国际货币基金组织会同意该国调整汇率水平，但国际货币基金组织仅在该国汇率被认为与经济的长期基本面不一致时才会同意调整。例如，全球对一国商品和劳务的需求持续下降，该国同时面临持续严重的失业问题和国际收支逆差时，国际货币基金组织才会同意该国调整汇率[10]。

在国际货币基金组织协议框架下，当条件具备时，成员国可允许其货币与其他货币自由兑换。但是，"二战"后，大多数国家仍担心资本外流，因此通常会限制货币的可兑换性。1945年，仅有美国和加拿大允许其货币可完全兑换。美元实现可自由兑换的时间较早，加上布雷顿森林体系下其独具的特点，美元实际上就成为国际贸易与金融中流行的交换媒介[11]。

2.2.3 布雷顿森林体系压力重重

通过外汇汇率钉住美元，而美元的价值与黄金挂钩，布雷顿森林体系自20世纪40年代末至60年代初为"二战"后各国重建经济提供了稳定的环境。但到20世纪60年代后期，布雷顿森林体系面临着三大主要压力：（1）更加自由的国际资本流动和国际收支平衡危机，（2）1965~1968年美国的一揽子宏观经济政策导致的预算赤字和通货膨胀，（3）支撑美元的黄金供应问题[12]。

1. 更加自由的国际资本流动和国际收支平衡危机

随着各国减少国际资本流动限制以及货币逐渐可自由兑换，国际收支平衡危机变得更加突出和频繁。在布雷顿森林体系下，全球汇率是固定的，因此经常项目持续逆差的国家的货币会被认为与全球经济的长期基本面不协调，其汇率可能被高估[13]。

为了防止货币贬值引发的购买力降低，投资者通常急于转换以经常项目持续逆差国的货币计价的资产。投机者也可能加入其中，大量借入该逆差国货币并兑换成另一种货币，并等待借入货币贬值，轻松获得差额收入。

在该体系下，国际收支失衡国家的中央银行不得不用国际储备支付那些希望兑换货币的投资者和投机者，以将汇率维持在公布的水平。然而，中央银行国际储备的严重缩减会对一国支付进口和外债的能力造成威胁，并引起国际收支平衡危机。

到20世纪60年代初，国际收支平衡危机变得突出和频繁，特别在那些允许资本自由流动，并逐步走向货币自由兑换的欧洲国家，情况更是如此。甚至仅是货币贬值预期也会引起货币投机性攻击，将一国推向国际收支平衡危机。1964年，英国贸易逆差创下历史新高，引起了针对英镑的投机性攻击。1967年，英国只好求助于国际货币基金组织。在此期间，法国也不得不让其货币（法郎）贬值，而德国则被迫将其货币（德国马克）升值[14]。

2. 1965~1968年美国的一揽子宏观经济政策

有人认为，美国1965~1968年实行的一揽子宏观经济政策给布雷顿森林体系带来了相当大的压力，并最终导致其崩溃。1965年，由于越战扩大，美国政府在没有提税的情况下增加了军事采购，同时扩大了社会事业支出。起初，由于支出增加，美联储实行紧缩性货币政策。但由此带来的高利率损害了建筑业，在此情形下，美联储不得不于1967年实行相反的政策。由于出现预算赤字和实行扩张性货币政策，到20世纪60年代末美国的通货膨胀率每年接近6%[15]。

随着预算赤字和通货膨胀上升，有人开始担心美元对黄金的实际价值将低于官方公布的汇率，即每盎司黄金35美元。因为通货膨胀，美元失去了对商品和劳务的购买力，这意味着美元币值对其他货币和黄金也已下跌。汇率与美元挂钩的国家如想保持汇率稳定，只能用本币买入美元来提高美元价格。而这又增加了国内货币供给。如此一来，这些国家国内通货膨胀的压力随之加大。投机者意识到美元要贬值，开始在1967年末和1968年初大量买入黄金，迫使美联储和欧洲各国中央银行大量卖出黄金，也使得这些国家的官方黄金储备被大大消耗。在此情况下，各国中央银行决定对黄金推行双层市场制，一层是私人市场，另一层是官方市场。私人市场中的黄金价格由市场力量决定，但在官方市场，各国中央银行仍以每盎司35美元的价格交易黄金。

3. 支撑美元的黄金供应问题：特里芬难题

到20世纪60年代末，由于通货膨胀上升，美元日益被高估，美国经常项目状况持续恶化。随着美国国际收支逆差的扩大，有人开始担心美国是否有足够的黄金来支撑美元。除了货币投机性攻击，布雷顿森林体系还面临美元作为国际储备货币的独特地位所带来的压力。在该体系下，其他国家将自身货币与美元挂钩，而美元则与黄金挂钩。

理论上，美国的黄金储备本应可以预防其过度的国际收支逆差，这是因为其他国家为从美国的黄金储备中获得黄金可选择卖出美元。但事实上，尽管美国逆差不断扩大，其他国家仍愿意以美元的形式持有国际储备。

由于这些国家的国际储备日益增长，它们持有的美元储备加起来就可能超出美国的黄金储备。在这种情况下，如果所有国家同时将其美元储备兑换成黄金，美国就无法履行以每盎司35美元的价格将美元兑换成黄金的承诺。耶鲁大学经济学家罗伯特·特里芬（Robert Triffin）在1960年指出了这个问题，上述矛盾因而被称为"特里芬难题"[16]。

2.2.4 布雷顿森林体系的终结

由于美元仍以每盎司35美元的价格与黄金挂钩，高涨的通货膨胀意味着美国的出口不断失去价格竞争优势，这一问题在1970年美国进入衰退时进一步显现出来[17]。但是，由于在布雷顿森林体系下，其他国家的货币与美元挂钩，而不是与之相反，因此美国不能自己使美元对其他货币贬值。如果美国要使美元贬值，那么其他国家需要同意它们的货币升值[18]。

为解决上述问题，1971年8月15日，理查德·尼克松（Richard M. Nixon）总统决定关闭黄金兑换窗口——也就是，停止运行外国中央银行出售美元自动兑换黄金的机制，并向所有进口商品征收10%的关税，且将这一措施延续到美国的贸易伙伴同意自己的货币对美元贬值为止。同年12月，各国在华盛顿史密森学会达成协议，美元下跌至每盎司黄金38美元，这意味着美元对其他货币贬值了8%。随即，美国取消了对进口商品征收10%的关税。

虽然美元进行了调整，但货币投机性攻击仍然十分猖獗，以致日本和很多发达的欧洲国家在1973年3月19日决定让本国的货币对美元浮动。通过实行货币浮动，这些国家允许货币的价值由金融市场的需求和供给来决定，而不是由政府决定[19]。

在浮动汇率制度下，很多中央银行仍以黄金和主要经济体的货币尤其是美元作为国际储备，并用之于货币市场干预，以防止汇率波动过于剧烈。最初，浮动汇率制度被认为是应对大规模投机性攻击的应急措施。然而，随着时间推移，货币之间重新挂钩已不可能。自此，发达经济体的货币开始对美元浮动[20]。

2.3 布雷顿森林体系之后

自1973年布雷顿森林体系崩溃后，全球金融体系得到了显著发展。自那时起，至少有四个主要的发展或转折点值得一提。第一，20世纪70年代的全球通货膨胀问题。这次通货膨胀促使货币政策以稳定物价作为主要目标的观点在20世纪80年代初逐渐被接受，并让中央银行认识到在执行货币政策时必须遵守一定的规则。第二，20世纪90年代对新兴市场经济体货币的投机性攻击。此次攻击导致很多新兴市场经济体实行了货币浮动。第三，欧洲国家创立货币联盟的尝试。这种尝试最终引致了欧元和欧洲中央银行的诞生。第四，2007~2010年的国际金融危机。这是自大萧条后最严重的一次危机，很可能改变未来全球金融格局。

2.3.1 20世纪70年代大通胀

20世纪70年代发生过两次石油危机，一次发生在1973年，另一次发生在1979年。经济危机中不断攀升的油价被视为供给冲击，是全球经济减缓的前兆[21]。在20世纪70年代的危机中，各国中央银行认为有必要实行宽松的货币政策来应对失业率上升和缓解经济下行的影响。

然而，事实证明，宽松货币政策并没有成功地刺激经济和降低失业率，反而导致通货膨胀快速上升。这种经济收缩但通胀上升的情况被称为"滞胀"——即停滞和通胀的叠加。

通货膨胀上升增加了经济的不确定性，因为企业会根据通胀预期标高商品和劳务的价格，以保证销售利润。另一方面，工人会要求更高的工资，以免受生活成本上升的影响。企业的定价行为和工资上涨反过来又导致通货膨胀跟随通胀预期迅即上升。这种情况可形成螺旋式的上升运动，被称为"工资—价格螺旋式上升"。

随着商品和劳务价格的快速上涨，利率也开始迅速提高，因为贷款人考虑利息收益的快速下降，会重新设定自己的贷款利率。快速上升的利率增加了经济的不确定性，也扭曲了消费和投资决定。

随着美国经济被工资—价格螺旋式上升、高失业率和高通胀所抑制，美国中央银行在保罗·沃尔克（Paul A. Volcker）的领导下，认为宽松货币政策的确损害了经济。1979年10月，美国货币政策立场转向急剧收缩，美联储开始大幅提高利率，收紧银根。向极度紧缩性货币政策的转变将美国经济推向了20世纪80年代初更剧烈的衰退，但却有助于终止工资—价格螺旋式上升，成功降低通胀预期。

各国中央银行从20世纪70年代末的通货膨胀中汲取的教训是，在供给冲击期间，宽松货币政策不仅不能成功地刺激经济，反而会使情况变得更糟糕，给经济带来更大的通胀压力和不确定性。一旦采取宽松货币政策来应对供给冲击，也许会出现这样的结果：为了防止通胀螺旋式上升并失去控制，且使经济走出滞胀，中央银行可能会急剧收缩货币政策，给经济带来更严峻的压力。

经历20世纪70年代末至80年代的危机后，各国中央银行对运用宽松货币政策处理供给冲击更加谨慎。事实上，各国中央银行已开始越来越多地考虑将货币政策规则作为一种工具来使用，以使通货膨胀稳定在低水平。在美国，伴随着银根收紧，保罗·沃尔克领导下的美联储采用货币供应量增长目标作为货币政策规则，并作出了维持低通胀的承诺。理论上，如果货币供给增长与经济增长保持一致，从长远来看经济中就不会有超量货币，也不会导致通货膨胀。

然而，到20世纪80年代末，美国和英国几乎放弃货币供应量增长目标制。实际上，货币增长和经济增长的关系并不稳定，导致货币供应量目标与经济增长也不一致[22]。

2.3.2 20世纪90年代对欧洲发达经济体和新兴市场经济体货币的投机性攻击

尽管主要发达经济体在20世纪70年代初实行货币对美元浮动

并导致布雷顿森林体系的终结,但20世纪70年代至80年代发达经济体和新兴市场经济体仍坚持不懈地尝试恢复固定汇率制度。然而,到20世纪90年代初,发达经济体于20世纪70年代末开始的汇率自由化进程开始在全世界发挥作用。汇率自由化带来更自由的国际资本流动,使各国更难保持固定汇率,并最终演变为整个20世纪90年代对发达经济体和新兴市场经济体货币进行投机性攻击的浪潮。

1. 对欧洲发达经济体货币的投机性攻击

20世纪90年代初,属于欧洲货币体系的欧洲国家对货币投机性攻击感受最深。当时,在欧洲货币体系内,各国在正式的框架下互相钉住汇率,使汇率在特定幅度内波动。到1992年,东西德的统一(始于1990年)促使德国经济走向繁荣并导致通货膨胀高涨,这迫使德国中央银行——德意志联邦银行不得不调高利率[23]。

随着德国——欧洲货币体系最大的经济体——调高利率,欧洲货币体系内的其他国家进退维谷。一方面,如果这些国家不提高利率,德国的经济繁荣和高利率将持续从这些国家吸引资本流入,并对其货币形成贬值压力。另一方面,如果这些国家提高利率来匹配德国的高利率,则又会进一步给其本已疲软的经济带来更大的负面影响[24]。

投机者意识到这种情况后,开始对部分国家的货币进行攻击,迫使英国和意大利于1992年退出欧洲货币体系,并导致欧洲货币体系于1999年将汇率浮动区间从+/-2.25%扩大至+/-15%。同一时期的货币投机性攻击也迫使芬兰和瑞典的货币对欧洲货币单位(ECU)实行了贬值(欧洲货币单位是欧元的前身)[25,26](详见概念:投机性攻击)。

2. 对新兴市场货币的投机性攻击

20世纪90年代中期,大部分新兴市场经济体的货币仍与美元挂钩。保持与美元挂钩的部分原因:(1)固定汇率有利于国际贸易与投资,(2)本国的通胀与美联储承诺的较低且稳定的通胀会大体保持一致[27]，并从中受益。虽然通货膨胀在美国也曾发生，但美国从未经历过新兴市场经济体频发的高通胀。这些国家大多违背财政和货币政策规则，需靠印刷钞票来填补赤字。

很多新兴市场经济体在20世纪80年代，甚至在面临国际收支平衡危机时，仍依靠贬值而不是汇率浮动来解决问题。通过货币贬值，陷入困境中的国家仍可与美元以贬值的水平挂钩。随后，为更好地反映越来越多样化的国际贸易形式，很多新兴市场经济体选择将汇率与一篮子货币（即所挑选的货币的组合，其中可能包括主要贸易伙伴国的货币），而不是单与美元挂钩。20世纪80年代至90年代，美国作为全球主要出口市场，美元通常在货币篮子中占主导地位。

在国际自由化尚未覆盖全球的情况下，固定汇率制在新兴市场经济体中仍然保持着稳健运行。随着全球化进程的加快，各国开始开放市场，国际资本随之更加自由地进出。刚开始，资本的大量流入支撑了这些国家的发展，尤其是支持了出口导向型的制造业。随着更多的资本流入，部分资本渗入非生产性投资项目，包括渗入到资产价格投机中。最终，随着对发达经济体的出口放缓，新兴市场经济体开始出现巨额经常项目逆差。

新兴市场经济体经常项目逆差的出现加上资产价格泡沫引起国际投资者纷纷对这些经济体能否偿还外债进行评判。在固定汇率体制下，新兴市场经济体需动用国际储备来偿还外债。很多情况下，由于外债已用于投资被高估的资产或非生产性项目，国际投资者由此推断，这些经济体难以或无力偿还外债，最终会不得不实行货币贬值。

随着货币贬值预期越来越强烈，货币投机性攻击终于发生（详见案例：投机性攻击）并引发了1994年墨西哥货币危机、1997年及1998年东亚国家货币危机，导致很多受攻击的国家放弃固定汇率制度。随后，在包括亚洲金融危机蔓延等综合因素的影响下，1998年的俄罗斯、1999年的巴西和2002年的阿根廷均爆发了金融危机。

概念：投机性攻击

投机性攻击专门针对实行固定汇率制的国家。下面以20世纪90年代欧洲发达经济体和新兴市场货币投机性攻击作例证，讨论引发投机性攻击的根本原因，剖析投机性攻击发生机制和防御措施。

根本原因

在固定汇率体制下，一国中央银行实际上是以国际储备承诺将本币按公布的汇率兑换成外币。因此，下面两种情况之一易于受到投机性攻击：（1）经济周期跟与被钉住国家的经济周期明显不同（如20世纪90年代初与德国汇率挂钩的欧洲货币体系国家的经济周期与德国的经济周期就不同）；（2）长期巨额经常项目逆差（如20世纪90年代中后期新兴市场国家的逆差）。

如果一国与被钉住国家处于不同的经济周期，那么该国就面临着两种选择，即要么运用货币政策改善国内情况，要么运用货币政策将汇率保持在目标水平上。例如，若一个国家处于经济衰退期，其中央银行可能会通过降低利率来刺激国内经济。如果该中央银行决定降低利率，投资者就会撤资到国外以获得更高回报。当投资者将资金撤离该国时，他们会大量抛售本币，并对汇率产生贬值压力。如果足够多的投资者卖出本币，该中央银行可能会不得不实行汇率贬值。

另一方面，持续大规模的经常项目逆差也意味着该国常常使用外汇储备支付进口的商品和劳务。由于一国中央银行持有的外汇储备有限，持久的支出就意味着该国中央银行有可能无法按照承诺的汇率将本币兑换成外币。更有可能的是，该国中央银行只能让货币贬值——也就是说，公众需要更多的本币来兑换既定量的外币。

如果发生货币贬值，本币持有者将蒙受损失，而外币持有者则会获利。因此，如果投资者认为货币贬值即将发生，他们会将本币兑换成外币。而同时，投机者通过投机性攻击可能迫使中央银行将本币贬值。

投机性攻击剖析

在投机性攻击中，投机者大量借入本币，然后用借来的本币兑换成外币。如果投机者用来兑换外币的本币数量太大以致该国中央银行没有足够的外汇储备按固定的汇率进行兑换，该中央银行可能需要让本币贬值或者需要允许汇率浮动。

如果该中央银行被迫贬值本币或允许汇率浮动，投机者将从中获利，因为他们已从该中央银行获得部分外币，且这部分外币对本币已升值。由于投机者的借款以本币计价，而本币此时已贬值，投机者就可将获得的外币以更有利的汇率兑换回本币，用以偿还本币借款，这其中的差额就是投机者的利润。

在1992年对英镑的投机性攻击中，乔治·索罗斯（George Soros，美国大投机者）操纵的对冲基金——量子基金借入并卖出了接近该基金本金2.5倍的100亿美元。1992年9月的第一、第二周，英格兰银行动用了270亿美元的外汇储备来抵御索罗斯和其他投机者的攻击。最终，英国退出了欧洲货币体系，英镑对德国马克贬值14%，索罗斯的量子基金获利超过10亿美元[28]。

投机性攻击的防御措施

为应对投机性攻击，一国中央银行可调高利率来增加投机者借入本币的成本，同时持续以公布的汇率卖出外汇给投机者并买入本币。

在实行资本管制的国家，国内高利率加上中央银行以固定汇率持续卖出外汇储备能抑制甚至挤压出投机者持有的本币头寸。采取上述措施后，投机者须为本币借款支付高额利息，而中央银行耗尽外汇储备的可能性极低，因为在实行资本管制的国家，投机者难以轻易进入并借入大量本币。

但在资本自由流动的国家，投机者更容易借入本币并尽可能多地持有本币。因此，正如1992年量子基金攻击英镑和随后攻击新兴市场国家所表明的那样，如果投机者足够多，能力足够强，他们可轻易筹集到与中央银行外汇储备规模相仿甚至超过中央银行外汇储备规模的资金，压倒中央银行保护固定汇率的能力。

在此情况下，如果中央银行仍想保护固定汇率，则还有一种选择：即引入资本管制来阻止非居民轻易兑换本币，也就是，对资本流动加以限制。但实行资本管制也要付出代价，因为它有可能妨碍外资对国内必要的投资。

2.3.3 欧元的推出

"二战"后，欧洲国家更加重视政治和经济合作。长时间的战争，包括两次世界大战，已被证明极具破坏性。欧洲国家迈向一体化的努力首次反映在《罗马条约》上，该条约创立的欧洲经济共同体（EEC），要求成员国之间取消贸易壁垒，实行自由贸易，并最终发展成为拥有更广泛的政治经济一体化使命的欧盟（EU）。虽然货币一体化没在《罗马条约》签订者的考虑范围，但欧洲经济共同体成立后，各成员国意识到如果使用一种共同货币，它们之间的贸易会更加便利[29]。

直到20世纪60年代后期，布雷顿森林体系下的固定汇率制确实促进了欧洲国家的国际贸易与金融，让它们无需太担心汇率的波动。但布雷顿森林体系崩溃后，很多欧洲国家不得不放弃固定汇率制，共同货币的优势因而变得更明显。克服重重困难后，欧盟核心成员国终于在1999年推出了欧元[30]。

尽管存在各种阻碍，1999年，11个欧洲国家还是共同加入到了欧元的创建中，并用欧元取代了原来各自的本币。在新成立的欧元区，执行货币政策的职能从各成员国中央银行转移到新设立的欧洲中央银行，该跨国机构优先考虑的是整个欧元区而不是任何单个国家的发展。从设立之初起,欧洲中央银行的主要目标就是维持欧元区整体物价稳定。而随着货币政策职能的让渡,各国中央银行将专注于国内银行业的监管[31]*。到21世纪第一个十年中期,欧元已然成为国际贸易与金融的又一流行货币。分析起来,这至少得益于(1)欧元区包含了很多大型发达经济体,如德国、法国、意大利和西班牙,以及众多其他中型发达经济体,这使得欧元区成为国际上非常重要的区域;(2)很多较小的东欧国家通过苛刻的门槛加入了欧元区,使该区域得以进一步壮大。在此过程中,欧洲中央银行成为国际上又一家强有力的中央银行,其货币政策对国际货币体系产生了显著的影响[32]。

2.3.4 2007~2010年国际金融危机

2007~2010年国际金融危机反映了国际金融体系在本质上是如何全球化的。虽然这次危机对发达经济体的冲击最大,但更严重扰乱了全球贸易,导致世界经济衰退,并危害到整个国际金融体系。

为更好地理解这次国际金融危机,我们对错综复杂的情况进行分解,并重点关注美国次贷危机。虽然同一时期的欧洲国家也出现过次贷危机,但美国次贷危机是本次金融危机的核心。尽管直到2008年后期,美国次贷危机才充分发酵,但此次危机仍涵盖在2007~2010年国际金融危机当中。当时,全球金融体系已在大西洋两岸的英国和美国显现危机征兆:也就是,2007年英国银行出现了挤兑风潮,美国贝尔斯登证券公司附属的对冲基金破产倒闭。本节的最后部分将讨论欧洲主权债务危机,这是紧随美国次贷危机发生的相关而又独特的危机。

1. 美国次贷危机:前奏

据记载,美国次贷危机由很多因素引发,包括:长期保持的低

---

* 然而,随着21世纪第一个十年欧洲主权债务危机的发生,有人认为欧洲中央银行替代成员国行使监管职责同样重要。2014年,欧洲中央银行开始对欧元区大型信贷机构行使监管职能。

利率及其引起的房价泡沫；贷款条件不断放宽，大量贷款发放给了资信不良的借款人；新的金融创新和金融产品不透明，使用过程中风险被放大[33]。

（1）低利率。尽管美国在20世纪90年代初经历经济衰退，但到90年代末，美国经济保持了差不多十年的繁荣，这在一定程度上得益于稳定的宏观经济环境和互联网革命提高了生产率。自20世纪80年代中期起，美国的通货膨胀一直维持在低水平；而在80年代和90年代初成为问题的财政赤字到90年代末逆转成为盈余。稳定的宏观经济环境和生产率的提高推动了股价上涨，其中互联网公司股价的上涨尤为突出。正因为如此，20世纪90年代后期美国股票市场大幅上涨的现象被称为"互联网泡沫"。

到2001年初，互联网泡沫破裂，美国很多家庭的财富大幅缩水，许多大型企业遭受重创。同年晚些时候，美国遭遇的"9·11"恐怖袭击导致了全球金融恐慌。为应对这些事件，2001年末，美联储将政策利率（联邦基金利率）从上一年的6.5%调低至1.75%。

虽然利率较低，但美国疲软的经济、对2002~2003年非典的恐慌以及自中国2001年加入世界贸易组织后大量向世界出口低价商品等因素均帮助美国降低了通货膨胀率。到2003年12月，美国的通货膨胀率降至1%以下，而这又引起了对通货紧缩的担忧[34]。

对通货紧缩的担忧使得美联储对于调高利率更加谨慎，每次仅将联邦基金利率提高0.25%[35]。直到2006年6月联邦基金利率达到5.25%后，美联储才没再如此谨慎。2000年后最初几年的低利率被认为是促使美国房地产市场繁荣的主要因素，而这种繁荣却引发了2007~2010年国际金融危机。

2000—2006年，美国房价上涨超过了80%[36]。低利率由于下列原因以一种自我强化的方式助推了美国房价上涨：一是低利率下拉了借款成本，使人们购房更易；二是低利率促使人们寻求比银行存款有更高回报的资产投资，也就是促使人们投资于股票（可产生股息和资本收益）和房地产（可产生租金和资本收益）；三是随着房价和股价快速上涨，美国居民的财富也随之增加，使得居民可借更多的资金去投资第二套或第三套住房。

（2）贷款条件的放宽。起初，金融机构主要贷款给资信良好的借款人（也就是那些更有可能偿还贷款的人）。但随着这部分客户资源的减少，金融机构开始借款给资信不良的人（次级借款人）。更糟糕的是，金融机构还贷款给没有收入、没有工作和没有财产的人（所谓三无贷款）。此外，金融机构还利用复杂的贷款产品来招徕次级借款人，比如可调利率抵押贷款（在借款头几年允许借款人不足额支付月息，然后将未付息差累加至贷款余额。通过复利计算，一旦头几年过去，借款人的欠款反而增加了）[37]。

贷款条件的放宽起因于银行业务模式的改变和金融产品创新，这些创新被认为是可以控制贷款风险的。到21世纪前十年的中期，美国和英国的很多银行已将证券化作为业务的主要驱动力（证券化及金融创新的详细内容见下一小分节）。银行不再将贷款保留在表内，而是将这些贷款打包之后出售，从而将其从资产负债表移除。由于贷款不再反映在资产负债表上，银行也就不再谨慎对待，而是想尽可能多地发放贷款，以赚取手续费和打包、出售贷款的佣金。很多情况下，银行都未严格执行贷款标准[38]。

（3）金融创新的不透明性。21世纪前十年的中期，金融创新使美国房地产的繁荣成为全球现象。证券化可让银行将单笔房贷汇聚成一个池子，然后将以房贷池支撑的证券卖给国内外的投资者，并从房贷池的利息收入中支付利息给投资者。由于所有借款人不会在同一时间违约，因此，将不同地区的房贷放进一个池子，在一定程度上就分散了单笔房贷违约的风险。正因为这些贷款的风险似乎可控，证券化实际上是在鼓励银行放贷，甚至鼓励贷给那些资信不良的借款人。

美国的证券化贷款（房贷）很受国内外投资者的欢迎，因为房贷池可以进一步划分为不同的层级来承担不同的风险。如果的确出现贷款违约，房贷池最低层级的买家将首先承担损失，相应的，为了补偿这样的损失，这些买家将获得房贷池的最高利率。证券化贷款的利率比普通银行存款利率更高，对投资者很有吸引力。另一方面，房贷证券化和分切过程很不透明，投资者很难评估高收益背后的风险。

证券化甚至使来自次级贷款房贷池的证券看起来都很安全。这在一定程度上归因于银行雇用的评级机构通常根据房价的历史涨幅来评定这些证券的投资级别。随着投资者对证券化房贷的需求上升，银行更原意为了手续费去发放贷款，对于贷款标准自然也就没那么严格执行了[39]。

2. 美国次贷危机：结果

当通胀压力增加时，美国房地产泡沫终于失控，油价的快速上涨是其中的原因之一，另一原因则是人们普遍认为美联储应进一步调高利率。到2006年，联邦基金利率达到5.25%，房地产的繁荣已真正演变为泡沫。当时就有人担心，一旦抵押贷款利率被调高，次级贷款人将无力偿还贷款，只能违约。这种担心后来得到了证实。

到2007年，全球金融体系已出现破裂的迹象。2007年6月，贝尔斯登证券公司附属的两只对冲基金上了新闻头条，因为它们投资的证券化贷款价值急剧下降，并陷入需要救助的境地。2007年9月，北岩银行（一家依靠证券化手续费作为部分资金来源的英国银行）因证券化贷款需求枯竭而陷入困境。随着消息的传播，该银行的储户纷纷要求提现，造成挤兑[40]。

到2008年，危机已蔓延至全球。随着美国和很多欧洲国家房地产泡沫破裂，为房地产提供贷款的银行蒙受了巨大损失。对金融机构是否稳健经营的担忧也使得银行难以通过从金融市场借款获得资金。2008年3月，美联储不得不出手协助摩根大通（美国一家大银行）收购贝尔斯登证券公司，以防止贝尔斯登证券公司破产。

2008年9月15日，美国政府决定让全球证券公司——雷曼兄弟破产，至此，危机达到顶峰。雷曼兄弟的破产引发了世界性恐慌，因为雷曼兄弟是全球性金融机构，是全球金融机构网的交易对手。

到 2008 年 9 月 19 日，由于担心银行破产的多米诺骨牌效应会导致整个金融体系崩溃，美国政府决定改变立场，出手拯救众多大银行、证券公司、货币市场互助基金以及一家大型保险公司（美国国际集团，AIG）。到 2008 年 10 月中旬，爱尔兰、英国、法国、德国、西班牙、荷兰和奥地利政府也出手援助其境况不佳的银行体系[41]。

案例：欧洲主权债务危机

欧洲主权债务危机紧随着国际金融危机发生。尽管欧元体系在早期取得成功，到 21 世纪前十年的中期，因为众多较弱的成员国受到国际金融危机的很大冲击，欧元体系已开始出现裂痕。由于资产泡沫，爱尔兰政府决定通过将银行负债转为国债来拯救银行体系[42]。最终，无法支撑的国债迫使爱尔兰政府不得不寻求外部援助。

在希腊和葡萄牙，国内生产总值（GDP）和政府收入双双下滑，导致财政赤字上升，在高企的国债占 GDP 比例难以为继的情况下，两国政府再难以为其债务重新融资。尽管西班牙最初的国债占 GDP 的比例并不高，但在 2007 年国际金融危机爆发后，该国随即遭遇房地产泡沫破裂，GDP 随之大幅下滑，加之政府为缓解失业飙升而增加支出，导致其国债到 2013 年翻了三倍，达到了 GDP 的 90%[43]。

由于欧元协议要求其成员国将财政赤字保持在 GDP 的 3% 以下，欧元区各政府不得不削减支出，这进一步损害了疲软的经济。由于货币政策的执行已移交给欧洲中央银行，而欧洲中央银行主要关注整个欧元区的前景，因此，在财政支出削减的情况下，受困扰的成员国政府在经济下行期就缺乏刺激经济的手段。而且，由于使用统一货币，处境艰难的欧洲经济无法选择将货币贬值，否则货币贬值有可能降低出口商品价格，刺激商品和劳务的外部需求。

随着经济陷入困境，各国政府无力偿付国债的风险逐渐增加。

为补偿风险，投资者要求各国政府支付更高的利率。高利率进一步削弱了政府偿还债务的能力和欧洲的银行业，因为很多欧洲银行持有欧债作为资产负债表上的资产。到2012年，爱尔兰、希腊、葡萄牙和西班牙政府不得不向"三驾马车"——国际货币基金组织、欧盟和欧洲中央银行寻求援助。

2.4 前景展望

到2014年，2007~2010年国际金融危机的负面效应仍影响着全球货币体系。为了应对这次危机，主要发达经济体的中央银行——如美联储、欧洲中央银行、日本中央银行和英格兰银行——都将利率调低至接近零利率，并以各种形式实行量化宽松政策，即从金融市场买入政府债券。

发达经济体实行低利率和量化宽松政策的副作用之一是资金大量流入新兴市场经济体。由于实行量化宽松政策的各国中央银行从私人持有者手中买入了大量政府债券，因此，实际上该政策是在向经济体系注入流动性。量化宽松政策注入的额外流动性和低利率促使投资者转向受危机影响较小的国家寻求更高的投资回报。国际资金流入新兴市场经济体导致这些经济体的货币自2010年起一路升值。

量化宽松政策和低利率的另一副作用是国际资本流动的波动性加剧。由于发达经济体经济仍十分疲软，量化宽松政策或多或少被认为是一种支持经济发展的措施，一旦退出将引起恐慌和金融体系更大的波动。如，2013年年中，美联储刚宣布将在不久的将来逐渐减少政府债券的购买量，全球股价即应声下跌。随着投资者纷纷从新兴经济体撤回资金，很多新兴市场经济体的汇率出现暴跌。当美联储改变政策立场并宣布减少购买计划不会太早实行后，全球股市才止跌回升，新兴市场经济体的资本外流才出现减缓或逆转。

展望未来,国际货币体系将有可能受到三大主要因素影响:(1)全球化加剧,(2)金融活动的继续发展,(3)国际金融危机的遗留问题。第五章将详细讨论这些因素如何决定国际货币体系的发展,中央银行又如何迎接这些因素带来的挑战。

小结

自阿姆斯特丹银行分拣并储藏各国硬币开始,国际因素一直存在于中央银行业务中。在随后的几个世纪,国际货币体系也得到了长足发展。

金本位制形成时,中央银行将货币价值与黄金挂钩,主要目的是为了使币值保持在公布的水平上。金本位制在"一战"期间崩溃,主要原因是各国放弃挂钩机制以印刷更多的钞票来为战争提供资金。

"一战"后,各国采用了金汇兑本位制,主要经济体将货币与黄金挂钩,并持有黄金作为国际储备。然而由于没有足够的黄金作为所有国家的储备,较小的经济体便持有主要经济体的货币作为储备。

20世纪30年代出现了大萧条,随着经济活动萎缩,全球范围内大量银行倒闭,通货紧缩持续了十年。大萧条一定程度上是中央银行维持货币与黄金挂钩的结果,导致全球实行紧缩性货币政策。

20世纪30年代同样出现了国际金融体系动荡,因为各国依靠竞争性货币贬值和贸易保护主义来保护就业。

1944年7月,44个国家的代表决定采用新的国际货币体系——布雷顿森林体系。在该体系下,美元以每盎司黄金35美元的价格与黄金挂钩,而其他国家的货币与美元挂钩。国际货币基金组织也在此期间成立,旨在帮助成员国处理国际收支平衡和失业问题,使其不再诉诸竞争性货币贬值和贸易保护主义。

随着资本流动更加自由,导致预算赤字及高通胀的一揽子政策和支撑美元的黄金供应问题加重了布雷顿森林体系承受的压力。美国首先停止了美元兑黄金的自由兑换，造成了美元的贬值。很多发达经济体遭遇国际收支平衡危机及对货币的投机性攻击，决定允许自身货币对美元浮动。

20世纪70年代，两次石油危机和宽松的财政、货币政策引发大通胀问题。由于通胀预期螺旋式上升且经济出现滞涨，很多学者和中央银行行长开始考虑运用货币政策制度来维持物价稳定。1979年，美联储通过紧缩性货币政策来降低通胀预期，并将货币供应量增长目标制作为货币政策制度。然而，到20世纪80年代末，由于货币与经济产出的关系并不稳定，货币供应量增长目标制实际已被放弃。

20世纪90年代，自由化进程导致大量资本流入新兴市场经济体。随着流入的资金逐渐进入资产投机领域，以及新兴市场经济体出现大规模经常项目逆差，投机性攻击迫使其中许多国家的货币贬值或货币浮动。

自20世纪90年代初以来，很多发达经济体和新兴市场经济体的中央银行开始采用被称为通胀目标制的货币政策制度。

2000年，一些欧洲国家决定使用共同货币——欧元。欧洲中央银行（ECB）的成立，替代了其成员国中央银行在欧元区制定和实施货币政策。

2007年至2010年发生了国际金融危机，该危机起源于美国次贷危机。本文撰写之时，全球经济仍未从国际金融危机中完全恢复。

关键术语

国际收支平衡危机	通胀目标制
布雷顿森林体系	货币供应量增长目标制
欧洲主权债务危机	投机性攻击
国际金融危机	滞胀
金本位制	次贷危机

金汇兑本位制　　　　　　特里芬难题
大萧条　　　　　　　　　工资—价格螺旋式上升
大通胀

复习思考题

1. 金本位制的主要特点是什么？
2. 为什么金本位制会崩溃？
3. 妨碍恢复金本位制的主要原因是什么？
4. 金汇兑本位制的主要特点是什么？
5. 为什么金汇兑本位制会瓦解？
6. 布雷顿森林体系的主要特点是什么？
7. 为什么布雷顿森林体系会崩溃？
8. 为什么20世纪70年代会发生滞胀？
9. 美联储用什么措施结束了美国的滞胀？
10. 为什么布雷顿森林体系崩溃后新兴市场经济体保持汇率与主要货币挂钩？
11. 20世纪90年代对新兴市场货币投机性攻击的起因是什么？
12. 直观地描述货币投机性攻击如何发生。
13. 美国低利率如何促成次贷危机？
14. 导致美国次贷危机的关键因素是什么？
15. 在欧元区，欧洲中央银行的主要职责是什么？
16. 在欧元区，各成员国中央银行的主要职责是什么？
17. 欧洲主权债务危机的可能原因是什么？

第三章 现代中央银行的定位和职能：中央银行究竟是什么

学习目标

1. 阐述现代中央银行的多重定位和职能。
2. 描述货币创造过程。
3. 说明货币政策在调控银根中的作用。
4. 说明中央银行如何管理和提供支付系统服务。
5. 说明中央银行作为最后贷款人和银行业监管者的作用。

前两章，我们简单回顾了21世纪以来国际货币体系背景下中央银行职能的演变，了解了今日中央银行何以如是的来龙去脉。本章我们将阐述现代中央银行的主要职能。如第一章所述，由于各国现代中央银行既有共同点也有不同点，因此其制度设计的框架和功能必然存在差异。我们仅在此呈现一个整体概览，阐述中央银行的基本原理和作用机制，以使读者从本章一窥现代中央银行概貌。

本章首先讲述现代中央银行的概览，接着综述现代中央银行的五项主要职能：（1）发行货币，（2）执行货币政策，（3）支付系统的建设和管理，（4）最后贷款人，（5）银行监管。每论及一项职能，本章将阐述此职能在现代中央银行的具体意义并简要介绍相关基本概念，如介绍货币创造过程，初学者就能够理解货币由中央银行发行后循环和扩展至其他形式资金的运行机理是怎样的。

第三章　现代中央银行的定位和职能：中央银行究竟是什么

3.1　现代中央银行：定位和职能概览

与最初相比，现代中央银行业务有着显著发展。所处经济和金融环境的变化，带来了中央银行职能的相应改变。长期以来积累的经验教训，如20世纪30年代的大萧条，20世纪70年代的恶性通胀以及第一、第二章提及的2007~2010年国际金融危机，促成业界达成共识：现代中央银行的主要职能是为经济长期稳定发展提供一个良好而稳定的宏观经济环境。

现代中央银行提供良好而稳定的宏观经济环境，主要是通过以下方面来实现：（1）维持货币稳定，或者说币值稳定，不管国内是否处于较低通胀水平以及汇率是否稳定；（2）维持金融稳定，即确保金融系统在市场资源配置过程中高效和顺畅地发挥作用。

一般认为，在币值稳定且金融系统运转高效和顺畅的情况下，私人部门（居民和企业）将会做出最优的消费决策和投资决策，这对经济长期发展至关重要。

随着时间推移，为适应现代中央银行的职能定位，第二章所论及的多项中央银行职能已被摒弃，留存的职能则被修正。最明显的是，现今多数中央银行不再进行铸币回收，也不再对政府进行大规模融资，其主要职能在于为实现一定经济目标而实施货币政策。2007~2010年国际金融危机时，中央银行作为金融体系守护者的职能也再次成为关注的焦点。

总体来看，现代中央银行有五项主要职能：（1）货币发行，（2）执行货币政策，（3）管理和提供支付系统服务，（4）最后贷款人，（5）银行监管。部分中央银行可能不具有以上全部职能（如部分中央银行没有银行监管职能），且各中央银行履行每项职能的具体细节也可能各异。但以上五项职能代表了一家典型现代中央银行的职能定位。表3.1对此予以了反映。

本章我们将会简单介绍中央银行各项职能及其运行机理。第四章我们将会介绍现代中央银行的目标，即职责，包括货币稳定、金融稳定、充分就业，这些都决定了现代中央银行具体的工作职能。

表3.1　　　　现代中央银行的定位和职能：如何融合？

	货币稳定	金融稳定
定位	维持币值稳定	维持金融系统运转高效、顺畅，保持金融在经济中的平衡
职能	1. 发行货币 2. 调控货币 （如执行货币政策）	1. 管理支付系统 2. 最后贷款人 3. 监管银行机构*

＊部分现代中央银行没有银行监管职能。

3.1.1　终极货币创造者：货币发行

在现今多数国家，纸币是由中央银行发行的。现代意义上的现钞通常由中央银行行长或主席和财政大臣（如美国的财政部长、英国的财政大臣）联合会签后才得以印制。这一会签模式说明，中央银行发行货币有国家主权作为支撑＊。

电子时代的货币发行，不仅可通过纸币，也可通过电子方式。中央银行可以通过对商业银行电子支付的方式发行货币，如从商业银行购买政府债券即可进行电子支付。这种情况下，中央银行是通过电子支付而不是通过纸币方式从商业银行购买政府债券。不过，只要商业银行愿意，即可通过中央银行将电子货币转换为纸币。

不管发行的是电子货币还是纸币，货币进入经济领域流通后均会经历货币创造过程。货币创造过程将会放大最初中央银行发行的货币量，导致更多的货币供应。经货币创造过程最终形成的货币数量即是货币供应量（详见概念：货币创造过程）。

＊ 现代经济中，硬币多数是由造币厂铸造的，而造币厂通常隶属财政部而不是中央银行。但由于发行的纸币多于硬币，因此说中央银行是终极货币创造者是合理的。

1. 货币创造过程及对经济活动和物价水平的影响

典型的货币创造过程见下文。

概念：货币创造过程

纸币和硬币构成了通货。通货和商业银行在中央银行账户的存款构成了基础货币。基础货币通过货币创造过程在银行体系反复循环流通后会产生乘数效应。货币创造过程实质上是一个复式记账过程。

图 3.1 中的案例很好地呈现了货币创造过程。在图 3.1 中，中央银行印发新钞后，新发行的纸币被视做是中央银行的负债，并记录在中央银行资产负债表的负债方。

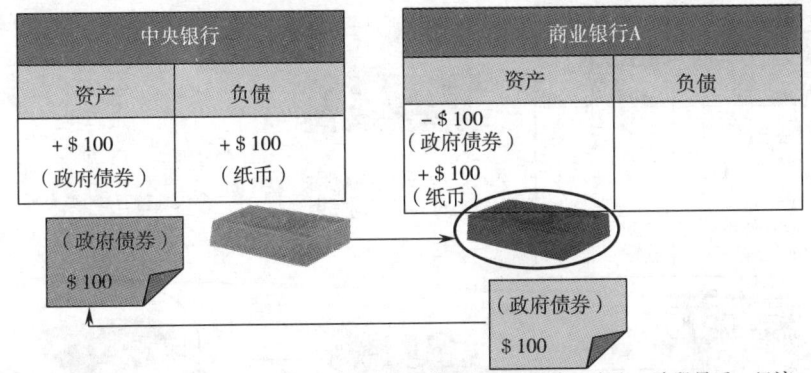

中央银行印发100美元纸币购买商业银行A持有的政府债券，在这一阶段最后，经济中的货币量增加了100美元，体现为商业银行A所持有的纸币相应地增加了100美元。

图 3.1　标准货币创造过程：第 1 步

为使中央银行资产负债表平衡，新增负债必须对应新增资产。现代经济中，中央银行可能用这些货币购买诸如政府有价证券（如短期国库券或政府债券等）、外币、外国政府债券或者甚至是黄金之类的新资产来支撑其平衡表上纸币（或负债）的增加。

图 3.1 展示的是中央银行印发价值 100 美元纸币并从商业银行 A 购买价值 100 美元政府债券的情况。相应的，金融体系中的货币数量首先增加了 100 美元。

在商业银行 A 的资产负债表上，从中央银行获取的 100 美元记录在资产方，以抵销政府债券持有量的相应减少。由于纸币与政府债券不同，不产生利息，商业银行 A 不希望这些货币闲置，因而会试图向外借贷。

图 3.2 展示的是商业银行 A 向公司 X 贷出 100 美元现金，公司 X 用以支付供应商个人 I 的情况。在商业银行 A 的资产负债表的资产方，贷出 100 美元被记作现金减少 100 美元，相应的，对公司 X 的贷款增加 100 美元。

当个人 I 从公司 X 收到 100 美元现金时，如果他没有即时的现金使用需求，那么出于安全考虑或为获取利息，他可能将这笔现金存入他的个人银行账户。

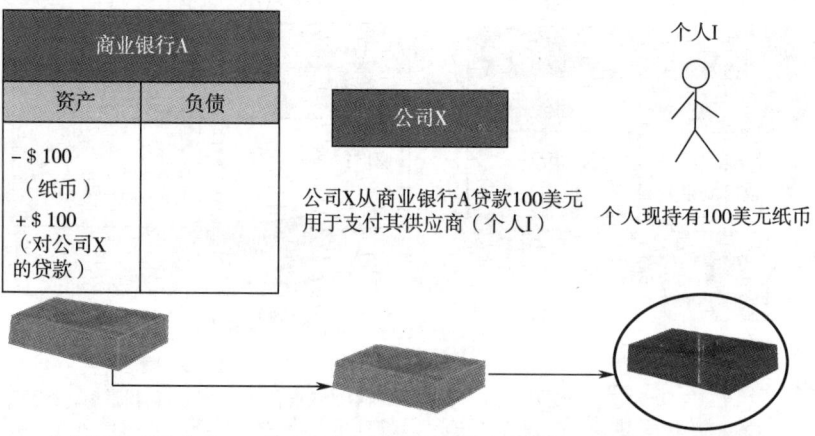

商业银行A贷给公司X100美元以赚取利息。为保持商业银行A的资产负债表平衡，在资产方减少100美元纸币的同时增加了100美元对公司X的贷款。

图 3.2　标准货币创造过程：第 2 步

图 3.3 展示了个人 I 将从公司 X 收到的 100 美元存入商业银行 B 等情况。在商业银行 B 的资产负债表上，这 100 美元将增加该银行的负债。相应的，银行 B 将主动贷出这笔钱来获取利息。

在图 3.3 中，商业银行 B 贷款 100 美元给个人 II 后，这笔交易在资产负债表中记作资产的增加。此刻，请注意，尽管中央银

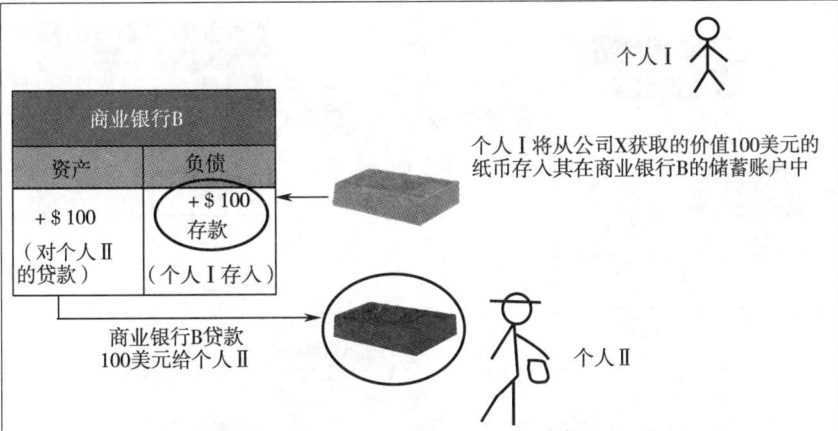

此时，经济体系中的货币总量翻倍成了200美元（个人Ⅰ账户里的100美元与借给个人Ⅱ的100美元之和）。

图3.3　标准货币创造过程：第3步

行最初仅印发了100美元纸币，但此时经济体系中货币数量已经翻倍至200美元，因为个人Ⅰ在商业银行B储蓄账户中的100美元同样被视作货币。

由于个人或公司只愿持有一定比例的现金，这种货币创造过程将因此延续下去。超出个人持有意愿的现金将被用以投资或储蓄，以获取利息收入。一旦额外的钱被存入银行，银行也会主动贷出这笔钱以从贷款中得到利息收入。即便这笔存款被贷出而不再留在该行，在银行资产负债表中，存款增加将记录为负债增加，而贷款的数量将正好等于经济中增加的货币数量。

在图3.4中，个人Ⅱ用借来的钱从批发商Ⅰ处购买器具，批发商Ⅰ将钱存入商业银行C，此时，经济中货币总量从中央银行最初发行的100美元增至300美元。这300美元包括仍在经济中循环的100美元、个人Ⅰ在商业银行B的存款100美元和批发商Ⅰ在商业银行C的存款100美元。

如上所述的标准过程中，我们发现中央银行事实上在货币创造方面功能非常强大。至此，中央银行最初发行的100美元在经济中变成了300美元，随着货币创造过程延续，经济中的货币将

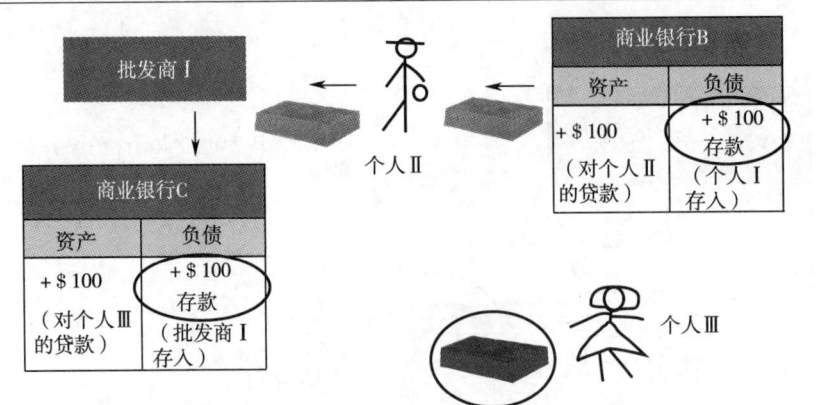

此时，经济体系中的货币数量增加到300美元（包括商业银行B的100美元存款、商业银行C的100美元存款和个人Ⅲ手中持有的100美元现金）。

图3.4 标准货币创造过程：第4步

会变得更多。

准备金、货币乘数和货币供应量

理论上，上述货币创造过程将一直重复，因此100美元本金的扩充倍数是无限的。然而实际上，这一过程所创造的货币是有限的，原因在于：(1) 商业银行可能会留存部分现金或将部分资金存入中央银行账户，以应付储户提现或其他紧急需要，(2) 符合贷款资质的借款人数量有限。

商业银行持有的现金和存在中央银行账户的资金合称为银行准备金。许多国家的中央银行设置了法定准备金要求，即规定了商业银行必须保有的存款准备金比率。

商业银行自身持有部分存款或在中央银行账户存入部分存款作为准备金的制度被称作部分准备金制度。在这一制度下，如果所有商业银行持有5%的存款，则货币创造过程将使原始货币量增加20倍（1/0.05）。如果基础货币为100美元，商业银行留存5%的准备金，则初始的100美元最多可创造的货币供应量为2000美元（即100美元×20倍）。在此，20倍被称为货币乘数。通常情况下，货币乘数=1/准备金率，而准备金率为准备金与存款之比[1]。

货币创造过程表明货币创造对经济活动影响巨大。假设经济最初处于均衡状态，中央银行新发行的货币进入商业银行的资产负债表后，商业银行会将其贷出以获得利息收入。对于商业银行来说，闲置货币是有成本的，因为不管以什么方式闲置，都需要向存款人支付利息，或商业银行预期的利息收入要从发放的贷款中获得。货币投放越多，银行放贷意愿越强。因为货币投放越多，银行越愿意降低贷款利率并放宽贷款审批条件。

（1）通胀。较低的贷款利率和较为宽松的贷款审批条件提高了借款人从事经济活动的积极性。在此情形下，企业可获取更多贷款，为扩大生产进行原材料购买、厂房建设和工人雇用。个人也可获取贷款，用于购房、买车及购买其他器具，而这将反过来刺激企业进行更多的生产和投资。随着企业和个人购买更多资源、商品和劳务，商品和劳务的价格将会上涨。事实上，假如中央银行持续印钞并发行更多货币的话，货币对商品和劳务的购买力将持续下降。当价格总水平持续上涨时，就产生了通胀。

（2）恶性通胀。极端情况下，假如中央银行持续大量发行货币，货币将迅速贬值，这被称为恶性通胀。恶性通胀情况下，货币时刻都在贬值，基本丧失价值贮藏功能。在这种情况下，人们一拿到货币就会去购买商品和劳务。恶性通胀时，即使在短期内，人们也无法合理预测投资成本和收益，也无法做出最优投资决策。

（3）衰退。相反，若货币投放量过少，经济活动将会放缓甚至倒退，导致经济进入衰退。由于可贷出的资金不足，商业银行会提高贷款利率和审批条件。企业获得贷款的难度加大，将缺乏用来购买原材料、投资设厂和雇用工人并扩大生产所需要资金。个人贷款也会变得困难，将缺乏资金购买商品和劳务，而这也会影响到提供商品和劳务的企业。事实上，假如流通中货币不足，对商品和劳务的需求就会降低，企业的商品将不得不降价。由于无法获利，企业会减少用工，这将进一步降低社会总需求。

通缩。在极端情况下，若货币投放极少，经济活动将迅速衰退以至于大批工厂会倒闭，失业率上升。幸存的企业也将被迫降价以吸引消费者。同时，由于失业人数增加，有消费能力的人群也会减少。这种价格总水平持续下降的情况就是通缩。

由于中央银行的货币投放量对经济走势影响巨大，中央银行基于经济状况来适度投放货币就显得至关重要。中央银行也需要通过其他途径规范货币创造过程和管理经济中的货币状况，这点我们将在接下来的章节中进一步详细讨论。

3.1.2 调控货币：执行货币政策

由于中央银行是货币的创造者且有权设定准备金率，因此中央银行要负责调控经济中的货币流动和货币数量。换言之，中央银行要负责执行货币政策。如前所述，如果经济中低成本的资金较多——可通过货币多发、降低准备金率或是降低利率等方式实现——居民和企业就可能受到刺激进行更多的消费和生产。

而当市场货币量过少或资金成本很高时，居民消费信贷将会减少，企业将难以获得贷款而无法进行投资、扩大生产或雇用工人。因此，中央银行调控货币的主要目的就是确保市场中货币量适当，居民和企业能以合适的资金成本贷款。

1. 货币供应量、准备金管理以及政策利率三方面的对比

在五彩缤纷的现代经济生活中，中央银行调控货币的方式较以往更为复杂和间接。本书的第二部分我们将详述，由于基础货币与货币供应总量的关系不稳定，多数现代中央银行已不再设定货币供应量目标。同样，除非是在严格封闭的体系下运作，中央银行为减少对经济自然运行的干预，也会避免频繁调整存款准备金率。例如，如果中央银行为降低经济活跃度而提高存款准备金率，而之前商业银行正处于均衡状态且无超额准备金，那么商业银行就只得收回已对企业发放的贷款以满足新的存款准备金要求。收回贷款对银行和企业来说成本巨大，也极大地破坏了经济活动。

与调整存款准备金率相比，现代中央银行通常使用政策利率和

公开市场操作两类货币政策工具来调控货币。政策利率是一种短期利率，中央银行用其来直接作用于市场货币供应，它向公众释放了中央银行对未来经济走势和价格水平预期的信号。提高政策利率表明中央银行打算降低经济活跃度和物价涨幅。降低政策利率，中央银行释放希望经济活跃度上升以及允许价格总水平上升的信号。通过将政策利率维持在特定水平，中央银行则在向公众示意货币条件较为适合，能为经济发展和物价水平提供良好空间。公开市场操作则是从另一方面确保政策利率保持在或接近于中央银行希望达到的目标水平。

2. 利用政策利率和公开市场操作调控货币

在现代金融体系中，假如中央银行认为银根过于宽松（如融资成本过低、货币供应量过大），中央银行可能会提高政策利率。通过提高政策利率，资金的机会成本将上升，贷款机构将更为谨慎。在信息实时传播的现代社会，一旦中央银行宣布提高政策利率，贷款机构可能就会即时调整放贷行为，提高贷款利率。

此外，当市场中的货币供应已经过量，中央银行可能还会在提高政策利率的同时配合以公开市场操作，即通过在金融市场卖出政府债券来回收货币。通过卖出政府债券，中央银行可将货币从金融体系中收回。因为购买债券需要支付相应资金，商业银行通过购买债券支付给中央银行的那部分货币就有效地退出了流通领域。

相反的是，当中央银行认为银根过紧时（如货币量过少、融资成本过高），中央银行就会调低政策利率。当政策利率下调时，资金的机会成本将降低，贷款机构将更乐于放贷。与提高政策利率相同的是，由于信息的迅速传递，政策利率下调的信息一经宣布，就会引发贷款机构立即调整其放贷行为。

假如中央银行认为必要，仍可在调低政策利率的同时配合使用公开市场操作。中央银行极可能在金融市场买入政府债券。通过买入债券，中央银行能够有效地向金融体系注入货币，因为中央银行将向卖出债券的市场主体支付相应资金。

中央银行调控货币的职能在过去四十年间引起了公众的极大关注。货币政策的潜在变化影响了经济中的每个人。经过多次的尝试及理论和实践的突破，当前的货币政策操作可视为艺术而科学的行为。我们将在本书的第二部分详细讨论货币政策的理论基础和实践经验。

3.1.3 管理及提供支付系统服务

即使是早期的中央银行，商业银行也常在中央银行设立账户，以进行银行间交易的清算。这一做法基于两方面原因：一是商业银行间存在同业竞争，一般不会将账户开在竞争对手方。而中央银行自始即以公共组织而非盈利机构的定位出现，其商业性质不强而不被商业银行视为竞争对手。二是作为与政府联系紧密的货币创造者，中央银行也被认为是更安全和最可靠的账户存放机构。当商业银行间进行资金交易时，通过中央银行账户进行清算更为简易。正因为为商业银行存款和清算提供服务，中央银行成为了银行的银行[2]。

目前，除了简单的清算业务之外，现代中央银行还积极在国家清算系统中发挥作用。在支付领域，现代中央银行常常是：（1）确保国家支付系统顺畅运行的管理者，（2）国家支付系统服务的提供者[3]。

1. 管理支付系统

作为支付系统的管理者，中央银行负责制定支付系统的相关规则和指引。可以说，中央银行设定规则的目的是：（1）降低支付系统失效的几率，（2）提高支付系统效率，（3）保障支付系统使用的公平和公正[4]。

由于参与者依赖支付系统满足流动性需求，支付系统失灵就会引起金融和经济体系的连锁反应。极端情况下，支付系统失灵导致的流动性短缺可能引发金融恐慌和银行挤兑。因此，支付系统失灵或可打断经济活动、妨害金融稳定。正因为如此，中央银行就必须

第三章 现代中央银行的定位和职能：中央银行究竟是什么

降低支付系统失灵的可能性，否则，就会因此出现金融和经济体系的不稳定。

除了降低系统风险外，中央银行还基于支付系统的效率问题开展管理。新的技术手段通常能提高效率。然而，由于投资成本较大，私人部门采用新技术的动力总是不强。为激发私人部门的动力，就需要部门为其提供指引和规则，督促其适时采用新技术，而这项任务常常落到了公共部门，如中央银行身上[5]。

高效的支付系统对于货币政策操作的有效性也至关重要。高效的支付系统能提高中央银行吸收和注入流动性的效率。同样地，高效的支付系统有助于商业银行有效管理准备金，能使其更快地借入资金和贷出资金。因此，为提高操作效率，作为货币政策执行者的中央银行也有动力来设计和管理支付系统[6]。

此外，支付系统是一种具有正外部性的公共产品，中央银行也希望能为之设定规则，以确保经济运行的公正和公平。支付系统网络的基础设施建设通常有规模效应且耗资巨大，只能由公共部门或大型私营机构承担。若私营机构提供支付系统服务，能让小型交易者以负担得起的价格加入其中是有益的，对那些投资的大型私营机构来说也是合理的。

2. 提供支付系统服务

现代中央银行通常是经济中大额资金（批发业务）交易系统服务的提供者。与零散而差异化的系统相比，商业银行通过单一集成的中央银行系统进行银行间资金交易显然更为有效。然而这种系统通常是公共服务系统。因为没有公共部门支持的话，初期在系统建设上投入了大量资金的商业银行不会接受其他银行（免费）加入系统。为解决这一问题，多数中央银行为大额支付业务提供服务。然而，对于小额的（零售）资金交易业务，中央银行常常仅为特定形式的交易提供支付服务，如支票清算业务。不过，中央银行不会参与信用卡清算业务，这是由于私人服务提供商已经在这一领域提供了深入的服务[7]。

3.1.4 最后贷款人

正如第一章所讨论的，从历史上来看，由于中央银行是与政府有着紧密联系的最终货币创造者，是银行的银行，因此，发生困难的商业银行在其他渠道无法获得救助的情况下，自然会向中央银行寻求帮助[8]。然而，在最近的国际金融危机之前，现代中央银行常常由于担心道德风险问题而避免行使这一职能[9]。

1. 道德风险

从商业银行的角度来说，道德风险问题意味着，假如某商业银行知道其总是可以从中央银行获得救助，那么该银行行事将更为草率。商业银行会在无足够风险准备的情况下向风险项目发放贷款，而且认为随时都能获得救助。为了防止商业银行出现道德风险问题，中央银行常常要求商业银行在向中央银行求助前先寻求其他渠道的救助[10]。而且，中央银行也常常明确表示不会对单家银行实施救助，除非它危及整个系统（如大而不能倒的机构）。

然而，在国际金融危机及紧随其后的欧债危机威胁国际经济稳定的情况下，许多中央银行不得不再次充当最后贷款人的角色。主要中央银行，包括美联储、欧洲中央银行、英格兰银行都充当了最后贷款人，以防止危机对金融系统和经济产生更大威胁。

2. 最后贷款人的形式

中央银行可通过三种主要方式充当最后贷款人：一是它可以向单个银行注入流动性，二是它可以对市场而非特定金融机构注入流动性，三是它可以向问题银行注入风险资本。当然，这也意味着政府对银行的接管[11]。

最后贷款人职能的第一种行使方式是，中央银行可能要求以与政府债券类似的抵押物为担保，直接向问题银行提供短期贷款，使问题银行至少先达到短期偿债要求。一旦问题银行达到短期偿债要求，它就可以回到正常营运状态且需要归还从中央银行借入的资金。某银行在短期内达到监管要求后就可以恢复正常，说明该银行遇到的是流动性问题而非偿付能力问题*。第二种行使方式是中央银行直接向金融市场注入流动性，以缓解金融系统在极端情况下产生的流动性短缺。在2007~2010年国际金融危机中此方面的例子包括美联储为放松回购市场流动性而设立的联储一级交易商信贷便利[12]，以及为商业票据市场提供流动性的联储商业票据基金便利[13]。在这两项便利下，即使非银行金融机构和非金融企业仅持有变现性不强的抵押品，美联储仍愿意为其提供流动性，以缓解这些市场中的流动性短缺。

有了中央银行注入的额外流动性，金融机构或企业就能够在短期内达到偿债要求。这也有助于短期借款利率下降或是阻止其继续攀升。假如短期借款利率较低，金融机构会更乐于对同业和其他客户进行借贷，这将有利于放松市场流动性，令经济活跃度上升。

第三种行使方式是在商业银行即使达到短期偿债要求也无法恢复正常营运状态的情况下（如该行遭遇支付危机），中央银行向该银行注入风险资本并收回管理权。通过注入风险资本，中央银行可取得某银行的所有权，并会力求为该银行的问题寻找解决办法。从某种角度看，中央银行向商业银行注入风险资本是对问题银行的特殊处置方式，具体请见后文。

3.1.5 银行监管者

如第二章所述，中央银行如若行使最后贷款人的职能，将持续评估商业银行的健康状况。这是由于商业银行出现问题时，中央银行必须评估其是否值得救助[14]。在很多国家，这一职能融入在银行监管职能中，中央银行不仅有责任检查商业银行是否运行良好，而且也会制定规则确保商业银行稳定运行。

---

* 流动性问题意味着，除非承担变现损失，否则一家实体可能无法及时地将其资产变现，而这可能会导致该实体短期内无法满足偿债要求。假如流动性问题能及时被发现，那么损失可能不会太严重，可以用现有资本金覆盖。这种情况下，流动性问题只是暂时的，该实体应可恢复正常运转。然而，偿付能力问题意味着该实体可能没有足够的流动性资产满足偿债要求。有偿付能力问题的实体若未获得资本注入，可能无法恢复正常运转。

实践中，现代中央银行作为监管者有着许多相关却各异的任务。这些任务包括（1）为新成立的银行颁发牌照，（2）监督和检查商业银行日常业务，（3）设定管理规则，（4）按管理规定纠正商业银行违规行为，（5）必要时处置问题银行[15]。这些任务的目标均是为了降低单家机构和整个金融系统的运行风险。

1. 颁发银行牌照

为了确保新设的商业银行有着良好的营运架构，许多中央银行负责为新设的商业银行颁发牌照*。新设银行的组织者须向中央银行提交申请。一般来说，中央银行会审查新设银行的营运规划，考察其在一段时间后能否盈利。中央银行也会审查商业银行董事会和管理层是否合适和恰当（例如，拟任者是否诚实可信赖，是否有过破产记录，是否曾经担任另一家已破产银行的总裁或管理人）[16]。

除了通过控制牌照颁发以确保新设银行的安全良好运行之外，中央银行还可在其权利范围内谋划金融业的格局以降低系统性风险并促进银行业创新和竞争力的提升。例如，如果中央银行认为现有的商业银行同业竞争健康而充分，再设银行就会产生过度竞争并导致商业银行或将为了维持收益而涉足更高风险的业务，中央银行就会暂缓新牌照的发放。相反，如果中央银行认为现有的银行业竞争不足以支持经济的活跃度，中央银行就可能颁发更多牌照或允许商业银行参与更大范围的金融产品业务。

2. 商业银行营运检查和监督

对商业银行的检查是对商业银行监管的基础。其目的是评估商业银行营运是否良好，并确保商业银行营运符合规则和监管要求。目前，检查包括两项基本任务，即现场检查和非现场监管。现场检查是指中央银行指派工作人员在商业银行现场进行检查，即实地检查。非现场监管是在检查周期内，在两次现场检查时段之间，中央银行利用现场检查的数据和其他相关资料对商业银行的营运情况进

---

* 请注意，在美国，美联储并不颁发银行牌照。而是各州政府为州立银行颁发牌照，货币管理办公室为全国性银行颁发牌照（美联储系统管理委员会，2005年）。

行监测和分析,以判定其营运状况的安全性、稳健性[17]。

> **概念:银行检查**
>
> 检查通常是监管的基础。现代银行检查通常包括两项基本任务:现场检查和非现场监管。两者相辅相成。
>
> 现场检查
>
> 在一次典型的现场检查中,中央银行派出的检查人员会面见管理层,查看商业银行的规章制度,检查规章制度的执行程度,核实其资本充足率,检查会计记录有无差错,评价内部控制和审计功能的充足性以及法律法规的遵守程度(见表3.2)。
>
> 表3.2　　　　　　　　CAMELS 评级构成
>
> | CAMELS 评级系统 | |
> | --- | --- |
> | C | 资本充足性 |
> | A | 资产质量 |
> | M | 管理水平 |
> | E | 盈利状况 |
> | L | 流动性 |
> | S | 对市场风险的敏感性 |
>
> 来源:摘自联储理事会,联邦储备系统:目的和功能(华盛顿:联邦储备系统理事会,2005年)。
>
> 除了记录在案外,现场检查的结果通常也被归纳为 CAMELS 评级系统的一个综合指标(或变量),在此,C 代表资本充足性,A 代表资产质量,M 代表管理水平(包括内部控制、公司治理和审计),E 代表盈利状况,L 代表流动性(应对突发性、临时性提款而将资产顺利变现的能力),S 代表对市场风险的敏感性(银行资本、盈利对利率、汇率或股价变化的敏感性及银行降低该类风险的举措)[18]。
>
> CAMELS 每项指标的权重各异,但通常权重最大的是管理水平。中央银行通过 CAMELS 评级和分析来表达自己对被检查银行的安全性和稳健性的评价[19]。

> **非现场监管**
>
> 实际上，对中央银行来说，在任何情况下都对每家商业银行进行现场检查并不是方便且节约成本的做法，因此，在两次现场检查之间中央银行还进行非现场监管。在非现场监管过程中，中央银行可以核实上一次现场检查中发现问题的整改情况，确定下一次现场检查需要关注的风险区域，并根据商业银行自身的监管报告、其他检查方的报告和公开信息等来分析商业银行的现状和绩效。这样，根据非现场监管的结论，如有必要，中央银行可更改 CAMELS 评级，或开展专项检查，或进行全面检查[20]。

3. 为商业银行设定监管要求

拥有监管权的中央银行可为商业银行制定规则和指引，以确保商业银行安全稳健运行。这些监管要求包括公司治理、风险管理及资本金和准备金充足性要求等。对于中央银行来说，资本金要求和存款准备金要求是确保商业银行安全稳健运行的最基本的两项要求。

案例：资本充足率和准备金要求

资本充足率和准备金要求是中央银行确保商业银行安全稳健运行的两项主要的监管要求。

资本充足率

自 1988 年以来，许多中央银行都以《巴塞尔协议Ⅰ》对资本充足率的要求作为监管指引。《巴塞尔协议Ⅰ》是由位于瑞士巴塞尔的巴塞尔银行监管委员会这一国际组织颁布的。《巴塞尔协议Ⅰ》规定了商业银行不同资产所需要的风险覆盖资本数量。采用《巴塞尔协议Ⅰ》的中央银行要确保其监管的商业银行满足《巴塞尔协议Ⅰ》对资本充足率的要求。

2004 年，巴塞尔银行监管委员会推出了一项新的协议，即《巴塞尔协议Ⅱ》。除了《巴塞尔协议Ⅰ》所关注的信用风险，《巴塞尔协议Ⅱ》还考虑到了流动性风险和操作风险。同时,《巴塞尔协议Ⅱ》将监管重点更多转向非现场监管,要求监管方重点关注商业银行风险管理做法而非审查其交易流程。2007年国际金融危机爆发前,《巴塞尔协议Ⅱ》并未被广泛采用,而此次危机却暴露了《巴塞尔协议Ⅱ》存在的缺陷。巴塞尔银行监管委员会对《巴塞尔协议》作了几次调整,在2010年末再次推出《巴塞尔协议Ⅲ》。在第12章,我们将就《巴塞尔协议Ⅰ》,《巴塞尔协议Ⅱ》和《巴塞尔协议Ⅲ》进行详细讨论。

存款准备金要求

资本充足率要求的主要目的是确保商业银行拥有足够的资本以防止资产在遭受意外损失时影响存款人利益,存款准备金则是为了确保商业银行有足够的流动性来满足流动性需求[21]。传统的准备金以现金或中央银行存款的形式存在,商业银行可以较为方便地用其满足流动性需求。存款准备金也一直是货币政策工具[22]。当准备金要求提高,商业银行必须保有更多现金或中央银行存款,而不得将其用于放贷。随着经济中的贷款供给下降,在其他因素保持不变的情况下,经济活动将趋于回落。当准备金要求降低,商业银行所需现金和中央银行存款将减少,相应地,放贷能力将增强。

如今,利用存款准备金工具进行货币调控的中央银行越来越少,因为准备金要求的调整对商业银行和消费者来说成本均较高。例如,如果中央银行决定提高准备金要求而商业银行没有足够的现金和中央银行存款,那么商业银行将不得不将部分资产转换为现金,如果可变现资产不足,商业银行将可能收回先前放出的贷款。

少数中央银行完全放弃了存款准备金工具[23],因为存款准备金被认为增加了商业银行的额外成本。现金形式的准备金并不产生利息,相反可能还需要支付保管费用。中央银行存款形式的准备金也可能无利息收入,或即便有也大大低于贷款利息。不过,多数现代中央银行仍将存款准备金率视为管理商业银行流动性的一项重要手段,因此仍将其作为一项监管工具。

4. 确保法律法规执行的监管手段

为了让商业银行落实法律法规要求，中央银行有权对其采取强制手段。如果商业银行不按照法律法规经营，中央银行将会采取刚柔并举的多种手段对其行为进行制约[24]。

温和的手段包括道义劝告，即中央银行说服商业银行的管理层整改轻微违规行为。更为严厉的手段包括对渎职的商业银行管理人员进行免职并任命临时管理者，以及对商业银行实施强制重组或清算[25]。

5. 问题金融机构的处置

尽管中央银行对商业银行设定了事无巨细的规则并进行细致的监管，但还是会有一些银行可能陷入困境。为保证问题银行不以一种无序的方式倒闭，中央银行和相关监管部门需要对这些问题机构采取特别的处置措施。

主要的处置方式包括：（1）清算，即关闭商业银行并以其变现的资产覆盖其债务；（2）托管，即临时管理；（3）收购与承接，即由另一家正常营运的银行部分托管或全部买入问题银行的资产并承担相应的债务；（4）国有化，即政府接收问题银行并承担其全部资产和负债[26]。

3.2 监管与否?

2007~2010年的国际金融危机让大家对现代中央银行作为监管者的职能定位进行了重新审视。20世纪90年代和21世纪初，许多国家将对商业银行的监管职能从中央银行剥离并转移至专设的金融监管部门。原因之一是中央银行作为监管者和货币政策执行者存在着内生冲突。作为监管者，中央银行了解商业银行的财务状况细节。作为货币政策执行者，当通胀压力上升时，中央银行有义务收紧银根。而收紧银根会降低经济活跃度，拥有超额负债的企业或将破产，商业银行或将减记贷款资产，这会使商业银行自身的财务状况变得糟糕。作为监管者，如果中央银行意识到收紧银根会导致商业银行资产负债状况恶化，即使是当时的通胀状况要求其收紧货币，中央银行也会在收紧银根时产生顾虑。因此，在21世纪初的中期，不少中央银行将其监管职能移交给了独立的金融服务机构，即金融服务管理局（FSA）。

2007年国际金融危机发生后，重新审视是否应对商业银行行使监管职能对于英格兰银行来说变得尤为重要。危机爆发时，由于未能详细掌握商业银行资产负债表的情况，英格兰银行根本没意识到商业银行遭遇到的财务问题。银行倒闭几乎酿成系统性风险，究其根源，金融服务管理局、财政部以及英格兰银行之间缺乏有效沟通被视为主要原因。掌握了商业银行详细状况的金融服务管理局没有足够的资金和权限去帮助问题银行摆脱财务困境，而英格兰银行虽然有手段帮助商业银行，但缺乏足够的信息有效地实施帮助。2012年初，英国政府解散了金融服务管理局并将银行监管权重新交回英格兰银行。

3.3　现代中央银行究竟是什么？

从上文可知，现代中央银行保留并修正了第二章中所提及的许多职能。总体来说，现代中央银行主要负责发行货币、执行货币政策、管理和提供支付系统服务。尽管为了防止道德风险中央银行会尽量避免行使最后贷款人职能，但必要时，仍会为之。在当今许多国家，中央银行也对商业银行实施监管，如发放新设银行牌照、制定银行行业标准、审查银行管理者行为、落实法律和管理制度以确保商业银行安全稳健运行等。

以上讨论的现代中央银行的职能可归入中央银行的两大核心使命，即货币稳定和金融稳定。中央银行发行货币和执行货币政策是为了保证货币稳定（即保持通胀率较低且稳定）。中央银行管理支付系统，作为最后贷款人以及监管商业银行等职能则是为了保证金融稳定（即金融系统运行顺畅）。

实践中，许多中央银行按照以上两方面使命设定内部组织架构：一部分部门负责货币稳定相关业务，另外一些部门负责金融稳定相关业务*。然而，2007~2010年国际金融危机后，人们逐渐意识到，货币稳定与金融稳定息息相关、相存相依，中央银行也更加重视两方面使命的有效融合。下一章，我们将讨论为何货币稳定和金融稳定是现代中央银行的核心目标，以及中央银行如何在实践中实现这两项目标。

小结

现代中央银行的职能包括货币发行、执行货币政策、管理和提供支付系统服务，作为最后贷款人和进行银行监管。

现代经济中，中央银行可通过纸币和电子形式发行货币。中央银行发行的货币贯穿于货币创造整个过程，以复式记账的会计形式流转循环。经过货币创造形成的货币量构成了货币供应量。

由于货币创造过程会影响经济活动和价格水平，因此现代中央银行也会调控货币。理论上，中央银行可通过执行货币政策、调整存款准备金率和改变政策利率以及实施公开市场操作来调控货币。实践中，现代中央银行常常避而不用存款准备金工具，而是利用政策利率和公开市场操作来调控货币。

现代中央银行常常行使监管支付系统和提供支付服务的职能。中央银行希望通过对支付系统的监管来确保支付系统不失效并提高支付系统运转效率，同时确保支付系统使用的公平和公正。中央银行常常是经济中大额支付系统的提供者。

中央银行行使最后贷款人的职能主要有三种形式：（1）可以向单个银行注入流动性，（2）对整个市场注入流动性，（3）向问题金

---

* 从组织架构看，尽管纸币发行的数量通常需要和货币政策部门协商，但纸币发行部门通常不属于货币稳定范畴。从操作层面看，纸币发行的职能包括对印制、发行中心及其他方面的管理等，因此，将纸币发行归入货币稳定类并不适宜。

融机构注入风险资本。

并非所有中央银行都具备银行监管的职能。拥有银行监管职能的中央银行,其主要任务包括为新设银行颁发牌照、银行业务检查、制定规章制度,以及确保法律法规的执行和处置问题金融机构。

2007~2010年国际金融危机以来,业界关于中央银行是否该行使银行监管职能的争论日益增多,这一问题得以被重新审视。

关键术语

银行监管	货币创造过程
基础货币	货币乘数
CAMELS 评级	货币供应量
资本金要求	非现场监管
通缩	现场检查
恶性通胀	公开市场操作
通胀	支付系统管理
最后贷款人	提供支付系统服务
流动性问题	政策利率
衰退	存款准备金
存款准备金率	偿付能力问题
存款准备金要求	

复习思考题

1. 现代中央银行的主要职能是什么?
2. 现代中央银行的主要定位是什么?
3. 什么是基础货币?
4. 什么是现金?
5. 什么是货币乘数?
6. 什么是存款准备金率?
7. 为什么中央银行发行货币要记在中央银行资产负债表的负债方?

8. 商业银行发放的贷款要记在商业银行资产负债表的哪方？

9. 如果中央银行向商业银行发行货币，通常会以这些货币购买什么？

10. 如果中央银行发行价值100美元的新增货币，购买了价值100美元的政府债券，对中央银行资产负债表有什么影响？

11. 如果中央银行向商业银行发行价值100美元的新增货币，银行存款准备金率为10%，经过货币创造过程后，经济中货币数量的最大值是什么？

12. 在第11题中，如果存款准备金率降至8%，对经济中的货币量有什么影响？

13. 如果经济中货币过少，中央银行如何解决这个问题？

14. 如果经济中货币过多，中央银行如何解决这个问题？

15. 为什么中央银行不用存款准备金作为一种货币政策工具？

16. 政策利率是什么？

17. 在执行货币政策时，公开市场操作是怎样与政策利率结合的？

18. 中央银行管理支付系统的主要目的是什么？

19. 从历史来看，提供支付系统服务职能是如何成为中央银行职能的？

20. 为什么中央银行需要为银行系统提供支付系统设施？

21. 请阐述中央银行在行使最后贷款人职能时采取的不同方式？

22. 设置银行牌照的主要目的是什么？

23. 流动性问题和偿付能力问题的主要区别是什么？

24. 资本金要求和存款准备金要求的主要区别是什么？

25. 现场检查和非现场监管是怎样实施的？

26. 银行监管过程中，常常会采用CAMELS或其他类似的评级系统。CAMELS评级系统的主要特征是什么？

27. CAMELS评级系统中，哪项指标表明商业银行是盈利的？

28. 为确保商业银行符合法律和监管要求，中央银行能采取哪些措施？

第四章 现代中央银行职能概述：
现代中央银行试图达到的目标是什么

学习目标

1. 辨别和区分现代中央银行的不同职能；
2. 阐述维护货币稳定、维护金融稳定、促进充分就业职能；
3. 解释短期与长期内货币稳定、金融稳定和就业目标之间的联系。

在第三章，我们回顾了现代中央银行的五大主要职能，即货币发行、执行货币政策、支付系统的建设和管理、最后贷款人和银行监管。我们还论述了这些职能如何派生出现代中央银行的两大关键职能，即维护货币稳定和维护金融稳定。

在本章，我们将更详细地探讨现代中央银行的职能。首先，我们将讨论货币稳定和金融稳定，这两项是现代中央银行最常见的职能。其次，我们将讨论美联储的促进充分就业职能，这项职能在最近的金融危机中获得了更多关注。

4.1 现代中央银行职能的概述

在探讨各项职能之前，需要指出的是，中央银行的角色或职能随着经济、政治和意识形态的变化在不同时期各有不同。由于中央银行的职能会随着时间的变化而演变，所以并不是每家中央银行都能就每项职能达成共识，对这些职能的法律界定也不一样，甚至发达国家的中央银行对这些职能的认识也未达成一致。

4.1.1 中央银行职能本质的演化

如第一章中所讨论的,中央银行的职能一直随着时间推移而变化。例如,早期的许多中央银行一开始肩负着硬币分类和储存或者为战争筹资的职能,但这些职能在现代中央银行中早已不复存在。随着布雷顿森林体系的瓦解,执行货币政策这一新的职能走向了中心舞台。

经过长期的知识积累和大萧条、恶性通货膨胀、大通胀等艰难时期后,中央银行和经济学家意识到货币稳定应成为货币政策的目标,因为货币稳定是长期内保证劳动力充分就业的一项必要条件。

同时,最后贷款人、支付系统管理和银行监管这几项职能也把中央银行推向了预防和处理危机的前沿。早在2007~2010年国际金融危机之前,许多国家就已经很重视金融稳定这一概念。

1. 货币稳定和价格稳定

过去四十年来,人们对中央银行如何使用货币政策帮助实现经济长期可持续发展有了更多、更好的了解,这也使许多国家将维护货币稳定和价格稳定定为中央银行的职能。本书中,货币稳定和价格稳定这两个术语可互换使用。值得指出的是,英格兰银行将货币稳定(定义为稳定的价格和对货币的信心)作为其核心目标之一(价格是否稳定以其通胀目标衡量)[1]。20世纪70年代末,美国《联邦储备法》也将稳定价格确定为美联储的目标之一,在《联邦储备法》中,稳定价格一词通常被表述为价格稳定目标[2]。欧洲中央银行和日本中央银行同样也将价格稳定视为目标之一[3]。

2. 金融稳定

由于大多数中央银行都有支付系统管理、最后贷款人这些传统的被广泛认为旨在维护金融系统稳定的职能,因此可以说中央银行具有内生的金融稳定职能。即使各家中央银行对金融稳定的定义不同,或中央银行没有银行监管职能,甚或金融稳定不是法定职责等原因，这一固有的职能仍然存在着。

举例来说，自20世纪70年代以来，美联储虽然已明确了价格稳定和充分就业的双重目标，但常常也被认为具有金融稳定这一内生职能[4]。尤其是2007~2010年国际金融危机期间，美联储扮演的最后贷款人角色进一步凸显了此项职能[5]。

3. 最大就业或充分就业

国际金融危机过后，中央银行尤其是美联储的充分就业这一职能成为各方关注的焦点。尽管早在20世纪70年代后期，美联储就被赋予价格稳定和充分就业双重法定职能，但长期以来美联储似乎并不愿意将充分就业视为一项独立的职能，不仅如此，美联储还宣称，只要价格稳定的目标能达到，就业就能实现最大化[6]。不过，随着国际金融危机将美国的失业率推向历史新高而通胀率维持低位，美联储在2008年还是重申自身目标是最充分就业和价格稳定[7]（见表4.1）。

表4.1　　　　　　　　中央银行的关键职能

货币稳定	金融稳定	充分就业
• 货币价值的稳定，不管以本币或外币的购买力来衡量	• 没有统一的定义，但通常是指金融系统的平稳运行和是否有能力抵御外部冲击	• 非常特别的，美联储被赋予价格稳定和充分就业双重职能
• 包括价格稳定，某种程度上与之互换使用	• 许多传统的中央银行职能，比如支付系统管理、最后贷款人和银行监管包含于其中	• 危机之前，美联储都在淡化充分就业职能，倾向于认为充分就业可以通过价格稳定来实现

4.1.2　职能的自然交叉

在更详细地讨论中央银行职能前，需要指出的是，上述三项关键职能（货币稳定、金融稳定和充分就业）在本质上是自然交叉的。取决于所处的时期和背景，这些职能之间可能有矛盾，抑或有互补之处。

短期权衡，长期协同

从时间跨度来说，短期内，货币稳定可能和充分就业有矛盾。有时，为了维护货币稳定或价格稳定，中央银行可能会采取提高政策利率的方式收紧银根，而这可能暂时减缓经济增长，并对就业产生负面影响。长期来看，货币稳定和充分就业之间可能并不存在冲突。如果货币稳定能帮助经济主体做出更理性的投资和消费决策，那么货币稳定和充分就业之间就是协同关系，货币稳定在长期内就能够帮助实现充分就业。

在长期内，一项职能的失效可能会导致其他两项职能出现问题[8]。举例来说，如果中央银行没有履行好金融稳定职能，一次严重的金融危机将可能导致螺旋式通货紧缩，即商品和劳务价格持续下跌，并导致货币的不稳定。在这种情况下，更严重的失业问题就有可能发生。

实践中，正因为各项职能之间本质上有相互交叉的联系，现代中央银行就经常需要在履行各项职能的措施之间进行平衡。一般而言，货币政策措施通常优先考虑的是维护价格稳定，原因在后续章节会详细提到。而近些年来，中央银行开始更多地意识到货币政策决策同样需要考虑长期的金融稳定。

最近的国际金融危机引发的教训是，如果中央银行发现消费者价格水平处于较低且稳定的水平，并判断价格稳定目标已经实现，从而长期保持低利率，那么低利率将会引发经济主体的投机行为[9]。大量资产价格泡沫也会因此产生，而一旦泡沫破灭，金融稳定和长期货币稳定将被危及，经济增长和就业也将受到剧烈影响。

4.1.3 关于充分就业职能的注释

长期以来，关于美联储的充分就业职能就一直存在争议。在联邦公开市场委员会（FOMC，也就是决定美联储货币政策的机构）发布的评论中，圣路易斯联邦储备银行的丹尼尔·桑顿（Daniel Thornton）认为在国际金融危机之前，即便是委员会本身也不情愿承认最大化就业是其双重职能的一部分[10]。

桑顿指出,尽管货币政策可以直接影响经济增长,但货币政策和失业之间的直接关系比较复杂而难以捉摸[11]。而且,有理论提出,在经济达到某个点后,中央银行如果想进一步降低失业率,通胀势必会发生。该理论被20世纪70年代末期的滞胀现象所部分证实*。该理论表明,若在短期内致力于实现就业最大化,中央银行可能在长期内无法同时实现货币稳定和充分就业这两项目标。此外,均衡失业率同样也会随着时间推移发生变化,因此,什么样的情形可以被定义为充分就业就变得不那么容易[12]。

在主要发达经济体的中央银行中,只有美联储将充分就业作为其法定职能。美联储的充分就业职能可以追溯到主流经济学家仍相信公共机构可以有效控制宏观经济政策且滞胀还未发生的时期。随着滞胀的发生和更多新的理论的提出,许多经济学名家和一些中央银行就中央银行所采取的政策措施是否应立足于保持货币稳定而不是充分就业产生了争论。随着货币稳定得以维护,人们逐渐认识到,私营部门可以更有效地配置资源,并促进经济和就业增长。

不过,在2007年的次贷危机后,由于危机导致美国经济陷入另一场大萧条的边缘,而且失业率创了新高,因此充分就业职能重新获得了更多关注。美联储希望在危机最坏时刻过去和金融稳定恢复后通胀仍保持在较低的水平,在采取新的货币政策措施(比如大规模的流动性注入)时美联储考虑了充分就业这一职能[13]。

不管是否有充分就业职能,实际上中央银行在实施政策措施时须经常考虑就业状况,因为中央银行的货币政策通常会对就业以及公众的福利水平产生影响。

4.2 货币稳定

术语"货币稳定"描述的是,货币的价值不会波动很大,也就

---

* 这就是第六章提及的自然就业率的假设。

是说，货币不会短期内在价值上有很大的升值或贬值幅度。如果货币升值或贬值过快，居民和企业就不能够做出最优的消费决策和投资决策。一旦货币购买力下降，人们就需要更多的货币购买相同数量的商品和劳务，换句话说，商品和劳务的价格就会上涨。这种现象一旦发生，就意味着通货膨胀。

相反，如果货币购买力上升，就意味着人们可以花更少的货币买到相同数量的商品和劳务。这时，商品和劳务的价格在下跌。这种现象一旦发生，就意味着通货紧缩。乍一看，从消费者的角度来说，人们可能会从通货紧缩中受益。而从长期来看，如果这种现象一直持续，出售商品和劳务的企业或雇员就会遭受损失。随着价格下降，企业的利润就会下滑，支付给雇员和供应商的货币会随之减少，偿还债务的资金也会随之下降，经济活动也会随之减缓，人们的收入和就业也就会受到影响。

货币升值或贬值至少部分取决于中央银行的行为。在最简单的层面，如果中央银行作为货币的创造者和监管者决定放松银根，使得货币更容易获得，那么货币就会相对于商品和劳务贬值，商品和劳务也就更贵。换句话说，就是商品和劳务的价格更高。相反，如果中央银行紧缩银根，使货币变得稀少，那么货币就会相对商品和劳务升值。商品和劳务就会更便宜，也就是它们的价格会下跌。如果货币升值或贬值的速度太快，由于人们难以做到按照升值或贬值的速度调整自己的行为，其消费决策和投资决策可能严重扭曲，经济活动就会受到严重影响。

4.2.1 货币稳定与价格稳定

货币稳定和价格稳定有着紧密关系。价格稳定，意味着货币国内购买力的稳定，但这一术语的含义比较狭窄，因为货币的价值还能通过汇率按照海外购买力来衡量。货币稳定通常意味着货币价值的稳定，是更广义的术语。如之前所述，英格兰银行将货币稳定定义为稳定的价格和对货币的信心，并将其作为核心目标之一，在此，稳定的价格就是以通胀目标来衡量的[14]。理论上来说，价格稳定和货币稳定有相同的根源，因此这两个术语经常被交叉使用。长期内，如果中央银行发行过多的货币，货币的国内购买力和国际购买力都会下降，进而引起货币贬值。货币超发过多，通胀率的持续上涨（意味着国内购买力的损失）和汇率的下跌（意味着国际购买力的损失）通常会接踵而至。

实际上，使用货币稳定还是价格稳定通常取决于周围的背景和中央银行想要向公众表达什么。在过去的二十年里，有一种观点得到了普遍认同，即国内通胀和汇率对中央银行来说是两个不同的操作目标。如果中央银行想强调其执行货币政策纯粹是为了维护货币在国内购买力的稳定，而较少关注汇率稳定，那么，使用价格稳定这个术语可能更为贴切。如果中央银行同样也关注汇率稳定，那么，使用货币稳定这个术语更为准确。在随后会详细讨论，货币政策制度的选择也会对汇率制度的选择产生影响。

如前所述，货币稳定和价格稳定经常交叉使用，描述的是较低且稳定的通胀状态。本书的第二部分将对货币稳定背景下的汇率展开详细讨论。

4.2.2 为什么重要

货币稳定使得经济主体能够做出最优的消费决策和投资决策。如果通胀较低且稳定的同时汇率没有过度波动，企业和居民就可以更有效地为将来的投资和消费做规划。能够做出对未来的有效规划，这对于经济长期增长非常重要。在较低且稳定的通胀环境下，企业和居民不需要担心投资收益的购买力会被恶性通货膨胀吞蚀，并且能够做出更好的经济决策。

正如前面章节提到的，如果中央银行发行更多的纸币或放松银根，个人和企业会更愿意并且更有能力去消费和投资，经济会随之繁荣。可是为什么中央银行不去设定宽松的货币政策目标持续刺激经济，从而促进消费和投资能持续增长呢？这至少有两方面原因：

第一,长期内经济能否持续增长取决于其他因素而非银根,包括取决于自然资源和人力资源、创新、生产力等中央银行权限之外的因素。第二,如果中央银行以此为其职能的话,可能会过分热心于放松银根,事态可能会如脱缰的野马般不受控制。如果经济中货币过多,或者银根过于宽松,将会产生两种糟糕的情况:一是通胀,人们有了更多的货币,可能会持续性地哄抬物价;二是可以更容易、更便宜地获取货币,会激发投机行为。

反之,如果中央银行紧缩银根,由于货币不能够方便和便宜地获取,经济活动会因此减缓。居民和企业将缺乏动机去借钱消费或者投资。银根过紧,货币变得稀有,人们会更不愿意将货币花掉。企业可能会因为卖不掉商品和劳务而裁减员工,这意味着居民收入会减少,也意味着对商品和劳务的需求会随之减少。在这种情况下,经济活动会萎缩,经济状况会发生相反的变化。

从上述讨论得知,(1)过于放松银根或过于紧缩银根对经济都会产生负面的影响,(2)中央银行应该创造与经济正好适合的货币环境。实际上,人们所认为的适合的货币环境对中央银行来说是个严峻的挑战。中央银行行长、学者们和其他评论家们研究和分析了各种货币动荡的历史教训,认为适合的货币环境可以很好地反映在商品和劳务的价格稳定上。商品和劳务的价格不应上涨或下跌得过快。换句话说,货币价值应该保持相对的稳定。中央银行如何保持货币稳定,以及稳定意味着什么,将会在第五章详细讨论。

4.3 金融稳定

金融稳定在20世纪80年代开始引起广泛关注。在中央银行学中,金融稳定是个相对较新的术语,基于这个术语的多面性,其定义和衡量方法至今有着很多不同[15]。从最简单的层面来说,金融稳定被视为这样一种情形,即金融部门能够平稳地、没有动荡地发挥其中介功能[*][16]。金融动荡可能由多种因素所引发,包括金融机构未能履行它们的义务并导致较脆弱的金融环境,以及支付清算系统失灵等。

究其更深层次的原因,我们可以说金融动荡经常发生于:(1)金融系统中关键参与者的流动性严重短缺,或(2)大范围的过度负债导致经济主体无法偿还债务[17]。

4.3.1 流动性短缺

如果金融系统重要性机构的流动性严重短缺,这些机构短期内就可能难以偿还自身的债务。当某一金融机构面临严重的流动性短缺,短期内难以偿还其债务时,其他金融机构可能会拒绝继续借款给该机构,这会导致该机构雪上加霜。该机构的存款人很可能蜂拥而至提取存款,并使其破产。

在这个紧密联系的世界里,一家特定机构的破产可能会产生连锁反应,威胁整个系统。如果一家金融机构不能偿还从其他金融机构借入的短期债务,其他金融机构也将会面临损失和流动性短缺。如果整个金融系统都发生流动性短缺,那么上述金融机构可能都难以履行自己的义务。同时,存款人也会去这些金融机构排队取款,令问题进一步恶化。

4.3.2 经济主体的过度负债

更深入地分析,我们可能会发现流动性短缺,以及金融系统的不稳定是由资产价格的泡沫和居民、企业和政府等经济主体的过度负债引起的[18]。如果居民或企业从金融机构贷款去购买那些价格正在很快上涨的资产(如房屋、固定资产和股票),由于这些资产的价格处于上涨期,这类贷款看上去会比较安全。但一旦泡沫破灭,这些借钱购买的资产价值就会下跌,并可能跌至借入的贷款数额之

---

* 金融部门通常是指银行、其他金融机构(如经纪公司和保险公司)和金融市场(如货币市场、外汇交易市场、债券市场、股票市场)。

下。随着泡沫破灭后经济活动的减少，借款人会发现很难偿还自己的债务。

借款人很难偿还债务，会使贷款的金融机构也处于麻烦之中。在第十二章将讨论到，借款人无法偿还债务，金融机构将要减记这些不良资产的价值，这样金融机构自身的资本就会减少。资本减少了，金融机构可能不仅不愿意发放新的贷款，而且还会收回原来已经发放的贷款，尤其是短期贷款。如果越来越多的金融机构不愿意发放新的贷款和收回原有贷款，流动性短缺就会随之出现，上文提到的金融动荡也会随之产生。

此外，如果存款人意识到一家银行没有足够的资本去覆盖不良资产，那么这家银行就可能遭遇挤兑。如果公众意识到坏账问题不仅仅局限于一家单独机构，挤兑现象就会蔓延。对金融机构的挤兑不仅对金融部门本身，而且对整个经济来说，都是一种动荡。

案例：事前和事后金融稳定的处理

其实在20世纪80年代"金融稳定"这一概念出现之前，中央银行就一直在扮演维护金融稳定这一角色。这可以从中央银行作为银行监管者和最后贷款人上体现出来。在2007~2010年国际金融危机之前，中央银行处理金融稳定事项的指导思想更侧重于事后——即消除已破灭的资金价格泡沫的不良影响，而不是事前——即预防资金价格泡沫和经济主体的过度负债[19]。之所以如此，是因为很难在事前确认什么时候过度负债会危及经济基本面。同样，资产价格上涨到何种程度就会危及经济基本面也很难在事前确认[20]。

在2007~2010年国际金融危机发生后，人们日益认识到为了维护金融稳定，中央银行需要在事前阻止经济主体的过度负债和资产价格泡沫演化成金融动荡[21]。

4.3.3 为什么重要

金融稳定之所以重要,原因至少有三。第一,金融稳定可确保经济中资金的有效配置。金融系统的平稳运行可保证资金从存款人转移至借款者。第二,长期来看,金融稳定和货币稳定是交织在一起的。一个金融不稳定的经济体将陷入螺旋式通货紧缩,正如20世纪30年代发生的大萧条和20世纪90年代至21世纪头十年日本经历的一样。第三,传统的中央银行职能,例如支付系统的建设和管理,最后贷款人和银行监管等,已将金融稳定内嵌于其中。

在20世纪80年代,随着发达经济体和新兴市场经济体频繁发生金融危机并导致巨大经济损失,金融稳定这一职能开始引起关注[22]。此后,在主要发达经济体发生了两次金融不稳定事件,再次证明中央银行正式承担金融稳定职能的重要性。这两次事件是:(1) 20世纪90年代早期日本房地产和股票泡沫破裂,导致日本经济陷入通货紧缩长达二十多年;(2) 2007~2010年的国际金融危机。

20世纪90年代早期,日本的房地产市场泡沫和股票市场泡沫相继破裂,银行体系受到了巨大冲击,整个国家陷入长期的痛苦的通缩,商品和劳务的价格连续下降了很多年[23]。事后分析表明,日本中央银行当时过于放松银根,导致了大量泡沫产生[24]。当时,因为通胀水平看起来很低,日本中央银行便一直推行宽松货币政策[25]。泡沫破裂后,金融不稳定随后转变成货币不稳定,日本陷入了所谓的"失落的二十年",在此时期内,日本都没能走出通货紧缩的泥潭。

2007~2010年的国际金融危机也证明,不加审视地放任资产价格泡沫增大会导致金融不稳定(例如美国和欧洲的房地产价格泡沫),给社会带来巨额负担[26]。基于日本的教训和2007~2010年的国际金融危机,中央银行开始主动维护金融稳定。作为监管者,各国中央银行目前更前瞻性地监测商业银行的风险敞口,更多地关注商业银行之间以及其他金融机构和市场参与者之间的联系[27]。

4.4 充分就业

不同于货币稳定和金融稳定，充分就业对于中央银行来说并不是项常见的职能，至少对发达经济体的中央银行来说是这样。但它却是世界上能力最强的中央银行——美联储的一项职能，所以有稍微详细探讨的必要。美联储的充分就业职能，与其他中央银行的一样，随着时间的推移而演变[28]。

美联储目前的职能，起源于1977年美国国会修订的《联邦储备法》。该法明确规定美联储应保持货币信贷总量的长期增长与经济的长期潜在增长相一致，以有效地促进最大就业、形成稳定的价格和适度的长期利率[29]。由于高通胀期间名义利率很高，我们可以推断《联邦储备法》中稳定的价格和适度的长期利率两个词汇反映了中央银行对价格稳定或货币稳定的关注。而最大就业一词则反映了美联储的另一项职能。最大就业作为一项货币政策职能一直备受争议[30]。一方面，许多人认为赋予中央银行充分就业职能会使得中央银行偏向提供更宽松的货币环境。而另一方面，宽松的货币环境在长期来看并不是实现最大就业所必需的。长期来看，生产和就业增长依赖于经济体产生经济活动的能力。这种能力取决于像技术、研发、法律等大部分银根无法直接影响的因素[31]。

如果中央银行为了实现最大就业而倾向于放松银根，那么通胀很有可能发生而最大就业却未实现。20世纪70年代通货膨胀的教训显示，如果不及时刹车，通胀发生后会变成螺旋式而无法控制并将给经济带来不确定性。居民的消费和储蓄决策会因为无法辨别未来商品和劳务的价格走势而扭曲。企业也会因为没法正确预计利润而难以做出正确的投资决策。如果中央银行偏向放松银根，长期来看，最大就业职能是无法实现的。

实际上，经济学家和中央银行行长们经常使用充分就业而非最大就业这个术语。充分就业这个概念是印证基本不存在零失业率这一情况而言的。因为，在任何既定时期，势必存在短暂失业现象，像刚毕业的大学生需要找工作，或是家庭妇女在孩子长大以后重新返回到就业市场。事实上，充分就业可以表示为经济体中的自然失业率，或是非加速通胀失业率（NAIRU），这将在第五章详细讨论。

4.4.1 为什么重要

前面说法的另一面是：若没有充分就业这一职能，中央银行将只会致力于稳定价格而牺牲其他重要的经济目标。不少学者认为，双重职能中如果不包含就业这一内容，美联储就可能忽视经济稳定和就业的重要性，而这两方面并非总是对应着低通胀[32]。

在2007~2010年国际金融危机之后，美联储充分就业这一职能的重要性日渐清晰。2008年12月，在经过长时间的犹豫之后，美联储在其货币政策的声明中明确表示了充分就业这一职能[33]。基于危机的严重性，美联储希望公众相信美联储不会因为通胀率一直保持在很低水平就对失业问题袖手旁观。

在危机过后强调充分就业，美联储似乎想向公众表明，它们将致力阻止经济陷入通缩。在面对危机时，美联储也确实乐意去刺激和稳定经济。这随后被第一次量化宽松政策所证明，此项政策是在通胀率仍然很低而失业率达到10%时推出的。在随后的几年里，美国的失业率一直很高，美联储继续实施了一系列的量化宽松政策。

到2012年12月，充分就业和价格稳定一样，已成为美国货币政策重要而明确的一部分内容，美联储采用失业率作为其货币政策的一项关键性前瞻指标[34]。特别的，美联储在2012年12月声明会保持联邦基金利率在0到0.25%之间，只要（1）失业率在6.5%以上，（2）在一两年内，通胀在长期目标2%以上不超过0.5个百分点，（3）长期通胀预期持续稳定[35]。

4.5 三项职能之间的平衡

实际上,现代中央银行并不只关注单一职能。虽然没有明确说出来,但中央银行是想同时实现三项职能的。举例来说,美联储被赋予价格稳定和充分就业双重职能,还在金融稳定中扮演重要角色,这在最近的危机中就体现出来。虽然其他中央银行没有明确将充分就业作为自己的职能,但人们一直认为货币稳定会使各经济主体乐观地判断自己的行为,这在长期对充分就业是十分重要的。

4.5.1 典型的中央银行货币政策措施:泰勒法则

对于制定货币政策时,如何平衡价格稳定和就业目标,中央银行通常不会明确说明。1993年,斯坦福大学的约翰·泰勒(John B. Taylor)指出,不管是否有意,中央银行总会尝试去平衡价格稳定和就业目标。在使用统计手段计算政策利率应居于何种水平时,美联储同时考虑了以下两方面的因素:一是通胀应接近反映长期价格稳定的目标,二是产出应与充分就业相一致。泰勒发现,至少在研究期间,计算出的政策利率水平和真实政策利率水平很接近[36]。

换句话说,泰勒的研究表明,我们可以通过假定美联储试图实现实际通胀率和长期价格稳定一致,以及实际产出增长和经济潜力一致这两项目标,而大致估计出美联储的政策利率。

一方面,如果真实通胀率高于美联储认为的长期价格稳定水平,那么美联储会倾向于提高政策利率来减缓通胀。另一方面,如果由实际GDP增长率表示的经济实际产出增长高于美联储认为的经济潜在产出增长,那么美联储也同样会倾向提高政策利率。

通胀和产出增长朝相反方向变化时,泰勒的研究表明美联储会尝试平衡价格稳定和产出(或就业)目标。举个例子,当石油冲击使通胀水平高于美联储认为的和长期价格稳定一致的通胀水平,并使经济活动减少以致产出增长低于潜在增长(使就业低于充分就业）时，美联储制定货币政策就很有可能同时将价格稳定和产出（就业）目标纳入考虑范畴。

泰勒的研究结果表明，美联储确实在制定货币政策时同时将价格稳定和产出（就业）目标纳入了考虑范畴。之后的类似研究同样也发现了所谓的泰勒法则，即中央银行应该同时关心价格稳定和就业。泰勒法则可以解释许多其他中央银行的货币政策决策原因，不管这些中央银行是否有明确的促进就业职能[37]。有关泰勒法则将在第六章详细阐述。

4.5.2 不同职能的履行

从实际情况来看，不管是不是明确的职能，中央银行在制定政策时都将货币稳定、金融稳定和就业目标纳入考虑范畴。各家中央银行履行不同职能的方式可能不同，这取决于各自所处的背景。举例来说，没有银行监管职能的中央银行在履行金融稳定这一职能时肯定不同于那些有银行监管职能的中央银行。尽管有着这些不同，目前中央银行在履行不同职能时都会考虑一种情况，这种情况即2007～2010年国际金融危机带来的一些变化[38]。

1. 国际金融危机之前

其实在国际金融危机之前，中央银行就一手追求货币稳定[39]（只要此目标实现，长期内就能带来充分就业），一手追求金融稳定（虽然对于何为金融稳定各家中央银行之间有不同的定义）[40]。实现货币稳定的"臂膀"是依靠制定和执行货币政策，即在经济中调整银根。实现金融稳定的"臂膀"则是监管银行和管理支付系统[41]。

中央银行会采用不同的工具去实现这两个目标。尽管有些工具可以用来实现多重目标，但在国际金融危机爆发之前，这些工具在中央银行履行货币稳定和金融稳定职能时还是有明显的区别。

实现货币稳定目标时，中央银行通过利率、公开市场操作、汇率和存款准备金等工具来影响银根。货币政策工具的使用均能影响银根，并通过货币价值的改变潜在地影响每个人。虽然货币政策工具同样也可以用于追求金融稳定（举例来说，紧缩货币可防止私人部门过度借贷），但中央银行通常不愿这样做[42]。

在实现金融稳定目标时，假定中央银行是银行监管者，其政策工具通常是对商业银行设置制度和规则。这些制度和规则本质上更自下而上，重点在于单一银行的安全和稳健，较少考虑银行体系在整体上可能被宏观经济的发展所影响[43]。

对于那些没有银行监管职能的中央银行来说，则不能以直接制定制度和规则作为金融稳定的政策工具。在这种情况下，这些中央银行关注得更多的是金融部门的整体状况和与其他金融监管部门的协调配合。澳大利亚储备银行和国际金融危机之前的英格兰银行等都属于这类中央银行。

2. 国际金融危机之后

国际金融危机之后，人们对中央银行如何通过协调两大职能，使用不同政策工具，以及与公众沟通去履行不同职能有了重新思考。

特别的，人们越来越认同：（1）货币政策的运用也应该考虑到金融稳定[44]；（2）作为国际金融危机前主要工具——微观审慎工具的补充，也需要一系列自上而下的宏观审慎工具去实现金融稳定目标[45]；（3）美联储应明确向公众告知其促进充分就业的职能[46]。

3. 运用货币政策实现货币和金融稳定

2007~2010年的国际金融危机带给我们的教训是，如果中央银行过度乐观，某时期的货币不稳定会导致下一时期的金融不稳定。在银根宽松的情况下，如果通胀很低，居民和企业就会过度借贷，资产价格泡沫和金融不稳定就会随之产生[47]。如果金融不稳定很严重（可能因为银根宽松的时间太长），那么通缩的风险会随着泡沫破灭而凸显[48]。相应的，金融稳定和货币稳定在长期会最终联系在一起，中央银行可能需要以更长远的目光去考虑货币政策的制定。中央银行需要确保即使通胀很低，货币环境也不能过于宽松以致发生金融不稳定并反过头来影响货币稳定[49]。

4. 使用宏观审慎工具有助于实现金融稳定

国际金融危机爆发之前，中央银行才刚刚将银行监管的重点从所谓的微观审慎框架转移至更自上而下的宏观审慎框架[50]。在宏观审慎框架下，对系统性风险的关注取代了对单一银行合规性的关注，另外，金融机构、市场和借款人之间的联系也被纳入监管范畴。一系列工具可以用来消除一些特定市场如房地产市场过度借贷的风险，这些工具也就是所谓的宏观审慎工具[51]。

有关宏观审慎工具的细节将会在本书的第三部分详细探讨。在中央银行履行金融稳定职能时，宏观审慎工具可以补充或有时替代货币政策工具。货币政策工具，像利率、存款准备金和汇率等，可直接影响经济中的每个人。例如，紧缩的货币政策对所有个人和企业来说都会导致资金成本上升。如果过度借贷和风险只积聚在经济中的某个特定市场，像房地产市场，那么中央银行可能不太愿意使用货币政策来全面收紧银根，因为这会令房地产市场以外的所有人都受到影响。相应的，中央银行可能会对其监管下的商业银行采用宏观审慎工具来收缩房地产市场的贷款。

5. 就业职能的沟通

对很多中央银行来说，虽然充分就业还是一项饱受争议的职能，但失业却一直被视为现代中央银行在履行货币稳定职能时至少应隐含考虑的因素。银根的松紧至少在短期内会通过经济增长对失业产生影响（详见第五章经济增长和就业之间关系的案例探讨：失业和产出之间的关系——奥肯法则和产出缺口）[52]。因此，中央银行的货币政策决策可以大致采用泰勒法则描述，也就是说中央银行在制定货币政策时也将就业因素考虑了进去[53]。

在与公众沟通方面，对于中央银行来说，对外承认将充分就业作为一项具体职能还是很敏感的事，因为这会给公众造成困惑。短期内，中央银行可能有能力通过货币政策在高通胀和高失业之间选择。宽松的货币环境短期内可能鼓励更多的经济活动，形成低失业率和高价格，但历史经验和理论发展表明，在通胀和失业之间长期并不存在平衡点。随着时间的推移，积极追求低失业率的中央银行很可能以高通胀和高失业率而收尾。

考虑到货币政策和失业之间细微的内在关系，美联储尽管自 1977 年开始就有促进就业职能，但仍避免让公众知道其货币政策决策考虑了就业。这种情况一直延续到 2008 年 12 月国际金融危机全面爆发，美国临近通货紧缩的境地才有改变[54]。在这种特殊情况下，美联储强调充分就业职能和以失业率为指导，至少有助于向公众保证，美联储会暂时保持宽松的货币政策直到失业率降至正常水平。

小结

现代中央银行的核心职能包括货币稳定、金融稳定和充分就业。大多数中央银行仅有货币稳定和金融稳定这两项职能，而美联储是个例外，其拥有另一项明确的职能就是充分就业。

这三大核心职能相互交错，在不同的时间跨度和背景下，既可能相互冲突，也可能协同生效。短期货币稳定可能会和充分就业相冲突，但长期货币稳定可能是充分就业的基础。此外，货币稳定不能长期脱离于金融稳定而存在。

虽然英格兰银行认为货币稳定意味着"对货币的信心"，但货币稳定通常涉及较低且稳定的通胀率，并能和价格稳定互换使用。货币稳定非常重要，因为它有利于经济主体做出最优投资和消费决策。

金融稳定指金融系统能够有效和顺畅地在经济中配置资金。对中央银行来说，金融稳定非常重要是因为：（1）对于有效配置资金是必须的；（2）和货币稳定相互交错；（3）包含在中央银行诸多传统职能中，如支付系统管理、最后贷款人和银行监管等。

美联储在价格稳定和充分就业的双重职能外，与众不同地纳入了充分就业这一明确职能。在 2007~2010 年国际金融危机之前，为避免给公众造成困惑，且在短期内通胀和失业之间可能存在平衡点,美联储并没有强调充分就业职能。然而,自危机爆发起,美联储开始强调充分就业的职能,这就保证了其在关注价格稳定的同时并不是以牺牲其他重要经济目标为代价。

自 2007~2010 年的国际金融危机开始,人们对于中央银行如何履行不同的职能有了重新思考。第一,中央银行执行货币政策除了要考虑货币稳定还要考虑金融稳定已经成为共识。第二,宏观审慎工具可能需要作为货币政策的补充以维持金融稳定。第三,对于美联储来说,应向公众明确告知自身促进充分就业的职能。

关键术语

金融稳定	微观审慎
充分就业	货币稳定
宏观审慎	价格稳定
最大就业	短暂失业

复习思考题

1. 货币稳定的含义是什么?与价格稳定的含义是否不同?
2. 为什么货币稳定对于中央银行来说是项重要的职能?
3. 如何定量测度货币稳定?
4. 什么能反映金融稳定状态?
5. 关于金融稳定有很多定义,请描述其中的一些关键要素。
6. 为什么金融稳定对于中央银行来说是项重要的职能?
7. 为什么中央银行与生俱来具有维护金融稳定的职能,即便它不是银行监管者?
8. 美联储的双重职能是什么?
9. 我们如何从定量角度定义充分就业?
10. 为什么 2007~2010 年国际金融危机爆发之前,美联储一直都不强调充分就业职能?
11. 仅专注于履行货币稳定的职能会导致长期的金融不稳定吗?

12. 为什么中央银行不愿意阻止金融不平衡和资产价格泡沫,特别是在 2007～2010 年国际金融危机之前?

13. 长期内,忽视金融稳定职能有可能实现货币稳定吗?为什么?

14. 长期内,专注于实现最大就业将如何导致货币的不稳定?

15. 为什么我们说泰勒法则即使在 20 世纪八九十年代也很接近美联储的双重职能?

16. 基于泰勒法则,如果经济产出增长超过其潜在增长,同时通货膨胀超过目标值,中央银行很可能会做什么?

17. 在 2007～2010 年国际金融危机后的恢复阶段,美联储所采用的前瞻指导性货币政策策略是什么?

18. 宏观审慎框架的关键特征是什么?

19. 为什么中央银行不愿意紧缩银根以帮助维护金融稳定?

20. 如何使用宏观审慎工具来维护金融稳定?

第二部分　货币稳定

第二部分阐述货币稳定的多个方面。稳定货币的职责在过去三十年间一直在中央银行占据主导地位。

第五章阐述货币政策的理论基础，货币政策是中央银行为了达到货币稳定的目标，用于调控经济中的货币环境所使用的政策。

第六章讨论中央银行为追求货币稳定可能会采取的各项货币政策制度（规则）。

第七章介绍货币政策的实施，实施中通常采取金融市场操作方式。

第八章分析货币政策如何在经济中传导，影响货币稳定，进而影响产出和就业。

第九章讨论汇率。因为汇率是货币的价格，影响着货币稳定和金融稳定，因此，也成为中央银行需要关注的另一个重要变量。

第五章 现代货币政策实践的理论基础

学习目标

1. 阐述现代货币政策实践的基础理论；
2. 认识和描绘短期菲利普斯曲线；
3. 阐述自然失业率；
4. 阐述 GDP 缺口；
5. 区分适应性预期和理性预期；
6. 解释中央银行的独立性操作为什么重要。

本章详细阐述了现代中央银行实现货币稳定的实践所依据的五种主要理论。特别值得一提的是，综合这五种理论来看，都认为中央银行在执行货币政策时，应该遵循一种旨在维持较低且稳定通胀环境的合理规则。中央银行依据合理规则来执行货币政策有助于调控公众预期，使公众相信中央银行将尽力使用货币政策来达到可能的最大效果，即实现长期物价稳定，而非试图将失业率降到自然失业率水平以下。

5.1 理论综述

众所周知，货币政策操作所依据的五大最有影响的理论包括：（1）货币数量论；（2）菲利普斯曲线；（3）自然失业率；（4）理性预期假说；（5）时间不一致性问题。以上五大理论确定了货币政策制定和执行的五个议题。这五大关键性理论及其观点将在稍后展开。

货币数量论：从长期看，货币政策仅仅能影响商品和劳务的价格，无法直接影响产出或经济发展水平。中央银行通过发钞来刺激经济，从长期来看只能造成物价上升和通胀。

菲利普斯曲线：短期来看，通胀率和失业率之间存在着负相关关系。当通胀率上升时，失业率则下降，反之亦然。中央银行可以使用货币政策影响这两个变量，对经济进行微调。

自然失业率：长期来看，通胀率和失业率之间的负相关关系会消失。此外，还存在着一种与经济的发展潜力相对应的失业率，这就是自然失业率。如果中央银行试图将失业率降低至自然失业率以下，那么从长期来看，当物价和通胀预期得到全面调整，不仅仅是通胀率，连失业率都会上升。

理性预期假说：公众预期影响着经济政策的有效性。公众有着足够的理性，能够将其对政策结果的预期融入到当前的行为中。相应的，扩张性政策导致对通胀的预期，然后引起螺旋式的工资和物价的上升。为了使货币政策能有效维持物价稳定，中央银行必须对公众的通胀预期进行调控。

时间不一致性问题：任由中央银行执行货币政策时使用完全的自由裁量权，而不是遵循一种清晰的规则，可能效果会事与愿违。政策制定者往往有着良好意愿，如果他们认为能够增进社会福利，制定政策时他们可能会改变自己的一些初衷。然而这种初衷的改变会有损未来政策的可信度和有效性，公众福利反而会降低。对中央银行来说，如果想要货币政策有效地维持较低且稳定的通胀水平，信誉是至关重要的。

上述五大理论得到了当前学术界和中央银行人士的普遍认同，也就是货币政策操作应该遵循一种清晰的规则，旨在营造一个较低且稳定的通胀环境。可信的货币政策规则有助于调控公众预期，使公众认为中央银行能使用货币政策实现货币稳定，而不是试图将失业率降低到自然失业率以下。

5.2 货币数量论

货币数量论描述了较长时期内货币、经济活动和一般物价水平之间的关系。实际上，该理论提出，从长期来看，一个经济体的总产出是由非货币因素决定的，例如资本（工厂、道路、基础设施等）、劳动力和技术等。通过创造货币的方式来刺激经济从长期看是无效的，只能引起物价上升[1]。

货币数量论可以由宏观经济学中一个著名的方程表示，即1911年欧文·费雪（Irving Fisher）提出的交易方程式[2]：

$$M \times V = P \times Q$$

其中，M 表示货币总量，V 表示货币的流通速度，P 表示物价水平，Q 表示出售的商品总量。实际上，我们可以将方程右边 P（一般物价水平）与 Q（在指定时期内经济体售出的商品数量）的乘积视为名义 GDP。

货币数量论的方程式指出，在既定时期内，货币的数量（M）必须流通 V 次，才能为名义经济（经济中的总体商品交易量）提供足够的货币。

在货币数量论下，货币的流通速度（V）被认为取决于方程式以外的其他因素，例如支付技术的发展水平。售出的商品总量也被视为取决于方程式之外的因素，即劳动力、资本、技术的数量和质量等。因此，V 和 Q 都是常数，不由方程式中的任何其他变量所决定[3]。

该种理论认为，长期内，货币总量（M）的上升引起了一般物价水平（P）的上升，因为从长期看，货币的数量不能决定劳动力、资本、技术的数量和质量[4]。表面上，货币可以通过印刷很容易创造出来。纸币数量的增多会降低货币相对于经济中其他商品和劳务的价值，这就是通胀。从长期来看，纸币数量的增加，或者就此而言，银行账户上的资金增加，甚至是中央银行所持有的贵金属的增加，不会直接引起劳动力、资本（如机器、计算机等）、技术的增加和改善。

5.2.1 货币数量论和恶性通货膨胀

现实中，现代经济史中的多次恶性通胀已经印证了货币数量论。恶性通胀事件中最著名的案例之一发生在第一次世界大战之后的德国。当时德国政府无法为重振经济和支付战争赔款而征收到足够的税收和借到足够的资金，所以想通过印发钞票来做出努力。

随着时间流逝，货币的洪流并没有带来产出的增加或经济活动的恢复，反而造成了德国货币的迅速贬值。在1919年到1923年间，随着货币迅速贬值，德国商品和劳务的价格以亿倍上涨，德国人民持有货币不愿超过数小时，而是马上用货币购买其他物品。在德国政府决定进行货币改革、协商战争赔款减免、寻求预算平衡之前，货币印刷数量的上升已经对德国的经济和社会造成了严重的破坏[5]。

德国的恶性通胀经历经常被用作货币数量论的强有力证明。有世界各国高通胀教训作证据的货币数量论，成为了反对中央银行过度宽松货币政策和过度发钞的关键性理论基础之一[6]。

5.3 菲利普斯曲线

货币数量论指出货币政策无法长期直接影响经济活动和产出，而菲利普斯曲线则指出货币政策可以在短期内直接影响经济活动和产出。从20世纪50年代开始，随着更多宏观数据的可获得，经济学家开始注意到失业率和通胀率之间的负相关关系。当通胀率较低时，失业率会较高，反之亦然。通胀率和失业率之间的负相关关系被称为菲利普斯曲线，以经济学家 A. W. 菲利普斯（A. W. Phillips）的名字命名，他率先于1958年通过英国的经济数据发现了这种现象[7]。图5.1描绘了一条典型的菲利普斯曲线。

根据菲利普斯曲线，中央银行可以通过允许通胀上升的方式来降低失业率。例如，中央银行放松银根，即可以刺激总需求和经济活动。当货币环境宽松了，居民和企业就可以借入更多资金来消费或者投资。随着经济活动增多，企业愿意雇用更多劳动力，因此失业率会随之降低。同时，对商品和劳务的需求增多，物价和通胀率也会跟着上升。

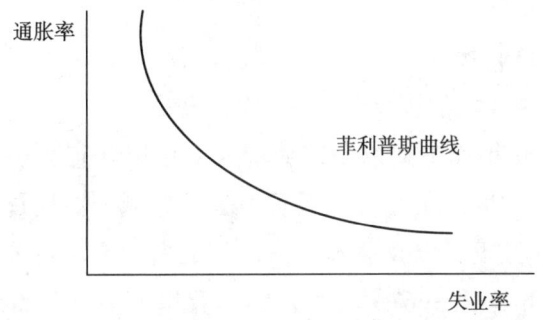

图 5.1　菲利普斯曲线：短期内通胀和失业的权衡

菲利普斯曲线同时指出，中央银行可以通过允许失业率上升的方式来降低通胀率。为达到目的，中央银行可以收紧银根，减少货币，从而放缓总需求和经济活动。居民和企业会发现借钱来消费或者投资较之前困难。随着经济活动趋紧，企业不愿意再雇用更多劳动力，甚至会解散现有雇员，使得失业率随之升高。与此同时，由于对商品和劳务的需求降低，物价和通胀率自然跟着下降。

5.3.1　菲利普斯曲线与经济微调

根据菲利普斯曲线，中央银行有了通过货币政策对经济进行微调的机会。如果失业率过高，又没有过多的通胀压力，中央银行就可以选择沿着菲利普斯曲线放松货币环境，刺激经济活动，使得通胀稍微抬高。另一方面，如果通胀率过高，而失业又不是一个大问题，中央银行就可以选择收紧银根，放缓经济活动，释放通胀压力[8]。

就像货币数量论是限制中央银行过度印钞的关键理论一样，菲利普斯曲线也成为中央银行使用货币政策对经济进行微调的重大依据。但为什么货币政策只能在短期内影响经济活动和产出（菲利普斯曲线的证明），而在长期就失效呢（货币数量论的证明）？经济学家直到20世纪60年代后期才找到货币数量论和菲利普斯曲线的一致点，那就是自然失业率概念的引入。

5.4 自然失业率

20世纪60年代中期以来，随着人们可以获得更多的数据，通胀率和失业率之间的负相关关系看上去开始减弱。通过更详细地检验通胀和失业数据，以及引入"预期"的概念，埃德蒙·费尔普斯（Edmund Phelps）（1967）[9]、米尔顿·弗里德曼（Milton Friedman）（1968）[10]等经济学家提出了"自然失业率"的概念。该理论认为，在任何一种经济体内，都存在着与该经济体基本面相对应的一种失业率，在该失业率水平下，通胀率是不变的。这种不会引起通胀变化的失业率就是自然失业率。

5.4.1 非加速通胀的失业率（NAIRU）

在既定的劳动力、资本和技术水平下，如果经济处于自然失业率水平，则经济是在开足马力运行。任意存在于自然失业率水平的失业人员都很可能是临时性失业人员，例如，处于找工作过程中的刚毕业的大学生、刚到来的移民、刚生完孩子最近返回劳动力市场的妇女，等等。这种自然失业率（通胀在该水平不会变化的失业率）的正式名称即为"非加速通胀的失业率"。

"NAIRU"的概念之所以流行，并不仅仅是因为其在理论上很清晰（它描述了经济处于均衡时的状态），还因为政府和中央银行通过菲利普斯曲线发现通胀率和失业率之间负相关的能力在20世纪70年代后期似乎已经消失。当20世纪70年代的石油危机冲击经济时,政府和中央银行努力用刺激的方式化解危机对经济和失业的潜在负作用。但随着时间流逝,不仅仅是刺激政策没有能够降低失业率,而且通胀率还不受控制地上升了。

5.4.2 非加速通胀的失业率(NAIRU)和垂直长期菲利普斯曲线

随着20世纪70年代的教训越来越显现,经济学家开始整理零碎片断,将菲利普斯曲线和NAIRU结合起来。综合两种理论发现,随着物价和通胀预期在长期内的调整,短期菲利普斯曲线出现了垂直移动,导致长期菲利普斯曲线在自然失业率水平上变得垂直[11](见图5.2)。

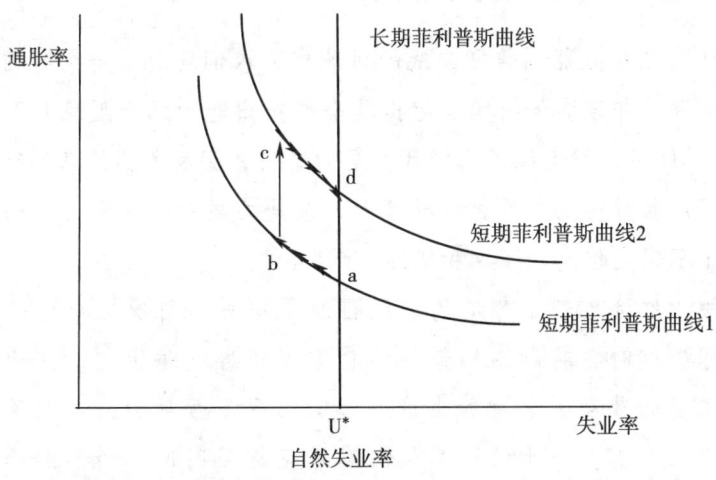

图5.2 长期菲利普斯曲线:长期内通胀率和失业率不存在权衡关系

如图5.2所示,在短期菲利普斯曲线1的a点上,只要没有供给或需求冲击,失业率就会维持在自然失业率水平(U^*)。如果中央银行选择更进一步刺激经济,在初期经济可能从a点移动到b点,即失业率降到U^*以下,通胀率上升。

随着通胀率和工资的上升,企业和居民会预期通胀存在上升的可能。反过来,通胀预期的变化会融入到企业和居民的投资和消费决策中，促使核心通胀率上升，短期菲利普斯曲线上移。伴随着通胀预期，通胀率开始上升，此时经济处于新的短期菲利普斯曲线2的c点。长期来看，由于经济无法以超出其全部潜能的速度发展，失业率会退回到自然失业率水平U^*。

d点成为新的经济均衡点，此时通胀率已经高于旧的均衡点a点的水平。如果中央银行继续刺激经济，长期的通胀预期会继续上升，短期菲利普斯曲线也会跟着持续上移。通胀持续上升后，失业率不会长久停留在自然失业率之下的水平。

案例：失业率如何才能降至自然失业率之下？实际工资、不完全信息和预期的作用

从长期垂直菲利普斯曲线的讨论中，人们发现了一个有趣的关键性问题：即经济如何能以超出其全部产出能力的程度运行？当处于NAIRU时，假定经济已经开足马力运行，劳动力愿意在现行工资水平下最长时间地工作。经济可以开足马力运行，其中可能的原因包括了不完全信息、预期和实际工资[12]。

假设经济已处于开足马力运行时，中央银行决定更进一步放松银根，这时，对商品和劳务的总需求将进一步上升，企业需要投入更多的劳动力来增加生产。为使用更多劳动力，企业不得不提高名义工资。一开始，工人们愿意花更多时间工作。然而，随着经济中对商品和劳务的总需求增加（宽松货币政策的结果），商品和劳务的价格也在上升。很快，工人们就会意识到虽然名义工资上涨了，但是实际工资并没有上涨。一旦工人们意识到实际工资没有增加，他们就会在一个特定的水平上停止付出更多劳动时间，在这个水平上他们发现与之前的选择是无区别的，这个水平就是NAIRU。

为什么工人们不能提前发现实际工资事实上并没有增加呢？在经济学里，处于时间轴上任意一点的信息通常都是不充分的。在经

济体中传导信息都需要花费一定时间，而且信息接收者还要花时间消化信息并正确解读出含义。当货币环境开始变宽松、经济活动开始升温，雇主和工人可能都会误解为商品和劳务的需求上升是针对他们而言的，而不是经济中对商品和劳务需求的普遍性上升。这不难理解，因为企业在经济上升期本来就会获得更多订单。

一旦雇主和工人发现投入的额外时间并没有增加他们的购买力，并预期到经济中其他商品和劳务价格也将会上升，他们会分别要求调高产品价格和工资水平。由于预期价格会上升，为了保护购买力，每个人都会选择率先提高自身产品、劳务、工资的价格，这时，通胀开始加速，甚至在产出没有增加或失业没有减少的情况下也会如此。

在短期内，经济有可能偶尔会超出其潜能运行。假设技术不变，工厂能在超出最优状态之上花更多的时间运转，劳动力也是如此。但这种情形无法在长期内存在。在某一点上，经济会退回到其潜能边界上，失业率会回到 NAIRU。但是，在该点，通胀有可能已经停滞在一个较高的水平。如果这样，通胀真的就"加速"了。

5.4.3 移动的非加速通胀的失业率（NAIRU）

在既定的资本、劳动力和技术之下，自然失业率被认为处于与经济长期均衡点相对应的水平（详见案例：失业与产出的关系）。

实际上，经济学家认为自然失业率，或者所谓的 NAIRU 水平，会随着经济的发展而变化。我们可能注意到，在经济学中，术语"长期"简而言之就是指价格（和工资）调整达到市场出清时的时间范围。从较长的时间和广阔的背景来看，经济可以随同资本、劳动力、技术的数量和质量的变化一起发展[13]。

移动的"NAIRU"概念在 20 世纪 90 年代后期受到各界关注。20 世纪 90 年代中期的信息技术大爆炸和网络革命大大提高了生产力，研究人员发现美国的失业率可以降低至较以前几十年间更低的程度，而不会使通胀率达到峰值[14]。

到21世纪初，国际金融危机的后继效应开始对美国的经济基础产生某种程度的影响，即岗位空缺的增加并没有带来相应的失业率下降。对于此种情况，出现了对"NAIRU"曲线已经向上移动的讨论。劳动力需求和供给的不匹配，可能的原因是危机后长久失业人群的工作技能已经退化，无法满足从危机中走出的雇主的要求[15]。

图5.3描述了20世纪80年代到21世纪第一个十年之间"NAIRU"的可能移动轨迹。如果美国的"NAIRU"真的从国际金融危机后已经上移，观察家认为，美联储就应该谨慎退出抵抗通缩时采用的量化宽松政策。如图5.3所示，当失业率较高时，一旦经济复苏，失业率会开始沿着一条新的短期菲利普斯曲线下降，通胀预期也会较危机前的"NAIRU"时更快地上升。

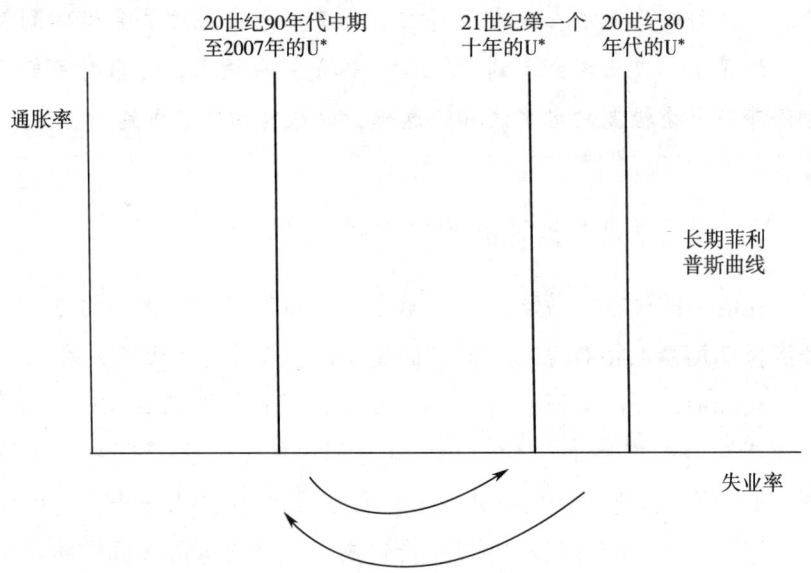

20世纪90年代中期的信息技术的大爆炸和通讯技术的大跃进助推了美国的自然失业率下降，但是国际金融危机后的结构性变化是否又再次提高了美国的自然失业率呢？

图5.3 移动的非加速通胀的失业率（NAIRU）

案例：失业与产出的关系：奥肯定律和产出缺口

产出缺口的概念与自然失业率紧密相关，而且在货币政策中（或者作为自然失业率概念的补充）更容易被运用到。

产出缺口的概念最早可以追溯到 1962 年出版的亚瑟·奥肯（Arthur Okun）的开创性论著[16]，即后来称之为的奥肯定律，也就是失业显现出与实际产出之间存在负相关关系。

特别值得指出的是，在奥肯定律的首个版本（被称为"差分"版本）中，由百分比表示的失业数据的季度变化，与实际 GDP（GDP 增长率）的季度变化是相关联的，较大的产出增长率对应着较小的失业率[17]。

奥肯定律的另一个版本是"缺口"版本。在劳动力、资本、技术的数量和质量既定的情况下，经济有一定的潜在产出水平，称为潜在产出[18]。在任意时点上，真实的实际产出可能高于、低于或相当于潜在产出。实际产出和潜在产出之间的差异就称为产出缺口。

$$产出缺口 = 实际 GDP - 潜在 GDP$$

如果实际 GDP 等于潜在产出水平，那么产出缺口为 0，我们就很可能拥有了经济中的"充分就业"。如果产出缺口方程计算出来的是正数，那么总需求就超过了潜在产出，失业率很有可能相对较低。相反的，如果计算出来的是负数，那总需求仍在潜在产出之下，失业率很有可能相对较高。

理论上，我们可以使用"NAIRU"的概念来表示与潜在产出对应的自然失业率。举例来说，如果助推经济到产出超过潜在水平（失业率在"NAIRU"水平以下，或者产出缺口为正），商品总需求就会超过潜在产出，工厂、企业和劳动力就会超负荷运转，相应就会造成通胀加速。在这种情况下，中央银行可能会采取收紧银根政策来放慢总需求增长，以减轻通胀压力。

如果经济在潜在产出水平以下运行（失业率在"NAIRU"水平

以上，或者出现紧缩缺口），则会对物价水平和通胀产生负压力。紧缩缺口就会成为中央银行放松银根的原因之一，而目标就是在不会对通胀造成太大威胁的情况下刺激总需求。

然而，在实践中，产出缺口理论出现了许多变化，因而也有了很多测量产出缺口的方法[19]。方法之一就是使用一种经济模型来估计经济产出，并使用经济中的资本存量、劳动力投入和技术来导出经济的潜在GDP。但是这可能是一项艰巨的任务，因为测算方法有很多不确定性，包括资本存量的计算方式，以及汇总数据的时滞性等。

另一种方法是将产出缺口看作是产出对其长期潜在趋势的偏离。从这个角度出发，实际GDP增长的长期潜在趋势可以被视为是与经济的长期潜能一致的GDP增长幅度。估计这种长期趋势，可以对一段较长时期内的GDP数据进行季节性平滑，这个时间段可以是若干个商业周期。一段时期内实际GDP增长率与潜在GDP增长率之间的偏离可以代表产出缺口[20]。这样看来，如果实际GDP增长率超过潜在GDP增长率，则通胀压力很可能会较大。如果实际GDP增长率低于潜在GDP增长率，通胀压力则会较小。

产出缺口是中央银行在做出货币政策决策时可以盯住的一个变量。然而，除了盯住当前时段的产出缺口以外，中央银行可能同样需要作长远考虑，预计未来产出缺口会如何变化，因为货币政策完全影响总需求和通胀需要较长时间。但同样需要承认的是，潜在产出，与NAIRU一样，也同样会随时间移动[21]。

5.5 理性预期

到了20世纪70年代，正如被所谓的卢卡斯批判[22]和政策无效论[23]所证实的那样，经济学家成功地将预期可以对经济政策有效性产生作用予以理论化。在这之前，随着宏观数据收集和计量技术的进步，政策制定者在做出政策决策时开始越来越多地依靠历史上经济变量之间的关系。例如，政策制定者可能依靠如菲利普斯曲线（短期）所反映的失业和通胀之间的历史关联关系来决定是收紧还是刺激总需求。然而，很多经济学家认为，依据历史数据的关系所做出的政策可能是无效的，因为公众可能预期到这些政策的结果，并采取政策制定者意料之外的行动。

整体而言，理性预期假说被提出来，是为了强调那些基于适应性预期的经济理论（或理论运用）的缺陷。在适应性预期框架下，对一个经济变量的未来估值是基于它之前的历史数值的。例如，在适应性预期下，人们可能会认为任意一年的通胀都和其前一年一样。如果经济确实因持续上升的通胀受挫，那么在适应性预期下，人们会持续地低估通胀。由于理性的人们总是能够迅速发现这种趋势，并在形成自己的预期时予以考虑，所以适应性预期就会与实际情况不相符合。

理性预期假说强调了适应性预期的缺陷，并假定个体在形成预期时都会综合所有可获得的信息。通过这种假定，该假说指出个体预期从平均来看是正确的。尽管未来不能完全预测，但通过使用所有相关信息来形成对经济变量未来的预期，个体或公众关于这些变量的预期不会存在系统性偏差。

5.5.1 卢卡斯批判

由于卢卡斯批判（以及与之十分相近的古德哈特定律，详见第六章）和政策无效论的原因，理性预期假说对货币政策实施有两个重要启示。

卢卡斯批判指出，完全依赖观察到的高度集中的历史数据而实施的经济政策是无效的，因为政策引入后人们会改变他们的决策以做出反应。例如，如果中央银行打算利用通胀和失业之间的负相关关系（如菲利普斯曲线所述）实施政策以持续推高通胀并期望失业率随之下降，那么这种通胀和失业之间的负相关关系会最终瓦解，因为企业和工人会提高他们的通胀预期,同时相应地改变雇佣决策。

卢卡斯批判的启示之一在于,如果要预测一项宏观经济政策的效果,最好是将支配个体行为的参数在微观经济层面(而非宏观层面)予以模型化处理。实际上,目前中央银行用来进行经济预测和货币政策决策的最新的前沿宏观经济模型,例如动态随机一般均衡模型(DSGE),通常是考虑了卢卡斯批判的。这些模型力图将一名有代表性的理性经济人(如一名有代表性的消费者)的行为在微观层面进行模型化处理,而并非依靠宏观数据的历史关系。

与卢卡斯批判有联系,但又更直接与货币政策规则相关联的一个概念是古德哈特定律,它指出任意经济指标如果被作为目标来进行控制,它就失去了原有的信息价值[24]。古德哈特定律经常被用来贴切地描述美国和英国20世纪80年代早期盯住货币供应目标失败后货币供应和名义收入关系瓦解的现象。

5.5.2 政策无效论

1976年,经济学家托马斯·萨金特(Thomas Sargent)和尼尔·华莱士(Neil Wallace)提出了政策无效论,使得理性预期假说对货币政策实施具有着重大影响。政策无效论指出如果美联储试图通过扩张性货币政策降低失业率,这种政策立场的变化效应会完全被经济主体预计到,他们会相应地提高对未来通胀的预期,这会抵消掉政策的扩张效应。在极端情况下,通胀率会得到调整,而失业率则不会。

政策无效论在20世纪70年代后期和80年代早期得到了很大关注,一部分原因在于它有清晰的逻辑推理,另一部分原因是与当时的滞胀情况相吻合。在20世纪70年代后期,美联储试图用相对宽松的货币政策来缓解第二次石油冲击的影响,但结果是失业率仍然很高,而通胀率还在上升。从那时开始,其他经济学家的研究显示,如果工资有粘性(即名义工资合同不会经常改变),那么宏观政策会对经济产生非同寻常的影响[25]。尽管对政策无效论的应用性有争论，但可以证明的是，该论断至少使中央银行更多地意识到了预期的作用以及使用货币政策积极追求低通胀有一定的危害性。

5.5.3 非理性和其他技术问题

理性预期假说在20世纪70年代后期被提出来后，在之后的宏观经济政策中留下了很深的印记，但与其他任何一项有影响力的经济理论一样，也同时受到了很多批评。总体来说，行为经济学的最近研究进展表明，人们并不像理性预期假说所认为的那样理性。行为经济学的实验已经显示，人们的行为可能会受诸如感性和情感等非经济因素的影响而产生偏差，他们的行为不会纯粹基于经济效益最大化。

从更多的技术角度看，中央银行对政策效应的模拟测试结果表明，对单个经济代理人的行为进行模型测试的结果与对群体的行为进行模型测试的结果并不一致，原因在于人与人之间的交叉互动可能会引起一些极端的从众行为，例如人们对资产价格的投机。这表明，中央银行用来进行经济预测的动态随机一般均衡模型（DSGE）并不是那么有效。因为这些模型通常都依赖于对单个经济代理人的行为进行模型化处理。

然而，尽管有这样那样的批评，理性预期假说仍然为货币政策的实施提供了有用的指导。第一，理性预期概念可以被用来在中央银行模型化货币政策影响时指出适应性预期的缺陷。根据理性预期假说，经济代理人不会犯任何系统性的预期错误，因此中央银行不要寄希望于在改变代理人预期的情况下，有效地找到通胀和就业之间的平衡点[26]。第二，尽管最近对个体行为之间的差异能够影响理性行为之说有很多争论，许多行为经济学家仍发现所谓不理性行为实际上在相当程度上是可预测的，因此合适的经济政策可以有效利用这些看上去不理性的行为。

5.6 时间不一致性问题

NAIRU 和合理预期理论指出了使用货币政策主动调控失业率至自然失业率以下的缺陷,但并未详细论述中央银行该如何最佳地实施货币政策。经济学家芬恩·基德兰德（Finn Kydland）和爱德华·普雷斯科特（Edward Prescott）[27]于 1977 年对时间一致性的研究,帮助对此进行了完善,指出如果没有约束力规则,政策制定者们,尽管有着良好意愿,一旦发现自己制定的政策有偏差,就会倾向于收回他们之前公布的政策。这样的撤回对未来的政策会产生公信力问题。一旦理性的公众知道当局总是能够收回政策,为增进公众福利的这项政策以及之后的政策都不会再有效,因为公众早在第一项政策公布时就改变了他们的行为。

依据货币政策,如果中央银行有意降低通胀（假设经济沿着一条短期菲利普斯曲线运行,失业可能沿着曲线上升）,除非中央银行在发布政策时承诺有可信的约束,否则公众不会相信中央银行的意图。公众知道一旦通胀稳定了,中央银行就会放松货币政策,以不惜高通胀的代价更进一步地减少失业（中央银行放松银根的动机之一很可能简单地就是希望能进一步增进社会福利）。如果没有约束性承诺来限制政策的收回,中央银行宣布降低通胀从一开始就不会被信任。公众的通胀预期仍然会较高,因此中央银行无法降低通胀,更不用说减少失业。

5.6.1 货币政策规则

对时间不一致性问题的研究显示,政策制定者们在制定政策时不应有完全的自主权。政策制定者应该受政策规则的约束。政策规则使得制定政策行为更加可信和有效,因为公众知道政策制定者不会轻易收回政策。就货币政策来说,时间不一致性问题同样也指出中央银行在制定政策时必须有规则相约束。考虑到当前对货币政策能达到何种目标的认识,货币政策规则通常是诸如将通胀长期控制在较低且稳定水平之类,而非将失业率降低至自然失业率以下。

中央银行维护物价稳定的货币政策规则包括汇率目标、货币目标和通胀目标,以及其他一些隐性规则。我们将在第六章详细讨论。在本章中,值得注意的是,尽管货币政策规则是为了保障中央银行的货币政策能最好地支持物价稳定,但并不是说这些规则一定不可逾越。中央银行在按照规则制定政策时通常都有一定程度的灵活性,换言之,货币政策规则有助于保障中央银行有约束地相机行事。

5.6.2 中央银行操作的独立性

时间不一致性问题的另一个重要启示是中央银行需要有规避政治偏好的操作的独立性,这样中央银行才能有效地按照确定好的货币政策规则行事。政治家们关心的是当前利益,尤其是在换届选举的时候,他们通常都有要求中央银行在选举之前降低失业率的冲动。正如从对 NAIRU 的争论中得知的,将失业率降低至自然失业率以下,会导致长期内通胀的缓慢上升,而失业会回到自然失业率的水平。而到那时,政治家们可能已被改选,经济会处于较高的通胀以及通胀预期。中央银行维护价格稳定的职责也会因未来货币政策操作的可信度和有效性而打折扣。

为了保障中央银行货币政策的可信度和有效性,以及确保中央银行不会轻易服从于政治家的短期需求,中央银行被认为应该有操作的独立性。操作的独立性不是意味着中央银行不对任何人负责,而是指中央银行在遵循多重指导来达到由政府或议会同意或制定的操作性目标,而政府或议会要在向社会公众负责的情况下,中央银行不受政治干预来制定货币政策。即使有操作的独立性,但中央银行如果没有能够遵循这些指导或者没有实现操作目标,也是应该负责的。

5.7 理论综述

货币数量论、菲利普斯曲线、自然失业率、理性预期假说以及时间不一致性问题，是当代货币政策制定与实践、追求货币稳定的中央银行，以及双目标的美联储所依据的重要理论基础。

货币数量论解释了为什么中央银行在长期内应该停止超发货币。给定经济中的资本、劳动力和技术投入，货币供应的增加在长期只会影响物价上涨，而不会增加产出。

菲利普斯曲线提供了使用货币政策来帮助微调经济或至少是在短期内对通胀和失业进行取舍的基础。

在长期内（物价和工资能够完全调整到位的时间段），自然失业率概念和理性预期假说指出，货币政策不能用来在通胀和失业之间进行取舍。长期内，货币政策无法将失业率降低至自然失业率水平之下。如果中央银行试图将失业率降低至自然失业率水平下，长期内，中央银行将无法降低失业率，而且通胀率还会上升。

时间不一致性问题指出，为保障货币政策的可信度和有效性，货币政策的实施应该遵循一种清晰的规则，这样中央银行就无法随意中止一项货币政策。此外，为了防止中央银行受制于短期的政治压力，损害货币政策的可信度，中央银行应该具有操作的独立性。

第六章将会更多地对现代中央银行所采取的货币政策规则（制度）进行详细论述。

小结

对现代货币政策实施产生影响的理论包括：（1）货币数量论，（2）菲利普斯曲线，（3）自然失业率，（4）理性预期假说，以及（5）时间不一致性问题。

货币数量论：政府应该克制超发货币冲动。在长期内，货币政策只能影响经济中的商品和劳务价格,无法直接影响产出和经济活动水平。中央银行通过超发货币来刺激经济,最终只能在长期内引起物价和通胀上涨。

菲利普斯曲线:短期内,政府可以通过在失业和通胀两者中取舍来试着对经济进行微调。在通胀和失业之间存在着短期的负相关关系。当通胀率上升时,失业率会下降,反之亦然。

自然失业率:中央银行不应尝试将失业率降至自然失业率之下,因为这样只会造成长期内的高通胀预期,通胀和失业之间的负相关关系消失。存在一种与经济发展的潜力相对应的失业率,叫做"自然失业率"。实际上,"产出缺口"的概念通常被用来帮助理解"自然失业率"这一概念。

理性预期假说:公众预期影响着经济政策的有效性。公众有足够的理性来将自己对政策结果的预期落实到当前的行为中。就这一点而论,扩张性的货币政策带来通胀上升预期,从而引起工资和物价的上涨。为了使政策能够有效维护物价稳定,中央银行必须对公众的通胀预期进行管理。

由于卢卡斯批判和政策无效论,理性预期假说对货币政策的实施有着重要的影响。

时间不一致性问题:为了使中央银行在承诺较低且稳定的通胀方面提高公信力,中央银行应该在实施货币政策时遵循一种明确的规则,而非完全使用自主裁量权。即使是有着最佳动机的政策制定者,一旦他们认为能够增进公众福利都会有收回其政策的冲动。然而,这种收回会破坏政策今后的公信力和有效性,反而降低公众的福利。对于中央银行来说,要想货币政策能够有效地维持较低且稳定的通胀水平,信誉度至关重要。

关键术语

适应性预期　　　　　　　　　　产出缺口
交易方程式　　　　　　　　　　菲利普斯曲线

长期菲利普斯曲线　　　　　　　政策无效论
卢卡斯批判　　　　　　　　　　货币数量论
自然失业率　　　　　　　　　　理性预期
非加速通胀的失业率（NAIRU）　时间不一致性问题
奥肯法则　　　　　　　　　　　流通速度

复习思考题

1. 代表货币数量论的方程式是什么？
2. 在表示货币数量论的方程里，有哪些关键性假设？
3. 根据货币数量论，如果经济中的货币数量增多，长期会出现什么情况？
4. 根据货币数量论，为什么我们不能期待货币政策在长期内以持续性的方式直接促进产出增长？
5. 留意历史上的恶性通胀事件，货币数量论是否合理？
6. 短期内，通胀和失业的关系如何？
7. 菲利普斯曲线是如何用图形表示通胀和失业之间关系的？请画出一条菲利普斯曲线。
8. 如果短期菲利普斯曲线存在，当中央银行采取措施降低通胀率时，失业率会怎么变化？
9. 如果短期菲利普斯曲线存在，当中央银行采取措施降低失业率时，通胀率会怎么变化？
10. 什么是非加速通胀的失业率？为什么它可以代表自然失业率？
11. 我们如何将菲利普斯曲线与自然失业率联系起来？
12. 如果菲利普斯曲线在长期是垂直的，如果中央银行试图将失业率降低到自然失业率以下，会发生什么情况？
13. 短期内失业率能够降至自然失业率水平以下，原因是什么？
14. 为什么自然失业率会随着时间移动？
15. 在2007~2010年的国际金融危机以后，美国的自然失业率为什么移动了，是怎样移动的？

16. 什么是潜在 GDP？

17. 什么是产出缺口？

18. 如果存在较大的正产出缺口，中央银行可以怎么运用货币政策？

19. 适应性预期的概念是什么？根据适应性预期，如果通胀上升，个体的通胀预期正确与否？为什么正确或为什么不正确？

20. 适应性预期和理性预期的关键区别在哪里？

21. 根据政策无效论，如果人们是理性预期的，货币政策为什么无效？

22. 为什么政策无效假设在现实中没有实现？

23. 中央银行的操作独立性通常是指什么？

24. 在一个可信的环境下，为什么要提倡中央银行的操作独立性？

第六章 货币政策制度：中央银行如何运用货币政策规则实现货币稳定

学习目标

1. 布雷顿森林体系崩溃后中央银行采用的各种货币政策制度。
2. 分析采用汇率目标制、货币供应量增长目标制、通胀目标制的利弊。
3. 分析量化宽松环境下非常规货币政策的利弊。

正如第五章所讨论的，时间不一致性问题的概念表明没有货币政策规则来指导中央银行如何管理货币，货币政策的实施既不可信也没有效果。中央银行的货币政策决策缺少货币政策规则的约束，公众就不会相信中央银行能够最终兑现价格稳定的承诺，因为中央银行总是力图进一步降低失业率，可能以牺牲价格稳定为代价。没有货币政策规则，就不能适当地引导公众的通胀预期，中央银行即使出于良好意愿，也可能无法成功地控制通胀，实现承诺的价格稳定的目标。因而，为有效执行货币政策，中央银行需要遵循一定的货币政策规则，并使理性的公众确信：政策行动有利于经济的整体利益。

但是中央银行应该遵循的货币政策规则具体是什么呢？第五章讨论的理论发展以及前面章节讨论的历史经验表明，在执行货币政策过程中，中央银行应该遵循的货币政策规则是确保物价（或是货币）稳定。在遵循特定的货币政策规则时，中央银行需要设计其操作流程和组织结构以尽力帮助其实现目标。

第六章 货币政策制度：中央银行如何运用货币政策规则实现货币稳定

6.1 货币政策规则（或制度）概览

在现代货币政策术语中，遵循特定的货币政策规则就是采用货币政策制度，它之所以被称为"制度"，是因为采用货币政策规则涉及中央银行为实现目标需要满足制度设计的不同特点。现代制度设计的细节可能包括以法律或法令形式使规则制度化、法制化并授权给货币政策决策主体；中央银行的组织结构适合在这样的规则下执行货币政策行动；其他的辅助性基础设施包括银行间市场、次级政府债券市场、相关统计数据和公众沟通工具。

广义而言，根据现代理论发展和历史经验，可信的货币政策规则（货币政策制度）须致力于保持较低且稳定的通胀水平，并为长期经济增长而维持物价和经济的稳定，而不是将失业率降至自然失业率以下而获得短期利益。*

事实上，自布雷顿森林体系崩溃后中央银行采用的各种货币政策规则（或制度）主要有五种类型：一是汇率目标制，二是货币供应量增长目标制，三是所谓的风险管理方式，四是通胀目标制，五是在本轮国际金融危机爆发后出现的非常规货币政策[1]。

前四种货币政策规则（或制度）可以被视为常规货币政策规则，其共同目的是指导中央银行如何执行货币政策以实现货币稳定[2]。本章也会涉及非常规货币政策，许多发达经济体在国际金融危机爆发时将它用作一种单独的制度。本章将简要分析这些货币政策制度背后的基本概念。在后续的章节中，也会在适当的时候讨论操作细节。

---

* 金本位和金汇兑本位制，从定义上来说，也属于货币政策规则的范畴。例如：金本位限制了央行发行的货币量，不能超过其持有的黄金储备价值。金本位（和金汇兑本位制）作为一种货币政策规则，并不允许央行实际调控经济。平心而论，那一时期对金本位制的理论认识，也没有达到可调控经济的理论高度（波尔多（Bordo），2007）。

6.2 汇率目标制

以汇率为目标的货币政策制度是指中央银行承诺在既定期限内将汇率维持在公布的目标范围内。在汇率目标制的框架下，中央银行不能随意改变货币供应量，不能使汇率偏离公布的目标值[3]。一般而言，如果中央银行将本币币值钉住一个物价稳定的大国货币，汇率目标制的货币政策制度就能够帮助中央银行赢得信誉和实现价格稳定[4]。

从历史上看，随着布雷顿森林体系的崩溃，直到20世纪90年代后期，新兴市场国家的中央银行通常选择将本国货币钉住美元，而欧洲发达经济体通常选择将本国货币钉住德国马克[5]。尽管在20世纪70年代末的大通胀时期出现了溢价发行债券的现象，但美国始终很好地维持了价格稳定，即便到今天，美元依然是国际贸易和金融交易中的主导货币。选择将汇率钉住美元的国家进行国际交易非常便利。德国在20世纪20年代经历过高通胀后，一直非常稳定地将通胀率维持在较低水平。到20世纪70年代，随着德国经济地位的提高，法国和英国开始将汇率钉住德国马克，这也是欧元诞生的前奏[6]。

后来，由于各国开始推行贸易和投资多元化，许多中央银行也开始将本国货币钉住其主要贸易伙伴的一篮子货币[7]。为此，中央银行创建了一个代表其主要贸易伙伴国一篮子货币权重的指数，并将汇率维持在指数的一定水平[8]。

而且，中央银行也没有将汇率固定在一定水平，而是选择允许汇率在（较窄的）目标区间内浮动，或是采用爬行钉住，即允许汇率对钉住国货币逐渐贬值，从而使得本国的通胀率高于钉住国的通胀率[9]。

不管中央银行是将本国货币钉住另一种货币（如美元）或是一篮子货币，还是特定的汇率水平、目标区间，或是爬行钉住，下面的简单模型可以说明其基本原理。

6.2.1 汇率目标制的典型模型

图 6.1 表示的是将汇率目标制作为货币政策制度的国家汇率均衡状态的典型模型。

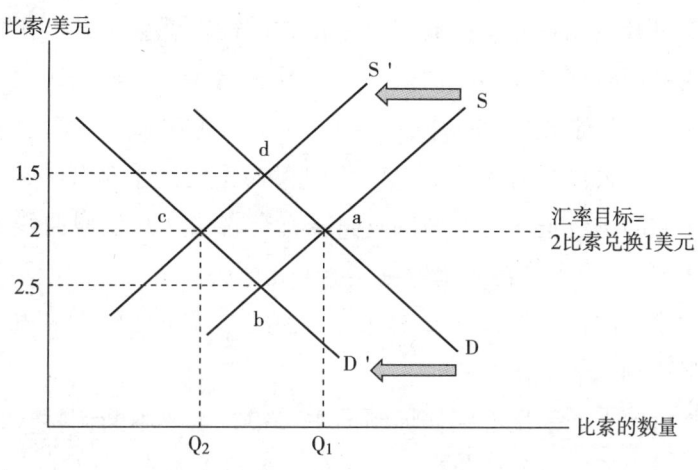

图 6.1 汇率目标制的标准模型

1. 初始平衡

如图 6.1 所示，A 国的中央银行决定将本国货币比索的汇率设定为 2 比索兑换 1 美元。最初，外汇市场的比索在 a 点达到平衡，即比索的需求与供应相匹配（Q_1 在 X 轴）。

2. 本币需求下降的情况

假设 A 国的进口商要将他们的比索兑换成美元，从而能够使用美元从境外进口货物。在这种情况下，比索的需求曲线将会左移，b 点将会成为新的平衡点。

然而在 b 点，比索的汇率会跌至 2.5 比索兑换 1 美元，低于 2 比索兑换 1 美元的公布目标值。为了维持目标汇率，A 国的中央银行会从持有的外汇储备中卖出美元给进口商，并买入比索。从进口商手中买入比索，中央银行实际上就是从私人手中和经济领域中吸纳了部分流动性。事实上，通过对进口商卖出美元，买入比索，中央银行将会减少比索的供应，以对应比索需求的下降。比索的需求曲线将会左移

（从需求曲线 S 到需求曲线 S'）。在 c 点达到一个新的平衡后，汇率会回到 2 比索兑换 1 美元，即中央银行公布的目标值。

3. 本币需求上升的情况

相比上面的进口案例，c 点是一个初始平衡点。当 A 国的出口商要将其美元收入兑换成比索，比索的需求就会上升。比索的需求曲线就会右移（从需求曲线 D 到需求曲线 D'），随之达到新的平衡点 d，这将对比索造成升值压力。为了防止比索汇率高于公布的目标值，中央银行需要从出口商手中买入美元，并卖出比索，从而提高比索的供应量。比索的供应曲线将会右移（从供应曲线 S 到供应曲线 S'）。为了维持 2 比索兑换 1 美元的公布目标值，中央银行需要扩大比索的供应量直到比索的供应曲线与需求曲线在 a 点交叉，这将会达到新的平衡。

事实上，采用汇率目标制的中央银行需要不断调整货币供应量以应对本币需求的变化。从上面的案例可以看出：(1) 当进口商需要用外币从境外进口商品及劳务时，外币需求会上升，同时本币需求下降；(2) 当出口商需要将出口收入兑换成本币时，外币需求会下降，同时本币需求上升。为了将汇率维持在公布的目标值，中央银行要调整本币供应以应对本币需求的变化。

4. 资本流入的影响

在一个对境外资本流动开放的国家，本币需求的变化不仅源于商品和劳务的进出口，也源于国际资本的流动。如果国际投资者认为一个国家投资前景良好，资本就会流入该国。为了投资这个国家，国际投资者首先需要将他们持有的外币兑换成该国货币。这会导致本币需求的上升。为满足国际投资者的需求，并维持公布的汇率目标，中央银行要从国际投资者手中买入外币，并向他们供应本币。

5. 资本流出的影响

反之，如果国际投资者认为一个国家投资前景不佳，要从该国撤资，资本就会快速流出该国。国际投资者就需要将本币兑换成外币。这会导致本币需求的下降。为满足国际投资者的需求,并维持公布的汇率目标,中央银行要从国际投资者手中买入本币,并卖出外币。通过买入本币,中央银行能够有效地从国民经济中收回一部分本币,从而减少本币供应。

6.2.2 现实中的汇率目标制

在现实生活中,对于小型、开放经济体来说,国际资本的大幅波动可轻易影响中央银行维持汇率目标的能力。例如,如果国际投资者突然不再将一个国家作为投资目的国,并决定将其持有的该国货币兑换成外币,中央银行要将汇率维持在公布的目标值,就必须持有足够的外汇储备来满足国际投资者的需求。如果投机者认为中央银行没有充足的外汇储备维持汇率的稳定,他们可能会发动一轮投机攻势,迫使中央银行让本币贬值或使汇率偏离目标。在一个更全球化的世界,国际投资者和货币投机者能够控制比中央银行外汇储备更多的资金,使得中央银行很难将汇率维持在既定水平。

6.2.3 汇率目标制与货币政策独立性

从表6.1和之前的讨论中,我们可以看到中央银行在执行货币政策和适时调控经济方面并不真正具有独立性。如果要将汇率维持在公布的目标值,中央银行必须改变货币供应以应对进口商和出口商以及国际投资者和投机者对本币的需求,而不是调整本币供应以直接影响国内总需求。

汇率目标制的一种极端形式是联系汇率制度,即汇率被锁定在特定的水平,这要求中央银行持有的外汇能够完全支持本币的合法需求。中央银行依法规定本币与外币维持特定的汇率,仅在有富余的外汇全力支持的情况下才发行对应的本币。实行货币发行局制度的中央银行(如香港特别行政区采用联系汇率制度,将港元汇率固定为7.8港元兑1美元),不能随意地独自改变货币政策[10]。

总之,即使是那些没有实行联系汇率制度的国家,采用汇率目标制的中央银行必须使本币的流动性状况与其相联系的外币国家的流动性状况相对应。否则，两个国家的流动性的差异会使中央银行无法将汇率维持在公布的目标值。

例如，A 国将本币币值与美元挂钩，如果 A 国国内失业率很高，该国的中央银行不能简单地放松银根以刺激国内总需求，除非美联储也放松银根。否则，A 国的国内通胀上涨的速度会高于美国，并对本币造成巨大的贬值压力。在资本自由流动的世界，这样的贬值压力会抑制 A 国维持汇率目标的能力。正如后续章节将要讨论的那样，高通胀的货币不管是在国内购买力还是境外购买力方面都可能会出现贬值，而这会对汇率造成下行压力。

汇率目标制、资本自由流动和独立的货币政策是一个不可能三角

从前面的讨论中，我们可以看出，将汇率目标作为货币政策制度能否成功取决于资本流动的程度和货币政策独立性的程度。经济学家和中央银行都知道：固定汇率制、资本自由流动和独立的货币政策不可能同时存在，并称之为"三元悖论"。"三元悖论"是欧洲、亚洲和拉丁美洲大多数的中央银行放弃将汇率目标作为货币政策制度的主要原因。在一个国际资本更加自由流动和经济周期多样化的世界，很多中央银行都发现很难同时维持固定汇率和协调好国内经济。在第八章和第十章中我们会详细讨论与汇率有关的问题。

6.3 货币供应量增长目标制

正如名称所示，货币供应量增长目标制要求中央银行设置货币供应量增长目标。根据这一规则，如果中央银行将货币供应量增长目标与实际经济活动保持一致，那么通胀率应该相对较低而稳定。在 20 世纪 70 年代，全球中央银行不得不努力适应布雷顿森林体系崩溃以后的影响。很多中央银行决定将汇率与美元或德国马克挂钩[11]，到 20 世纪 80 年代，许多发达经济体的中央银行，包括美联储

第六章 货币政策制度：中央银行如何运用货币政策规则实现货币稳定

和德国中央银行，已经将货币供应量增长目标作为货币政策决策的指导[12]。

6.3.1 货币供应量增长目标的方程式

货币供应量增长目标主要基于第五章讨论的货币数量理论。其公式是

$$M \times V = P \times Q \tag{6.1}$$

其中，M 表示经济中的货币供应量，V 表示货币的流通速度，P 表示经济中总体价格水平，Q 表示出售的商品总量。

变形后可以得出

$$P = \frac{M \times V}{Q} \tag{6.2}$$

假设 V 和 Q 是公式的外生变量并恒定不变，那么 P 的变化必然对等带来 M 的变化。

$$\frac{dP}{P} = \frac{dM}{M} \tag{6.3}$$

由于不同的时间（t），P 的不断变化将对应带来 M 的不断变化。

$$\frac{dP/P}{dt} = \frac{dM/M}{dt} \tag{6.4}$$

上面的计算式意味着总体价格的变化、通胀率对于货币供应量的变化。

在等式（6.4）中，如果中央银行允许货币供应量增长大大快于经济活动的增速，通胀率将会加速增长。换句话说，货币太多，本币将会丧失购买力。如果中央银行使货币供应量增长低于经济增长，那么银根将会收紧，通胀会减速。在极端情况下，如果货币变得异常稀缺，商品和劳务价格将会下降，经济又会面临通缩。

6.3.2 现实中的货币供应量增长目标

事实上，货币供应量增长目标制的历程非常复杂。在 20 世纪

70年代，许多发达经济体，包括美国、英国、德国、瑞士，采用货币供应量增长目标作为货币政策制度，一部分原因是要应对日益高企的通货膨胀，一部分原因则在布雷顿森林体系崩溃后需要寻求一个名义的制度[13]。

在美国，为了应对国会决议，美联储在1975年开始公开宣布货币供应量增长目标。然而，在实际操作中，美联储并没有太过强调达到货币供应量增长目标，而是着重于减少失业和熨平利率波动[14]。由于没有严格实现货币供应量增长目标，而主要专注于减少失业，加之石油冲击等事件的影响，美国的通货膨胀飞速上涨并失去控制。

在1979年后期，在新任主席保罗·沃尔克的领导下，美联储决定：一是强调其货币供应量增长目标的承诺，二是调整其操作程序以专注于设定银行准备金的理想路径和联邦基金利率的浮动区间，三是提高利率以抑制过多的货币增长。这些措施实施后，通胀预期即开始下降[15]。

然而，直到1982年，人们才发现货币供应量增长与名义收入的关系并不稳定，也直到那时，美联储才开始不再强调货币供应量增长目标[16]。

1. 美国和英国的情况

货币供应量增长目标制在20世纪70年代成为美国、英国、加拿大、德国、瑞士等发达经济体非常流行的货币政策制度[17]。然而，实际上，除了公布的货币供应量增长目标，很多国家的中央银行也寻求其他目标，包括汇率和金融市场的稳定。它们通常尝试根据即时情况很好地调控经济，也就是说，顺着短期菲利普斯曲线移动[18]。在20世纪70年代中、晚期，当世界经济遭遇两次重大的石油冲击的时候，一些中央银行，最主要的是美联储和英格兰银行，都为降低失业率放松银根，而使货币供应量增长目标制名不副实[19]。

美联储和英格兰银行不愿意严格遵守它们公布的货币供应量增长目标，事实上也使该目标始终与实际执行结果不一致，并导致了通货膨胀的急剧提高[20]。随着公众的通胀预期因宽松的货币政策而

第六章 货币政策制度：中央银行如何运用货币政策规则实现货币稳定

上升，失业率和通胀率也双双加速，造成了 20 世纪 70 年代末的滞胀（经济停滞加上通胀）。正如第五章讨论过的时间不一致性问题，滞胀的情况反映出随意运用货币政策的代价，显示出货币政策的执行应遵循可信度这一规则。

为了抑制通货膨胀，1979 年 10 月，在新任主席保罗·沃尔克的领导下，美联储决定公开承诺货币供应量增长目标，并允许利率大幅提高[21]。这一政策导致了经济短期内深度萎缩，但降低了长期的通胀预期，因为这表明了美联储愿意用高昂的短期成本维护价格稳定的决心。此外，在 20 世纪 70 年代早期，美联储和英格兰银行还遇到过追求货币供应量增长目标的技术性问题：即货币供应量增长与名义收入的关系变得非常不稳定，使其无法恰当地确定货币供应量增长目标[22]（详见案例：美国和英国货币供应量增长、名义收入和通胀的关系瓦解，以及古德哈特定律的作用）。

随着通胀预期因从紧的货币政策而下降，以及货币供应量增长与名义收入关系的瓦解，美联储从 1982 年后期开始不再强调货币供应量增长目标[23]。直到 1993 年 7 月，美联储完全放弃了以货币目标作为货币政策规则，并有效地采取所谓"试着做"（just‐do‐it）或"风险管理式"（risk management）的货币政策框架[24]。同时，英国也在 20 世纪 70 年代末放弃了货币供应量增长目标制，并开始将英镑钉住德国马克，以期加入欧洲货币联盟[25]。

2. 德国的情况

然而，与美国和英国的情况相反，德国在 20 世纪 70 年代至 90 年代采用货币供应量增长目标是非常成功的[26]。除了将货币供应量增长用作一种交流工具以稳定预期，德国中央银行也公布量化的通胀目标，并通过货币数量论方程式以该通胀目标计算必要的货币供应量增长率[27]。在这方面，德国中央银行能够非常灵活地不时调整量化的通胀目标，使其与长期价格稳定相一致。

此外，德国中央银行为应对冲击允许货币供应量增长有时超过目标，但过后总能采取措施使货币供应量增长回归目标[28]。德国将货币供应量增长目标作为货币政策制度以维持价格稳定的成功经验也主要取决于其就货币政策战略与公众进行交流的方式。尽管中央银行的货币供应量可能大大高于目标,但其也努力向公众解释货币政策是如何实现通胀目标的[29]。欧洲中央银行后来也采用这种成功战略,使用"货币政策的两大支柱"战略,从而使其能够兼顾货币供应量增长和通胀。

案例:美国和英国货币供应量增长、名义收入与通胀关系的瓦解,以及古德哈特定律的作用

至20世纪80年代早期,由于美联储和英格兰银行开始更严格地执行货币供应量增长目标制,美国和英国的货币供应量增长、名义收入与通胀的关系开始瓦解[30]。根据货币数量论方程式,$M \times V = P \times Q$ 中的可变量 V 变得不稳定,中央银行只能艰难地将 M 可变量的增长设定为正好对应 $P \times Q$ 的增长(或名义 GDP 的增长)[31]。

V 的不稳定性可能源于货币持有成本改变的因素(包括通胀预期和实际利率)、金融创新(如引入货币市场的账户)以及信用卡[32]。随着货币流通速度(V)变得不稳定,中央银行发现其越来越难调整货币供应量增长目标使其与名义 GDP 相一致[33]。

古德哈特定律(Goodhart's Law)

货币与名义收入关系的瓦解也部分源于古德哈特定律,该定律以伦敦经济学院经济学家查尔斯·古德哈特(Charles Goodhart)命名,这一定律与第五章讨论的卢卡斯批判紧密相关[34]。古德哈特定律认为:"任何发现的统计常规一旦用于控制目的就会失效"[35]。当货币供应量增长成为一个控制目标,一方面会导致名义利率和实际利率的大幅波动,另一方面,这有助于放松管制和加大竞争的压力[36]。最终,管制的放松和竞争的压力,伴随着信息技术的进步,带来了金融创新,而金融创新又极大地引致了货币流通速度的不稳定,并破坏了货币和名义收入的现有关系[37]。

6.4 风险管理方式

从20世纪80年代中期至2007年国际金融危机的爆发,美联储采用的货币政策框架是"试着做"或风险管理的政策[38]。在这一框架下,美联储没有公布货币供应量增长和通胀率的明确目标。相反,美联储密切监测不同的经济数据,并采用"前瞻性"的方式,以维持价格稳定,减少就业和经济增长的潜在风险[39]。

在风险管理模式下,美联储用短期利率作为政策利率,并调整政策利率以释放可能导致通胀和威胁经济稳定的风险。著名的案例就是,美联储主席艾伦·格林斯潘(Alan Greenspan)自1996年以来采取的紧缩的货币政策立场明显地降低了美国股票市场的非理性繁荣程度[40]。尽管美联储根据资产价格和股票市场状况等因素调整了货币政策,但当经济学家追踪风险管理方式时期其货币政策行为轨迹时,他们发现那段时期美联储的货币政策决策可以被解读为将经济增长和价格稳定的风险最小化。

6.4.1 风险管理方式的典型模型:泰勒规则(The Taylor Rule)

尽管美联储从20世纪80年代末期到90年代早期没有公布货币政策目标,但著名学者泰勒,从美联储作出货币政策决策后得到的统计数据推断出,美联储有意或无意,试图将通胀率维持在均衡水平,将GDP增长率维持在通胀潜在增长率上下[41]。

泰勒的假设得到了普遍的关注,因为它似乎相当合理地接近于美联储的货币政策决策。这一假设成为泰勒规则,用公式表示为

$$i_t = r_t^* + \pi_t + a_\pi(\pi_t - \pi_t^*) + a_y(y_t - y_t^*) \tag{6.5}$$

i_t表示t时的政策利率,π_t表示通胀率,π_t^*表示理想的通胀率,r_t^*表示实际利率的假设平衡,y_t表示真实的GDP增长率,y_t表示全部潜在的GDP增长率,a_π和a_y表示中央银行维持通胀率在目标值和

使实际 GDP 增长达到全部潜能的权重。在 1993 年的论文中，泰勒建议 $a_\pi = a_y = 0.5$。

根据公式 (6.5)，当通胀率高于预期水平或 GDP 增长率超出全部潜能时，美联储会提高政策利率。当通胀率低于预期水平或 GDP 增长率低于全部潜能时，美联储就会降低政策利率。当通胀和产出目标相冲突的时候，例如，当石油冲击引起通胀率超出预期水平，同时又引起 GDP 增长低于潜能，中央银行会根据情况适时调整相关权重。在这种情况下，如果美联储要降低通胀预期，则维持通胀在目标水平会被赋予更多权重。

6.4.2 现实中的风险管理方式

美联储在 20 世纪 90 年代中期悄然放弃货币供应量增长目标时，并没有明确公布一个名义目标替代货币供应量增长目标。然而，自格林斯潘 1987 年担任美联储主席以来，美联储所实行的货币政策是密切监测经济和金融数据的变化，调整政策利率以预先阻止通胀，并防范影响经济稳定的问题[42]。

美联储在格林斯潘的领导下，力图积极运用货币政策抑制威胁经济和金融体系稳定的各种冲击。为减少 1987 年股票市场崩盘和 2001 年 "9·11" 恐怖袭击的影响，美联储向金融体系释放了大量的流动性。美联储还在 20 世纪 90 年代初期和 2000~2010 年大幅降低利率以应对经济下滑导致的萧条。

在每次经济不景气结束后，美联储都通过提高利率收紧货币政策，最明显的是 1994 年（导致了债券市场的崩盘）、1996 年（主要为应对股票市场的非理性繁荣）、20 世纪 90 年代后期（主要为应对网络泡沫），以及 21 世纪第一个十年中期（主要为应对原油价格上涨和通货膨胀）。

尽管美联储没有确定货币政策的名义目标，泰勒规则还是能够大体合理地解读 20 世纪 80 年代早期至 21 世纪第一个十年美国以风险管理方式执行货币政策的情况[43]。这表明当时的美联储同时关注

第六章 货币政策制度：中央银行如何运用货币政策规则实现货币稳定

通胀和失业问题，也就是第四章所讨论的双目标。

6.5 通胀目标制

通胀目标制是货币政策制度的一种类型。在此货币政策制度下，中央银行以在一定时间范围内将通货膨胀控制于指定范围为政策目标。实行通胀目标制的中央银行常常前瞻性地使用短期利率（被称为"政策利率"）作为调控货币的主要工具，使通货膨胀或者通货膨胀预期能够保持在目标范围以内[44]。

作为货币政策制度的一种形式，通胀目标制依赖于两个支柱：透明度和问责制[45]。透明度就是向公众公布中央银行试图达到的通胀目标，以及中央银行为达到目标而采取每项货币政策决策的背后原因。问责制就是向公众传达这一事实：如果未达到通胀目标则中央银行要承担责任[46]。通过透明度和问责制，中央银行执行货币政策、维护货币稳定方面的公信力就得到了提升[47]。

注意此处与货币供应量增长目标不同的是，通胀目标更加透明，一是因为通胀率常常由中央银行以外的政府机构收集，二是公众对通胀率比对货币供应量增长率能够更好地理解其含义。

尽管存在一种担忧，认为实行通胀目标制的中央银行可能过于狭隘地关注通胀，但在实际操作中，中央银行也需时常考虑如何处理失业和产出的关系，只不过是以一种更透明、更合适以及长期的形式表现出来[48]。

6.5.1 通胀目标的典型模型

图6.2分析了将通胀目标作为货币政策规则的典型模型。一个实行通胀目标制的中央银行应预先宣布通胀目标，以及通胀保持在目标范围内的时间跨度。

从技术上看，更精确地说，在通胀目标制下，中央银行的预期通胀而不是当前的实际通胀才是真正要控制在目标范围内的，因为

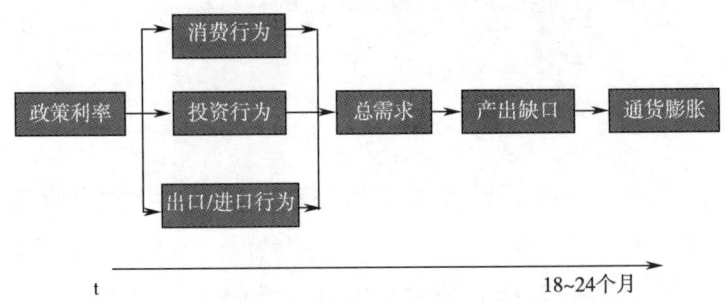

图 6.2　通胀目标典型模型

在货币政策决策和价格上升之间一般存在时滞；在通胀目标制下，中央银行实施货币政策时，其今天的行动实际上是为了应对未来的通胀。然而在实际操作中，人们是通过中央银行控制当前实际通胀的能力来衡量其实绩的。

如果中央银行认为当前货币形势会过多刺激消费和投资需求以及经济活动，未来通胀水平将上升并超过一定范围，中央银行就可能提高政策利率来帮助收紧货币流动性。

我们将在以下章节详细讨论这一点，政策利率上升将引起其他短期利率和长期利率上升，货币流动性收紧，从而引起实体经济中消费和投资需求的下降。消费和投资需求的下降意味着商品和劳务的竞争减少，从而使商品和劳务价格上升速度放缓，换言之，就是通货膨胀的放缓。

长期以来，人们都认为在货币政策举措影响到经济行为和通货膨胀之前，会存在很长一段时间的、具有波动性的时滞效应[49]。12个月到24个月的任意一个时间点内都可能发生政策利率影响总需求，进而全面影响通胀的某种转变[50]。实行通胀目标制的中央银行因此必须在这一段时间内确定通胀预期，并调整政策利率以确保通胀预期保持在目标范围之内[51]。这将是一个持续的过程，就是说，实行通胀目标制的中央银行一般需要定期安排货币政策会议（可能每六周一次）来获得新的信息，确定两年以上的通胀预期，同时相应地调整其政策利率。

第六章 货币政策制度：中央银行如何运用货币政策规则实现货币稳定

在后面的章节里我们还会讨论这一问题，除了影响消费和投资需求以外，在其他因素不变的情况下，短期利率上升也可能对本币汇率形成升值压力，从而影响净出口。一方面本币升值的情况下，用外币计算的出口价格增加，他国对出口的需求就会下降，使国内经济活动放缓，通胀压力降低。另一方面，本币升值的情况下，以本币计价的进口商品和劳务变得便宜，这样，就会有更多的进口产品来取代本国产品。总的来说，在其他因素不变的前提下，短期利率上升可能会导致净出口下降以及国内经济活动放缓。国内需求减弱伴随着净出口下降将进一步减缓通胀压力。

反之，如果实行通胀目标制的中央银行认为货币流动状况太紧或经济活动太缓慢，通胀远低于目标，中央银行可以选择降低政策利率来刺激经济活动和经济需求。在此情况下，当其他利率伴随着政策利率下降时，消费和投资需求将会上升。当然，对商品和劳务的竞争需求也会导致较高的通胀压力。

同样，当利率下降时，在其他因素不变的条件下，本币汇率有可能贬值，使以外币计价的出口商品变得便宜。对一国的出口需求增加将导致该国经济活动增加，其商品和劳务的竞争力增强。在货币贬值的情况下，以本币计价的进口产品变贵，将可能更多地被本国产品取代。为生产更多产品来满足这一进口替代，对本国资源需求的竞争将加剧，这将有助于刺激经济活动，同时通胀压力也将上升。

6.5.2 实际操作中的通胀目标

如第一章讨论的那样，新西兰储备银行（RBNZ）1990年成为第一家采用通胀目标作为货币政策制度的中央银行。在设计通胀目标制框架时，新西兰储备银行特别注重货币政策决策中的透明度和问责制，这与当时正在新西兰进行的公共部门全面改革是一致的。通胀目标制强调透明度：一方面表现在向公众公开这一通胀目标，另一方面表现在公开中央银行货币政策决策背后的原因，也就是说明中央银行要提高、降低或保持政策利率水平的原因[52]。问责制则表现在，如果通胀目标未能达到，也没有恰当的理由来说明，新西兰储备银行行长将被免职。可以说，注重透明度和问责制提升了新西兰储备银行在执行货币政策过程中维持价格稳定的公信力。

后来，当发达经济体和发展中经济体中的众多中央银行被迫需要找到一种可靠的货币政策框架来取代汇率目标制或货币供应量增长目标制的时候，通胀目标制成为了一种选择。目前将通胀目标制作为其货币政策制度的中央银行来自各个地区，包括加拿大、英格兰、澳大利亚、韩国、泰国、印度尼西亚、菲律宾、捷克、巴西、智利等。

至于美国，在本·伯南克（B. Bernanke）接替格林斯潘成为美联储主席之后，美联储对货币政策操作的某些环节逐步进行了修改，使之与实施通胀目标制的中央银行更为一致。2009年，为提高透明度，美联储开始向公众发布其通胀和产出预期值，同时确认：2%的通胀率即代表美联储对于价格稳定的定义[53]。

2012年1月，美联储正式采用通胀目标，并明确指出2%的通胀率能够最好地与价格稳定和充分就业目标保持一致[54]。美联储宣布通胀目标有助于有效稳定长期通胀预期，从而提高其在2007~2010年国际金融危机期间刺激经济的能力。尽管在撰写此文时美联储仍然在使用量化宽松工具这一非常规货币政策工具，但实施正式的通胀目标制最终使美联储成为另一个以通胀为目标的中央银行。我们将在下一部分中对这一点进行讨论。

案例：应对挑战：灵活的通胀目标制

尽管通胀目标制广受推崇并取得了一定的成功，但这一体系并非没有遇到挑战。实际上，通胀目标制主要面临的两种挑战已经出现：一是通胀来源于供应冲击（如石油冲击）而不是需求冲击的可能性，二是在低通胀的环境下有可能出现资产价格泡沫[55]。

第六章 货币政策制度：中央银行如何运用货币政策规则实现货币稳定

为应对上述两种挑战，灵活的通胀目标制应运而生，在此机制下长期价格稳定是最重要的，但中央银行仍具有灵活性来应对经济面临的各类资源冲击[56]。

在中央银行实施灵活的通胀目标制时，加拿大中央银行的实践提供了一种新的策略，即对通胀目标的时间范围进行调整，从而减少政策可能引起的经济和金融波动。加拿大中央银行根据经济面临的风险的性质和持续情况，通过延长或缩短一般为两年期的常规时间段，对通胀目标的时间范围进行调整。加拿大中央银行愿意牺牲两年期内的通胀来确保其在长期内达到更好的经济金融和价格稳定目标[57]。

供给冲击

在通胀目标体系中，中央银行可能通过调整政策利率来影响经济总需求。当供给冲击（如石油冲击）发生时，经济活动可能由于生产成本上升而减缓，但通胀仍可能加速。如果中央银行应对石油冲击的策略是放松货币政策，那么通胀预期可能上升，通胀可能加剧，结果会正如20世纪70年代"大通胀"时期一样。如果中央银行只是简单地提高政策利率来减缓通胀，总需求将降低，经济活动将进一步削弱。

对于实施灵活的通胀目标制的中央银行，应对供给冲击时，如果透明度、问责制和公信力有良好的记录（以致通胀预期较低），同时假定供给冲击来临时，产出的稳定同样重要，那么该中央银行可能不会迅速提高政策利率、大规模缩减产出，而是会允许通胀逐渐靠近目标值。

更正式地来阐述，有人建议实施灵活的通胀目标制的中央银行应通过以下公式来降低社会损失：

$$L_t = (1/2)[(\pi_t - \pi^*)^2 + \lambda x_t^2]$$

公式中，π_t是t期中的实际通胀率，π^*是通胀目标，X_t是t期中的产出缺口，$\lambda > 0$是产出缺口稳定的权重。如果考虑产出的波动性，同时假定$\lambda = 0$，那么实行通胀目标制的中央银行只要不是"通胀狂人"，就可能赋予 λ 一定的权重（有时还较大）[58]。

资产价格泡沫

即使在 2007 年国际金融危机之前，在低消费价格通胀的平静环境中产生资产价格泡沫的可能性也是存在的[59]。一般来说，实行通胀目标制的中央银行会采用消费价格通胀的某种测算结果来作为通胀目标，因为消费价格通胀似乎最能反映生活成本且更容易被理解。然而，日本 20 世纪 80 年代和美国 21 世纪前十年中期的经验显示，当消费价格通胀较低时也可能形成资产价格泡沫[60]。之所以如此，是因为在消费价格通胀较低的形势下，中央银行可能保持较低的利率，使资产价格投机更加容易[61]。

为应对资产价格泡沫产生的可能性，有人建议实行通胀目标制的中央银行在货币政策决策时放宽 18～24 个月的常规时间段[62]。在低通胀时期，资产价格泡沫积累的时间可能超过 24 个月，之后才会大规模爆发[63]。采用较长时间范围的中央银行是澳大利亚储备银行，它认识到资产价格泡沫可能在超过两年的时间段里爆发并威胁价格稳定，因此采用了"超过经济周期"的时间范围[64]。

最近，无论是实行还是未实行通胀目标制的中央银行都开始关注另一类名为宏观审慎管理的工具，并利用其解决资产价格泡沫积累问题。对实施通胀目标制的中央银行来说，宏观审慎管理能完善政策利率的使用，因为它们能针对经济不同领域发挥作用，而不像政策利率会对经济的所有领域造成影响[65]。

6.6 非常规货币政策

非常规货币政策成为了美国、欧元区、英国和日本这四大主要发达经济体中央银行的政策模式，这些经济体是在经历了金融危机（2007～2010 年的国际金融危机）的剧烈震荡之后采取这一模式的。对于日本，采取这一模式则是在 20 世纪 90 年代初期资产价格泡沫破裂引起的危机之后[66]。虽然使用非常规货币政策的具体措施在上述经济体中有所区别，但其共性是中央银行虽已将政策利率降到零或接近零，却仍需进一步刺激经济以防陷入通缩（日本则是防止陷入更深的通缩状态）。

这些中央银行为应对国际金融危机，建立了三种非常规政策工具，对零利率或接近零利率政策形成补充：一是对金融机构贷款，二是向主要信贷市场提供流动性，三是购买长期债券[67]。正如曾使用过这些工具的美联储主席伯南克所说，上述工具的一个共同特征就是它们依赖于中央银行的权力来发放贷款或购买债券[68]。

鉴于前两种工具（向金融机构贷款和对主要信贷市场提供流动性）更接近于最后贷款人作用，且当危机渡过高峰期时就会终止，我们可以将最后一种工具（购买长期债券）视为货币政策的一种类型，虽然它是非常规的；众所周知，这一工具就是"量化宽松"。作者撰写此文是在 2013 年 12 月、危机高峰期过去五年之后，而此工具仍在使用。

6.6.1 量化宽松政策的典型模型

当政策利率接近零或者为零时，中央银行为进一步刺激经济可能选择从私人部门尽量购买长期政府债券。目的在于：一是降低长期贷款成本，因为政府债券常被用来作为私人部门贷款定价的标准；二是使金融机构和主要信贷市场恢复流动性，从而使更多的贷款刺激经济活动。

1. 降低长期贷款成本

中央银行大量购买长期政府债券常被称作"量化宽松"（QE）。中央银行如此为之，不只是纯粹地调节货币价格（即调整政策利率），而是同时通过向私人部门注入大量资金来缓和经济中的流动性短缺。

图 6.3 表示的是非常规货币政策的典型模型。非常规货币政策即中央银行从私人部门中大量购买长期政府债券。图 6.3 中的横轴表示的是政府债券的期限（用时间 t 来衡量），纵轴表示对持有政府

债券者付出的收益（利率）（用每年的百分比衡量）。当我们将不同期限政府债券的收益率标记并连线后，就得出了所谓的政府收益率曲线（关于收益率曲线的细节将在第七章中讨论）。

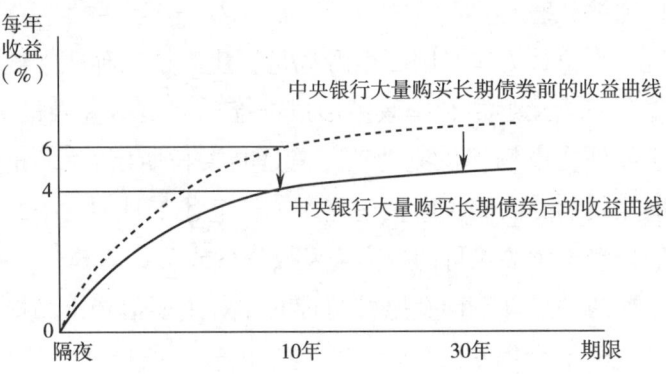

图 6.3　非常规货币政策的典型模型

一般来说，收益率曲线是向上倾斜的，就是说，短期债券收益会低于长期债券收益。比如，1 年期政府债券收益一般低于 5 年期政府债券收益，10 年期政府债券收益一般低于 30 年期政府债券收益（其原因将在第七章中进一步详细讨论）。

实际操作中，私人部门在借贷时常使用政府债券收益率曲线作为计算利率的基准。由于政府债券不可能违约，因此政府债券常被视为无风险资产。当私人部门相互借款时，它们经常将借款利息与投资政府债券（等同于向政府贷款）所得相比较。由于向政府贷款无风险，而贷给私人部门存在风险，因此贷款人一般对私人贷款收取的利息高于同期限政府债券的收益。

图 6.3 显示，当中央银行降低其政策利率（指短期政策利率，可能是隔夜利率）到零或接近于零时，隔夜政府债券的收益也将为零或接近于零，但其他长期政府债券的收益仍然较高。如图 6.3 所示，尽管隔夜收益为零，10 年期债券收益仍然为每年 6%。

然而，在经济疲软情况下，较高的长期利率水平可能对经济活动产生抑制作用。由于贷款偿还是一个长期过程，因此商业贷款和抵押贷款的利率通常是基于长期利率而不是短期利率。当政策利率已经为零或接近于零时，为进一步刺激经济增长，中央银行需要直接从私人部门大量购买长期债券，从而推低长期利率，这反映在长期政府债券收益率的降低上。

政府债券价格与其收益率是负相关的。随着中央银行购买更多的政府债券，债券价格会随之上升，债券收益率则随之下降。在图6.3中，当中央银行购买更多10年期政府债券时，10年期政府债券的收益率从6%降至4%，这时，私人部门就会参照这一相对较低的收益率水平来确定10年期贷款的利率水平。

2. 流动性修复

除了降低作为私人部门借贷参考标准的长期政府债券收益率之外，从私人部门购买政府债券，还使得私人部门尤其是银行的手中有了更多的资金。危机期间，私人机构之间通常不愿相互借贷。相反，它们倾向于囤积无风险资产，例如政府债券。这将导致流动性短缺，从而抑制经济活动。

在量化宽松政策下，中央银行从私人部门购买政府债券，相当于向私人部门尤其是银行注入资金，而银行通常是政府债券的较大持有者。当手中拥有更多资金之后，银行向私人部门贷款的能力增强，从而可刺激经济增长。

6.6.2 美国的非常规货币政策

前文相关段落介绍了购买长期政府债券有利于降低政府收益率曲线，修复流动性。除此之外，美国中央银行也决定购买私人部门债券，特别是抵押贷款支持债券，以应对国际金融危机[69]。

1. 信贷宽松和量化宽松

购买私人部门债券就是信贷宽松，与购买政府部门债券（量化宽松）不同，但两者本质上都是中央银行的大规模资产购买行为[70]。美国购买抵押贷款支持债券的意图在于解决美国房地产泡沫破裂带来的相关问题，后者使美国经济面临陷入通缩的威胁。危机之前的泡沫形成期间，房价的上升提升了住户财富，增加了居民消费。金融部门通过向居民提供抵押融资，或通过将抵押贷款打包成可交易的抵押贷款支持债券，助推了房价的快速上升。当房地产泡沫最终破裂时，金融部门因其账上仍有未售出的抵押贷款支持债券而承受巨大损失，从而不得不削减信贷。另外，居民则面临房价下跌和巨额抵押债务，以及财富快速缩水问题，从而不得不削减支出。

2. 信贷宽松对金融部门的作用

通过大量购买抵押贷款支持债券，美联储减轻了金融部门面临的压力[71]。购买抵押贷款支持债券可以防止许多金融机构持有的债券价格进一步下跌，避免这些金融机构遭受更大损失。中央银行通过购买抵押贷款支持债券扮演着金融中介的角色，向金融部门注入了流动性，使得金融部门能够重获营运能力[72]。

3. 信贷宽松对房地产市场的作用

购买抵押贷款支持债券同样也减轻了居民面临的压力。美联储对抵押支持贷款债券的购买意愿间接抑制了房价的下降。购买抵押贷款支持债券行为阻止了此类债券价格出现螺旋式下跌。伴随这类债券价格企稳，金融机构重新获得资金，能够向新的房产购买提供信贷支持，进而能够抑制房屋需求及其价格下降，也抑制了房产财富的缩水。

4. 信贷宽松和量化宽松对劳动力市场的作用

尽管信贷宽松和量化宽松的最初目的是减轻金融部门和房地产市场面临的压力，但随着金融市场和房地产市场得到稳定，美联储认为应同时采用信贷宽松和量化宽松工具来减轻劳动力市场面临的压力。例如，2012年9月，美联储宣布每月额外购买400亿美元抵押贷款债券，同时宣布将其持有的抵押贷款支持债券的到期本金进行再投资，以对长期利率施加下行压力，促进经济增长，目的就在于"促进劳动力市场的持续改善"[73]。

案例：应对欧洲主权债务危机：2013 年尚未动用 QE

在欧元区，尽管欧洲中央银行也向金融机构贷款、向主要信贷市场提供流动性，但其并未一开始就大量购买长期政府债券来应对2007~2010年国际金融危机，这一点与美联储、英格兰银行不同[74]。然而在21世纪初期，国际金融危机后欧元区经济活动开始放缓，有人就担心欧元区内那些经济总量较小、缺乏竞争力且政府负债高的国家可能出现债务偿付问题。

由于偿债能力受到质疑，上述国家发行的政府债券价值开始降低。国际投资者开始要求其支付更高的债券收益，以弥补持有所谓的无风险债券而面临的违约风险。投资者要求更高的债券收益增加了上述国家额外的负担，这些国家须筹资来支付更高的债券利息。这形成了恶性循环，投资者要求更高的债券收益进一步降低了这些国家的偿债能力，事实上将这些国家推向违约。

由于欧元区成员国政府违约会加深外界对欧元以及欧洲货币联盟的质疑，欧洲中央银行因此宣布愿意大量购买这些国家发行的政府债券。这一举措有助于缓和投资者的担忧、降低上述政府债券的收益，同时帮助这些国家政府处理好融资问题。欧洲中央银行在大量购买上述债券的同时，实际还允许银行部门从其账簿中核销大批问题政府债券，使主权债务危机演变成银行危机的几率得以缩小。

2012年9月，欧洲中央银行新任行长马里奥·德拉吉（Mario Draghi）提出一项无限量购买成员国政府债券的计划，以阻止欧洲主权债务危机的扩散[75]。欧洲中央银行购买政府债券的举措与美联储或英格兰银行的量化宽松政策不尽相同。特别是欧洲中央银行还通过私人部门对其购买的政府债券进行对冲，就是说它也向市场出售其自身的债券，来获取购买债券需要的资金[76]。这样一来，陷入危机的国家政府债券被置换为欧洲中央银行的债券，而这一操作并不会对货币供应量产生实质影响。

6.6.3 非常规货币政策的挑战

非常规货币政策有助于防止全球经济陷入通缩和经济困境，但有批评指出该政策持续使用存在下述问题。

一是从基础定义来看，中央银行大规模、持续性地购买政府债券可能使中央银行存在实施财政政策之虞。购买政府债券，特别是从私人部门购买政府债券，与中央银行对政府赤字提供资金具有相似效应。持续地执行量化宽松政策使其看起来像中央银行为了对政府支出提供资金而印刷货币，这将会损害中央银行的公信力和政治独立性。

二是持续地执行量化宽松政策可能鼓励资产价格投机。这一点反映在发达经济体股价大幅上扬上，即使这一时期其总体经济仍然疲软。量化宽松政策向经济体系注入了大量流动性，但由于各经济体仍处于去杠杆过程中（即处于从经济危机中减少债务拖累的过程），因而大部分流动性为获取高收益投向了资产市场（特别是股票市场，还有发展中经济体），而并未投入到曾经受到危机伤害的实体经济活动中。

三是确定从量化宽松政策退出的时机对中央银行来说也是一种挑战。如果通货膨胀开始显现时，量化宽松政策仍在使用，中央银行承诺价格稳定的可信度就会降低。同样，当经济开始复苏、通胀开始上升时，中央银行需要快速卖出债券、从经济中吸收流动性，同时不在金融市场中造成恐慌。这一政策退出的时机的确是一种很大的挑战，就像2013年中期我们看到的那样，当美联储仅仅宣布可能逐步退出量化宽松政策后，国际金融市场就一片动荡，以致美联储不得不向投资者保证退出量化宽松政策是一个逐步的过程。

四是私人部门债券（如抵押贷款支持债券）被人批评为"挑选赢家"和"扭曲"的债券，因为中央银行有效地帮助了那些资产价值下降的机构，而其他经济部门被排除在外，没有得到当局的任何援助。

尽管存在上述批评和挑战，但仍有观点认为本次金融危机是如此严重，可能不得不依赖中央银行非常规货币政策工具的使用。然而在使用非常规货币政策时，中央银行需要向公众郑重承诺它们不是隶属于政府的机构。此外，中央银行在经济恢复后需格外小心通货膨胀的威胁。

小结

第五章讨论的货币政策操作的理论基础说明，要使货币政策具有公信力，中央银行需采用一项货币政策规则（又称为货币政策制度）。

现代中央银行采用的主要货币政策制度包括：一是汇率目标制，二是货币供应量增长目标制，三是风险管理方式，四是通胀目标制，五是非常规货币政策。

在汇率目标制下，中央银行的目标就是将汇率控制在宣布的范围之内。在此体系中，汇率常常与某一个在货币稳定方面具有良好记录的大国货币挂钩。

在货币供应量增长目标制下，中央银行的目标是将货币供应量增长控制在一定范围之内，使之与经济中名义收入增长一致。

风险管理方式是美联储从20世纪80年代中叶到21世纪第一个10年中期使用的货币政策制度。在此方式下，美联储调整政策利率，以防范可能威胁货币稳定和经济稳定的风险。

在通胀目标制下，中央银行调整政策利率，使通胀在一定的时间范围内保持在其公布的目标区间。中央银行在通胀未达到目标时承担相应责任。

非常规货币政策被众多发达经济体的中央银行采用，以应对2007~2010年国际金融危机的影响。这类政策实际上就是大规模购买长期债券，其意图在于降低长期利率，放松货币和信贷。

关键术语

一篮子货币　　　　　　　　　　　货币供应量增长目标
信贷宽松　　　　　　　　　　　　量化宽松

汇率目标 　　　　　　　　　风险管理方式
灵活的通胀目标 　　　　　　泰勒规则
古德哈特定律 　　　　　　　非常规货币政策
通胀目标

复习思考题

1. 什么是货币政策制度？它为什么重要？
2. 实行汇率目标制的中央银行如何达到物价稳定？
3. 什么是联系汇率制？
4. 如果存在大量资本流入，一国的汇率可能发生什么变化？为什么？
5. 如果存在大量资本流入，实行汇率目标制的国家理论上如何保证汇率在公布的目标之内？
6. 如果一大批进口商在同一时间需要大批外汇以支付进口商品，会对汇率产生什么影响？
7. 如果一大批进口商在同一时间需要大批外汇以支付进口商品，中央银行需要如何维持公布的汇率目标？
8. 实行汇率目标制的国家没有货币政策的独立性最有可能的原因是什么？
9. 为什么长期来说中央银行不可能同时达到实现汇率目标、允许资本自由流动和维持货币政策的独立性三个目标？
10. 货币供应量增长目标制背后的基础理论是什么？
11. 采用货币供应量增长目标制作为货币政策制度的好处是什么？
12. 为什么20世纪80年代初期，货币供应量增长目标制在美国和英国通胀预期下降时帮助它们稳定了通胀预期，而在20世纪80年代中期两国却放弃使用货币供应量增长目标制？
13. 古德哈特定律的内容是什么？它在货币政策操作中是如何使用的？

14. 美联储在格林斯潘时代，运用风险管理方式进行货币政策操作中，作出货币政策决策时需考虑哪些主要变量（举例说明）？

15. 风险管理方式对执行货币政策有哪些好处？

16. 风险管理方式对执行货币政策有哪些不利？

17. 通胀目标制的特点和基本原理是什么？

18. 在通胀目标制下，中央银行的透明度、问责制和公信力是如何表现的？

19. 为达到通胀目标，实行通胀目标制的中央银行一般使用哪些主要的货币政策工具？当预计通货膨胀将超过目标时，中央银行如何使用该工具维护货币稳定？

20. 当通胀压力来自供应冲击（如石油冲击）而不是需求冲击时，实行通胀目标制的中央银行是否应提高其政策利率？

21. 在通胀目标体系下，如果通胀保持在较低的水平，资产价格泡沫是怎样对中央银行执行货币政策形成挑战的？

22. 通胀目标制的优点是什么？

23. 通胀目标制的缺点是什么？

24. 中央银行如何对待通胀目标制的优点？

25. 美联储用来应对美国次贷危机的政策的三个关键要素是什么？

26. 量化宽松政策的中间目标是什么？

27. 量化宽松政策与常规货币政策在对收益率曲线的影响方面有什么区别？

28. 量化宽松政策是怎样促进美国的房地产市场和劳动力市场改善的？

29. 量化宽松政策的优点是什么？

30. 量化宽松政策的缺点是什么？

第七章 货币政策实施与金融市场操作

学习目标

1. 区分金融部门和实体经济部门
2. 定义货币市场
3. 描述中央银行如何影响货币市场及其利率
4. 解释货币市场利率如何影响长期利率

货币政策实施是指中央银行采取措施影响经济中的货币环境来履行其职责,无论其职责是货币稳定、金融稳定或者充分就业(后者尤其见于美联储的职责中)。在前面的章节中,我们已经讨论了现代中央银行可能采用的货币政策规则,或者说是货币政策制度,这决定了中央银行如何实施货币政策来履行其职责。

实践中,中央银行一般通过金融市场操作来实施货币政策[1]。这些操作一般包括与金融机构的交易,其会先影响货币市场再传导至消费、投资和净出口等总需求。一般而言,总需求变化将影响产出缺口和通货膨胀。但实践中,在中央银行公布货币政策决议后,预期变化也可能对金融市场产生影响,这种影响甚至会发生在中央银行实施金融市场操作之前。这是因为市场参与者会根据货币政策的变化调整其资产组合。同时,经济各部门可能也会调整其行为,以与中央银行货币政策决定保持一致[2]。

图 7.1 为货币政策、金融部门、实体经济、预期以及通货膨胀之间的联系。

尽管预期会产生直接影响,但是金融部门是货币政策实施的

第七章 货币政策实施与金融市场操作

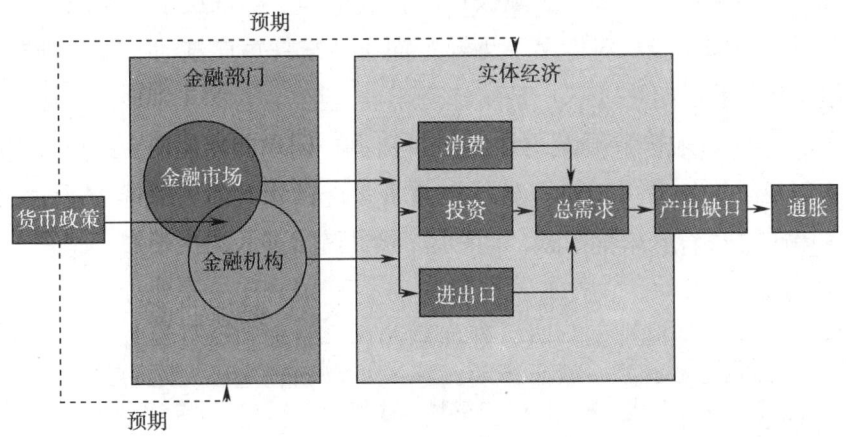

图 7.1 金融部门和预期的作用

起点。

本章我们将了解货币政策如何影响金融部门，金融部门主要由金融市场和金融机构组成。特别是，我们将通过关注金融市场的本质以及中央银行用来影响金融市场利率的工具来重点阐述中央银行的金融市场操作。在第八章中，我们将阐述货币政策如何影响金融市场利率，并通过多种途径传导至实体经济（提供商品和劳务的经济部门，也被称为实体部门），进而影响经济行为和通货膨胀。

7.1 中央银行金融市场操作：概述

金融市场是中央银行货币政策操作和实体经济行为之间的桥梁。但是，金融市场的定义很广泛。广义而言，金融市场是指资金需求者和资金供给者相互交易的场所。这些交易包括简单的借贷（需要抵押品或者不需要抵押品）或者买卖有价证券或拆借货币。因此，金融市场实际上包含多个市场，一般根据基础交易性质来区分子市场。

表 7.1 为中央银行经常实施货币政策操作的几个重要金融市场。一般情况下，中央银行通过货币市场、外汇市场和债券市场实

施货币政策。中央银行实施操作的首选市场主要取决于货币政策体制以及相关环境。对许多中央银行而言，交易短期流动性资金的货币市场（1年期及以下）是实施货币政策的首选市场。对于重点关注汇率的中央银行来说，外汇市场（通常为外汇交易市场）则是实施货币政策的首选市场。另一个较为重要的市场是政府债券市场，是中央银行有时用来影响长期利率的市场[3]。

表7.1　　　　中央银行传导货币政策的主要金融市场

金融市场种类	交易种类	中央银行的操作和参与情况
货币市场	短期（小于1年）流动性资金	货币市场操作主要用来调控作为短期利率基准的政策利率
外汇市场	外汇资金	参与外汇市场交易主要是用来熨平超额汇率波动或者钉住目标汇率
政府债券市场	政府债券	在（二级）政府债券市场上交易主要用于注入或者吸收长期流动性
信贷市场	公司债券、房地产市场基金	在美国是非常规货币政策的一种，以满足系统中特定的流动性短缺为目的

另外，在金融危机时，中央银行可能会将其政策操作扩展到诸如信贷市场等非传统市场[4]。在此，信贷市场是指债务性证券买卖市场，包括由银行、非银行金融机构以及非金融企业发行的证券。如第六章中所阐述的，作为国际金融危机的应对措施，美联储通过从金融市场参与者手中购买抵押贷款支持证券和商业票据来实施非常规的货币政策。之所以称为非常规，是由于在常规时期中央银行定然不会直接参与到企业融资行为当中*。

需要指出的是，在紧密相联的金融市场里，无论中央银行选择哪一个市场进行操作，对其他所有市场都可能产生溢出效应，但是对其他市场影响的程度则由于市场结构和外部环境的不同而各异。

---

* 另一个是危机期间中央银行在股票市场进行操作。在20世纪90年代后期亚洲金融危机时，香港货币当局为防止投机，直接从股市上购买大量股票。但是由于这可能被视为中央银行直接向企业提供融资，这类操作即使在压力情形下也很少被实施。

例如，通过收紧货币市场流动性，商业银行会面临较高的短期资金成本，这可能通过他们的操作传导至其他市场，比如外汇市场。

实践中，即使中央银行仅宣布在某个市场进行货币政策操作都可能通过预期效应影响其他市场的状态。其他市场的参与者会估计货币政策操作的最终效应，并据此来调整自己的行为，甚至在中央银行实施操作之前就会调整其行为。因此，在信息快速传播情况下，市场参与者在货币政策宣布前采取行动更有利，这种对未来政策宣布的预期本身能够改变市场参与者的行为，并使市场实际上在中央银行实施操作之前就已发生改变。

7.1.1 货币市场

货币市场是指参与者用来借入借出短期资金的市场，期限通常为1年以下[5]，参与者主要包括需要互相借入借出短期资金的机构。货币市场的核心是银行同业拆借，指商业银行之间互相拆借资金的行为。货币市场参与者还包括通过发行商业票据[6]来满足短期流动性资金需求的非银行金融机构以及金融机构部门以外的非金融性机构。政府有时候也参与货币市场并发行短期国库券（期限小于1年的政府债券）来满足短期流动性资金需求。

中央银行在货币市场上实施操作，主要是为了试图有效影响货币市场融资（即借入借出资金）条件的松紧程度。通过收紧货币市场借出条件，用于贷款的流动性或者资金的可获得性将变得紧张。当收紧货币借出条件（通常表现为调高货币市场利率）时，资金的借入、借出双方在其他操作中将面临更高的短期融资机会成本。

短期资金收紧可能同时导致其他市场资金以及长期资金收紧，这是因为借款人会转向其他渠道寻求借入相对便宜的资金。同样的，如果中央银行放松货币市场短期融资条件，则也能间接地放松其他市场融资条件并放松长期资金条件。

实践中，中央银行只是货币市场的一个参与者，但就其作为最终货币发行和银行体系规则制定者的特殊地位而言，中央银行对于货币市场融资条件有特殊的影响力。为了理解中央银行如何影响货币市场，首先要理解货币市场中资金的供给和需求之间的相互影响。

1. 货币市场中的资金需求

由于现金不像贷款那样能产生利息，商业银行通常会尽可能少地持有现金。但实践中，银行不可能将所有存款都用来发放贷款，因为他们必须持有准备金用来满足：（1）法定准备金要求，即中央银行要求商业银行将其吸收的一定比例的存款存放在中央银行账户中，（2）结算或者清算要求，即商业银行自身在中央银行开设的账户中要存放一定资金并通过中央银行支付系统来完成清算或结算[7]。

商业银行一般会最小化其结算余额以及超额准备金（指超过法定存款准备金和结算余额要求的那部分准备金），因为存放在中央银行账户中的资金可能没有利息，或者只能获得低于一般市场利率的利息[8]。如果发生意外的大规模结算需求，银行可能被迫以惩罚性利率向中央银行或者向货币市场融入资金，货币市场资金需求大部分就源自于这种融资需要[9]。

除银行外，货币市场上的短期资金需求也可能来源于非银行参与者，例如非银行金融机构、大型公司以及政府。这些非银行参与者可能由于短期投资或者流动资金需要（支付供应商货款甚至雇员报酬）而产生短期资金需求。为了满足这些短期需求，这些参与者可能发行商业票据来获得短期资金。另一方面，政府可能发行政府债券来获得短期资金，并用于满足其短期债务的资金需要。

2. 货币市场中的资金供给

如果银行发现自己持有的准备金超过法定存款准备金要求和结算需求时，它们一般愿意借出至少部分超额资金来获取利息。对短期资金的借出意愿构成了货币市场的资金供给。实践中，在金融市场相对发达的地区，非银行参与者（如货币市场共同基金）也日渐成为货币市场资金的重要提供方[10]。投资者将资金投入货币市场共同基金，然后基金将这些资金投入到诸如商业票据或者政府债券等货币市场证券中。这些投向商业票据和政府债券中的资金也就构成了货币市场的短期融出资金[11]。

3. 货币市场中的理论均衡

理论上,在任何给定的时间,资金短缺方需要借入资金,而资金富余方则想借出资金。当资金借入方的数量与资金借出方的数量相等时,货币市场就达到均衡,作为资金交易价格的利率也会达到均衡。如果资金供不应求,利率将上升;反之,供大于求时,利率会下降。当出现未预计到的大额需求时,货币市场资金会出现净短缺,利率将会快速上升。

当货币市场资金极度短缺时,市场参与者可能无法互相拆借,此时中央银行可能会介入并且向市场参与者提供资金。换句话说,当利率变动无法有效使货币市场出清时,作为监管者的中央银行有必要介入并使市场达到均衡。

7.1.2 中央银行对货币市场的影响

由于资金供需受制于诸多外部因素,如果没有中央银行参与,货币市场波动性可能会很大。中央银行参与货币市场不仅仅是在出现资金净缺口时提供资金那么简单,而是有助于建立货币市场平滑机制。

1. 影响准备金余额

实践中,作为常规货币政策实施的一部分,中央银行通常利用其在货币市场的特殊地位来影响货币市场,尤其是通过满足商业银行为达到法定存款准备金要求和结算需求而存放在中央银行的准备金余额的方式来实施[12]。

在美国,美联储可通过宣布较低的联邦基金目标利率来放松货币市场。联邦基金利率是指商业银行相互拆借准备金(商业银行存放在美联储账户上的资金)的利率。当准备金余额出现净缺口,商业银行可能不愿意或者无法在美联储宣布的较低目标利率上或目标利率附近相互拆借。为了保证商业银行能够以较低的联邦基金目标利率或在该利率上下相互拆借,美联储会提供流动性支持来降低准备金余额的净缺口[13]。

2. 实施货币政策的工具

一般来说，我们把中央银行用来影响货币市场的工具分为四类。

第一，中央银行以政策利率水平作为货币市场松紧的信号，并以此反映宏观经济状况。第二，中央银行进行公开市场操作，即直接参与货币市场交易来影响货币市场的流动性状态。第三，中央银行设立存贷款便利（常备借贷便利），以便货币市场参与者获取流动性，从而有助于货币市场利率与政策利率一致，但又不过度依赖于公开市场操作。第四，中央银行运用法定存款准备金来直接调节商业银行的资金需求以及货币市场状况[14]。

当综合运用上述前三个工具时（政策利率、公开市场操作、常备借贷便利），便构成所谓的"利率走廊"，其作为中央银行影响货币市场的框架正变得越来越流行，在金融市场自由化和利率市场化程度较高的背景下尤其如此。第四个工具（法定存款准备金要求）对中央银行调节货币市场一直很有用，特别是在金融市场自由化程度较低的国家或地区[15]。

3. 政策利率

政策利率是指中央银行用来表明其货币政策立场的短期利率。通过宣布将政策利率保持在特定水平上，中央银行能够引导货币市场借入借出利率不至于偏离政策利率太远。一般而言，鼓励市场参与者在向中央银行申请存贷款便利之前，优先通过相互拆借解决资金需求。市场参与者之间相互竞争保证了拆借利率不至于过于极端[16]。但是当因资金短缺或者富余而在政策利率附近达不到均衡时，中央银行总会介入并通过公开市场操作直接向市场注入或者吸收流动性。在预期中央银行总能介入并保证市场利率不会偏离政策利率太远时，市场参与者将会以政策利率或在政策利率附近相互拆借。当然，在当出现大规模系统性资金短缺或富余时，市场参与者相互拆借的利率可能会过度偏离政策利率[17]。

4. 公开市场操作

第七章 货币政策实施与金融市场操作

当实施公开市场操作时，中央银行是在货币市场出现缺口时注入流动性或吸收流动性，以防止因资金过度短缺或富余而使市场利率过度偏离政策利率[18]。公开市场操作一般指中央银行从市场参与者手中买入或向其卖出有价证券（一般为政府债券和中央银行票据）。当中央银行买入证券时支付货币，意味着向市场注入流动性。相反，当中央银行卖出证券时收回货币，意味着吸收流动性[19]。

> **概念：不同种类的公开市场操作**
>
> 公开市场操作根据交易的性质大致分为两类。
>
> **买断式交易**
>
> 第一种交易是指证券的所有权永久转移至买家手中。这种情况下，证券买卖被称为买断式交易[20]。
>
> 图7.2a举例说明中央银行通过直接卖出证券给某个金融机构以吸收流动性，收紧货币市场。
>
> 相反，图7.2b表示中央银行通过直接从某个金融机构买入证券以释放流动性，放松货币市场。
>
>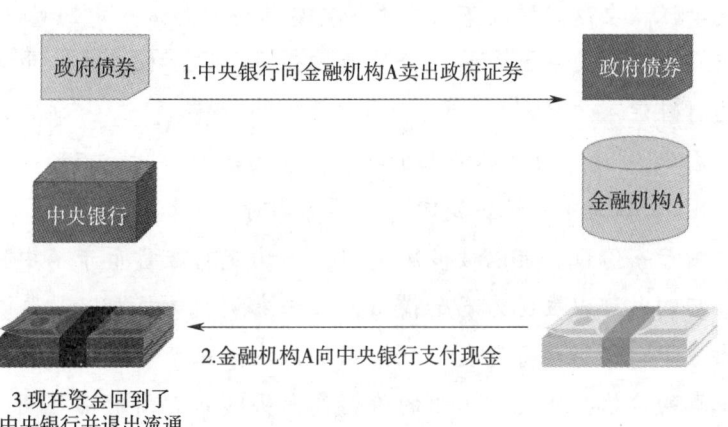
>
> 图7.2a 中央银行吸收流动性：收紧货币市场

第二部分 货币稳定

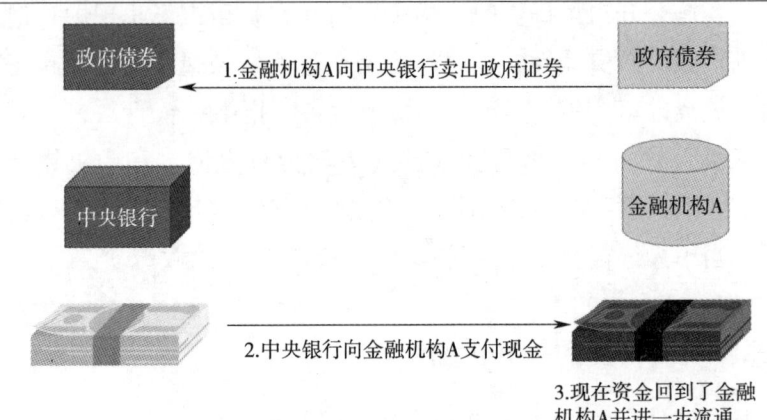

图7.2b 中央银行注入流动性：放松货币市场

回购与逆回购交易

另一种公开市场操作形式是证券的所有权临时转移至买家手中。这种交易形式的一个例子是回购协议，即证券的卖方必须在未来某一时刻以特定的价格将证券买回。显然在这种情况下资金只是临时性的抽离。相反，如果中央银行运用逆回购可以临时注入流动性。在这种情况下，中央银行从市场参与者手中购买证券，协议在未来的某一天以特定价格售回证券。在逆回购中，中央银行临时性注入流动性。

图7.3a为中央银行正回购交易，临时性收紧货币市场。

图7.3b为中央银行逆回购交易，临时性放松货币市场。

由于一份证券可以被多次使用，回购交易在货币市场中很流行。回购也可以被视为资金借出，而证券被视为抵押品。证券的卖出方卖出证券获得资金，且根据协议在未来某天买回证券。买回证券的价格要比之前卖出的价格高，买回和卖出价格之间的差额反映了回购期间借出资金的利息。回购交易（也包括逆回购）由于临时性特征，更适合中央银行用来管理货币市场的临时波动。因此，中央银行需要吸收流动性时就不一定要经常发行中央银行票据或者卖出政府债券。

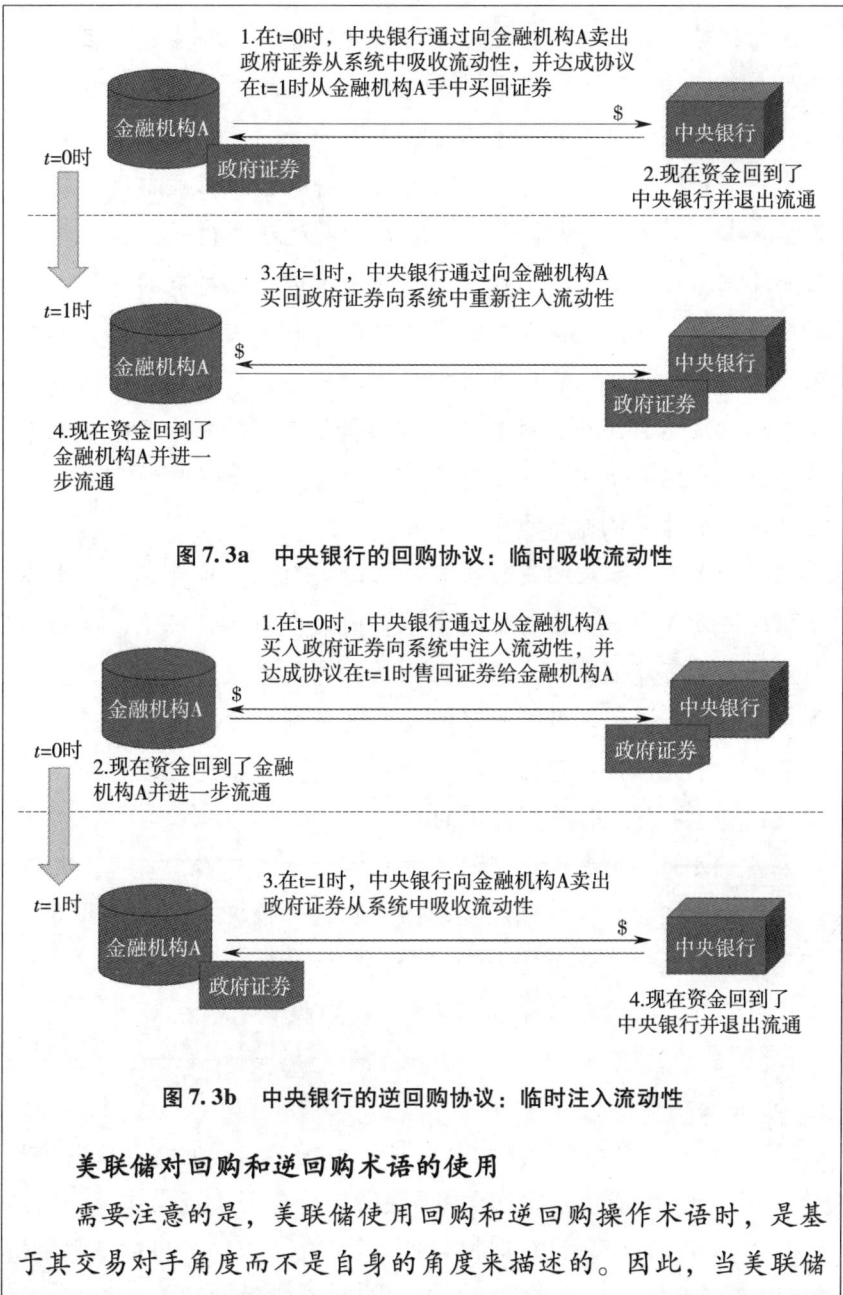

图 7.3a 中央银行的回购协议：临时吸收流动性

图 7.3b 中央银行的逆回购协议：临时注入流动性

美联储对回购和逆回购术语的使用

需要注意的是，美联储使用回购和逆回购操作术语时，是基于其交易对手角度而不是自身的角度来描述的。因此，当美联储在 2013 年 9 月宣布将要进行所谓"逆回购"操作，作为未来退出量化宽松政策计划的一部分时，美联储实际上是通过向市场参与者卖出证券，并在未来特定时间以特定价格买回证券，而吸收流动性。

外汇互换

中央银行用来影响货币市场的另一种公开市场操作工具是外汇互换[21]。与回购交易类似，外汇互换也被视为借款，只是将外汇而非证券作为抵押品。本币资金的借入者将其持有的外汇卖给资金借出者，并协议在未来特定的时间以事先确定的价格回购外汇。当中央银行要从货币市场吸收流动性时，可从市场参与者手中借入（本币）资金，并将外汇作为借入资金的抵押品。在未来某个事先确定的时刻，中央银行将本币资金偿还给市场参与者，并收回之前作为抵押品的外汇资金。

一般来说，如果相关条款有足够的吸引力，市场参与者很愿意以这种方式向中央银行出借本币。因为在很多情况下，市场参与者可能也有外汇资金需求，无论是自身使用或者客户使用。例如，市场参与者的公司客户可能需要支付进口货款或者偿还外币债务。当中央银行愿意借入本币并以外币作为抵押时，市场参与者便拥有了另外一种获得外币的途径。

另一方面，中央银行可以通过向市场参与者借出本币，并以外币作为抵押品向市场注入流动性。在这种情况下，市场参与者可能本币短缺但是外币富余。例如，可能是这种情况，出口商将其获得的外汇收入卖给货币市场参与者以换取本币资金。

5. 常备借贷便利

广义上讲，常备借贷便利是指货币市场参与者能够直接向中央银行进行资金借贷的工具。当中央银行进行公开市场操作来吸收或者注入流动性时，经常以不过多或者过度介入市场为目标。中央银行更愿意货币市场参与者有效管理自身资金需求并让市场力量在参与者之间配置资金，在这种情形下，中央银行设置常备借贷便利作为被动工具来熨平货币市场利率的波动性。

第七章 货币政策实施与金融市场操作

当市场参与者需要短期资金且无法在参与者中找到出借者时，市场参与者可直接向中央银行申请常备借贷便利。当市场参与者虽有超额资金但无法在参与者中完成借出时，他们可以将资金存入中央银行的常备存款便利。当然，中央银行更偏好于货币市场借入利率和借出利率与政策利率保持一致，因为政策利率表明了中央银行政策立场[22]。

图7.4为中央银行如何使用常备借贷便利来调控货币市场，尤其是当有些金融机构资金可能短缺或者富余时。

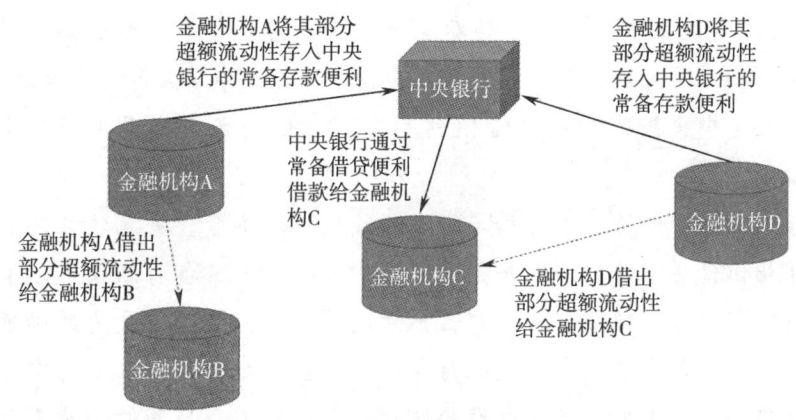

图7.4 中央银行运用常备借贷便利调控货币市场流动性

概念：利率走廊

实践中，市场波动是不稳定的，并且市场的净差额或者富余促使市场参与者在远离政策利率的水平上进行资金的借入和资金的借出。常备借贷便利与政策利率、公开市场操作的综合使用便构成利率走廊，即借入和借出资金的利率被限制在走廊范围并与政策利率保持一致。

最近，许多发达国家和新兴市场经济体运用利率走廊系统，通过常备借贷便利建立走廊上限和走廊下限，从而控制市场参与者互相拆借资金的利率偏离政策利率的范围。已经运用利率走廊系统的中央银行包括美联储、英格兰银行、欧洲中央银行、澳大利亚中央银行、新西兰中央银行、韩国中央银行、马来西亚中央银行、菲律宾中央银行和泰国中央银行等[23]。

图 7.5 为利率走廊运行机制。

从图 7.5 中看出，中央银行常备借贷便利利率要明显高于政策利率，这主要是为鼓励市场参与者先在同业拆借市场上融资，不行的话再向中央银行申请常备借贷便利。但是中央银行常备借贷便利利率不会显著高于政策利率（一般是政策利率加 0.5 个百分点），这主要是鼓励市场参与者相互拆借的利率不要过高于政策利率——否则，市场参与者总会向中央银行申请常备借贷便利。因此，中央银行常备借贷便利利率有效地构成了货币市场利率上限。

相反，当货币市场参与者有超额短期准备金，并无法在同业市场出借时，便会将这些资金存入中央银行的常备存款便利。中央银行常备存款便利利率明显低于政策利率，这主要是为鼓励货币市场参与者在寻求中央银行常备存款便利之前，先从市场中寻找借款人。中央银行常备存款便利利率一般不会显著低于政策利率，通常低于政策利率 0.5 个百分点，这样，中央银行常备存款便利利率有效构成了货币市场利率下限。

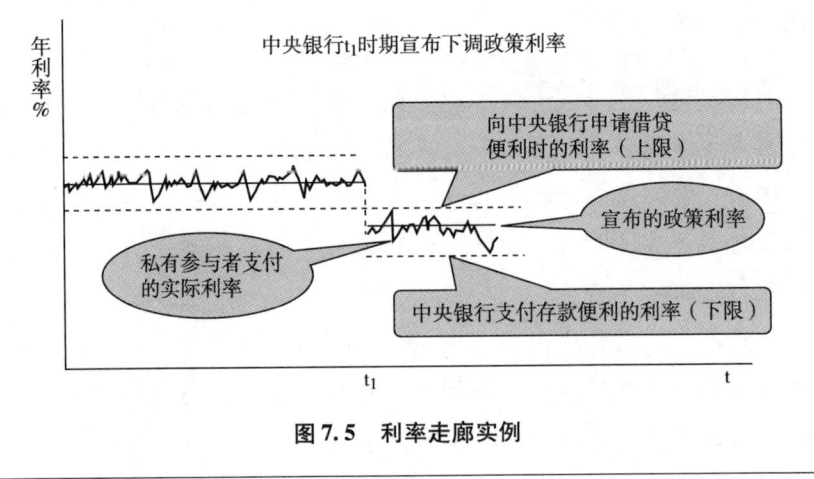

图 7.5 利率走廊实例

6. 法定存款准备金

理论上，法定存款准备金是中央银行影响货币市场的另一种工具。当中央银行提高法定存款准备金率，作为货币市场参与者的银行将为存款中的每一元钱多上交准备金。当法定存款准备金率被提高时，货币市场收紧，由于货币市场参与者要将更多资金用作准备金，因此能够出借的资金将减少。而那些资金原本短缺的参与者将积极借入资金来满足更严格的准备金要求。

但实践中，在金融自由化和利率市场化程度较高的国家或地区，将法定存款准备金率作为经常使用的货币政策工具并不多见[24]。在上述国家或地区，中央银行一般倾向于让市场在货币市场中配置资金，并且运用政策利率来表明其货币政策立场。频繁调整法定存款准备金率对银行信贷会产生重大影响[25]。从理论上说，在银行已有效贷出其存款且准备金余额已满足既定要求的情况下，法定存款准备金率的上升，意味着银行从企业和居民收回贷款来满足更严格的准备金要求。那些贷不到款或者贷款被收回的企业和个人将面临艰难的调整。

相反，中央银行以政策利率作为货币政策工具调控时，突然提高利率仅会对企业和居民有"渐近"的影响。当货币市场收紧时，银行对于新增贷款或者浮动利率贷款可能加息，而不是抽回已经发放的贷款来满足其本身的准备金需求。在上述情形中，企业和居民将有时间根据利率调整其自身行为，这比抽回贷款所造成的危害要小得多。

7.2 货币市场利率对经济中其他利率的传导

上节阐述了中央银行如何影响货币市场并进而影响货币市场利率。货币市场变化（指市场利率及状态的变化）会对经济活动和物价水平产生影响，对此变化，金融市场中其他子市场的利率和状态首先会做出反应。中央银行实施货币政策会影响实体经济，随着政策的实施,企业贷款利率、个人贷款利率和抵押贷款利率(均为长期利率)以及存款利率和各类经济主体的预期也必定会发生变化。

7.2.1 收益率曲线

实践中,货币市场变化如何影响中长期利率,部分可通过国债收益率曲线的移动反映出来。国债收益率曲线是反映政府债券收益率与其期限关系的一条曲线。图7.6描绘出国债收益率曲线。纵轴表示国债年收益率,横轴代表期限或国债剩余到期期限。期限最短的国债收益率离纵轴最近。

在图7.6中,位于零点位置的收益率曲线短端的期限为隔夜期限,表示隔夜到期国债的收益。如果政策利率为隔夜利率,那么隔夜国债收益率必定等于或非常接近政策利率水平,否则将存在套利空间,经济主体会借入较低利率资金并以较高的利率借出,从而获得无风险收益。

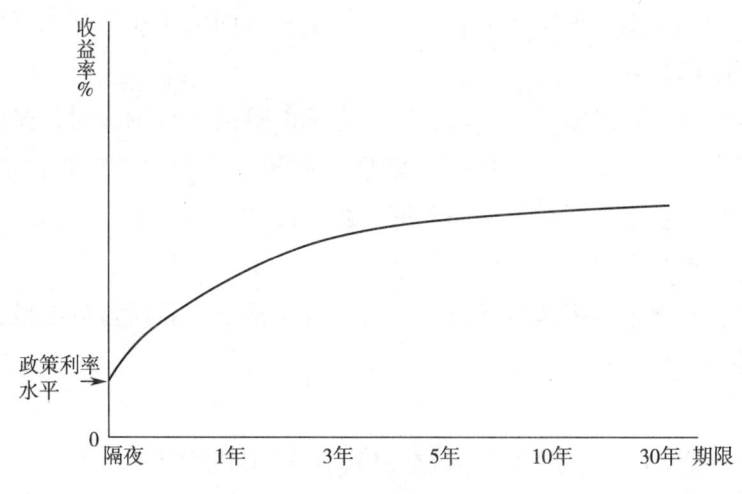

图7.6 国债收益率曲线

例如,当国债隔夜收益率高于政策利率时,市场参与者会从货币市场上以政策利率或接近政策利率借入隔夜资金,并将其投资于隔夜国债,从而获得无风险收益。这种获得无风险收益的机会将吸引大量的投资者参与其中，国债收益率也会因此收敛到政策利率。在有效金融市场上，市场力量会使短期国债收益率与政策利率非常接近*。

1. 收益率曲线可能的形状

理论上，尽管政策利率会盯住收益率曲线的最短端，但收益率曲线会呈现出几种形状。通常来讲，收益率曲线有三种主要的形状：向上倾斜收益率曲线（正向收益率曲线）、水平收益率曲线和向下倾斜曲线（倒置或反向收益率曲线）。图7.7描绘了正向收益率曲线、水平收益率曲线、反向收益率曲线和拱形收益率曲线四种可能的形状。

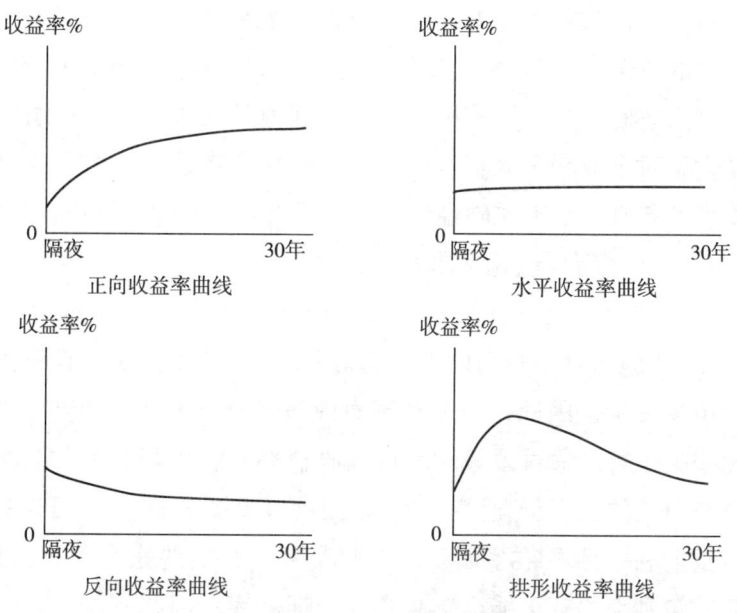

图7.7 四种类型国债收益率曲线

向上倾斜（正向）收益率曲线意味着国债的短期收益率低于长期收益率。水平收益率曲线表明每种期限的收益率相等或几乎相等

---

* 相反，如果隔夜国债收益率低于政策利率，投资者将出售国债并在货币市场上以政策利率或接近政策利率借出资金。出售隔夜国债会引起国债价格下跌（收益率会上升）。同样的，在有效金融市场上，当政策利率为隔夜利率，市场力量会使隔夜国债收益率与政策利率非常接近。

（较短期限收益率等于或几乎等于长期收益率）。向下倾斜曲线（倒置或反向收益率曲线）说明短期收益率要高于长期收益率（较短期限收益率高于长期收益率）。先上倾斜后下倾斜（拱形）收益率曲线则指的中期收益率会高于短期或长期收益率。

2. 国债收益率曲线可作为设定其他利率的基准

银行和其他金融机构常以国债收益率曲线为基准来设定存贷款利率。短期存贷款利率以短期国债收益率（即国债收益率曲线的短端）为基准定价，长期存贷款利率以长期国债收益率（即国债收益率曲线的长端）为基准定价。

由于国债收益率是无风险利率，因此通常可用作基准利率。借给政府的资金通常被假定为无风险的，尤其是政府在国内的借款，这是因为政府总是可以用税收来偿还其债务。而银行和其他金融机构在设定对企业和个人贷款的利率时，常常就是根据相应期限在无风险利率基础上加上风险溢价，来补偿借款人不能归还贷款的风险。

3. 中央银行对收益率曲线的影响

中央银行一般通过影响收益率曲线短端来实施常规货币政策（相对于实施非常规货币政策，见第六章），而让长期收益率及其利率由市场决定，因此，长期利率对政策利率变化的反应并不直接。虽然中央银行能通过政策利率调控收益率曲线短端利率，但在金融市场自由化的国家仍允许长期利率波动（见图7.8）。短期利率如何影响长期利率涉及很多因素，因此实际上并不能完全预测其结果。提高政策利率尽管可能会推高其他短期利率，但并不总是能引起长期利率作相应变化。

实践中，短期利率变化对长期利率的影响取决于多种因素相互作用，包括长期利率和短期利率的初始水平、对中央银行未来操作的预期、金融市场参与者的流动性状况等。短期利率和长期利率之间关系的复杂性，部分可由收益率曲线的三个理论反映出来。这几个理论对收益率曲线的形状认识一致，但对特定形状产生原因的认识则不尽相同。有关这三个理论的详细情况见专栏"概念：期限理论及收益率曲线形状"。

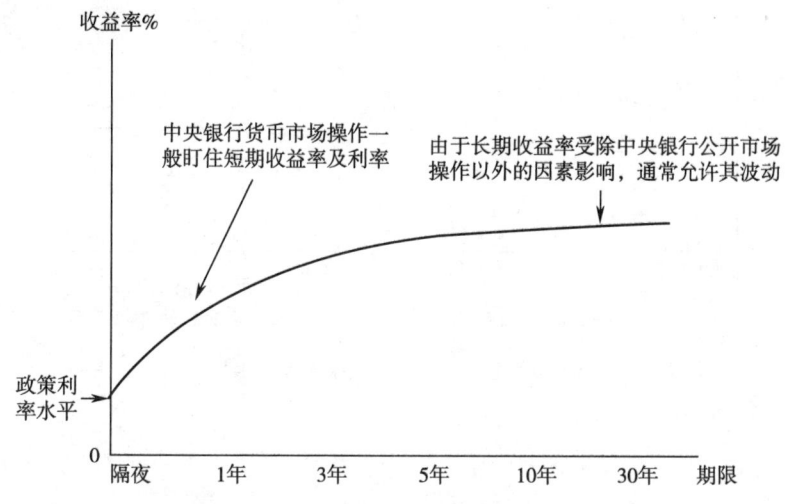

图7.8 常规情形下中央银行主要调控收益率曲线短端

> **概念：期限理论及收益率曲线形状**
>
> 收益曲线理论或利率期限结构理论，试图解释短期利率和长期利率之间的关系，即为什么收益率曲线呈现特定的形状。关于收益率曲线的三个理论分别为（1）完全预期理论；（2）流动性偏好理论；（3）市场分割理论[26]。事实上，这三个理论对收益率曲线相同形状形成的不同解释，表明了从政策利率向长期利率传导机制的复杂性。
>
> **完全预期理论**
>
> 完全预期理论认为收益率曲线的不同期限之间是完全替代的，因此，收益率曲线形状取决于市场参与者对未来短期利率的预期。完全预期理论表明，当预期未来短期利率上升时，收益率曲线向上倾斜（正向收益率曲线）；当预期未来短期利率下降时，收益率曲线则向下倾斜（反向收益率曲线）；如果预期未来短期利率不变，那么收益率曲线则是水平状态（见图7.9a和图7.9b）。

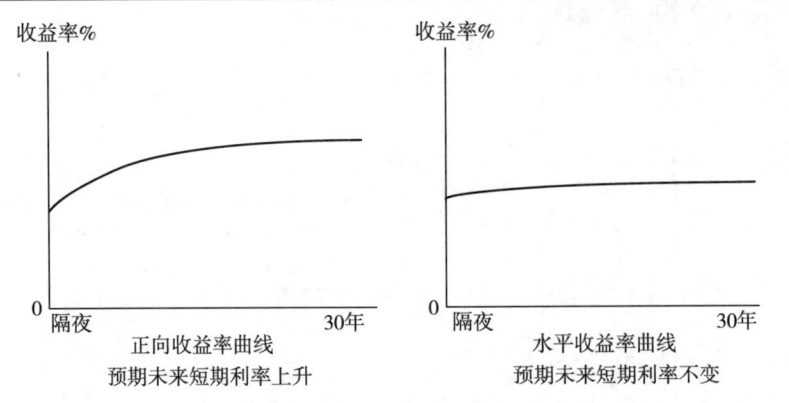

图7.9a 完全预期理论：正向收益率曲线和水平收益率曲线

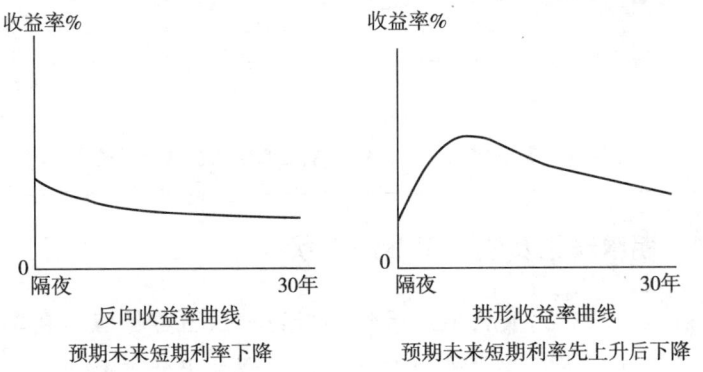

图7.9b 完全预期理论：反向收益率曲线和拱形收益率曲线

现举例进行说明，假设3个月期限利率为短期利率，3年利率为长期利率。在3年这个时间段内，有连续12个3个月短期利率。如果预期这个时间段内未来短期利率（即3个月利率）将上升，那么显然从现在起3年期利率会高于当前3个月利率。由于3个月利率小于3年利率，因此绘制出的收益率曲线向上倾斜*。相反，当预期未来短期利率先上升再下降，则呈拱形收益率曲线。

---

* 当前3个月利率也被称为3个月即期利率，而当前3年利率也被称为3年即期利率。紧接在初始水平3个月利率以后的余下3个月利率被称为3个月远期利率。值得注意的是，3年内3个月平均利率（非简单平均）等于3个月即期利率。

流动性偏好理论

流动性偏好理论认为，由于投资者持有长期债券比短期债券风险更大，需要对其进行额外补偿（即流动性溢价），因此长期债券收益率会高于短期债券收益率。个中原因是短期债券能随时变现，投资者可持变现资金作更多的选择。而持有长期债券的投资者要等很长时间才能变现，在此期间可能错过很多投资机会。

流动性偏好理论表明，当流动性溢价高于未来短期利率下降的补偿时，向上倾斜的收益率曲线仍会与未来短期利率下降的预期一致。但是，当预期未来短期利率大幅下降时，即使加上流动性溢价，收益率曲线还是会向下倾斜。另一方面，即便对所有期限收益加上流动性溢价，拱形收益率曲线仍呈拱形状态（见图7.10和图7.11）。

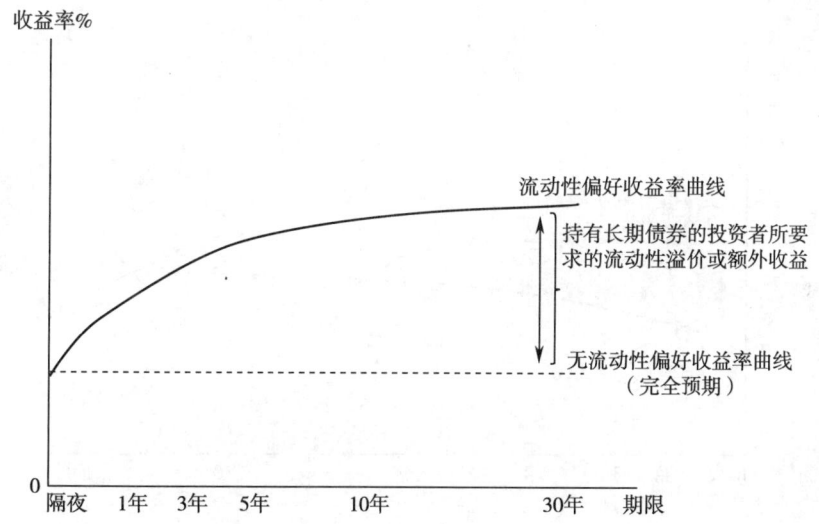

图7.10 流动性偏好理论：流动性溢价

市场分割理论和优先置产理论

与完全预期理论相反，市场分割理论认为收益率曲线的不同期限之间并非完全替代，每一期限债券的供求决定了该期限的债券收益（见图7.12）。

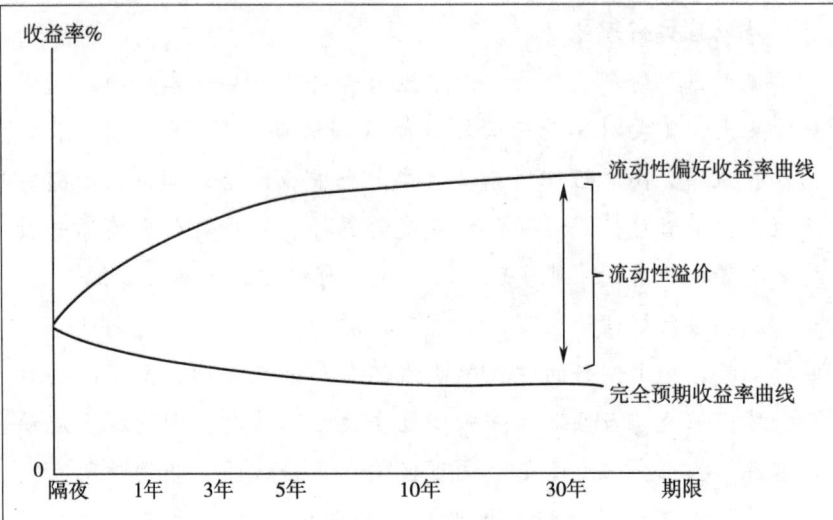

图 7.11　完全预期理论和流动性偏好相一致：下降的预期收益率加上流动性溢价

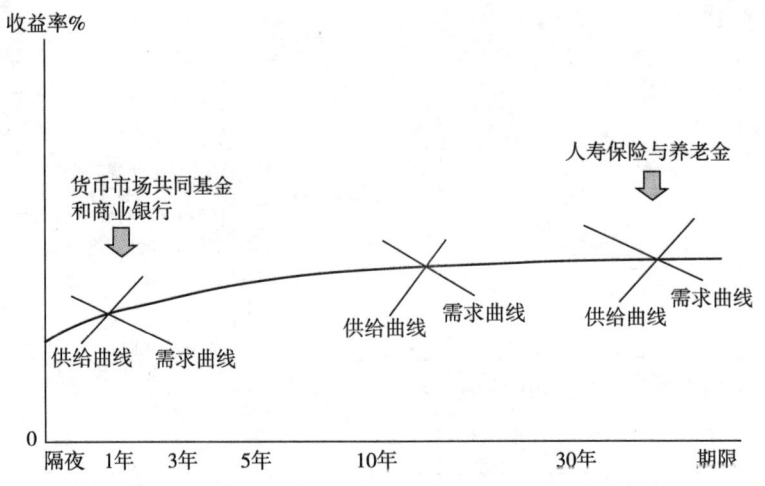

图 7.12　市场分割理论：不同类型参与者决定不同的收益率曲线

　　据此理论，不同类型投资者对期限范围的偏好就会不同。具有较长期限债务的投资者（如人寿保险公司和养老基金）通常会偏好较长期限的债券。具有较短期限债务的投资者（如商业银行）可能会更倾向于持有较短期限的债券。该理论非常适合于存

> 在法律或政策限制的情形，如规定投资者只能购买特定期限范围的债券。例如，货币市场共同基金只能投资于1年以下的短期债券。
>
> 市场分割理论的另一种弱有效形式——优先置产理论认为，尽管不同类型投资者偏好不同期限的投资，但如果其他期限债券收益率具有足够吸引力，投资者仍然会转而投向这类高收益率期限债券。与市场分割理论相同的是，优先置产理论认为债券的收益是由不同期限债券的供求决定的。

7.3 货币政策与收益率曲线

正如上一节提到的，长期收益率对政策利率变化的反应取决于多种因素。而政策利率变化对长期利率产生不同的影响也取决于多种因素，包括长期利率和短期利率的初始水平、对未来中央银行操作的预期以及不同市场参与者的相互影响等。

7.3.1 政策利率对长期收益率曲线的影响

一般而言，政策利率变化可能会改变对未来短期利率的预期（完全预期理论），并改变对经济状况和通胀的预期，进而影响长期债券的流动性溢价（流动性偏好理论）。这些预期变化对不同类型投资者的预期产生不同的影响，进而改变不同期限债券的供求（市场分割与期限偏好理论）。实践中，政策利率变化最终如何影响长期收益率受上述所有因素和其他情况的综合影响。

例如，提高政策利率可能会使长期收益率同比例提高，从而收益率曲线相应向上倾斜。其他情形下，如长期利率处于高位运行，或当长期利率很低但通胀预期固定时，政策利率提高可能会形成水平收益率曲线（长期收益率并不会与政策利率同比例上升）。

在极端情形下，政策利率上升可能会导致长期收益率下降，形成反向收益率曲线。这种情况可能发生在如下情形：即当政策利率上升会降低经济增长和通胀预期时，对未来长期收益率预期也会相应下降（见图7.13）。

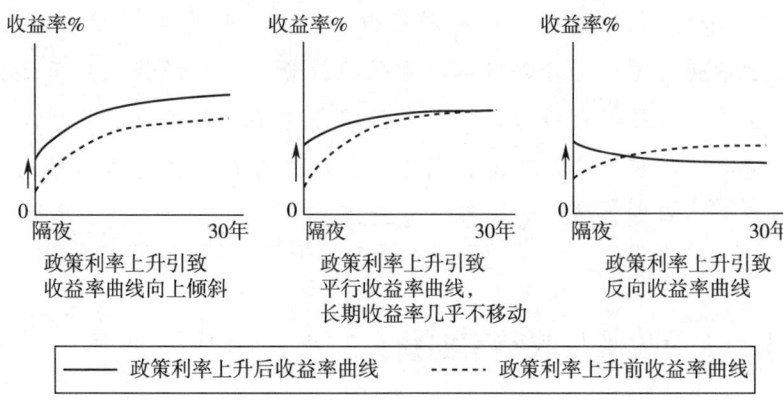

图 7.13 政策利率上升对长期收益率的不同影响

同样的，降低政策利率也会引致不同的收益率曲线。例如，当长期收益率与政策利率同比例下降时，会形成向下倾斜的收益率曲线。相反，如果长期收益率下降幅度小于政策利率，会导致陡峭的收益率曲线。在极端情形下，当政策利率下降时，长期收益率可能会上升，此时政策利率下降会提高经济增长预期，长期内通胀会加速的预期也会提高（见图7.14）。

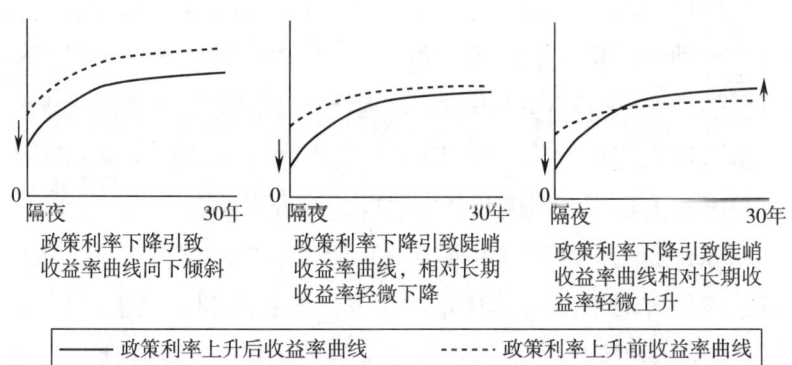

图 7.14 政策利率下降对长期收益率的不同影响

7.3.2 收益率曲线作为经济先行指数

实践中，由于收益率曲线受多种前瞻性预期影响，因此它包含了货币政策决策的重要信息。现代中央银行通常监测收益率曲线的变化，用其来衡量金融市场状况和市场参与者对整个经济的预期。

向下倾斜收益率曲线（或反向收益率曲线）表明未来利率下降的可能性大。在美国，由于1970年以后的7次萧条中每次都表现出短期利率高于长期利率，因此反向收益率曲线通常被认为是经济可能步入萧条的较优预测变量[27]。为什么反向收益率曲线可以作为萧条的前兆呢？这是因为其表明经济主体预期未来获取的收益并不会高于当前获取的收益。

7.3.3 非常规货币政策与收益率曲线

正如前面所讨论的，中央银行常规情况下实施货币政策时，仅试图影响收益率曲线短端，而让市场决定长期利率。而最近的国际金融危机后，许多受危机影响的经济主体的中央银行决定实施量化宽松货币政策——非常规货币政策。第六章已提到，量化宽松是指中央银行直接通过购买长期债券来影响收益率曲线末端。

实施量化宽松政策可能有三个目的：第一，中央银行通过直接购买长期国债来降低长期国债收益率。由于国债收益率通常为私营部门借贷的基准利率，因而长期国债收益率下降有可能引起私营部门之间长期借款（和存款）下降。

第二，中央银行在危机期间通过购买长期债券（如从诸如银行之类的市场参与者购买抵押债券）有效地向市场注入流动性。注入的流动性有助于市场参与者偿还短期债务，并有利于金融市场逐步恢复正常水平，从而维护金融稳定。

第三，中央银行通过大规模购买债券有效地向经济注入资金。因而金融市场参与者如银行会有足够的流动性向居民和企业提供融资。由于实施非常规货币政策时政策利率为零或接近零，因此中央银行能够通过大规模购买债券来进一步实施更为宽松的货币政策。

小结

实施货币政策是指中央银行为影响经济中的货币状况而采取相应措施,来履行其职责。

中央银行为了影响货币状况会在多个金融市场上进行操作,包括货币市场、外汇市场、政府债券市场以及信贷市场。其中,货币市场是中央银行实施货币政策最关键的金融市场。货币市场是指融资期限在1年以下的金融市场。

中央银行一般通过影响商业银行存放在中央银行的超额准备金来调控货币市场,操作工具包括政策利率、公开市场操作、常备借贷便利等。综合运用政策利率、公开市场操作、常备借贷便利便构成利率走廊系统,使货币市场利率保持在合意的政策利率水平附近。

货币市场利率向经济中其他利率的传导主要通过收益率曲线变化实现。收益率曲线显示的是不同期限的收益(利率),政策利率(通常为隔夜利率)一般在收益率曲线的最短端。国债收益率曲线——显示不同期限的国债收益——通常被作为金融市场上无风险借贷的基准利率。

国债收益率曲线正常情况下向上倾斜,但也可能会向下倾斜(或倒置),也有可能呈水平状态。对国债收益率曲线形状解释的理论有完全预期理论、流动性偏好理论和市场分割理论或优先置产理论。

在常规条件下,中央银行主要调控收益率曲线短端。2007~2010年国际金融危机以后,由于主要经济体中央银行已将政策利率下调至零或零附近,因此转而运用非常规货币政策(如量化宽松)来影响长期收益率曲线。

关键术语

信贷市场　　　　　　　　　　　　货币市场

第七章 货币政策实施与金融市场操作

存款便利
金融市场
外汇市场
外汇互换
政府债券市场
国债收益率曲线
利率走廊
反向收益率曲线
贷款便利
流动性偏好理论
流动性溢价
市场分割理论

公开市场操作
买断式交易
政策利率
优先置产理论
完全预期理论
回购
回购协议
准备金余额
逆回购协议
逆回购
常备借贷便利
收益率曲线

复习思考题

1. 金融部门与实体部门的最主要区别是什么？
2. 举例说明中央银行在主要金融市场实施的操作。
3. 什么是货币市场？
4. 中央银行如何收紧货币市场？
5. 中央银行如何放松货币市场？
6. 公开市场操作中的直接交易是什么？
7. 公开市场操作中的回购交易是什么？
8. 中央银行有必要经常实施公开市场操作来影响货币市场利率吗？为什么？
9. 利率走廊系统如何起作用？
10. 法定存款准备金率是如何影响货币市场的？
11. 为什么中央银行不经常使用存款准备金率来影响货币市场？
12. 什么是收益率曲线？
13. 当中央银行调整政策利率时，是不是试图直接影响长期收益率曲线？

第二部分 货币稳定

14. 根据预期理论，为什么收益率曲线向上倾斜？

15. 根据预期理论，为什么收益率曲线向下倾斜？

16. 根据预期理论，拱形收益率曲线意味着什么？

17. 根据流动性偏好理论，为什么收益率曲线向上倾斜？

18. 根据流动性偏好理论，预期短期利率下降与向上倾斜的收益率曲线一致吗？

19. 根据市场分割理论，为什么收益率曲线向上倾斜？

20. 向下倾斜的收益率曲线意味着未来经济处于何种状态？

21. 如果中央银行提高隔夜政策利率0.25个百分点，10年期国债收益率可能会发生什么变化？

22. 理论上讲，当政策利率上升后收益率曲线会呈反向吗？

23. 就影响收益率曲线而言，常规货币政策与量化宽松货币政策有何差别？

第八章　货币政策传导机制：利率变动如何影响居民、企业、金融机构、经济活动和通胀

学习目标

1. 阐述利率调整如何通过居民行为、企业行为和金融机构行为影响失业率和通胀率；
2. 分析货币政策传导机制的时滞和不确定性出现的原因。

第七章讨论了中央银行的货币政策操作如何影响金融市场利率。本章将探讨利率的变动如何影响居民、企业和金融机构的行为，从而改变总需求和一般价格水平。货币政策实施传导到经济活动和通货膨胀的作用机理，就是通常所说的货币政策传导机制（见图8.1）。

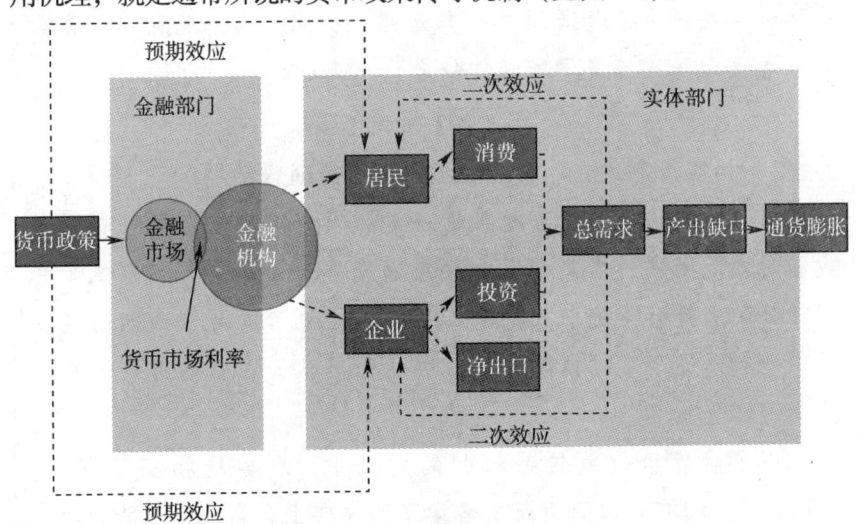

图 8.1　通过居民、企业和金融机构的货币政策传导

中央银行通过货币政策操作，以政策利率来表明货币政策立场、影响市场利率和货币环境，最终影响 GDP、就业率及货币稳定。货币环境和利率的波动会改变金融机构的借贷行为及居民和企业的消费、储蓄和投资行为，从而改变总需求和通胀水平。

本章从居民、企业和金融机构对货币环境的反应入手，对货币政策传导机制进行研究，其典型指标就是市场现行借贷利率。值得注意的是，货币政策的传导虽以"机制"称之，实际并无必然的运行机理，传导的过程也可多角度解读[1]。货币政策传导机制中唯一确定的是存在着传导时机、传导途径的不确定性[2]。

概念：名义利率和实际利率的注解：费雪方程式和通胀预期

中央银行能通过一般货币政策的操作调整政策利率，直接影响短期利率；或通过量化宽松等非常规货币政策手段影响长期利率。前面章节所提到的利率都是指名义利率，即没有扣除通货膨胀预期的利率。

费雪方程式

但是，经济学家们认为，居民和企业的消费及投资决策，受实际利率或扣除了通胀预期的名义利率影响。这一观点可用费雪方程式（以美国经济学家费雪命名）来表达。

$$r = i - \pi^e$$

其中，r 为实际利率，i 为名义利率，π^e 为通胀预期。

当经济主体决定储蓄或投资一笔钱时，他们就会比较在所考虑的时间范围内的名义利率和预期通胀率。如果名义利率低于其所估计的当期预期通胀率（即实际利率为负），由于预期这笔钱挣得的利息还不足以抵抗通胀，则他们会认为在当前进行消费可能更好。

下文对货币政策传导机制的讨论中，利率均指实际利率，"实际"一词有时因简化而省略掉了。事实上，在短期通胀预期

第八章 货币政策传导机制：利率变动如何影响居民、企业、金融机构、经济活动和通胀

稳定的情况下，可以说，名义利率的提升就意味着实际短期利率的提升。

通货膨胀预期

实践中，中央银行主要通过三条渠道评估公众通胀预期：首先是通过调查。公众调查询问受访者的典型问题是他们对未来1年、5年及10年的通胀利率的预期。每一时期的通胀预期将由调查答案均值计算而成。

第二条渠道是通胀平衡率，即名义政府债券和通胀保护政府债券收益率差。不同于许多名义政府债券，通胀保护政府债券的本金随通胀率而浮动[3]。

例如，如果一只5年期名义政府债券的收益率为5%，而同样期限的通胀保护政府债券收益率为2%，那么通胀平衡率应为3%。在这里，我们可以说公众对未来5年的通胀预期是5%减去2%即3%。换句话说，考虑了3%的收益率差异，公众持有5年期名义政府债券和5年期通胀保护政府债券是没有差异的。

第三，中央银行会利用经济模型来估计通胀预期[4]。

8.1 货币政策和居民行为

一般而言，利率变动从六个方面影响居民的储蓄和消费行为：（1）跨期替代效应，（2）收入效应，（3）财富效应，（4）汇率效应，（5）预期效应，（6）二次效应。

本节将探讨前四个因素，即跨期替代效应、收入效应、财富效应和汇率效应（见图8.2）。最后两个因素将在后述谈及居民和企业两部门行为的章节中进行分析。

8.1.1 跨期替代效应：当期消费与未来消费

跨期替代效应是指利率变动所引起的居民将当期消费和未来消

费互相替代的现象。若居民提高了当期消费,其未来可用于消费的储蓄就将减少。反之,若当期消费降低,可用于未来消费的储蓄就会增加。

较高利率意味着当期消费的机会成本较大,故会使居民将消费计划推迟。而较高利率会给居民的储蓄带来更高收益,故居民会增加储蓄、减少消费。换言之,当利率较高时,推迟当期消费的居民可拥有更多的未来消费[5]。

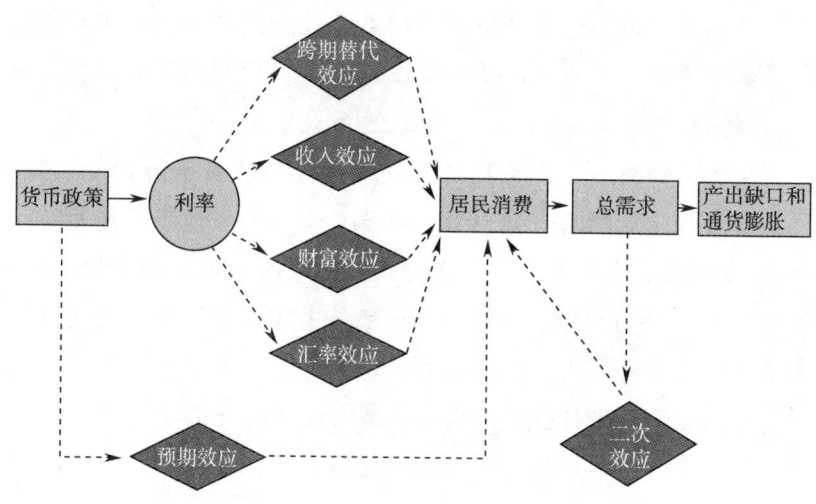

图 8.2　利率变动对居民消费行为的影响

因此,当利率较高时,居民倾向于用未来消费替代当期消费。反之,较低利率意味着当期消费的机会成本较小,故居民将提高当前消费。

概念:储蓄者与借款者,耐用品与非耐用品

对于居民来说,跨期替代效应对储蓄者和借款者的影响是相同的。特定产品的消费是否被延迟,取决于该项产品自身的性质。

储蓄者与借款者

跨期替代效应对储蓄者和借款者的影响相同。对于储蓄者来说，在高利率情形下，任何提现用于消费的行为，由于放弃了更高的利息收入，将带来更高的机会成本。对借款者来说，由于高利率意味着对商品和劳务当期消费的融资成本更高，所以他们可能不会举债进行消费。

因此，根据跨期替代效应，高利率可能缩减居民消费支出而不管其是储蓄者还是借款者。储蓄者和借款者都会延迟消费直至利率下降或必须消费的时候[6]。

耐用品、大额商品、非耐用品、奢侈品及必需品

跨期替代效应对于大额商品和耐用品消费的影响尤为明显[7]。耐用品消费，例如汽车或者器械，由于无需频繁更换而较易推迟消费。因此，如果利率提高了，居民可能会轻易地就延迟对这些产品的支出。同样，当利率提高时，居民对奢侈品的消费也很容易延迟。相反，非耐用品比如食品或基本服务，则无法轻易延迟消费，因为这些产品对利率的变动不敏感。

8.1.2 收入效应

居民消费支出的增减取决于其可支配收入*。可支配收入越高，消费越多；反之亦然。利率提高，会增加还是减少居民的可支配收入，取决于居民是净债务人还是净债权人。

对于具有初始债务（包括抵押贷款、个人贷款和信用卡透支等）的净债务人来说，利率的上升将增加利息负担、减少可支配收入，因而此类居民用于购买商品和劳务的可用资金也会减少。

为维持原有消费水平，净债务人需借入更多资金（承担更多债务）或削减开支。相反，对一个净债权人来说，利率的上升将带来更多利息收益，增加其可支配收入，鼓励其消费更多[8]。

尽管利率上升对上述两种人带来了截然相反的影响，但在一般

---

* 即税后收入。

情况下，利率的提高会减少总消费支出。潜在原因之一就是，利率提高实质上是将净债务人的收入向净债权人进行再分配。绝大多数国家中净债务人多于净债权人，会产生如上收入分配结果[9]。

另外，较之净债务人，净债权人的边际消费倾向更低，即可支配收入增长的每1元钱里，净债权人用于增加消费的部分小于净债务人。因此，净债务人的收入向净债权人再分配或将减少总消费支出[10]。

8.1.3 财富效应

利率变动影响着资产估值。消费支出也随居民财富值增减而波动。居民财富较多时，倾向于消费更多；反之则消费减少。居民财富是以金融资产（股票和债券，及养老金、共同基金）和不动产（尤其是房产）的形式存在的。利率的上升会使金融资产和不动产减值，所以会带来居民财富和消费支出的下降[11]。

当利率水平提高时，金融资产价值下跌。尽管债券的息票金额由票面价值决定，但债券价格与利率呈负相关关系。当市场利率相比固定的息票利率有所上升时，债券持有者就失去了原有的、以其他方式取得的更高收益，或从新发行的债券中受益的可能性。

股票价格也与利率反向相关。利率提高意味着未来现金流将对应更高的折现率，股票价格和公司的现值会因此下降。此外，当利率上升时，消费支出和股票价格之间也存在相互影响。公司预期收益（及股票价格）可能会随着消费支出的减少而下降[12]。

房产在居民财富中占有较高比例。而利率提高会减缓房价上涨甚至力挫房价。当利率较高时，贷款难度增大，抑制了房价和购房需求。一旦房价下跌，居民自认变得贫穷，则将紧缩消费。更糟的是（特别是在房地产泡沫破灭后），由于房屋抵押贷款的普遍存在，若房价跌至房产抵押物价值之下，以房产形式存在的居民财富即成负值，居民消费将受到更严重的影响[13]。

第八章 货币政策传导机制：利率变动
如何影响居民、企业、金融机构、经济活动和通胀

8.1.4 汇率效应

在其他条件不变的情况下，利率上升会推高汇率，从而降低进口商品价格，消费者可能将对国内商品和劳务的需求转向进口产品。

此外，对于居民持有外币计价资产（例如境外股票和债券，以及境外不动产）比例较高的国家而言，影响到净资产状况的汇率波动，亦将影响居民消费行为[14]。

8.1.5 四种效应叠加：居民消费和储蓄效应

总的来说，在其他条件不变的情况下，利率上升会降低居民总消费。若汇率随利率上升而走强，则对国内商品和劳务的消费支出将转向国外。实质上，如其他条件不变，中央银行收紧货币将削减居民消费支出并刺激进口增长。反之，放松货币将促进国内商品和劳务的消费并产生更多消费支出[15]。

8.2 货币政策和企业行为

企业是指将劳动力和其他生产要素投入生产，生成产品后卖出获取利润，并将利润留存或分配给股东的实体。货币政策通过五种效应影响企业消费、储蓄和投资行为，五种效应分别为融资成本效应、资产价格效应、汇率效应、预期效应和二次效应。

本节主要研究货币环境和利率的变化如何通过前三种效应，即融资成本效应、资产价格效应和汇率效应，来影响企业行为（见图8.3）。最后两种效应将在后述谈及居民和企业两部门行为的章节中进行分析。

8.2.1 融资成本效应

对负债的企业来说，较高利率会提高利息支出、恶化现金流。在这种情况下，企业会相应地缩减成本或延缓其他支出，比如缩减

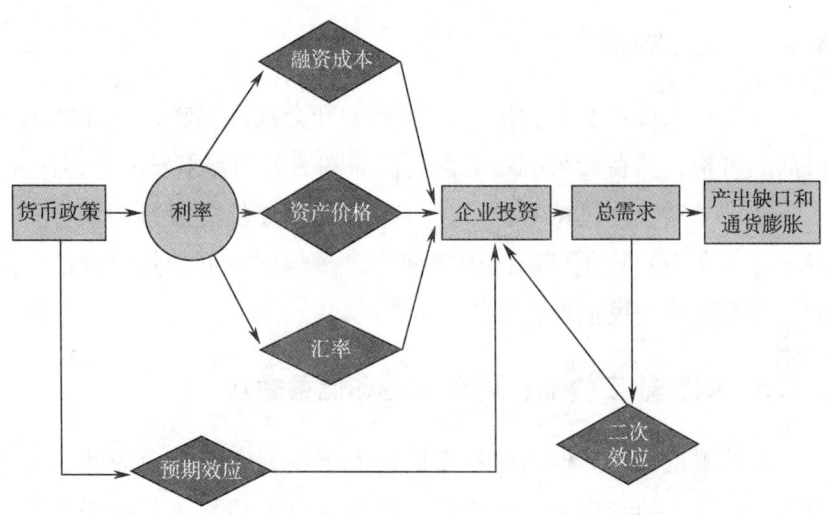

图 8.3 利率变动对企业行为的影响

工时或推迟扩招。因为更高的利率推高了新投资项目的融资成本，使利润下降，企业可能会选择推迟诸如新设备购买等的投资计划[16]。

对无负债或拥有货币市场基金及持有银行存款的企业来说，高利率意味着更多的利息收入，也意味着为投资新项目或扩大招工充实了现金流。然而，即使利息收入的增长能完全覆盖新项目或扩招的资金所需，高利率仍意味着新项目有更高的机会成本和折现率。如果利息增长不能完全承担新项目所需，那么该企业也将考虑融资成本提高的问题[17]。

在利息支出和利息收入两因素的叠加作用下，融资成本效应意味着较高的利率更有可能会减缓企业支出和投资[18]。

8.2.2 资产价格效应

高利率会削减资产价值，这是因为资产估值所用的折现率提高而现金流入减少。简单条件下，资产价值可由净现值表示：

$$NPV = \sum_{t=0}^{N} \frac{R_t}{(1+i)^t}$$

公式中，NPV 是净现值，t 是项目的时间周期，N 是期数，R_t

第八章　货币政策传导机制：利率变动
如何影响居民、企业、金融机构、经济活动和通胀

是第 t 期净现金流量，i 是折现系数。一般来说，折现系数 i 与第 t 期预期市场利率相关。因此，高利率会带来高折现率，从而降低净现值，影响资产的现价。

较低的资产价格将使企业更难申请到银行贷款，因为银行贷款通常需要资产作抵押担保。同样，对于上市企业来说，较低的资产价值也意味着较低的资产净值，会使其通过发行新股为新项目融资变得更为困难。此外，由于新投资项目的价值通常用净现值公式计算，提高利率就会降低预计现金流、提高折现率，从而降低项目净现值，致使投资项目减少。因此，通过资产价格效应，高利率将减少企业用在扩张和新投资上的支出[19]。

8.2.3　汇率效应

高利率能吸引资本流入国内，并推高汇率（详见第九章）。国内企业，尤其是出口企业或是与进口商竞争的企业，成本和收益均会受汇率升高的影响[20]。

就成本而言，较之国外生产成本，汇率上升将相对提高本国产品的生产成本。为求保本，国内生产企业会提高商品价格，并会因此丧失价格竞争力。

就收益而言，汇率上升会使本国产品跟进口商品比起来，比以前更贵。进口商品相对而言将变得便宜。同样，出口商品价格也将高于国外商品。高价之下，顾客会把消费从本国产品转向进口商品。依靠本国产品创收的企业收入会下降。

成本更高、收益更低，企业的利润就会下滑。汇率效应对制造企业的冲击最大。因此该类企业将不再扩充国内劳动力，转而将工厂和车间移至海外。除制造业之外，农业和部分服务业（如旅游业）也受汇率效应的影响。

总之，通过汇率效应，利率的提高会降低国产商品和劳务对国外商品的竞争力，抑制国内经济活动。

8.3 居民和企业的预期及二次效应

本节探讨利率变动如何通过预期效应和二次效应来影响居民和企业部门（见图8.4）。

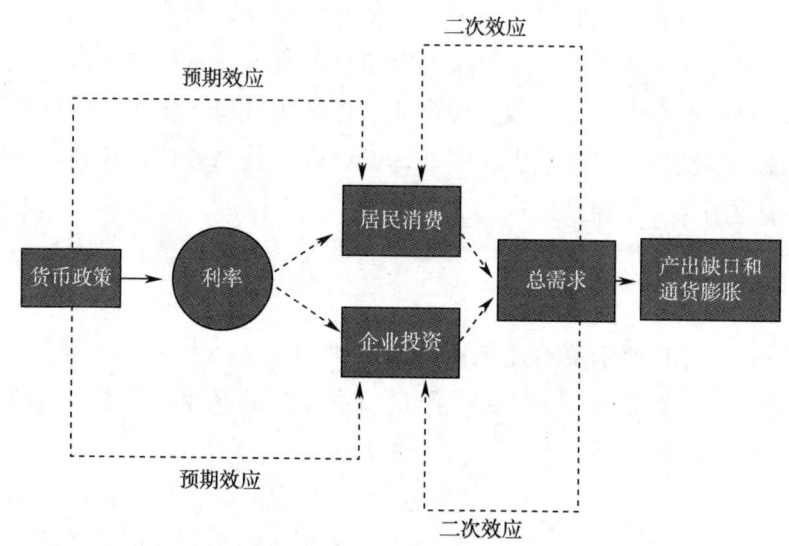

图8.4 居民及企业的预期效应和二次效应

根据预期效应，理性而有前瞻性的居民和企业会在货币政策立场改变时，甚至是在政策公布前，预计到未来情况并随之调整行为。因此在货币政策真正实施并影响借贷利率之前，其预期效应就已影响了经济活动[21]。

二次效应是指居民和企业行为的改变会影响总需求，进而总需求又反作用于其消费行为。因此，二次效应会进一步放大货币政策行为对居民和企业的初始影响[22]。

8.3.1 预期效应

预期是中央银行货币政策变动影响居民和企业行为的重要渠道。货币政策的收紧往往意味着未来经济活跃度放缓、流动性紧缩。故居民在经历其利息负担或利息收入变动前就会节减消费（因而增加储蓄）。而企业预计到未来消费需求的下降，会放慢生产节奏，减少原料购买、缩短工时并延迟投资[23]。

预期效应有很强的不确定性。例如，如果没有预期到货币政策会强烈收缩，则居民和企业的反应，与预期到的紧缩或较为温和的收缩相比，会有所不同。居民和企业不仅存在个体差异，其预期和实际行为间的相互作用程度也难以计量。

8.3.2 二次效应

前面我们分析了货币政策立场变化如何通过影响居民可支配收入、企业现金流和资产价格、汇率及预期等来调整居民和企业行为。然而在实践中，二次效应同样也在货币政策传导中起着重要作用。

二次效应可被看做是总需求变化和居民及企业消费行为再次调整两者之间的反馈循环。总需求增加时，企业将扩大生产。企业供应链中的供应商也将受益，社会劳动力需求增长，居民可支配收入随之增加。这些都会进一步带来商品和劳务需求的整体上升。而衰退期总需求的减少会引起劳动力裁减、居民可支配收入降低，总消费进一步减少[24]。

二次效应中的反馈循环，实质是商业周期的模拟状态。一旦货币政策变化开始影响居民和企业行为，这种双向循环就作用其中。二次效应使得货币政策的变动传播更广，影响至整个经济体的所有部门、所有人。

8.4 货币政策和金融机构

上文谈及货币政策传导机制，重点探讨了货币政策变化对消费、储蓄和投资行为的最终决策主体——居民和企业的影响。研究货币政策传导的另一途径是通过货币政策的重要传导主体即商业银行等金融机构,因为居民和企业的借贷行为是通过它们完成的。

无论通过居民和企业抑或金融机构的行为影响,货币政策传导对产出和通胀水平的最终影响是相同的。实际上,上述两条途径是两位一体的,理由如下。

一般而言,金融机构传导货币政策主要通过:(1) 信贷渠道,贷款人通过控制零售(retail)存款、贷款利率,将政策利率和货币市场利率的变化传递给借款人,由此推高企业和居民的外部融资成本(与外部融资成本相对的是,用留存利润或储蓄转化为支出的内部融资成本)[25],(2) 资产负债表渠道,货币政策影响居民和企业的资产负债、资产净值、流动资产,因而改变金融机构贷款意愿[26]。这两条渠道协同作用、交织并行[27]。

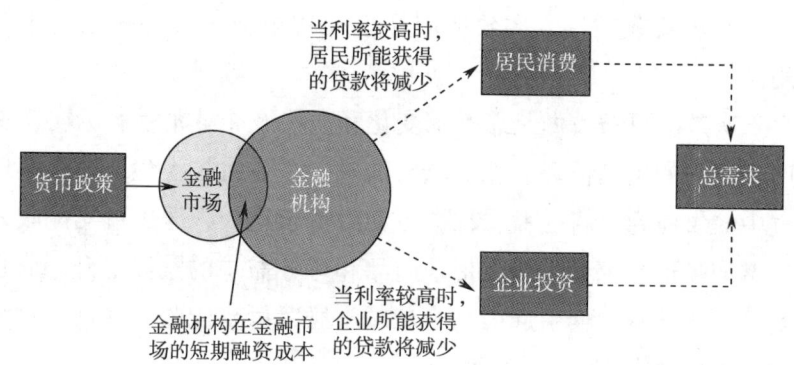

图 8.5 信贷渠道:利率提高使金融机构对居民和企业谨慎放贷

8.4.1 信贷渠道

当政策利率提高时,货币市场利率随之上升,由此引起金融机构短期融资成本上升,最终,金融机构将以更高的贷款利率将增长的成本传递给借款人。

提高贷款利率将削弱借款人的偿还能力(例如,借款人会面临更高的月还款额,而其收入却依然与受高利率影响的社会经济状况同步徘徊)。所以,当利率上升时,银行及其他债权人将在原有贷款利率基础上添加一个抵偿新增信用风险的溢价，或者整体提高放贷的审慎度（见图 8.5）。总而言之，在利率上升的环境中，债权人的放贷行为会更为谨慎[28]。

8.4.2 资产负债表渠道

资产负债表渠道，从某种意义上可视作资产价格效应的推论，利率变动通过这一渠道影响居民和企业。高利率下，居民和企业的资产价值下跌，致使其作为抵押物的价值减少。由于资产价格和未来收入被高折现率削减，高利率同样会带来债务人财富和净资产减值。这些因素总体上会拉低居民和企业的资信水平，使得金融机构缩减信贷供给[29]（见图 8.6）。信贷供给的减少将进一步推动总需求的萎缩。

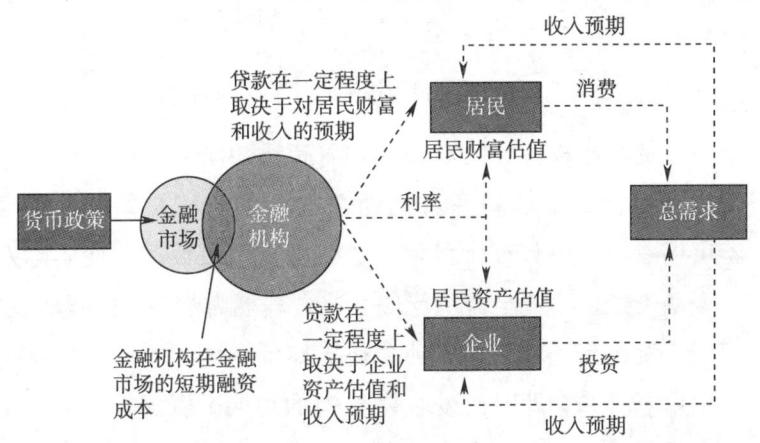

图 8.6 资产负债表渠道：高利率削减资产作为抵押品的价值

8.5 货币政策传导机制的时滞和不确定性

从前文我们可以看出，货币政策变动的效力发挥需要时间。从货币政策变动发生到社会经济价格水平发生变化，期间大致可分为五个环节：（1）从货币政策操作到货币市场利率变化，（2）从货币市场利率变化传递到居民和企业的借贷利率,(3)居民和企业的消费行为随之调整,(4)二次效应,即居民及企业的消费与总需求间相互作用,(5)预期效应,加速或延缓货币政策传导,产生不确定的结果。货币政策传导机制的时滞和不确定性见图8.7。

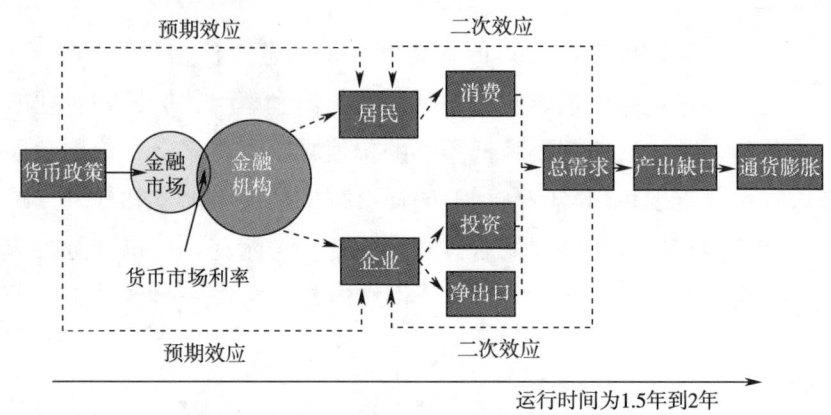

图8.7 货币政策传导机制的时滞和不确定性

第一,货币政策立场的变动影响着货币市场利率。这个作用过程很短,因为货币市场利率对流动性状况的反应是即时的。事实上,若市场参与者对其有所察觉,那么在货币政策的改变实际发生之前,金融资产价格就会有所反应。这会表现为收益率曲线的变化。

第二,货币市场利率的变动会被传导到居民和企业的借贷利率上。货币市场利率会即时改变金融机构的短期融资成本,但金融机构需在考虑了包括政府债券收益率曲线(在一定程度上决定长期利率水平)、同业竞争、利润率等诸多因素后才会调整其零售业务的利率。渐进的调整过程将耗时数月。此外,由于初始利率水平、商业周期的阶段等因素影响,存贷款利率的调整并不同步。

第三,居民和企业同样也需要时间,根据存贷款利率的变动来调整消费行为。当然,如前所述,预期的变化会使居民和企业迅速完成这一调整过程。但完整的效应结果并不仅取决于预期的变化。特定消费习惯的改变需要时间,居民消化企业对变化的反应同样需

第八章 货币政策传导机制：利率变动
如何影响居民、企业、金融机构、经济活动和通胀

要时间。企业要完全适应居民消费需求的变化，无论从产量还是原有投资计划上做出反应，都需要时间[30]。

第四，经济变量间的交互影响，即二次效应发挥作用也需要时间。企业的供应商之间存在连锁反应，而这些企业的变化将影响就业及劳动报酬，进而反映到居民的消费支出上，上述因素均会影响国民经济总产出。同时，企业产品和劳务的定价同样会受居民需求的影响，它反过来也会引起工资的重新谈判和调整。

第五，居民和企业的预期会改变产出和通胀水平，以非线性的方式加速货币政策传导。如果居民和企业预计中央银行将全力维护货币稳定，那么细微幅度的政策利率提高都将使其应声而动。否则，中央银行将需要多次调高利率才能诱发公众行为的调整。

从上文可见，货币政策变动对经济总产出和价格水平产生全面影响需要时间。这个时滞可能很长且不确定，取决于诸多外在因素，包括预期、信心、商业周期的阶段等。实证研究显示，尽管估算存在差异，从货币政策执行到其对需求和产出的影响达到最大值大约需要 1 年，此后还需要 1 年其对通胀水平的影响才能完全发挥[31]。

8.5.1 考虑时滞和不确定性的货币政策执行

考虑到货币政策传导机制中的时滞和不确定性，中央银行在制定货币政策时需要极度谨慎且具有前瞻性。当前货币政策的变动只有在一到两年后才能显现，而那时的经济环境已不同今日[32]。尽管存在时滞和不确定性，执行货币政策、维护经济稳定和增长仍然是中央银行的职责所在。

为完成这项任务，中央银行必须明辨经济运行的错综复杂和内在关联，也需要精确预测未来经济和通胀状况以在当前做出正确的货币政策决策。实践中，许多现代中央银行依靠一系列的宏观模型来预测未来经济和价格趋势。这些宏观经济模型通常描述了关键经济关系及其内在联系。

现代中央银行拥有许多基于不同数学和统计技术的宏观经济模型，利用这些不同角度的模型，中央银行可以反复核对其预测的稳定性。这些模型包括基于宏观经济变量内在联系的电子数据表模型，也有用过去宏观经济数据来做经济预测的宏观经济模型，及基于微观经济原理和关键经济主体（比如居民和企业）相互作用的动态随机一般均衡模型（DSGE）。

考虑到时滞和不确定性，中央银行通常依据可能出现的不同情况做出预测。比如，中央银行根据不同的未来油价估算水平来预计GDP增速和通胀率。作为货币政策决策基础的最终预测或基线预测，通常是一个取值范围（而非单一值），因为关键经济变量（例如GDP增速和通胀率）往往最容易超出预测范围。

实践中，如若通胀率和GDP增速的预测与可接受（或目标）范围偏离较多，就意味着中央银行需重新考虑其货币政策立场。而中央银行是否真的会改变立场，则取决于决策者的判断。正如人们普遍认同的那样，最复杂的宏观经济模型也无法完全囊括经济的复杂性，模型预测也同样在一定程度上存在误差。

小结

利率变动可影响居民和企业的储蓄和投资，进而影响经济行为、通胀和就业水平。

货币政策可通过六方面因素影响居民支出和储蓄决策：（1）跨期替代效应，（2）收入效应，（3）财富效应，（4）汇率效应，（5）预期效应，以及（6）二次效应。

货币政策可通过五种效应影响企业的支出、储蓄和投资行为：（1）融资成本效应，（2）资产价格效应，（3）汇率效应，（4）预期效应，以及（5）二次通胀效应。

货币政策对居民和企业消费和投资决策的影响可通过金融机构的信贷渠道和资产负债表渠道传导。

第八章 货币政策传导机制：利率变动如何影响居民、企业、金融机构、经济活动和通胀

因为货币政策操作向经济的传导有许多环节，最终影响到产出、通胀和就业水平存在很长且不确定的时滞。

关键术语

货币政策传导的资产价格效应　　货币政策传导的收入效应
资产负债表渠道　　　　　　　　通胀保护证券
通胀平衡收益　　　　　　　　　跨期替代
信贷渠道　　　　　　　　　　　宏观经济模型
动态随机一般均衡模型（DSGE）　实际利率
货币政策传导的汇率效应　　　　货币政策传导的二次效应
货币政策传导的预期效应　　　　货币政策传导的时滞
反馈循环　　　　　　　　　　　货币政策传导的不确定性
货币政策传导的融资成本效应　　货币政策传导的财富效应

复习思考题

1. 企业和居民的投资与储蓄决策受到名义利率还是实际利率的影响？

2. 如果预期年通胀率为2%，名义年利率为5%，那么实际利率是多少？

3. 如果5年期名义政府债券和通胀保护政府债券收益率分别为5%、3%，那么通胀均衡收益率是多少？

4. 利率提高如何通过跨期替代效应影响居民总支出？

5. 利率提高对资产丰厚者和资产微薄者的影响有何不同？

6. 利率提高能带来债权人收入提升，为何从总体上却会致使消费萎缩？

7. 利率提高如何影响耐用品和非耐用品的消费？

8. 利率提高如何通过收入效应影响居民总支出？

9. 利率提高如何通过财富效应影响居民总支出？

10. 在政策利率的变动通过跨期替代、收入和财富效应发挥作

用前，居民为何就会缩减消费？

11. 什么是传导机制中的二次效应？

12. 利率的提高如何通过融资成本效应影响企业消费？

13. 利率的提高如何通过融资成本效应影响企业的支出和投资行为？

14. 利率的提高为什么会降低企业资产价值？

15. 利率的提高如何通过汇率效应影响企业的支出和投资行为？

16. 利率变动如何影响金融机构？

17. 政策利率的提高如何通过信贷渠道发挥作用？

18. 政策利率的提高如何通过资产负债表渠道发挥作用？

19. 为何货币政策传导机制中的时滞长度是不确定的？

20. 政策利率从改变到影响经济产出和通胀水平，期间时滞通常是多久？

21. 中央银行执行货币政策时，如何解决货币政策传导中的不确定性时滞问题？

第九章 汇率和中央银行

学习目标

1. 阐述汇率的变动如何影响货币稳定、金融稳定及失业;
2. 区别严格钉住汇率制度、自由浮动汇率制度和有管理的浮动汇率制度;
3. 主要汇率决定理论;
4. 识别影响汇率的主要因素;
5. 阐述中央银行影响汇率的方式。

汇率的实质是用一种货币的价格来表示另一种货币。因此,即使中央银行政策目标中没有汇率目标,汇率也是中央银行必须关注的重要变量。在本章中我们将详细研究与中央银行相关的汇率问题。

本章将从理论和实践方面简要分析汇率对价格稳定、金融稳定和实体经济的影响;回顾现代中央银行可采用的汇率制度或框架,包括严格钉住制度、自由浮动制度、有管理的浮动汇率制度;进而分析汇率理论,使读者了解在没有中央银行直接干预下的汇率变动;了解中央银行如何运用各种不同的工具来管理汇率;以及讨论如何管理官方外汇储备这一主要的汇率管理工具。

9.1 汇率、货币稳定、金融稳定和宏观经济稳定

无论中央银行是否采取汇率目标制,汇率都是中央银行不得不关注的一个重要变量。它不仅仅是用另一种货币表示的本币价格,

汇率变动还会影响货币稳定和金融稳定。

9.1.1 理论

理论上说，汇率的变动会对中央银行货币稳定和金融稳定目标产生影响。在货币稳定方面，例如，假如一国严重依赖能源进口，本币快速贬值意味着用本币表示的能源价格的快速上涨，而能源价格的快速上涨又转化为消费价格通胀，影响通胀预期。在此情况下，如果通胀预期得不到有效管理，那么货币稳定就有可能受到威胁，如在20世纪70年代的"大通胀"时期，石油冲击助长了通胀的快速持续上升。

在金融稳定方面，如果一国的公共债务或私人债务中外币债务比重较高，汇率大幅贬值就可能引发问题。随着本币的大幅贬值，以本币计价的外债将可能激增。若该国无可靠外汇收入来源，则该国的偿债能力将受到影响，金融危机就有可能发生，正如20世纪90年代发生在亚洲和拉丁美洲新兴市场经济体中的那样。

对于许多新兴市场国家来说，汇率变动过大不仅会直接影响货币和金融的稳定，同时还会影响到实体经济的产出和就业。如，对于那些严重依赖出口的新兴市场国家，汇率的快速升值意味着该国以外币计价的出口品价格的快速上涨。这可能导致对出口和本国产品的需求迅速下降，同时导致生产大幅下滑和失业率的飙升。

9.1.2 实践

实践中，汇率是如何影响货币稳定、金融稳定和宏观经济稳定的，将取决于具体环境，情况可能还相当复杂。

例如，国际清算银行的一份来自各国中央银行的研究表明：20世纪90年代汇率对通货膨胀的传导效应较弱，且在研究期内有所下降[1]。这一下降趋势一方面是由于为应对短期汇率风险，对冲工具得到了更广泛的使用；另一方面是由于各国趋于采用更灵活的汇率机制，进口商熟悉了汇率的变动，而不频繁地调整价格[2]。此外，汇率对通货膨胀的传导效应在不同的经济部门以及在出口商和进口商之间也有所区别[3]。

这些研究进一步表明，汇率变动对经常账户平衡的影响（就像对实体经济的影响）也在下降。例如，货币的贬值不一定总会引起产出的扩张[4]。此外，虽然汇率以往在调整经常账户余额上发挥着重要作用，但经济环境的变化意味着今后未必如此[5]。

汇率对货币稳定、金融稳定和实体经济的影响十分复杂，中央银行通常会密切关注，因为它是用另一种货币表示的本币价格，是全球化经济中的一个重要经济变量。然而，中央银行是否应采取措施影响汇率，则取决于实际情况及其采用的汇率制度。

9.2 汇率制度

汇率制度是中央银行为管理本国货币的汇率而制定的操作规则和相关管理制度。目前，汇率制度包括从严格的钉住汇率制到完全自由浮动汇率制。

9.2.1 汇率制度图谱

随着布雷顿森林体系的崩溃，货币不再与黄金价值挂钩。理论上，货币的汇率由市场决定。实践中，布雷顿森林体系崩溃后，许多西欧国家率先使用汇率区间和资本管制手段来限制本国货币对另一种货币的波动，这一制度预示了欧元体系的诞生[6]。与此同时，许多新兴市场国家单方面决定保持其汇率与美元挂钩，以促进国际贸易和投资[7]。

随着时间的流逝，全球经济和金融市场之间的联系日益紧密，使得对本国货币的严格管制难以维系，各国不得不寻求其他更为合适的方法来管理汇率。在布雷顿森林体系崩溃后的几十年中，各国曾尝试、采用也放弃了各种不同的汇率制度。

实践中，我们可以将各种汇率制度视为一个图谱，刚性的、严格的钉住制度（如以共同货币形式出现，即一国放弃独立货币而采用其他货币），或以联系汇率制的形式出现在图谱的一端，而浮动汇率制度（一种灵活的汇率制度，汇率完全由市场决定）出现在图谱的另一端[8]。在这两者之间，还存在着一系列其他的汇率制度，在这些汇率制度下，中央银行通过调节汇率来对市场发挥的作用进行调和[9]。

这些汇率制度之间的差别或十分微小，或大相径庭。对我们而言，可将这些汇率制度视为一个连续的统一体——严格钉住汇率制度在一端，自由浮动汇率制度在另一端（见图9.1）。

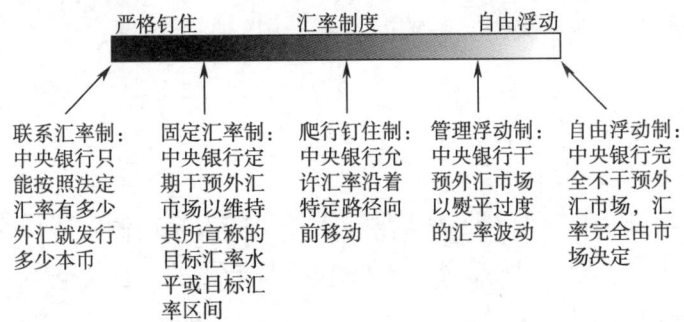

图9.1 汇率制度图谱

9.2.2 严格钉住端

理论上，严格的汇率钉住方式可能表现为共同货币形式或联系汇率形式[10]。在一个共同货币区，中央银行以一种通用的货币取代成员国的本国货币（如在欧元区统一使用欧元）。实践中，像欧元这样的通用货币，是可以对欧元区以外的其他货币实施汇率浮动的。

在联系汇率制下，中央银行只能以其外汇储备为支撑并按照特定的汇率来发行本国货币。

1. 共同货币

共同货币是最严格形式的钉住制度[11]。在该体系下（如欧元区），成员国放弃本国货币，而使用本区内的通用货币（欧元）。在欧元区内，各成员国没有独立的货币政策，其货币政策由欧洲中央银行统一制定实施，旨在维持作为一个整体的欧元区而不是单个成员国的货币稳定。而在实践中，作为一种货币，欧元被国际货币基金组织划定为自由浮动的货币，因为欧洲中央银行允许欧元的汇率在很大程度上由市场之手决定[12]。

2. 联系汇率

联系汇率是另一种钉住汇率制的极端形式，即法律规定中央银行发行的每一元钱的本币都必须与其外汇储备相匹配。在联系汇率管理下，本币不论是纸币还是硬币都可以在指定的汇率下兑换成某种外币。因此，中央银行不能按照它认为的、最适合国家当前经济状况的标准来发行货币。如果中央银行希望发行额外的本币，法律上要求必须有足够的外汇为其提供支持。香港特别行政区就是一个采用联系汇率制的案例，香港金融管理局以 7.8 港元兑换 1 美元的比率将汇率固定下来，即便管理当局有其他想法，这一比率也不能偏得太远[13]。

3. 严格钉住汇率制的基本原理

一国采用一种共同货币有可能是出于政治和经济的双重考量。像欧元这样的共同货币，即是实现政治和经济联盟这一更大目标中的一步棋。使用共同货币有助于消除汇率风险，鼓励成员国之间的跨境投资和贸易。

与此同时，一国选择联系汇率制的另一个原因，是该制度有助于提高本币的信用度，中央银行向本币的持有者保证，国家有充足的外汇，确保他们能够以合适的汇率随时兑换手中的本币。联系汇率制下的这种兑换担保对于提振本区域经济信心有很大帮助。不然，本币持有者可能在发现危机苗头的第一时间就抛售本币，引发一场皮格马利翁效应式的危机。

此外，就共同货币而言，联系汇率制对于小型的开放经济体（或诸如香港这类的国际贸易中心）在促进国际贸易和投资方面也大有裨益，因为它为贸易商和投资者消除了汇率风险。

9.2.3 自由浮动端

在汇率图谱的另一端,与钉住制汇率形成鲜明对比的是,在自由浮动汇率制度下,中央银行允许汇率完全由市场决定。在其他条件相同的情况下,只要对本币的需求增加,汇率就升值;对本币的需求减少,汇率就贬值。在这种制度下,中央银行一般不对外汇市场进行干预,汇率的波动会因为某种货币的需求和供给受到许多因素特别是市场参与者多变预期的影响而很不稳定。

自由浮动制汇率的基本原理

中央银行在自由浮动汇率制的基础上,可灵活运用货币政策来处理国内问题,是其愿意采取自由浮动汇率制的一个关键原因。因此,可以认为采用自由浮动汇率制度的中央银行,需要通过汇率手段管理货币价格从而达到货币稳定的压力不大。

与严格钉住汇率制度相比,实施自由浮动汇率制度的中央银行可在一些特殊的经济情况下,不考虑汇率方面的影响,而采取独立货币政策来使货币稳定。例如,当一国经济严重衰退时,其中央银行可采取降低利率和放松流动性的手段来缓解资金压力,以帮助企业降低融资成本并刺激国内需求。即使低利率和较宽松的货币政策可能对汇率施加下行压力(所有其他条件都相同的情况下),中央银行也会采取上述措施。

此外,在更大的资本流动过程中,中央银行很难在一段持续的时间内维持任何水平的固定汇率。例如,中央银行为有效抵御汇率贬值的压力,可能需要持有大量外汇,并使用这些外汇来购买本币以支撑汇率的价格(见第六章汇率目标制部分)。

无论如何,经济都是不断发展的,很难找到适合一国经济基本面的均衡汇率水平,这些将在本章稍后讨论[14]。因此,中央银行更希望借助市场来调节汇率而不是将其固定在某一水平上。

此外,对许多经济体而言,如果金融市场较为发达,企业就可较轻松地以低廉的成本应对汇率波动。在此情况下,中央银行无需承担私营企业的汇率风险,因为私营企业已能够有效地保护自己。

2013年,国际货币基金组织划定以下国家为自由浮动汇率制国家:欧元区成员国、澳大利亚、加拿大、智利、捷克、以色列、日本、墨西哥、挪威、波兰、瑞典、英国和美国[15]。

9.2.4 中间选择

在严格钉住汇率制度如联系汇率制,与浮动汇率制之间,中央银行还可以选择很多其他汇率制度用以不同程度地应对市场变化。这里请注意,中央银行可能会称法律上的制度不同于现实中实施的制度,且各汇率制度的定义根据实际情况也确有不同。

1. 传统的固定汇率制

传统的固定汇率制度类似于布雷顿森林体系,中央银行可能允许汇率在既定目标上下波动1%[16]。

2. 浮动区间内的固定汇率制

中央银行允许汇率在既定目标汇率上下水平区间内浮动,其浮动范围从2.5%到15%,欧元的前身——欧洲货币体系当时即如此[17]。

3. 爬行钉住制

在爬行钉住制下,中央银行允许汇率水平沿着与经济基本面一致的控制路径逐步升值或贬值。2013年,国际货币基金组织将中国的汇率制度归类为"类爬行安排"[18]。

4. 管理浮动制

在有管理的浮动汇率制度下,中央银行允许汇率较大程度上由市场力量决定,但也会实施干预,用以消除汇率的过度波动[19]。

5. 中间汇率制度选择的原理

因自身所处环境,中央银行往往需要采取既非严格钉住也非自由浮动的汇率制度。这时,中央银行会偏向于固定汇率制度的一端,因为它需要以另一个低通胀国家的币值来锚定本币的币值,以实现本国经济发展的高信用度和低通胀。

另外,那些选择采取爬行钉住汇率制(或跟中国一样,或略有不同)的国家,在市场化的早期阶段高度依赖国际贸易和投资,这意味着其私营企业不会有太多机会接触和使用套期保值工具。在企业适应新的经济环境之前,中央银行将部分承担私营企业(如出口商)的汇率风险。

最终,在金融市场高度开放、国际资本流动相对自由的情况下,一个高度依赖出口的国家,其中央银行可能会选择采用管理浮动汇率制,即只实施干预以消除过度的汇率波动,而非试图将汇率保持在特定水平或特定路径。在这种情况下,中央银行会鼓励对冲工具的发展,以帮助私营企业用以对冲汇率风险。

案例:有趣的新加坡案例:篮子(Basket)区间(Band)爬行(Crawl)

新加坡的汇率管理体系是一个有趣的案例。尽管资本能自由流动,但该国自20世纪80年代起就已实施汇率目标制,并成功地在高度对外依赖的情况下维持了长期的货币稳定。新加坡中央银行——新加坡金融管理局并不是简单地采用严格钉住制或是完全自由浮动制,而是把汇率作为一种维持货币稳定的工具,采用了一个被称为BBC的汇率管理框架,其重要特征为篮子(Basket)、区间(Band)、爬行(Crawl)。

2011年新加坡金融管理局发表的名为《维持稳定 服务新加坡》文章指出,该框架中的"篮子"特征指的是新加坡金融管理局钉住新元对一篮子货币的汇率,这一篮子货币主要是新加坡的主要贸易伙伴和竞争对手国家的货币,并为新加坡元创造出一个贸易加权指数(与新加坡的贸易交易额越大,该国获得的指数权重就越大);"区间"特征指的是新加坡金融管理局允许新加坡元对这一篮子货币的汇率在政策区间内浮动,但其中的区间范围未作公开;"爬行"特征指的是新加坡金融管理局会定期审视汇率区间,并适时调整区间以确保其与经济基本面的发展趋势相一致。因此,"贸易加权"后的新加坡元汇率在时间上会沿着既定的区间路径缓慢爬行。

鉴于 BBC 汇率制度的上述特点,新加坡金融管理局认为自己可凭三种杠杆工具来调整其货币政策,即坡度、宽度和区间水平。通过调节"坡度",可使货币更快或更慢地升值以应对一段时期内经济的趋势性变化;通过调整"宽度",可以应对那些导致货币收紧或货币放松的市场驱动行为,而这些行为往往是暂时的,且只要市场趋稳后就会弱化;通过调节"整个区间的水平",能确保新加坡元的汇率在应对如金融危机这样更显著、尖锐和持续的冲击时游刃有余。

与此同时,新加坡金融管理局列出了将汇率用作货币政策工具以保持货币稳定的三个关键原因。第一,新加坡曾经和现在都是一个小型的、开放的经济体,其国内价格很大程度上由全球价格所决定,其国内要素投入(如劳动力)很大程度上受外部需求的影响。这也部分反映了一个事实:新加坡的进出口总额几乎是其国内生产总值的两倍[19]。第二,与那些投资对利率变化敏感的大经济体不同,新加坡主要依赖国外的直接投资,这种投资对新加坡本身的利率并不敏感。第三,为了推动新加坡成为一个国际金融中心,新加坡金融管理局放开了资本的自由流动,并让渡了国内利率和货币供应量的部分控制权。

由于新加坡严重依赖对外部门,且资本的自由流动对国内价格能产生巨大的潜在影响,因此,通过调整汇率政策来实现货币稳定绝非易事。新加坡金融管理局认为在现行 BBC 汇率制度框架下新加坡是否能成功维持物价稳定取决于两个关键的特殊条件。

第一个条件是持续财政盈余、强制企业及居民存款于中央公积金账户这两种原因所致的流动性的自动流失,这两方面不断将新加坡元从经济体系中抽离出去。因此,新加坡金融管理局不得不持续地把新加坡元注入到经济中以弥补这种流失,而这一过程同时也购入了大量美元,导致了外汇储备的增长,从而增强了其管理汇率的能力。

第二个条件是新加坡金融管理局维持汇率制度的高度信誉,其降低了市场上对新加坡元进行投机套利攻击的预期。这种高信誉本身依赖于可用于捍卫现行体系的巨额外汇储备、持续的财政盈余以及相对易于调整的劳动力市场。这意味着其货币政策可不受制于就业和经济发展,而专注于维持长期的物价稳定[20]。

9.3 汇率理论

在前面的章节我们看到,除非中央银行使用严格钉住制,汇率水平至少部分是由市场力量决定的。然而,即便在严格钉住制度下,中央银行若希望汇率维持在既定水平上,它仍需应对市场力量。本节回顾了汇率变动背后的理论,有助于读者理解中央银行在处理相关汇率问题时的背景。

当然,应当说当前没有一种单一理论可圆满地解释汇率行为。适用于一种背景的理论很可能完全不适用于另一种。要理解为什么在任何一个给定背景下汇率都能以一定的方式发生变动,至少要把握以下几项重要的汇率相关理论。一般而言,汇率理论可以分为以下四种主要类型,即(1)购买力平价论,(2)货币分析法,(3)资产组合平衡模型,(4)汇率市场微观结构。

9.3.1 购买力平价

购买力平价是理解汇率的关键要素。它是基于一价定律的概念,即若市场能充分发挥作用,货物可以免费运输,那么在调整汇率后,世界各地相同货物的价格都应一样。

1. 购买力平价案例

下面这个简单、有效的例子,可以帮助我们理解购买力平价理论。假设有一支定制的钢笔,这支钢笔成本在美国是 1.5 美元,在德国是1欧元,那么根据购买力平价理论,美元兑欧元的汇率是1.5:1。

如果汇率不是1.5美元兑1欧元,而是2美元兑1欧元,那么德国商人可以拿1欧元到美国兑换2美元,再花1.5美元买下这支笔,并带回德国以1欧元卖出。和任何打此算盘的投资者一样,德国商人将从中获得0.5美元或是0.25欧元的无风险利润。

在这个例子中,我们可以看到只要有获利机会的存在,利润追求者就会不断用欧元兑换成美元并从中牟利。然而,随着对美元需求的上升,美元的价格将难以维持2美元兑换1欧元的比率,这时美元的汇率将会持续上涨直到1.5美元兑换1欧元的比率,与钢笔的实际价格相一致。在这种情况下,就不存在无风险的获利机会,汇率也将达到平衡。

2. 绝对购买力平价:一价定律

购买力平价有两种形式,即绝对购买力平价和相对购买力平价。上面钢笔的例子符合绝对购买力平价,它直接对应一价定律。绝对购买力平价认为,在汇率被调整后,一篮子相同的商品在任何两个国家都会有相同的价格。如果价格不一样,那么汇率就不均衡,国际投资者就会从中套利,即和上面钢笔的例子一样,这会迫使汇率到达平衡。现实生活中,由于两国间存在运输成本和贸易壁垒,就像两国间存在关税和税率差异一样,在短期内,如果投资者不能在两国间某一特定领域的服务(如理发的价格)中套利,这时的汇率与绝对购买力平价的均衡汇率依然会大相径庭。

3. 相对购买力平价:汇率变动反映通货膨胀差异

绝对购买力平价的概念侧重汇率的均衡水平,而相对购买力平价的概念则侧重于汇率的变动。以一篮子相同商品在不同的两国为例,如果其在A国价格上涨得比在B国快,那么A国相对于B国的汇率是贬值的。具体说来,根据相对购买力平价概念,两国货币汇率的变动应等于国家间国内通货膨胀率之差。

再以之前的钢笔为例,如果这一年中,钢笔的价格在美国上涨了10%，达到1.65美元，而在德国的价格仍维持在1欧元，那么年底，两国的汇率就是1.65美元兑1欧元。事实上，一年内美元兑换欧元的10%跌幅是同一时期美国通货膨胀率（10%）和德国通货膨胀率（0%）差异的结果。

4. 购买力平价理论的作用

购买力平价的概念有助于我们理解长期汇率行为[21]。数据显示，实际汇率与绝对购买力平价所说的均衡汇率常有所偏离，至少从短期来看是如此。实际汇率偏离绝对购买力平价的均衡汇率的原因涉及税收、劳动力市场的结构、物价频繁变动导致的菜单成本（即价格变化后餐馆改印菜单所需的印刷成本）。从长远来看，随着双边经济调整，汇率的变化很有可能与购买力平价概念所述一致。

5. 巨无霸指数

《经济学家》杂志每年公布巨无霸指数，就是对绝对购买力平价理论所展示的均衡汇率进行衡量的有益尝试。该指数来自对世界范围内麦当劳餐厅所售巨无霸价格的比较。巨无霸指数的关键优点在于，全球范围内的巨无霸均以大致相同的配方制作，以同样的方式售出，并在当地生产，因此不涉及国际运输成本。由此，根据绝对购买力平价理论，巨无霸的价格在汇率调整之后在任何地方都应是一样的。然而，实际上却又并非如此，造成这种差异的原因可能是制作一个巨无霸的成本（如人工成本、店面租金等）在各国并不一样，或由于汇率被高估或被低估，或者上述两方面原因兼而有之。

9.3.2 无抛补利率平价（UIP）

无抛补利率平价是认识汇率行为的另一关键理论。无抛补利率平价在汇率的决定方面兼顾了投资者的期望和资产价格。该理论假设国内资产和国外资产可以完全相互替代，且汇率变动有助于国际投资收益达到均等水平，并在这样的情况下不存在无风险套利机会。

1. 无抛补利率平价案例

假设有一国际投资者选择在美国政府债券和德国政府债券之间

进行投资。我们假设这两种债券有相同的风险特点和期限。如果投资者可以在两种债券间迅速而完美地切换,那么它们仅有的区别就是计价的货币(美元和欧元)不同及债券收益率不同。

为尽可能提高投资总回报率,投资者只需要考虑两个因素:一是两种债券之间的利差和美元与欧元间的汇率调整因素;二是这两种债券以两种货币计价。

在这个例子里,平衡的美国、德国两国政府债券利差必须匹配美元兑欧元贬值的预期比例。可用公式表达如下:

$$r^{us} - r^{eur} = e^s$$

其中,r^{us}是美国政府债券的利率,r^{eur}是德国政府债券的利率,而e^s是美元兑欧元贬值的预期比例。

根据无抛补利率平价的概念,只要美元兑欧元贬值的预期幅度不等于美、德政府债券间的利差,投资者就会希望从这两种债券中获得不同的投资回报率。由于投资者总希望投资于可提供较高收益的债券并转手处理掉收益较低的债券,正是这种逐利性,最终会使这两种债券的预期总收益趋同。

为进一步说明这一观点,我们假设,美国政府债券的年利率是10%,而德国政府债券的年利率是5%。若美元兑欧元的预期贬值幅度每年只有2%,则投资美国债券的预期收益将高于投资德国债券。投资者必将不断把投资标的从德国债券转向美国债券,从而导致投资美国债券的单位收益下降。当且仅当这两种债券的预期收益趋于相同的时候,投资者才会停止这种投资转换。也就是说,只有当美、德两国政府债券的利差降到2%,达到美元兑欧元贬值的预期幅度时,这种投资转换才会终止。

2. 无抛补利率平价的作用

从上面例子中,我们可以看到,大部分情况下,无抛补利率平价主要受汇率预期变动的影响。而现实中,无抛补利率平价还被很多别的因素左右[22]。例如,投资者不可能总是持有上述假设中可进行完美切换的这两种资产;又如,即便信誉等级相同的债券,其流动性也可能不同。因此,投资者可能并不需要像上面案例中那样,不断地急着在两种债券间切换投资。

此外,现实中的投资者也很可能是非理性的,如投资者可能更偏向于投资本国债券,而不太愿意转换到外国债券。长期的均衡汇率本身也可能发生变化,从而影响汇率的贬值预期。然而,尽管存在不少局限,无抛补利率平价仍然是我们理解汇率的重要基础理论。

9.3.3 资产组合平衡模型

资产组合平衡模型指的是一大类汇率模型,这类模型试图通过考虑国内外风险资产的差异、一国经常账户[23]等可能影响汇率的相关因素,来解决购买力平价和无抛补利率平价理论在现实中的局限性。

1. 风险及债券持有的多样化对汇率的影响

与无抛补利率平价理论认为国内外资产间可完全替代的观点相反,资产组合平衡理论认为国内外资产的风险不同,故不能完全相互替代[24]。事实上,导致债券风险差异的原因各异。例如,在其他条件相同的情况下,一个国家的债券发行量越大,其债券到期时违约的风险就越大;生产率较低的国家债券违约的概率也会更大[25]。

在资产组合平衡理论下,由于国内外债券不能完全相互替代,投资者会持有国内外两种债券以分散风险,并最大限度地提高其投资效益[26]。与无抛补利率平价理论不同,根据资产组合平衡理论,当债券利差与汇率贬值预期不匹配时,投资者不必急着将国内债券完全转换成国外债券,反之亦然。相反,投资者会希望在同一时段内以不同比例分散其国内外债券,进行组合投资。

然而,为了弥补持有高风险债券可能带来的损失,投资者往往要求得到更高的回报率。换句话说,风险溢价不得不支付给持有较高风险债券的投资者。因此,根据资产组合平衡理论,国内外债券的收益差异不仅反映在无抛补利率平价理论所说的汇率贬值预期上,还反映在补偿高风险债券投资者的风险溢价上。因此,风险溢价的存在至少部分解释了为何会有偏离无抛补利率平价理论的情况（如在利差与汇率贬值预期不匹配的情况下）。

2. 经常项目的作用

除了投资风险的差异，资产组合平衡理论也强调了一国的经常账户对于决定该国汇率的影响[27]。一国的经常账户顺差表明其出口多于进口，出口的外汇收入超过进口付汇，也意味着该国海外资产的增加。然而，由于国内外资产不能完全相互替代，资产组合平衡理论也表明，投资者往往希望其投资组合中同时持有国内外资产。同时由于一国的出口外汇收入中有一部分会用来投资国内资产，而这往往会推高相对于外币的本币价格，因此，一国的经常账户在决定其汇率方面起着重要作用。然而，随着时间的推移，本币走强又会使该国出口商品的价格较以往更贵，而导致经常账户下贸易顺差的减少。

从以上论述中我们可以得出结论，即无抛补利率平价理论反映的较大而持续的偏差也可能反映国家的经常账户状况。进一步的研究可知，经常账户的动态表现关乎国家经济发展前景，而资产组合平衡理论也似乎表明，影响国家经济增长的要素也会影响汇率的决定。最后的结果可能相当复杂，它依赖的因素非常广泛，包括影响国家经济增长前景的因素的性质和与之相应的经常账户的动态状况。

例如，若一国正处在生产力的高速发展阶段，则随之而来的高收入会拉动更多的消费，进而可能导致经常账户出现赤字；另外，生产力的发展也可能推动扩大生产和出口，从而带来经常账户的盈余。然而，无论哪条路径，汇率都极有可能受到影响。此外，更高的生产力和潜在增长都极有可能推高国内投资的预期收益，而这又将进一步引起汇率的变动。

9.3.4 汇率市场微观结构

上述汇率理论主要侧重于阐述决定汇率的中长期宏观经济因素，但实践中，我们发现，即便通胀数据、经常账户或潜在增长数据在一段时间内不变,汇率也会持续不断地发生变化*。因此,现在的研究开始越来越多地关注作为汇率市场参与者的微观主体[28],这也促成了汇率市场的微观结构理论的形成。

在汇率市场微观结构理论下,我们更关注外汇市场的参与者(个人、企业和金融机构)如何运用其获得的信息在市场上参与交易。通常,参与者需要广泛搜集包括通胀预期、经济增长等在内的诸多宏观经济变量,同时也要时刻留意其他参与者的市场行为。但由于信息不对称,或参与者对信息的理解各异,不同的参与者对货币内在价格的看法或判断可能千差万别。

可以想象,众多的市场参与者、全天候的信息资讯,以及不同参与者对信息理解运用所导致的不同交易行为的选择,都推动汇率时刻在发生着变化。对市场微观结构的研究也开始让我们更深入地了解中央银行货币政策对汇率变动的影响机制。例如,通过检视货币政策公布后的汇率变化,研究者就有可能研判政府的加息政策是如何影响汇率的变动的。

9.3.5 汇率理论对汇率政策的影响

尽管对汇率变动的解释不存在一套统一的、放之四海而皆准的理论,但现有的理论还是能为中央银行提供不少借鉴。这里,我们讨论了其中的四种。

第一,从购买力平价理论看,若中央银行任由通胀水平持续上涨,在其他因素保持不变的情况下,汇率最终有可能走低。事实上,根据相对购买力平价理论,对于任何两个国家而言,如果一国的通胀水平相较另一国持续上升,则其汇率相对于另一国就可能出现贬值。如果一国的中央银行保持相对宽松的货币政策,在其他因素保持不变的情况下,则该国的货币长期看就有贬值的可能。

第二,从无抛补利率平价理论看,如果一国利率高于另一国,

---

* 对大多数国家来说,通货膨胀数据每月更新,而经常账户数据和经济增长预测只在每个季度更新。

则其汇率在一段时期内必然走低，这样在两个国家之间的投资收益才能维持平衡。在其他因素保持不变的情况下，如果一个国家突然提高利率，则其汇率将不得不随之立刻升值，只有这样，过段时间后汇率贬值才有空间，反之亦然。

第三，从资产组合平衡理论来看，不同国家风险资产的分布是不同的，也不是像无抛补利率平价理论假定的那样是能完全相互替代的。两国间的利差并非必然影响汇率。而且，如果一国处于经济增长期，外界对其发展看好，那么对该国的投资风险就会下降。相应的，在其他因素保持不变的情况下，如果该国货币政策在某种程度上促进了经济增长，那么其汇率就有可能走强。

第四，从汇率的微观结构理论来看，汇率的变动是一个连续动态的过程，它依赖于金融市场参与主体对市场的预期判断。因此，中央银行不得不考虑在货币政策方面不论是作为还是不作为，都会影响外汇市场参与者的预期，导致其调整应对汇率变动的措施，进而影响到汇率。

9.4 汇率应对实践

实践中，中央银行不仅在宏观层面，也要在操作层面来处理汇率。宏观层面上，中央银行必须明白自身的汇率政策是否与整个货币政策框架合拍。长远看，汇率、利率、通胀水平将不可避免地互相影响，因为它们从不同方面代表着货币的成本。

在操作层面上，中央银行必须准确估量其操作对汇率所能造成的影响。中央银行可以干预外汇市场，或者对资本流动进行管制，但必须考虑清楚这些行为所需付出的成本代价。

9.4.1 汇率应对：宏观概念

在宏观层面上（相对于操作层面而言），中央银行必须考虑汇率、通胀水平和利率的相互影响。中央银行影响一个变量的行为可能会影响其他两个变量。

1. 汇率、通胀水平和利率之间的关系

上述各种汇率理论中都暗示着通胀、利率和汇率是相关的。至少从长期而言，中央银行影响其中任何一个变量的行为都有可能影响其他两个（见图9.2）。

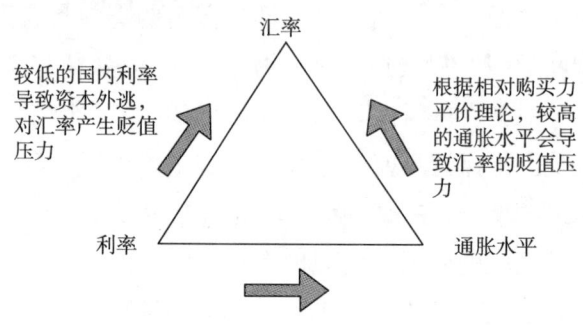

较低的国内利率能导致更高的通胀水平

图9.2　汇率、通胀水平和利率的相互影响

譬如，从第五章讨论的货币政策看，如果其他因素保持不变，宽松的货币政策状态可能会提升通胀率。根据相对购买力平价理论，一个国家的通胀率越高，那么相对于目标国家而言它的汇率会根据两国之间的通胀差距而成比例地随之贬值。另外，根据无抛补利率平价理论，如果其他因素保持不变，宽松的货币政策会使利率降低，也将导致汇率贬值。

2. 中央银行在三个变量之间的一致性

由于汇率、通胀和利率是内在相互影响的，任何作用于三个变量之一的政策行为都不仅影响目标变量，也会间接影响其他两个变量。从长期来看，任何使其中任意两个变量朝相反方向变动的尝试都是不能长久的。

例如，如果一国中央银行想要拉高利率来使通胀率下降，但同时又想使汇率保持较低水平以刺激出口，即假定中央银行想要把汇率固定在一个对出口有利的水平，那么在此情况下，因为要把汇率维持在固定水平上，货币贬值预期会为零，则中央银行通过提高利率抑制通胀，同时保持汇率固定的措施，就会为投资者提供一个利润空间，也会导致外资为了获得利差流入本国。

也就是说，在这种特殊情况下，中央银行是违背了无抛补利率平价理论的。这种做法会使中央银行想要的结果适得其反，因为高利率将会吸引更多的外国投资者，从而使国内货币需求增加。然而，因为中央银行想维持汇率稳定，其又不得不通过投放货币的方式满足不断增长的本币需求以干预外汇市场。货币的投放必然会使中央银行拉高利率降低通胀的初衷难以实现。

就极端情况而言，如果公众最初意识到中央银行同时想达到低通胀和固定汇率两个目标，公众就可能会怀疑大幅提高利率政策对通胀的影响效果，货币政策和中央银行的可信度就会降低。即使没有设置固定汇率目标，任何没有对冲措施（中央银行通过出售债券给市场交易商而从经济体系内吸收流动性）而大规模流入的外汇也会危及中央银行维护价格稳定的可信度。

从理论上来说，对于汇率的处理，中央银行有很多选择方式。从汇率图谱的一端来看，通过汇率目标设定，中央银行能够简单专注于使汇率固定在一个预定的水平；从另一端来看，中央银行也可以让汇率完全由市场力量决定而使其自由浮动（尽管在实践中这几乎不可能）；在两者之间，中央银行更愿意选择设定汇率浮动的一个范围，这个范围被认为是最适合经济状况或者中央银行目标的，或者两者兼顾。

案例：汇率政策和亚洲金融危机

从上述情况来看，因为利率、汇率和通胀三者都是相互影响的，因此，任何使利率和通胀率不一致的尝试都会适得其反。这种情况在货币危机中极易体现，尤其当一国被迫大幅度地使本币贬值或突然放弃固定汇率制度时更是如此。

固定汇率制度

在20世纪90年代后期的亚洲金融危机之前,该地区的许多货币实际上都是固定汇率制。在这样的制度下,中央银行如果要维持固定汇率,就不能自由地实施独立的货币政策来调控国内需求,因为为了使汇率保持固定,国内利率必须与目标经济体(主要是美国)的利率保持一致。

自由化:外资的流入

20世纪80年代,泰国、韩国、印度尼西亚等国家开始实行经济自由化,外资大量涌入这些国家,这其中部分原因是受到这些国家经济的高增长潜力和用于出口制造业方面的廉价劳动力吸引。当一些外资进入这些国家以出口为导向的制造业时,随着亚洲经济逐步升温,另一些资本也在寻求资产价格投机(如股票和不动产市场)的机会。

值得一提的是,当时涌入亚洲经济体的外资以外国贷款、外商直接投资和债券投资的形式为主。外商直接投资是指外国投资者在一国本土经济区域内开设工厂,或者购买该国国内企业,或者与该国国内公司联合投资;债券投资是指外国投资者在另一国国内债券市场和股票市场投资。此外,境外资本也以外国贷款的形式大量涌入亚洲经济体,如外国银行利用发达经济体和新兴市场经济体之间的利差给亚洲银行和亚洲企业发放了大量贷款。

利差和汇率风险的隐性担保

理论上说,亚洲国家的利率和目标经济体国家的利率是保持一致的,因为它们之间的汇率是固定的。然而,假定对新兴市场经济体的贷款比对发达国家的贷款风险更大,而亚洲经济体又有着巨大的资金需求,那么亚洲国家国内利率会大幅高于那些发达经济体的利率,换句话说,就是在亚洲借款人有巨大资金需求的情况下,外国贷款者需要有更高的风险溢价。

结果

最终,受发达经济体市场的影响,亚洲出口开始减速,许多亚洲经济体的经常账户赤字逐步扩大，形成了一种困境。一方面，中央银行降低利率能有效刺激这些亚洲经济体的国内需求，它们货币的贬值能有效刺激出口和减少经常账户赤字。而另一方面，中央银行降低利率又会对汇率产生压力，货币贬值也会带来金融的不稳定。这主要因为亚洲本土银行和企业从海外大量借款，并没有对汇率风险进行套期保值，而且这些资金已经同时大量投入到了那些流动性较低的项目之中或正在寻求资产价格投机机会。

正如第二章所述，当这种困境越来越凸显的时候，国际投资者和投机者就会受到刺激并采取与要维持固定汇率制的中央银行的想法相悖的投机行动。例如，一系列大规模投机性攻击迫使泰国中央银行在1997年7月2日宣布泰铢自由浮动，其他亚洲货币（包括韩元和印尼盾）也被迫开始浮动，亚洲金融危机就此开始。周边国家也因此经历了巨大的经济不稳定。值得一提的是，在危机之前，固定汇率制度在许多亚洲国家都有助于降低通胀预期，并且推动这些国家贸易和投资的增长。随着这些国家的经济走向自由化，外资开始大幅涌入，这些国家再难以在独立操作货币政策来调控国内需求的同时保持汇率稳定，最终形成了"三元悖论"的局面。

3. 均衡汇率

当一国中央银行通过干预使汇率保持在一个恒定的水平时，这个水平经常会被质疑是否是经济的均衡汇率。然而，在一个信息不完全对称和价格不灵活的环境里，均衡汇率的决定因素是比较复杂的[29]。

在实践中，有许多关于均衡汇率的定义。诸如使经常账户均衡的汇率、基本均衡的汇率、符合购买力平价的汇率、使一个国家的出口价格和其交易对手的出口价格相等的汇率和使国内外成本均等的汇率[30]。

正如我们将要见到的一样，这些定义内在之间并不完全一致。一个在某种意义上被认为是均衡的汇率水平不一定就是另一种定义的均衡。表9.1总结了均衡汇率各种版本的利弊。

（1）使经常账户均衡的汇率。理论上，可持续的经常账户的均衡应该是指就外贸而言经济处于均衡状态。使经常账户均衡的汇率由此能被认为是均衡汇率。

表9.1 关于均衡汇率的不同概念：类型及利弊

	使经常账户均衡的汇率	符合购买力平价的汇率	确保与交易对手出口价格相等的汇率	使国内外成本相等的汇率
利	持续的经常账户均衡意味着经济处于均衡状态。	适宜于比较生活标准。	假定国家的边际利润是相等的，理论上反映了汇率均衡。	避开了由出口价格衡量而产生的边际利润问题。
弊	经济发展到一定阶段，经常账户不再均衡。	不能反映外部均衡。不是所有的商品和劳务都能跨境交易。	国家之间的出口并没有统一的边际利润。	其他的衡量问题：商品不是一致的，不同的劳动力市场结构等。

资料来源：由《中央银行指南》第二册中托尼·莱特（Tony Latter）《汇率制度的选择》改编而成（伦敦：中央银行研究中心，英格兰银行，1996）。

然而，在实际中，至少有两个原因可以确认使经常账户保持均衡的汇率不一定代表均衡汇率。第一，汇率和经常账户之间的循环影响常常是不确定的，而且存在时滞。我们今天看见的均衡的经常账户不一定与我们今天所见的汇率相符。第二，处于发展和投资机会不同时期的国家也许并不需要自己的经常账户保持均衡，因为这样可导致结构性资本流出/流入。例如，需要外国投资的国家保持经常账户赤字可能会更好，这样能够通过资本流入而获得融资。另外，一个国家如果没有足够的本地生产性投资机会也许更适宜于保持经常账户盈余，并将盈余资本投资海外[31]。

（2）基本均衡汇率。基本均衡汇率可以被定义为能使经常账户保持最合适的状况以及能保持资本流动基本正常的汇率[32]。这种定义考虑了经常账户可以处于不平衡的状态以及结构性资本净流出/流入的需要。然而实际中，这种定义也存在汇率和经常账户（以及附带的资本流动）之间循环影响的不确定性和时滞问题。而且，很难确定一个适宜于国家经常账户和资本流动的最优汇率水平。

（3）符合购买力平价的汇率。均衡汇率的另外一种解释就是使国内价格水平和国际价格水平相等，或者是反映购买力平价的汇率[33]。购买力平价汇率通过以本币跨境购买等值一揽子商品或劳务来反映国内货币的价值。

然而，实践中，许多商品和劳务是不能跨境交易的，因而假定能均衡国内外价格并且确保汇率能准确地反映购买力平价的套期保值活动可能不会存在。而且，购买力平价虽然对于比较国际生活成本有用，但它却并不反映这个国家的外部平衡。

（4）使出口价格与贸易伙伴的出口价格相等的汇率。均衡汇率还有一种解释是指使一个国家的出口商品价格与其贸易伙伴的出口价格相等的汇率[34]。理论上，该汇率应该确保在国际市场上交易的国家有一个公平交易的环境。然而，实践中，同样的出口价格不一定就代表不同国家的边际利润相同。因此，这样一种汇率也不必定代表一种均衡汇率。

（5）使国内外成本相等的汇率。尽管使国内商品与贸易伙伴国商品的单位成本相等的汇率能解决与边际利润差异相关的问题，这是使出口价格相等的均衡汇率所面临的问题，但是如何衡量的问题仍然存在[35]。虽然类型也许是一致的，不同国家出口的商品却不一定一致（如不同种类的稻米）。国家之间劳动力市场结构的差异也使工资成本的衡量更为复杂。

（6）均衡汇率的复杂性对中央银行的含义。上述讨论表明，实践中，均衡汇率没有一个能为大众普遍所接受的定义。当尝试调控汇率水平时，中央银行为此应该选择最适宜国情的均衡汇率概念。

实践中，因为经济数据的获得常常有时滞，中央银行通过干预外汇市场来保持汇率在以上任何一种定义的均衡水平上的决定都有可能是不合时宜的。由于时滞，当经常账户数据、边际利润或者劳动力和材料成本的实时统计结果出来时，内生的均衡汇率可能已经改变。

除非采用固定汇率制度,均衡汇率的复杂性使得采用有管理的浮动汇率制度的中央银行经常选择干预市场以避免汇率过大的波动,而不是简单地使汇率维持在一个特定的水平,而那些采用自由浮动汇率制度的国家可能只是简单地让汇率完全由市场力量来决定。

9.4.2 汇率的应对:操作层面

在操作层面上,中央银行在三个主要方面影响汇率的变动。第一,中央银行货币政策的实施能通过有关宏观经济变量的变化间接影响汇率,或通过外汇市场参与者的预期直接影响汇率。第二,中央银行能通过在汇率市场的干预直接调控或改变汇率波动。第三,中央银行能通过管控有关资本流动来影响汇率。

1. 货币政策的直接影响和间接影响

从上述的汇率理论来看,货币政策影响汇率的渠道是长期的还是短期的是能够大致区分的。长期来看,货币政策间接通过通胀、生产率和经常账户等相关宏观经济变量的变化影响汇率;短期来看,货币政策对外汇市场微观参与主体的状况和预期产生作用。

正如购买力平价理论和资产组合平衡理论所述,通过影响通胀和经济增长的行为,货币政策能对汇率产生长期影响。影响的过程可能相对缓慢,因为货币政策需要一段时间来首先影响宏观经济变量,然后宏观经济变量才影响汇率。又如无抛补利率平价理论和汇率市场微观结构理论所述,短期来说,货币政策的公布能影响外汇市场交易商的预期,并由此立即影响汇率。

2. 外汇市场干预

除了通过货币政策行为影响汇率以外,中央银行还能够通过直接干预外汇市场来直接影响汇率。外汇市场干预这个词常被用来指中央银行在外汇市场买卖外币的行为[36]。

通过用本币买进外币,中央银行能有效增加经济体系内的本币供给,由此本币价格(即汇率)面临下行压力。相反,通过出售持有的外币,取而代之买进本币,中央银行能有效从经济体系内减少本币,本币汇率从而面临上行的压力。如果对外币的买卖规模足够大,中央银行能直接对汇率产生实际影响。

对冲式的外汇市场干预。在外汇干预的行动中,中央银行能够有效改变本币的供给。然而,外汇干预导致的本币供给的改变可能会产生不必要的副作用,因为这样的变化可能会直接影响经济中的货币状况。例如,由于购买外币而导致本币供给的增加会对国内货币市场的利率产生下行压力。除非中央银行也想降低货币市场利率,否则就必须对购买外币进行对冲来消除对货币市场利率不必要的潜在副作用。

上例所述中,中央银行可以通过向货币市场交易商出售持有的政府债券等国内债券来吸收本币的超额部分来对冲外币的购买。通过出售持有的国内债券,或向货币市场参与者发行中央银行自己的债券,中央银行能有效从经济体系内减少本币。买入外币的同时出售或发行国内债券以减少国内货币的超额供给的行为,我们称之为对冲式的外汇干预。

在一个新兴市场国家,对资本流入进行对冲式外汇干预对于中央银行来说是需要付出巨额成本的,因为中央银行将在发行高收益的国内债券的同时购买低收益的外币资产[37]。

3. 资本流动的管制

影响汇率变动的另外一种可能方式是通过资本流动管制。正如本章关于汇率理论中所述,国际投资者是否对一个国家进行投资的决定能影响该国的汇率。如果国际投资者预测对一个国家的投资将会产生较好的总收益,他们可能将资本大幅投入那个国家。随着外资流入,这个国家的汇率就可能会升值,这是因为国际投资者必须将他们的外币转换为本币进行投资。

通常来说,开放经济体都愿意接受外资流入,因为这些资本能用于国内项目融资。然而,如果许多投资者同时决定对某一国家进行投资,资本的大量涌入就会推高汇率,特别对于小的新兴市场国家而言更是如此。这些国家并无能力吸收大量资本流入。

随着货币的快速升值，一国的出口可能会因为商品变得更贵而失去竞争力，特别是，如果其商品的国际价格和工资水平不能相应地作快速调整，该国国内经济可能会经历一些动荡。另外，即使商品的国际价格和工资水平能够快速地随着汇率调整而改变，但汇率变动太快或者不稳定，该国经济仍然会面临问题。

如果大量的资本流入也就是所谓的热钱通过股票或不动产市场投机来获取短期收益，那么这种资本流入导致的经济动荡状况会更严重。除了会导致汇率的快速升值从而引起经济动荡，热钱的流动还会导致非生产性投资和泡沫经济的形成。由于大规模的和快速的资本流入会对经济产生潜在的副作用，因而中央银行总是选择通过管制来减缓资本流动的范围和速度。

资本流动管理或资本控制有多种不同的形式。其中最有名的是托宾税和对资本流入的无息强制准备金。托宾税是指对即期外汇交易所征收的税。这种税使货币兑换增加了额外的成本，从而降低了跨境投资的潜在总收益。另一方面，无息强制准备金的规定要求投资者将一定比例的流入资金存入一个在某特定时段内不计付利息的专门账户。这样做也能取得降低跨境投资潜在总收益的效果。

实践中，尽管中央银行总是可以选择实施资本管控来缓解汇率压力，但是很少会采取这样的措施。因为对资本流动的管制会给国际投资者带来许多不确定性，因此，实施管制会打击所有类型的资本，而不仅仅是热钱。而现实中是很难区分投机性资本流入和生产性资本流入的。从长期来看，即使在一个对热钱管制非常严格的国家，投机者也常常能找到制度的漏洞。

9.4.3　官方外汇储备的管理：中央银行资产负债平衡表的另一边

一方面中央银行对外汇市场的干预牵涉到本币的买卖，这会直接影响中央银行的负债。另一方面，本币的买卖又常常涉及作为中央银行资产的官方外汇储备，因此，中央银行管理汇率的同时，也应承担管理官方外汇储备的责任。

1. 官方外汇储备和汇率政策

根据国际货币基金组织（IMF）的定义，官方外汇储备是官方公共部门资产，具有随时可用和被货币当局控制等特征。官方外汇储备的使用和管理有多种目的，包括："支持和维护货币和汇率管理政策的信心，包括支持干预国家或区域货币的能力；在危机时刻或者当融资途径被截断时通过保持外币流动性减少冲击而降低外部脆弱性，为市场提供国家能承担起对外负债的信心；证明本币有境外资产作支撑；帮助政府满足外汇需求和偿还外债需要；国家遭遇灾难或者紧急情况时保持一定的储备"[38]。

实践中，取决于不同中央银行采取的不同制度，官方外汇储备可以包括黄金、外币、外国政府债券、外国政府担保债券（如抵押贷款支持债券），以及外国公司债券和股权等。

当中央银行需要抑制汇率升值，它能通过在外汇市场上卖出本币和买入外币来进行干预。本币的出售将增加本币的供给，抑制货币的升值压力。外币的购买又将推动官方外汇储备的增加。

当中央银行要减缓汇率贬值压力时，它可以通过在外汇市场上出售部分外汇储备来买入本币。本币的购买将减少对本币的供给，减缓货币贬值压力。官方外汇储备中外汇资产的出售会减少中央银行控制下的外汇储备的总额。

2. 官方外汇储备和中央银行资产负债表

外汇市场干预中官方外汇储备的使用将对中央银行资产负债表产生影响。官方外汇储备可以被视作中央银行资产负债表的资产，该资产以本币（如在外汇市场干预时买入外币而发行的本币）和中央银行债券（如要消除购买外币影响时中央银行发行的债券）这样的负债作支撑。

如果只做购买而不进行对冲，或通过发行中央银行债券来对冲，那么通过购买外币来减缓本币升值压力的做法会由于中央银行资产和负债的同时增加而产生放大效果。买入的外币被认为是官方外汇储备的一部分，是属于中央银行的资产。

如果中央银行用本币来买入外币，而不进行相应的对冲操作，那么操作中使用的本币将会使中央银行的负债增加。如果中央银行用本币买入外币，但是随后通过发行中央银行债券从经济体系内吸收超额本币进行对冲，那么官方外汇储备（资产）将会增加，同时负债也会增加，但这时负债的增加最终以中央银行发行的债券的形式体现，而不以本币的形式体现。

如果中央银行用本币来买入外币，但是通过卖出国内政府债券从体系内吸收超额的本币进行对冲，那么中央银行资产负债表的规模将会和买入外币之前保持一致。然而，资产负债表中资产方的构成会和以前不同，因为中央银行用买入的外币有效替代了所持有的政府债券。

3. 官方外汇储备的管理

中央银行买入外币减缓本币的升值压力时，通常不仅仅会把这些购买的外币收存，更会维持外币的购买力，并获取一些投资收益。正因为如此，中央银行经常会将其持有的外币分散于不同类型的金融工具，形成一个资产组合。

在对官方外汇储备组合的管理中，中央银行经常以安全性、流动性和适当的收益为目标。传统上，中央银行通常将其外汇储备投资于安全性、流动性高的产品，如投资于高声誉金融机构外币存款、高评级外国政府债券，特别是美国政府债券等。

然而，在过去的十年里，许多新兴市场国家的官方外汇储备增长得非常快，其中部分原因是因为这些国家出口收益的增长和发达经济体资本的流入对本币产生升值压力，中央银行为此必须购买外币。2007～2010年国际金融危机过后，以中央银行发行债券的形式支撑大量外汇储备已经成为了中央银行资产负债表中备受关注的问题。

金融危机爆发后，以外币存款和发达经济体政府债券等形式存在的传统储备资产的投资收益降到历史低点。与此同时，为了对冲外币的买入，新兴市场国家的中央银行不得不发行债券，并支付比其外汇储备投资收益要高的利率。而且，由于新兴市场国家不断升值，当以本币衡量持有的外汇资产时，新兴市场国家的中央银行也承受了巨额损失。

为了避免结存亏损（传统储备资产投资的低额收益与为对冲债券支付的高额利息之差）和资产减值，许多新兴市场国家的中央银行开始使自身的资产类别不断多元化。这些新的资产通常包括新兴市场国家的政府债券、由发达经济体政府担保的资产抵押贷款支持债券、发达经济体和新兴市场国家的公司债券和股权。在一揽子资产里，具体类别由中央银行根据自己所处的境况决定。

小结

汇率是中央银行必须关注的关键变量，因为它是以另一种货币表示的本币币值，能影响货币和金融的稳定。汇率制度类型可以是从汇率图谱一端的严格钉住制到另一端的自由浮动制。在此中间，汇率制度包括传统的固定汇率制、浮动区间内的钉住制、爬行钉住制和有管理的浮动制。

主要的汇率理论包括购买力平价、无抛补利率平价、资产组合平衡理论和汇率市场微观结构理论。

在宏观层面上，中央银行必须了解汇率、通胀和利率之间的关系。中央银行也必须认识到自由浮动汇率制、资本的自由流动和独立的货币政策在长期而言是不能同时存在的。而且，均衡汇率的确定是很复杂的。

在微观层面上，中央银行能通过外汇市场干预或资本流动管制来影响汇率。

外汇市场干预涉及中央银行对官方外汇储备的管理。

关键术语

绝对购买力平价　　　　　　　　外商直接投资

巨无霸指数　　　　　　　　外汇干预
共同货币　　　　　　　　　外汇贷款
爬行钉住　　　　　　　　　自由浮动
货币发行局　　　　　　　　三元悖论
均衡汇率　　　　　　　　　有管理的浮动
汇率市场微观结构理论　　　官方外汇储备
汇率制度　　　　　　　　　资产组合平衡模型
汇率风险　　　　　　　　　债券投资
浮动区间内的固定汇率制度　购买力平价
严格钉住　　　　　　　　　相对购买力平价
风险溢价　　　　　　　　　传统的固定汇率制度
对冲式外汇干预　　　　　　无抛补利率平价
托宾税　　　　　　　　　　无息强制准备金

复习思考题

1. 请举例说明汇率影响货币稳定的方式。
2. 请举例说明汇率影响就业的方式。
3. 请举例说明汇率影响金融稳定的方式。
4. 在严格的钉住汇率制度下，中央银行是否可以不考虑汇率钉住国家的货币状况，独立地印刷货币以刺激经济，为什么？
5. 为什么中央银行可以选择联系汇率制度作为其汇率制度？
6. 联系汇率制度的缺陷是什么？
7. 为什么中央银行可以选择采用自由浮动汇率制度？
8. 自由浮动汇率的问题是什么？
9. 有管理的浮动汇率制度和爬行钉住汇率制度之间的主要区别是什么？
10. 根据相对购买力平价理论，如果通胀率上升，汇率可能出现什么状况？
11. 为什么在实践中汇率会偏离购买力平价？

12. 根据无抛补利率平价理论，两个国家之间的利差和它们相应的汇率关系是什么？

13. 根据无抛补利率平价理论，如果一个国家的利率毫无预期地被大幅拉高，那么该国的汇率将会出现什么情况？为什么？

14. 根据资产组合平衡模型，为什么无抛补利率平价理论是不能成立的？

15. 根据资产组合平衡模型，如果一个国家生产率提高，那么汇率会出现什么状况？

16. 重要的经济数据只是按月或按季发布，为什么汇率几乎是逐秒连续变动的？

17. 为什么中央银行不能同时实现汇率稳定、资本自由流动和独立的货币政策操作三个目标？这个概念的名称是什么？

18. 均衡汇率概念的提出有什么意义？请最少用三个例子来说明。

19. 对冲式外汇干预是指什么？

20. 为什么对于新兴市场国家的中央银行来说采用对冲式外汇干预必须付出较大成本？

21. 中央银行实行资本管制的原因是什么？

22. 中央银行不实行资本管制的原因是什么？

第三部分　金融稳定

　　第三部分重点讨论中央银行的另一项重要职能——金融稳定。金融稳定职能在20世纪80年代开始受到关注，但直到2007~2010年国际金融危机后，金融稳定职能才受到更多的重视。

　　第十章介绍了金融稳定的不同定义，为中央银行履行金融稳定职能提供了一个实用的分析框架，并且总结回顾了金融稳定的理论基础。

　　第十一章运用第十章提出的分析框架探讨了中央银行用于识别和监测金融稳定风险的各种工具，并从宏观经济、金融机构和金融市场三个交织关联的重要领域出发对这些工具作了分析检验。

　　第十二章同样运用第十章提出的分析框架探讨了中央银行干预和化解金融稳定风险的各种工具。

第十章 金融稳定：定义、分析框架与理论基础

学习目标

1. 定义金融稳定；
2. 解释为什么金融稳定是中央银行的重要职能；
3. 解释脆弱的居民、企业及政府的资产负债表怎样对金融稳定产生影响；
4. 描述单家金融机构面临的风险；
5. 描述金融机构体系面临的风险；
6. 解释为什么信息不对称可能导致金融市场不稳定。

如第四章所讨论，除了维护货币稳定之外，维护金融稳定已日渐成为中央银行的一项重要职能。与货币稳定相比，从20世纪80年代[1]起金融稳定才开始受到关注，因此金融稳定的定义、分析和操作框架仍处于初级探索阶段[2]。

本章首先回顾了以往就金融稳定概念产生的争论，然后提出了一个可供中央银行观测金融稳定的实用分析框架。本章最后部分总结回顾了相关理论原理，以帮助我们理解产生金融不稳定的可能原因，并探讨了中央银行应如何应对金融不稳定。

10.1 金融稳定的定义

在中央银行众所周知的三项职能中，金融稳定可能是唯一既没

有统一的定义,在可量化和可操作性方面也未形成共识的职能[3]。对于物价稳定而言,公认的并具有操作性的定义就是稳定的低通胀。对于就业而言,尽管问题很复杂,人们也能够通过以自然失业率为基准的失业率对就业水平进行度量。但对于金融稳定,则缺乏这种普遍认同、可量化的定义,这反映了它所涉及的问题相对前沿而且十分复杂。

实际上,中央银行在其建立初期就涉及金融稳定职能[*],但在过去的几十年,金融自由化已给国际金融体系带来了快速的变化。国际金融体系的复杂性和关联性越来越强,到2007~2010年国际金融危机前已发展到超出人们预期的地步。20世纪90年代末,很多中央银行开始为金融稳定职能开发工具和框架,但在某种程度上,也许是因为中央银行将银行监管职能让渡给了外部监管者,因此与全球金融体系的迅速改变相比,中央银行维护金融稳定的框架和工具仍不成熟。

金融稳定涉及的问题十分复杂,导致其有很多不同的定义,并且这些定义往往各有侧重。例如,伯南克(前任美联储主席)和经济学家马克·格特勒(Mark Gertler)在1990年发表的一篇关于经济主体资产负债表的论文中提出,金融稳定取决于潜在借款人的资产净值状况[4],如果潜在借款人的资产净值过低,投资和经济活动就有可能崩溃。

此外,经济学家奥里奥尔·阿施帕赫(Oriol Aspachs)、查尔斯·古德哈特、米格尔·赛戈维亚诺(Miguel Segoviano)、季米特里奥斯·索默克斯(Demetrios Tsomocos)、利·齐基诺(Lea Zicchino)在2006年合作撰写的一篇论文中提出,信用风险(即借款人不具有足额偿还债务的能力)是金融稳定的核心,金融稳定的主要度量是低违约概率[5]。古德哈特在2005年的一篇论文中认为,"如果每个人都总是能全额支付其自身债务,那么就不存在信用风险,也

---

[*] 例如,作为最后贷款人、银行监管者和支付系统的维护者。

就不需要现金(因为每个人的欠条可以用于交易)和金融中介"[6]。

2009年克劳迪奥·博里奥(Claudio Borio)和马蒂耶斯·德赫曼(Mathias Drehmann)撰写的一篇论文以金融机构的表现为重点,并从金融稳定的反面对其进行定义,认为金融不稳定状态是"金融机构在应对一般性冲击时,存在使其陷入财务危机的一系列条件"[7]。

盖瑞·希纳西(Gary Schinasi)于2004年发表的一篇论文关注更广泛的金融系统,而不仅限于金融机构。他将金融稳定定义为金融系统在以下方面具有的能力:(1)有效配置经济资源,提高经济运行效率;(2)评估、定价、配置和管理金融风险;(3)主要通过自我纠错机制来维持这些关键功能的运行[8]。

这些定义各有侧重,表明金融稳定本质上具有多面性,我们可以从各个方面的相互联系中总结出一个较为完整的描述。

10.2 实用分析框架:宏观经济、金融机构和金融市场

对中央银行而言,金融稳定包含三个相互联系的核心要素:(1)没有重大金融失衡的宏观经济,(2)健康而稳定的金融机构体系,(3)平稳运行的金融市场。金融稳定的这三个要素通常彼此影响,不断变化,任何一个要素的缺乏都可能导致金融不稳定以及其他两个要素失效*。图10.1表明了金融稳定的三要素是交叉重叠的。

从中央银行角度来看,识别这三个关键要素及其相互关系并以此建立起分析框架具有现实的意义。这包括以下三方面原因:第一,该分析框架有助于将金融稳定关键要素之间相互关系的内在复杂性分解成易于处理和控制的部分。第二,该分析框架适用于大多数现代中央银行的制度安排,包括那些没有监管职能的中央银行。第三,该分析框架能与各种金融稳定理论和实证研究形成对应,因为这些理论和实

---

* 在该框架下,稳健的支付体系有利于将三大要素紧密地联结在一起。

证也大致归类为这三个特定领域(见格特勒于 1988 年发表的论文)[9]。对于金融稳定的理论研究将在本章后面进行更详细的讨论。

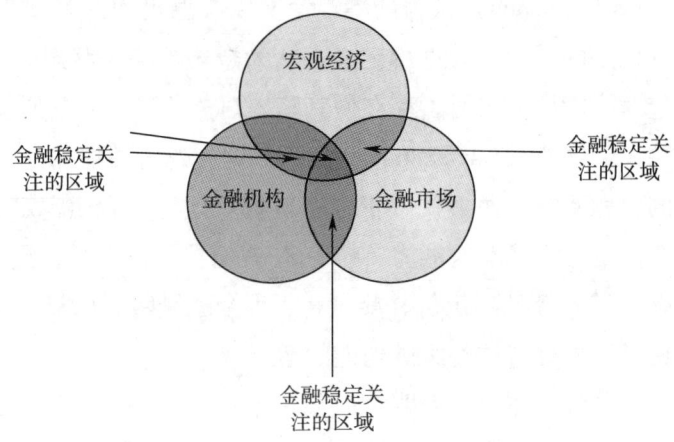

图 10.1　金融稳定的重叠维度：宏观经济、金融机构和金融市场

10.2.1　宏观经济、金融机构和金融市场的内在关联

宏观经济、金融机构和金融市场之间普遍存在着固有的相互联系。金融机构安全稳健或金融市场平稳运行的先决条件是宏观经济不出现重大金融失衡，即居民、企业和政府不能过度负债[10]。如果居民、企业和政府过度负债，而且债务无法足额偿还，那么它们的贷款人（金融机构），最终是存款人都将被迫承担由此带来的损失。

金融机构如果出现重大损失（或者是预期将出现重大损失），将威胁到宏观经济中的金融媒介过程（此过程将在第 10.3 段描述）。存款人会争相提取自己的存款，同时金融机构作为债权人会收回它们的贷款，紧接着消费和投资也会受到损害。此外，金融机构之间的问题可能会造成货币市场上资金拆借的停顿，并进而引起其他金融市场的恐慌。这样，金融体系作为一个整体将变得不稳定，无法顺利或有效地运转。

第十章　金融稳定：定义、分析框架与理论基础

另一方面，金融市场*的恐慌可能会给金融机构和宏观经济带来负面的循环影响。在危机期间，依赖金融市场融资的企业会发现资金出现短缺，而居民则会遭到收入下降和财务损失的双重打击（例如裁员，以及所持金融资产的价值下降），这将抑制他们对商品和劳务的需求。严重的金融动荡情形下，经济活动会发生急剧收缩，价格稳定也将受到威胁。

通过以上三种类别的划分，我们通常就可以将贯穿于这三个内在关联的重点领域中的金融稳定问题清晰地识别出来。而一旦问题被识别，知道它是怎样融入宏观大局的，就可以对其进行更有效的处理了。利用来自中央银行不同部门的信息和工具进行协调合作，通常会促进问题的高效解决。

10.2.2　金融稳定和中央银行结构

在货币政策实施过程中，大多数中央银行已设立一个部门来监测、评估和预测宏观经济中的通货膨胀和产出。这些中央银行的货币政策部门通常负责对居民、企业、政府和对外部门的行为进行评估，并监测资产价格的变化。因此，中央银行可以很容易地借助货币政策部门的现有能力，监测和评估宏观经济可能出现的金融稳定风险。

同时，在日常的金融市场操作中，多数中央银行也有一个与金融市场积极互动的部门。该部门往往与金融市场的参与者有广泛的接触，有利用各种工具影响金融市场的经验。因此，中央银行可以利用金融市场业务部门的现有能力，监测和评估金融市场上影响金融稳定的各种风险。

在监管金融机构方面，部分中央银行内部有银行监管部门，能及时提供和详细评估银行业的财务状况。对于设有银行监管部门的

---

* 金融市场是指资金富余方和资金需求方进行交易的场所。市场参与者包括银行、非银行金融机构以及大大小小的投资者。事实上，金融市场是由各种不同的专业市场集合构成，它涵盖货币市场（提供短期资金融通）、资本市场（提供长期资金融通，包括股票和债券市场）以及外汇市场（提供外汇融资）和衍生品交易市场（从事对冲交易）等其他市场。

中央银行来说，这个部门通常拥有在金融稳定问题上对银行进行干预的经验和工具。即使中央银行没有银行监管的职能，通常也会有一个部门，负责评估和监测金融机构的发展，而中央银行可通过这一部门对来自金融机构的风险进行监测和评估，并与自身之外的其他银行监管机构进行沟通协调。

总之，如果中央银行要有效化解金融不稳定的风险，这三个部门以及与外部机构之间的密切配合和数据共享，是至关重要的。

10.3 金融稳定：理论基础

不同于对物价稳定和就业的研究，对金融稳定的基础理论研究仍然处在相对初期的发展阶段且比较零散。为更好回顾相关理论，我们从上述金融稳定的三个关键领域，即宏观经济、金融机构和金融市场三大领域来对相关理论知识进行分类（见表10.1）。

表10.1　　　　　　　　金融稳定关键理论的分类

三大领域	重点研究和理论	关键假设	重要结论
宏观经济	费雪（Fisher, 1933），格利和肖（Gurley and Shaw, 1955），金德尔伯格（Kindleberger, 1978），明斯基（Minsky, 1986），伯南克和格特勒（Bernanke and Gertler, 1990）	金融活动和经济活动相互作用。宏观经济因此存在不稳定倾向	需要对金融活动进行适度控制，避免过度的风险积累，威胁宏观经济稳定
金融机构	戴蒙德和迪布韦克（Diamond and Dybvig, 1983），罗歇和泰勒尔（Rochet and Tirole, 1996），艾伦和盖尔（Allen and Gale, 2000），弗雷克斯、帕里吉和罗歇（Freixas, Paragi, and Rochet, 2000）	单一金融中介存在着被挤兑的风险。金融机构间的联系使金融系统趋向不稳定	需要存款保险，需要对单一银行及整个银行系统进行有效监管并有应对挤兑的处置措施
金融市场	阿克洛夫（Akerloff, 1970），斯蒂格利茨和韦斯（Stiglitz and Weiss, 1981）	金融市场存在的信息不对称意味着市场价格未必反映潜在风险	需要减少信息不对称及与其相关的其他问题（例如，道德风险，逆向选择，委托代理问题），以减少无意识的风险积累

第十章 金融稳定：定义、分析框架与理论基础

第一，在宏观经济层面，主要理论关注经济主体的金融活动和其实际经济活动之间的相互作用。例如，由信贷和资产价格快速增长反映出的金融活动的加速会引致更多的消费和投资，这反过来又会加剧信贷和资产价格的上涨。然而，一旦信贷和资产价格的上涨形成了泡沫并破灭，信贷和资产价格的下跌将放大实际经济活动的收缩。关注这种相互作用的理论文献包括费雪（Fisher, 1933）[11]、约翰·格利和肖（John Gurley 和 E. S. Shaw, 1955）[12]、海曼·明斯基（Hyman Minsky, 1986）[13]、查尔斯·金德尔伯格（Charles Kindleberger, 1978）[14]、伯南克和格特勒（1990）[15]、博里奥和威廉·怀特（Claudio Borio 和 William White, 2004）[16]等人在不同年代进行的研究成果。此后，博里奥和菲利普·罗威（Philip Lowe）在 2002 年[17]、博里奥和德赫曼在 2009 年发表的论文[18]都发现了支持该理论的证据。

第二，在金融机构层面，相关理论包括了银行挤兑模型，如由道格拉斯·戴蒙德（Douglas Diamond）和菲利普·迪布韦克（Philip Dybvig）于 1983 年率先提出的模型[19]。该理论指出，金融中介一般情况下处于平稳运行的均衡状态，但有趋向不稳定的内在倾向。银行用吸收存款募集来的资金发放长期、流动性差的贷款，而这些存款通常是短期的或者可以被存款人随意提取的。一旦存款人心理恐慌，银行可能难以收回贷款并满足存款人的提款要求，从而可能发生挤兑。此外，由于银行本身是互相关联的（无论通过直接风险敞口，如银行同业拆借；还是通过间接风险敞口，如银行因持有贷款、政府债券等资产而面临相似的资产价格波动），因而银行体系结成了一个整体，其中一家银行受到冲击，其影响就将扩散到整个系统。关于系统性银行挤兑后续的研究成果还包括：让·查尔斯·罗歇（J. C. Rochet）和让·泰勒尔（J. Tirole）在 1996 年[20]，富兰克林·艾伦（F. Allen）和道格拉斯·盖尔（D. Gale）在 2000 年[21]，哈维尔·弗雷克斯（X. Freixas）、布鲁诺·帕里吉（B. Parigi）和罗歇在 2000 年发表的论文[22]，以及安德鲁·霍尔丹（Andrew Haldane）在 2009 年发表的关于金融网络应变能力和脆弱性的论文[23]。

第三，在金融市场层面，乔治·阿克洛夫（George Akerloff）在1970年率先提出并运用基于信息不对称的市场失灵理论[24]，指出金融市场并非完全有效，逆向选择等情况可能会发生。（比如，约瑟夫·斯蒂格利茨和安德鲁·韦斯1981年的论文《不完美市场条件下的信贷配给》[25]）。由于信息不对称，金融资产价格没有真实反映潜在的风险，资产组合的风险收益的配比关系遭到扭曲，投资者会因此在某些金融资产上过度投入，进而导致金融失衡和金融不稳定。此外，金融紧缩时期，由于协调失效等原因，信息不对称可能会导致情况变得更加糟糕，在这种情形下，金融机构之间要么拒绝相互融资，要么会收取过高的利息以补偿风险。

10.3.1　宏观经济：金融周期与经济周期的相互影响

最晚从经济大萧条的时候起，人们就已认识到金融活动（如借款和贷款）对经济活动（如消费和投资）的影响，例如费雪认为，金融市场运转失灵将导致严重的经济衰退[26]（参见马克·格特勒1988年的论文）[27]。从那时起，包括格利和肖在1995年[28]、金德尔伯格在1978年[29]、明斯基在1986年[30]、伯南克和格特勒在1990年[31]、博里奥和罗威在2002年[32]、博里奥和怀特在2004年[33]、博里奥和德赫曼在2009年[34]等的研究，以及博里奥在2011年[35]和2012年的论文[36]中都指出了金融活动和实体经济活动之间相互影响并加剧经济周期的盛衰转换。

为了更好地回顾这一领域的理论，我们将其界定为三个相关问题：（1）经济主体的行为，（2）非货币性金融资产的作用，以及（3）金融中介机构的行为。

1. 经济主体的行为

上面提到的格利和肖在1955年的研究、金德尔伯格在1978年的研究、明斯基在1986年的研究、伯南克和格特勒在1990年的研究，都指出经济主体（如居民和企业）的资产负债表或净值状况可以影响他们的消费和投资行为，从而影响商业周期。

第十章 金融稳定：定义、分析框架与理论基础

理论上，如果经济主体资产净值状况较好，意味着他有更多的资源可供消费或用作抵押借款。凭借稳健的资产负债表（可能由一个强劲的资产价格作为支撑），经济主体可以作更多支出（这将有助于产生更多的经济活动）。同时，强劲的经济活动也能以一种自我强化的方式支持资产价格进一步上升和经济主体的资产负债表进一步做大。

反过来，资产价格下降，会削弱经济主体的资产负债表，使经济主体的消费能力或借贷水平下降，这将减缓经济活动。如果经济主体在资产价格上升时借款购买或投资资产，资产价格的下跌就会增加其债务负担，削弱他们的资产负债表并抑制他们的消费能力。需要注意的是，如果经济主体主要是通过借款购买资产，那么即使是资产价格的小幅下降，也会严重损害他们的资产负债表。

如果资产价格大幅下跌，许多经济主体会发现自己的净资产很低或者已变为负数，这不仅会影响他们的消费能力，进而减少正常的经济活动，也可能损害他们偿还债务的能力。这会导致银行危机和经济中总支出的崩溃。博里奥和罗威在2002年，以及博里奥和德赫曼在2009的研究中提到，信贷和资产价格的异常强劲增长的确导致了发达经济体和新兴市场经济体的银行业危机。

鉴于政府也可以被视为经济主体，政府资产负债表的好坏也会影响实际经济活动。通过对发达经济体和新兴市场经济体约为200年时长的数据研究，卡门·莱因哈特（Carmen Reinhart）和肯尼斯·罗格夫（Kenneth Rogoff）在2010年发表的论文中指出，若一个国家的政府资产负债表较差（例如，债务负担超过GDP的90%），该国GDP的增长率就很可能低于其他国家[37]。

> **概念：明斯基理论框架中的金融不稳定**
>
> 2007~2010年的国际金融危机爆发后，已故明斯基的著作引起了广泛关注。这在某种程度上是因为他的著作恰当地描述了宏观经济和金融活动之间的交互作用如何导致了金融动荡。

明斯基在 1986 年首次出版的《如何稳定不稳定的经济》一书中从宏观经济理论以及银行实践等角度剖析了金融动荡的各个方面。

在此我们重点介绍宏观经济和金融之间的交互作用如何导致金融不稳定（见图 10.2）。

根据明斯基的观点，融资活动可以分为三种不同的类型。

第一种类型是避险性融资，它在经济复苏阶段占有主导地位。在此期间，贷款机构专注于修复资产负债表，并十分关注那些经营活动产生的现金流能够覆盖还款承诺的项目贷款。

第二种类型，随着经济的复苏，投机性融资出现并开始增长。商业银行关注短期内收入不足但从长远来看可能会有积极回报的项目。这类项目包括资本密集型投资项目，以及普通的固定利率抵押贷款项目等。

第三种类型，经济处于长期的增长期后，庞氏融资变得越来越普遍。借款人关注的不是一个项目的收入如何覆盖营运成本和融资成本，而是资金的投资收益，他更会不在意投资于那些融资成本可能会超过项目存续周期总收入的项目。浮动利率次级抵押贷款就是庞氏融资的一个例子。

随着庞氏融资日益普及，任何突发情况（如利率上升）都可能导致金融不稳定。因为在庞氏融资中，贷款机构据以发放贷款的项目从长远来看是不可行的。

在任一时刻，以上三种融资活动都可能混杂于经济之中。但是随着经济持续增长，盈利动机将诱导经济主体从避险性融资向投机性融资转换，进而演变为庞氏融资。

例如，在危机之后的初期，利率往往较低，流动性充足，银行本身可能回避投机和庞氏融资。随着经济开始复苏，短期利率仍相对较低，企业和居民会觉得进行投机性融资有利可图，于是会借入短期低利率资金，投资于能够获得更高的长期收益率的资本密集型项目。随着经济进入繁荣阶段,资产价格开始上升,企业和居民就有可能进行庞氏融资,也就是借款投资于资产价格升值的项目,即使这些项目的现金流不足以覆盖营运成本和债务支出。明斯基指出,银行家的逐利本性促使其利用杠杆来扩大贷款业务,这就很容易使整个金融系统陷入不稳定状态[38]。

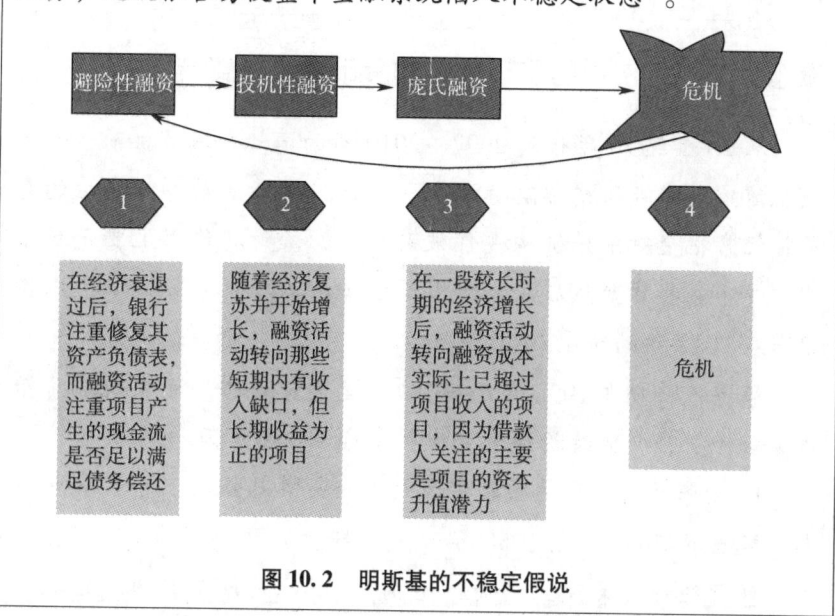

图10.2 明斯基的不稳定假说

2. 非货币性金融资产的作用

格利和肖在1955年[39]以及金德尔伯格在1978年[40]的研究都指出了非货币性金融资产(即那些金融中介机构推出的可导致经济活动加速或崩溃的融资性证券)的重要性。格利和肖的研究指出,如果要有效地保持经济稳定,中央银行需要进行金融管控——除了进行调控货币,或管制资金以外,还要对非货币性金融资产的扩张进行控制。

同时,金德尔伯格指出,纵观历史,繁荣和衰退的产生都可追溯到一种新资产种类的引入,不论该资产种类是16世纪初荷兰的郁金香或是21世纪后期美国的互联网股票都概莫能外[41]。2003年金德尔伯格去世,此后爆发了2007~2010年国际金融危机,而正是由于次级抵押贷款支持证券这一新资产种类导致了经济繁荣和金融危机的发生。危机发生之前,宏观经济学的主流研究都没有对非货币性金融资产引起足够的重视,而在危机之后,非货币性金融资产对金融危机形成的作用才受到广泛的关注。详见"概念:宏观经济中的货币性与非货币性金融资产"。

概念:宏观经济中的货币性与非货币性金融资产

从20世纪50年代到2007~2010年的国际金融危机前,大多数主流宏观经济研究都忽略了金融资产对经济活动可能产生的影响,经常把金融中介机构视作被动主体,认为其作用主要是从借出方手中募集资金然后分配给借入方(详见格特勒在1998年和博里奥在2012年的研究[42])。

根据格特勒在1998年的研究[43],主流宏观经济学家对非货币性金融资产和金融结构缺乏重视至少有三方面原因:

1. 受弗兰科·莫迪格利安尼(Franco Modigliani)和默顿·米勒(Merton Miller)在1958年发表的研究成果影响[44]。该研究指出"实际经济决策独立于金融结构",因此无论企业通过借款形式还是通过发行股权形式募集资金进行投资,对企业价值均无影响。

2. 弗里德曼和安娜·施瓦茨(Anna Schwartz)于1963年出版的著作[45]强调货币供应量(而不是货币性金融资产)是导致大萧条的一个关键因素。

3. 简化式计量经济模型,尤其是向量自回归模型(VAR)的普遍使用。此类模型旨在通过使用最少的变量来捕捉宏观经济关键变量之间的动态变化。资金往往成为可代表其他(非货币)金融变量的主要变量。

后来,即使中央银行和学术界的宏观经济学家开始在货币政策研究中使用宏观计量经济学和一般均衡宏观经济模型,主流宏

> 观经济学的影响以及复杂金融结构和这几种模型的结合难题仍使宏观经济学家将货币作为唯一的关键金融变量。当金融中介机构被视为被动的主体时，宏观经济模型中唯一的货币变量就是利率（或者货币供应量），而这两个变量不一定能充分体现对实际经济活动产生影响的金融活动的发展情况（详见前面提到的格特勒在1998年、博里奥在2011年[46]和2012年的研究）。

3. 金融中介机构的行为

明斯基在1986年出版的著作中强调，金融中介机构经理人的目标就是追求利润最大化，而且他们的利润最大化行为会导致其投资项目越来越具投机性（即越来越依赖资本增值，而不是正常项目收入），并进一步推动经济进入繁荣时期[47]。

为了保证利润和分红的增长，金融中介机构也可能需要进行高杠杆化操作（即借入更多资金投资更多项目）。当经济增长放缓不可避免，且这些投资项目无法产生预期收益，金融崩溃将由此产生。

金融崩溃是如何传导到经济的？伯南克在1983年的研究指出，金融体系的崩溃是决定20世纪30年代大萧条深度与时间长度的关键因素[48]。银行业务的停顿和证券市场的危机阻止了资金流向那些难以从其他途径融资的借款人，导致此类借款人的资产负债表进一步恶化。

10.3.2　金融机构：中介、银行挤兑与银行体系应变能力

戴蒙德和迪布韦克在1983年提出了一项很有影响的研究成果，他们通过模型分析了金融中介机构的一般行为模式，以及金融中介机构的内在不稳定性如何导致银行挤兑的发生[49]。戴蒙德和迪布韦克主要研究单一银行，罗歇和泰勒尔在1996年、艾伦和盖尔在2000年[50]以及弗雷克斯、帕里吉和罗歇在同年做出的研究[51]，分析了银行挤兑的传导性和系统性影响。

1. 金融中介机构

根据戴蒙德和迪布韦克的研究，商业银行的中介活动可被视为流动性创造行为。由于贷款的流动性不足，即不能快速且低成本地转换为现金，存款人通常不愿意直接借款给企业或居民。商业银行则通过吸收存款，并保证存款人可以低成本或零成本便捷地取回资金，创造着流动性。如果存款人打算随时用款，他们会倾向于将资金存放于商业银行，商业银行则将这些资金汇集在一起，并向借款人发放长期贷款。在某种意义上，集中存款其实是商业银行为存款人提供存款保险安排。通过这一安排，存款人分担了资产提早变现而产生损失的风险[52]。

由于汇聚的存款来自于日常支出互不关联的存款人，因此，商业银行只需要保有一小部分资金就可满足存款人的取款需求，并可将大部分剩余资金用于发放贷款以赚取利息，并将赚取的贷款利息用于支付存款利息、营业成本以及股东股息。在任何既定时点，只要仅有一小部分存款人取款，银行便能顺畅运转。通常情况下，存款人的日常支出不相关，因而极少出现存款人同时取款的情况，详见图10.3。

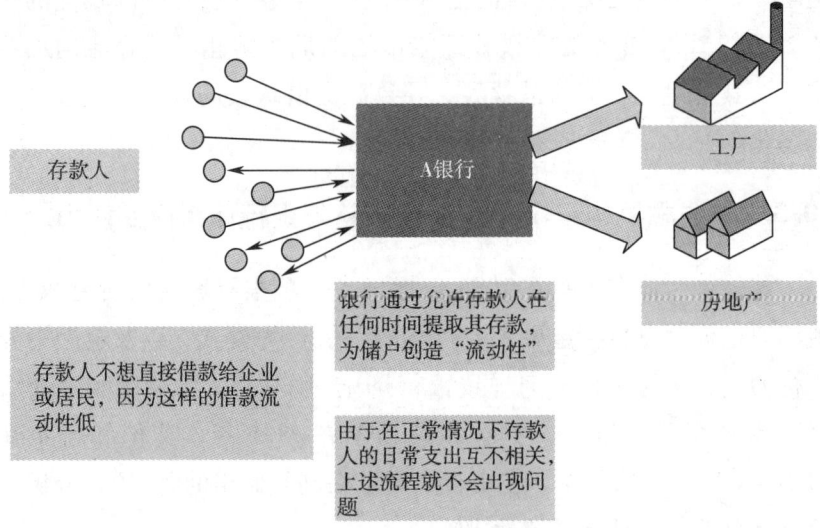

图10.3 一个典型的戴蒙德—迪布韦克模型：正常运作下的状态

2. 戴蒙德—迪布韦克模型：从正常运行到银行挤兑的转变

如果在某一时点，存款人提款需求超过商业银行持有的资金，该银行就将陷入困境。上文曾引用的戴蒙德和迪布韦克在1983年的研究指出，商业银行如果以收回长期贷款筹集资金的方式来满足存款人的取款需求，很可能会蒙受巨额损失。

事实上，如果大量存款人同时要求取出全部存款，银行将很快耗尽全部资金并走向破产，存款人将不得不通过法律诉讼，从破产银行的资产处置中收回资金。通过诉讼收回资金通常可能需要很长时间，而且存款人还可能会承受部分损失。

因此，如果预期其他存款人将同时取款，存款人通常都会迅速冲向银行。他们知道越早取款越占有先机，因为如果这样，取款时银行可能还有足够的资金可供自己提取。当所有存款人都挤向银行设法第一个取回存款的时候，银行就会像人们所预期的那样陷入破产境地，详见图10.4。

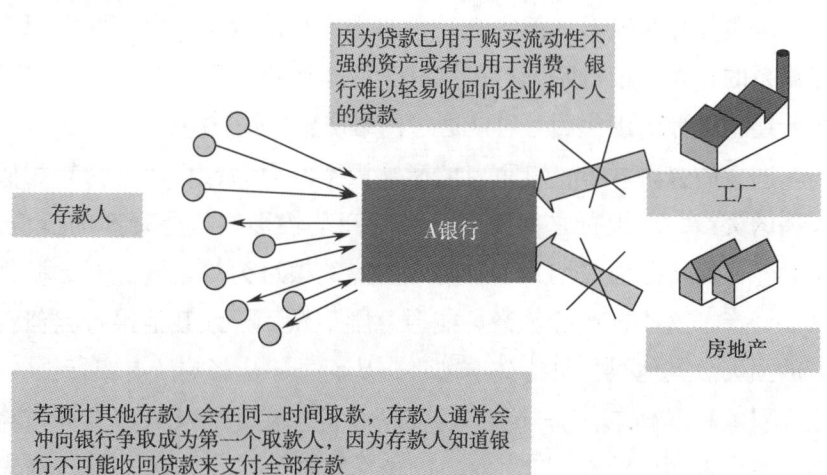

图10.4　一个典型的戴蒙德—迪布韦克模型：银行挤兑

根据戴蒙德和迪布韦克的研究，金融中介活动存在两种均衡状态：一种是正常营运，另一种是银行挤兑。正常营运的条件是，存款人预期绝大部分其他存款人仅在有真正支出需求时才会取出存款。在这种情况下，所有存款人也仅在真正有支出需求时才取款[53]。

发生银行挤兑时，存款人预期绝大部分其他存款人会急于取出存款并销户，在这种情况下，所有存款人都会去银行挤提存款。多种有形或无形的因素均可能触发银行从正常营运状态向银行挤兑的转变。预期因素是其中的一个重要因素。

3. 银行体系网络

戴蒙德和迪布韦克1983年提出的银行挤兑新模型，主要集中研究单一银行的运转情况。随后，其他学者开始研究系统性银行挤兑的可能性，即单一银行的危机可能直接的金融联系和间接的金融联系传导至其他银行。

直接的金融联系，主要是为满足流动性需求的银行间拆借。支付系统也是直接联系，但它是一种物理类型的联系。由于银行间直接联系的存在，银行系统可以视其为一个网络，影响其中某一银行履行还款义务的细小因素可能通过网络产生连锁反应。

间接的金融联系也是重要的影响因素，因为银行通常持有相似类型的资产，而银行之间一些行为的互动将影响这些资产的价值。例如，在经济恐慌时期，一旦陷入困境的银行为筹集资金开始抛售短期资产，这些资产的价格可能会急剧下跌，导致其他银行类似资产的损失。其他银行可能被迫抛售，从而进一步影响所有银行。

罗歇和泰勒尔在1996年[54]、艾伦和盖尔在2000年[55]以及弗雷克斯、帕里吉和罗歇在同年[56]发表的论文，都研究了由单一银行或支付系统失效引发的一系列后续结果。霍尔丹在2009年发表的论文研究了金融网络为何在2007~2010年国际金融危机之前变得非常脆弱[57]。

4. 银行网络的应变能力和脆弱性

理论上而言，银行间的联系会使银行网络更具应变能力但也更为脆弱，这主要取决于联结的方式、机构的多样性、银行系统活动的密集度和风险集中程度。

艾伦和盖尔在2000年的研究指出，若银行网络有较好的相互联系，即银行间市场完整，不同类型的银行如商业银行、投资银行、专做大额贷款的银行和专门吸收存款的银行都是彼此相连的，那么潜在的风险可以更好地在整个网络进行分散，某一银行资产的损失也可以通过银行间协议共同承担[58]。

相反，如果银行间的联系是不完整的，也就是说，不同类型的银行在银行间市场上没有很好的相互联系，那么某一类型中的某家银行破产将导致相同类型的银行破产，然后是导致相似类型的银行破产，并将引发整个系统的失效。

霍尔丹在2009年指出，在2007～2010年国际金融危机之前的几十年，由于追求类似的业务发展和风险管理策略，银行的多样性逐渐减少[59]。多样性的减少使得银行更容易受到相同的冲击，整个银行系统的应变能力也更为低下。

霍尔丹在同一论文中还指出，在2007～2010年国际金融危机之前，跨国的和地区的银行网络密度一直在增加，大型金融中心也越来越常见。随着金融中心或系统重要性机构的活动的集中，金融系统就有可能变得更加脆弱，特别是当金融中心或系统重要性机构受到冲击时更是如此[60]。

10.3.3 金融市场：市场失灵的原因

传统的经济分析赋予了金融市场许多理想的假定条件，例如，充分竞争的市场、入市和退市相对容易、没有一个参与者能拥有持续的价格优势、市场信息得到快速和广泛传递等。

在很大程度上，市场有效性假设使得监管机构采取更加自由、宽松的金融监管方式。在高效的金融市场上，市场参与者能够根据他们的喜好和对市场价格风险的评估做出合理的金融交易。

2007～2010年的国际金融危机表明，金融市场的效率并没有之前所认为的那么高。在各级金融市场上,信息不对称的情况无处不在,金融市场的价格因此也无法准确地反映金融市场交易的潜在风险。格特勒在 1988 的研究指出,金融市场的低效率可通过金融市场和金融机构的行为自我放大,金融市场的低效率是影响整个经济活动的重要因素[61]。

在 2007~2010 年的国际金融危机中,信息不对称导致风险被低估,从而使市场参与者积累的风险过高,威胁到整个系统的稳定。事实上,随着国际金融危机的爆发,金融市场中固有的信息不对称情形变得更清晰,在国际金融危机最严重的时候,信息不对称导致不同类型金融机构的倒闭,以至于政府不得不出面进行干预。

始于 20 世纪 60 年代的关于信息不对称理论的研究表明,至少有四种关键因素有助于理解金融稳定问题:(1)逆向选择,(2)委托代理问题,(3)道德风险,(4)协调失灵。此外,外部性是市场失灵的典型因素,也被认为是影响金融危机的第五种因素。

1. 逆向选择

逆向选择是指在买家和卖家拥有的信息不对等的情况下,劣质产品、劣质劳务或劣质客户更容易被选择。就银行而言,当银行无法区分低风险和高风险的借款人时,就只能对他们收取相同的利率或平均利率。这将阻止低风险的借款人从银行借款,因为高贷款利率使得他们的项目难以盈利。只有那些高风险的借款人能从银行借到款,因为如果项目成功,他们的收益仍将非常可观。然而,由于只有高风险的借款人从银行借款,而对此类高风险借款人,银行只让其承担平均利率而不是承担与其信用风险相称的更高利率,银行因此承受了额外的风险,一个逆向选择的经典模型见图 10.5。

2. 委托代理问题

委托代理问题是指在信息不完整的情况下,委托人雇用代理人,但委托人不掌握完全信息,不能确定代理人是否会以委托人或是代理人的最佳利益为前提行事,一个关于投资银行委托代理的例子见图 10.6。

第十章 金融稳定：定义、分析框架与理论基础

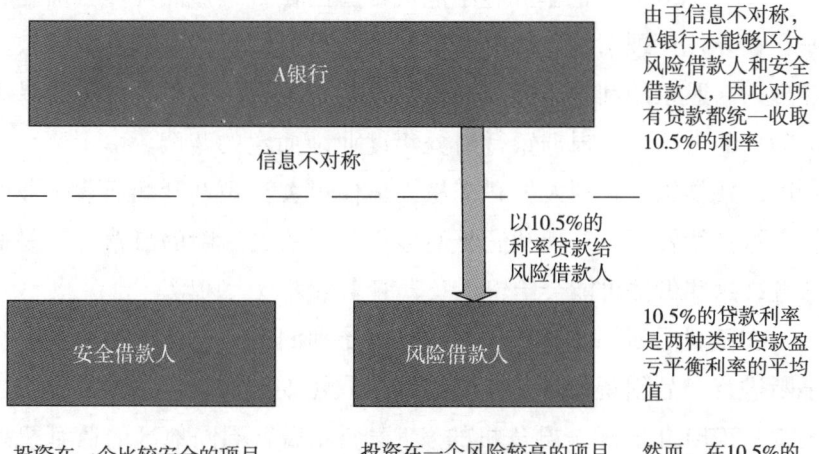

图 10.5 一个逆向选择的经典模型

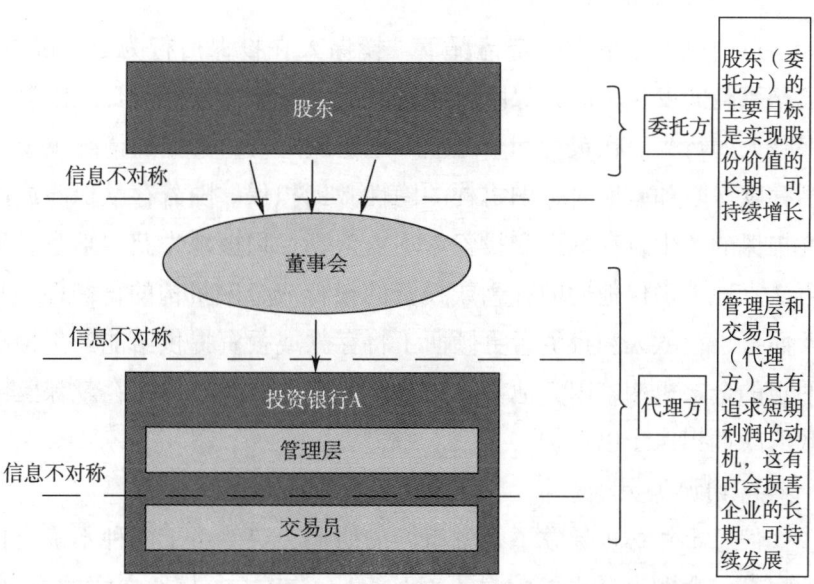

图 10.6 一个关于投资银行委托代理问题的例子

2007～2010年的国际金融危机暴露出在金融业的许多方面均普遍存在委托代理问题。其中一个例子是投资银行的薪酬方案导致其经理人与股东的利益不完全一致。通常情况下，管理人员和交易人员的薪酬大部分是根据银行财务年度业绩而定的奖金。由于奖金与年度绩效挂钩，管理人员和交易人员便更关注短期利润而非企业的长期可持续发展。短期利润驱使他们开展极具风险的自营性交易等业务，这些做法可能会给银行及其股东带来巨大风险。

在微观层面，明斯基认为，银行受利润最大化压力的驱使，会不断进行产品创新和高杠杆操作以获取短期利润，这些做法导致了2007～2010年国际金融危机的发生[62]。此后，不同地区的监管机构均尝试制定法规，对银行从业人员的薪酬进行管理，防止银行从业人员因为薪酬激励制度追逐过度风险，同时也制定法规限制了银行的杠杆比率。在本章的最后一节，我们将回顾信息不对称理论，并将详细讨论银行从业人员薪酬如何导致其追逐不必要的风险。

3. 道德风险

道德风险是指在一定情况下，投保人在投保后行为更为随意。道德风险的发生是因为保险合同订立后，保险人未能监督或限制被保险人的行为。在银行和金融业，道德风险较为常见的情况主要包括存款保险和政府对金融机构的隐性救助担保。随着存款保险或隐性担保的产生，存款人和投资者不再认真、积极地去获取信息，不再认真地去确保他们的存款或投资的银行或金融机构的稳健性。相反而言，存款人和投资者更倾向于将存款或投资提供给能产生最高回报的金融机构，因为他们知道自己的存款或投资已由存款保险或政府隐性担保予以保护。

4. 协调失灵

信息不对称也导致了金融市场的协调失灵。由于各种不确定性的存在，金融市场上的信息不对称会阻止市场参与者之间的交易。在2007～2010年的国际金融危机期间，这种状况变得尤为严重，由于不清楚对方财务状况，银行之间不愿意彼此拆借。由于存在大量不确定性,信息不对称意味着利率(反映金融市场的交易价格)无法发挥反映金融市场资金配置效率的信号作用。在这种情况下,有富余资金的投资者或自己持有资金或收取极高的利率以抵消未知的风险。

5. 外部性

外部性导致产品的价格无法真实地反映产品生产的社会成本,换句话说,私人成本社会化后外部性就产生了。在银行和金融业,一家大规模或系统重要性金融机构(SIFI)的倒闭,不仅股东、雇员、存款人和直接交易对手需分担成本,所有的市场参与者和整个社会也会受到影响。

外部性的存在意味着一家系统重要性银行从交易中的获利只会在银行股东、雇员和存款人中分配,但若交易形成损失,且损失大到影响这家银行的生存,交易损失将会由所有市场参与者和整个社会承担。

案例:信息不对称与2007~2010年国际金融危机的酿成

2007~2010年国际金融危机的爆发使人们更加清晰地注意到,导致危机爆发的金融交易价格并不是根据完全信息确定的。从简单的次级抵押贷款到复杂的衍生品交易,信息不对称在各级金融交易中均存在。从许多方面可以说,经济中普遍存在的信息不对称促使了危机的发生。

逆向选择 在国际金融危机中,逆向选择的一个例子是美国次级抵押贷款。"次级"通常指没有良好的信用记录或债务偿还能力较低的借款人。调查发现,在危机爆发之前,为了从抵押贷款者那里获取更多的佣金,抵押贷款经纪人无视次级借款人的偿还能力,在很多情况下,没有要求借款人提供收入或财产证明。另一方面,借款人虽获取了按揭贷款,但其贷款合同的条款实际上对他们不利而且复杂难懂,一个典型的逆向选择例子:次级贷款借贷见图10.7。

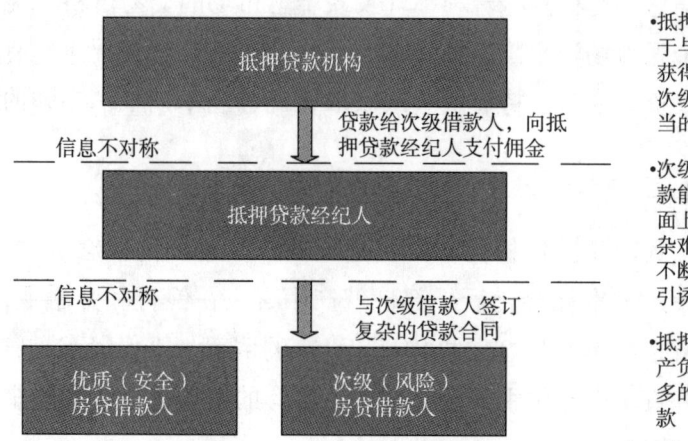

图10.7 一个典型的逆向选择例子：次级贷款借贷

在上述次级抵押贷款的图例中，偿还能力最低的借款人获得了抵押贷款，最终结果是，随着次贷借款人开始拖欠贷款，许多抵押贷款机构蒙受了巨额损失，其中还有一部分走向了破产。上述例子除了说明逆向选择问题，还指出了信息不对称带来的另一个问题——委托代理问题。

委托代理问题 在次级抵押贷款的例子中，我们可以看到，抵押贷款经纪人或代理人，并不是以抵押贷款机构的利益最大化为前提行事的。经纪人按吸引借款人数量的多少获取佣金，其利益与抵押贷款机构并不一致，其主要目的是签署更多的合同，以从抵押贷款机构获取佣金。只要能获得佣金，经纪人很少会考虑借款人的债务偿还能力。而抵押贷款机构主要考虑的是借款人能否偿还贷款。

道德风险 2007~2010年的国际金融危机也表明，投资银行给管理人员和交易人员的薪酬也是另一种道德风险问题。由于管理人员和交易人员的奖金与利润直接相关，他们便通常选取一些能产生最大利润的做法（例如购买次级抵押贷款担保证券），即使这种做法非常危险但也会这样。事实表明，如果管理人员和交易人员追求风险的策略是行之有效的，他们往往能获得数以百万美元的佣金。由于都是用别人的钱（取决于银行的资产负债表）来执行自己的投资策略，即使策略失败，也不会对自己的资金造成损失，失去的仅仅是工作，因此，管理人员和交易人员无需直接面对金融风险，更可能采取高风险策略，盲目追逐利润，而这会使银行付出高昂的代价。

6. 市场失灵对金融稳定的影响

综上所述，逆向选择、道德风险和委托代理问题会给金融交易带来不良后果。在金融稳定的情况下，如果金融资产的价格无法反映所有已知的信息，则价格也无法准确反映资产的内在风险。金融资产所有者可能在毫不知情的情况下，持有高风险的资产，例如，银行持有不良抵押贷款，或者是房屋所有者购买他们无力购买的房子。在某些情况下，金融资产购买者可能仅仅是这些资产最终所有者的代理人，金融资产购买者与最终所有者可能存在利益不一致的情况（例如，投资银行的管理人员和交易人员购买了次级抵押贷款，而银行的股东则是银行的最终所有者）。

金融系统参与者如果没有意识到持有错误定价的资产，那么这种资产的不断累积将令金融系统参与者的财务状况变得极其脆弱。推而广之，如果各参与者脆弱的财务状况演变成足够大的问题，系统性风险就会形成，金融稳定也会被危及。因此，为了应对金融稳定中的信息不对称问题，以下三个主要问题亟待解决：（1）财务信息透明度，（2）普及金融知识，（3）动因一致以消除潜在的委托代理问题。

小结

金融稳定是一个相对较新的术语，至今尚无公认的、可量化的定义，不像货币稳定，可以被定义为较低而稳定的通货膨胀。

金融稳定的定义通常包括许多因素，如金融系统的平稳和有效运行、违约率低、金融系统不存在压力和混乱、经济中不存在严重的金融失衡。

为便于分析，本书将金融稳定的分析框架分为三个部分：宏观经济、金融机构和金融市场。这样的框架有助于总括关于金融稳定的零散理论，也符合现代中央银行的制度安排。

理论上，宏观经济中的经济活动和金融活动之间的相互影响可能危及金融稳定。宽松的货币环境会鼓励更多的投机活动，并可转化为资产价格泡沫和经济不稳定。格利和肖在 1995 年、金德尔伯格在 1978 年，以及明斯基在 1986 年的研究都对这一现象进行了探讨。

根据戴蒙德和迪布韦克在 1983 年的研究，银行与生俱来地存在被挤兑问题，因为它吸收流动性高的存款，却将其投向非流动性的项目。根据艾伦和盖尔在 2000 年、霍尔丹在 2009 年的研究，银行体系网络既可增加银行的应变能力，也会增加银行的脆弱性，这取决于联结方式、银行的多样性和银行活动的密度。

理论上，如果金融市场能高效运行，市场上的价格就能反映内在的风险。但阿克洛夫在 1970 年以及斯蒂格利茨和韦斯在 1981 年的研究指出，市场固有的信息不对称可能导致道德风险、逆向选择、外部性、协调失灵和委托代理问题，这意味着金融市场价格无法反映内在风险。

关键术语

逆向选择	外部性
资产价格泡沫	金融网络
银行挤兑	金融稳定
协调失灵	对冲金融
信用风险	信息不对称
宏观经济	委托代理问题
道德风险	违约概率
非货币性金融资产	投机性融资
庞氏融资	系统性银行挤兑

第十章 金融稳定：定义、分析框架与理论基础

复习思考题

1. 为什么对金融稳定的定义会有不同的观点？
2. 请举例说明金融稳定定义的不同观点，哪些因素是相同的？
3. 宏观经济、金融机构和金融市场三者之间的稳定性是如何联系的？
4. 一家没有银行监管职能的中央银行能否维护金融稳定？为什么能或为什么不能？
5. 居民、企业或政府的资产负债表脆弱性如何影响宏观经济稳定？
6. 为什么中央银行需要关注非货币性金融资产的增值？
7. 理论上，什么原因导致中央银行在2007～2010年国际金融危机之前注重研究货币因素而不是金融因素？
8. 根据明斯基在1986年的研究，宏观经济是内在稳定的还是不稳定的？为什么是或为什么不是？
9. 为什么经济主体负债过多会导致金融不稳定？
10. 根据戴蒙德—迪布韦克模型，为什么银行挤兑是银行业均衡状态中的一种？
11. 银行间连通性的加强如何增加银行体系的应变能力？
12. 银行间连通性的加强如何弱化银行体系的应变能力？
13. 在银行间的相互联系中，直接风险是什么？
14. 在银行间的相互联系中，间接风险是什么？
15. 为什么陷入困境的银行和企业可能导致金融市场的压力和混乱？
16. 请举例说明国际金融危机中的委托代理问题。
17. 请举例说明国际金融危机中的道德风险问题。

第十一章 金融稳定：风险监测与识别

学习目标

1. 识别中央银行在监测威胁金融稳定的宏观经济风险方面可选用的重要指标；

2. 识别中央银行在监测威胁金融稳定的金融机构体系风险方面可选用的重要指标；

3. 识别中央银行在监测威胁金融稳定的金融市场风险方面可选用的重要指标。

有效维护金融稳定需要：（1）监测并识别风险；（2）必要时采取干预措施，降低风险。我们将在本章探讨中央银行用于监测和识别金融稳定风险的一系列方法。

与第十章探讨的分析框架一致，本章首先回顾用于监测和识别风险的基本工具，这些风险存在于关乎金融稳定三个相互联系的领域之中，即（1）宏观经济，（2）金融机构，（3）金融市场。我们将这些监测工具分别归入以上三个领域，希望读者能够更容易地掌握这些工具的概念及其相互关系。在现实生活中，引起金融不稳定的风险和风险传染路径众多，要找到一种特定工具应对和解决风险并不容易。在本章的结尾，我们还综合运用以上三个金融稳定领域的数据，介绍风险监测和风险识别的几种方法*。

---

* 值得注意的是，本章旨在提供监测识别工具的一个概要说明，这些监测识别工具能较广泛地适用，本章没有对技术细节进行深入探讨。对研究技术细节有兴趣的读者可参考本书"备注"部分。

值得注意的是，2007~2010年国际金融危机后，各国在发展金融稳定的监测工具和监测框架方面都进行了大量研究，但这些监测工具和框架的运用在很大程度上仍处于探索阶段[1]。如同人们在其他任何方面的努力一样，这些工具和框架也依然存在着巨大的改进和提高空间。

此外，另一处值得注意的是，不存在一个普遍适用的标准工具组合。究竟哪种工具更加适用应当取决于当时所处的特定经济环境，包括经济环境结构、金融发展阶段以及监管制度。

11.1 宏观经济风险的监测和识别

如第十章的内容所示，由金融活动和经济活动相互作用而产生的宏观经济事件有可能引发金融不稳定。当经济进入一个长期上升周期时，无论是居民还是企业，在良好预期影响下都存在一种为项目借入更多债务的冲动。然而，沉重的债务负担意味着当未来经济开始下行时，这些经济主体很可能无法偿还他们的债务。

当居民或企业无法偿还债务时，金融机构就得被迫吸收其资产负债表上的损失。如果损失足够大（或市场认为损失够大），金融机构的偿债能力就会受到质疑。这无疑增加了单家银行遭遇挤兑的可能性。如果银行同业风险敞口很大或者金融机构存在相似的风险敞口，甚至银行业的系统性挤兑都有可能发生。

历史也同样表明，政府部门（相对于居民和企业等私人部门）背负沉重的债务负担也可能导致金融不稳定。当政府难以偿还债务时，它可能无法为诸如支付雇员工资、履行与私人公司签订的采购合同等支出事项进行融资，这可能会对经济造成涟漪效应。当政府主要依赖借入外债为支出融资时，这种状况将变得尤其严重。图11.1显示影响金融稳定的宏观经济因素不仅存在于宏观经济自身，也存在于金融体系和金融市场间相互关联的区间。

为了监测和识别宏观经济中的金融稳定风险，中央银行可能需

第三部分 金融稳定

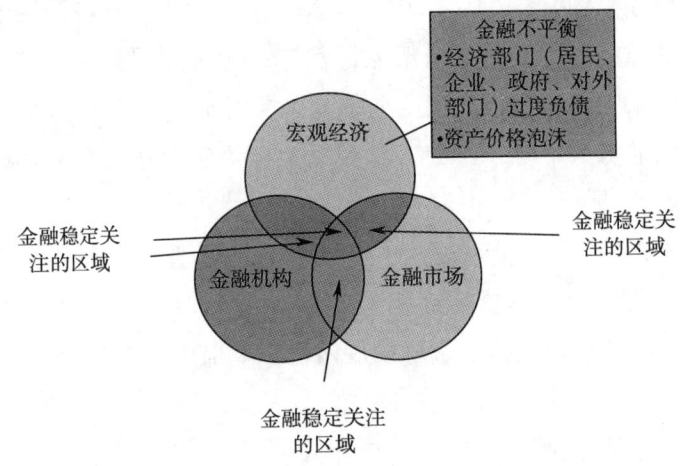

图 11.1 金融稳定在宏观经济方面的问题

要监测不同经济主体（如居民和企业）的资产负债表以及宏观经济的资产负债表。现实经济中任何重要部门（居民、企业和政府部门）的过度负债以及整体经济对外过度负债，都可能导致金融失衡，削弱金融部门的偿付能力，最终引发金融不稳定。尽管部门的过度负债往往难以识别，但是中央银行可以考虑采用由博里奥和罗威在2002年发表的两篇独立论文中所提出的缺口（gap）测量方法，即比较信贷对GDP的实际比例与历史趋势，并将这一比较变化作为衡量部门负债程度的估算指标[2]。

除了监测经济部门的负债程度外，中央银行还希望能监测和识别经济中资产方面的风险。快速上升的资产价格，比如股票和房地产的价格，可以显示资产价格是否存在过度投机或者泡沫。资产价格的投机常常诱使越来越多的参与者为购买资产而背上沉重的债务负担。当上升的资产价格远远超出资产本身的价值水平时，资产购买者的负债水平很可能也已超出了自身的承受能力。一旦经济开始转冷，资产价格开始下滑，这些购买者将因无法偿还债务而违约。

经过对不同政策体制下多个经济体的数据研究，博里奥和罗威[3]、博里奥和德赫曼[4]发现，当信贷快速增长和资产价格快速上升并存时，银行危机常常接踵而来。这表明信贷的快速增长预示着经济部门消化冲击的能力降低（例如，持续的信贷增长表明经济部门已经背负太多的债务），同时资产价格的快速上升也可能表明资产价格的错配程度升高。为了监测和识别宏观经济中的金融稳定风险，中央银行需要监测各个经济部门和整体经济的负债水平是否过度，以及资产价格的变化。

11.1.1 居民层面

从最基础的层面上说，中央银行需要监测居民综合债务增长率及其债务构成（如抵押贷款、信用卡、汽车贷款各占多少等）。居民债务数据的来源可能多种多样，包括金融机构发放给个人和家庭的贷款数据，家庭全面调查等。

即使居民债务的增速与收入或者财富的增速相近，中央银行也有必要关注其债务的快速增长。国际金融危机的教训已经显示，快速上升的抵押债务在经济下行和房产价格开始下跌时可能导致金融的不稳定。

财务比率，例如居民负债占GDP的比重、居民利息支出占收入比重，以及居民不同类型信贷的增长（如信用卡贷款、车贷、抵押贷款等），对于衡量居民负债情况是非常有用的。这些数据可以从微观的调查问卷中获得，并与金融机构和宏观经济数据结合使用。尽管目前没有确定的规则精确地指出哪种程度的财务比率或增长率能够反映居民过度负债，但关注这些指标的快速增长还是十分必要的。历史经验和跨国分析也有助于判断是否存在需要关注的风险因素。

此外，中央银行还可以考虑采用博里奥和罗威在2002[5]年以及博里奥和德赫曼在2009年[6]提出的缺口测量方法来判断是否应该提高对居民债务增长的关注度。例如，将居民负债占GDP的比率与历史趋势进行比较，当前比率与历史比率之间的差距越大就越应引起重视。中央银行还应当观测剔除GDP影响后的住房价格，判断价格的涨势是否远远超出了历史数据,从而评估在住房价格急剧攀升时居民层面面临的风险大小。

11.1.2 企业层面

从最基础的层面看,与对居民层面的监测相似,中央银行需要关注企业层面债务的增长率以监测和识别企业层面的风险。金融机构对企业的长期贷款和企业自身发行的债券也是中央银行应关注的数据。

21世纪初的互联网泡沫表明,即使在经济繁荣和预期乐观时期,也需要高度关注企业债务的快速增长。在经济繁荣时期,企业如果预期前景乐观就会决定借入资金进行大额资本投资。然而大额资本投资的收回往往需要很长时间,一旦经济增速下降,企业偿还大额债务就会出现困难。

除关注企业债务增长之外,对企业债务的构成进行监测也是非常有用的,例如监测债务主要是短期还是长期,是采用本币计价还是外币计价等。从更加精细的层面看,中央银行还需要关注某些关键比率指标的变化,例如债务收入比、债务资本比和利息支出与收入比等,以评估企业层面是否过度负债。为了更加全面地了解情况,中央银行需要运用时间序列分析和跨国比较,从宏观和微观两方面对企业层面进行评估。此外,用于居民层面的缺口测量方法也同样适用于企业层面。

11.1.3 政府部门

从最基础的层面上说,中央银行需要评估公共部门负债和政府负有偿还责任的债务增长率,并从政府部门角度监测和识别金融稳定风险。快速增长的公共债务可能影响财政的可持续性,即政府无需违约即可偿还债务的能力。政府违约对金融稳定影响深远。银行、退休基金和共同基金通常将政府债券作为自己投资组合中的主要产品,政府违约将使其投资组合价值急剧下降。而且,私人部门的贷款利率通常以无风险的政府债务收益率为基准，政府债务违约将导致经济运行中的利率大幅波动，进而破坏经济运行中的金融媒介正常运转。

除公共债务增长数据外，公共债务占 GDP 比重、政府债务支出占政府总支出的比重等指标对于评估财政的持续性也十分有效。采用缺口测量方法，可以衡量公共债务占 GDP 比重与历史趋势的偏离程度。此外，中央银行还需衡量公共债务的构成，如债务的币种结构和期限结构。以外币计价的外债需要政府有足够的外汇在债务到期时偿还。以本币计价的债务则较容易展期或通过发行新债进行再融资。

在某种情况下，中央银行还需关注政府或有债务的增长情况。这些债务可能没有在政府当前的资产负债表上反映，但当它们出现时，最终还是需要政府偿还。举例来说，这些或有债务包括未来的公共医疗保健负债和国有企业负债等。

除了资产负债表数据外，中央银行还需关注本国的主权债务评级、本国政府债券收益率与他国政府发行的国际基准债券收益率（如美国和德国发行的债券，其收益率被国际公认为无风险利率或避险利率）之间的差异。2010 年初的欧洲主权债务危机表明，如果财政的可持续性出现问题，主权债券等级会急剧下降，并将拉大政府债券与国际基准债券之间的利差，这将导致政府为现有债务再融资变得十分困难。此外，主权债务信用违约互换（CDS）的收益变化也需密切关注，因为它在本质上反映了一国政府债券的安全收益。

11.1.4 对外部门

外债的快速增长也将威胁金融体系的稳定性。20 世纪 90 年代亚洲和拉丁美洲的经历表明，外债的快速增长（反映为资本流入的快速增长）最终导致了货币危机和银行危机。快速流入的资本在股票和房地产市场大肆投机，推升了资产价格泡沫。一旦资产价格泡沫开始破灭，资本外逃随即就会发生，并对本币形成巨大的贬值压力。在固定汇率体制下，如果中央银行的外汇储备难以满足资本流出的需求，那么它就不得不听任本币贬值。本币贬值将对国内经济主体偿还外债的能力造成损害，特别是对收入主要来自国内的经济主体损害更为严重。同时，国内银行部门也很可能因资产价格泡沫破灭而损失惨重。

为了监测和识别对外部门的金融稳定风险，中央银行需要关注不同经济主体的外债增长和外债水平，及其币种和期限结构。此外，还应当密切监测资本流动数据。评估外债可持续性的有效指标包括短期外债占国际储备之比、外债及其还款资金的币种错配度、期限错配度（即是否用短期外债为国内长期项目融资），以及外债的未对冲净敞口（未对冲汇率风险的外债余额）等[7]。

11.1.5 资产泡沫

除了经济主体的过度负债外，金融稳定风险也能通过资产负债表中的另一边——资产的价格快速上涨体现出来。房地产和股票等资产价格的快速飙升表明市场上存在投机活动并且日益活跃。投机盛行反映了金融体系的内在不稳定性，因为投机通常涉及用借入资金进行投资，以便获取短期资本收益（资产价格快速上涨并不必然反映资产的基础价值上升）。一旦资产价格跌回其基础价值，那些借钱投资的人将面对过度负债的问题，因为此时的资产价格可能低于当初借钱买入时的资产价格。

从最基础的层面上说，中央银行需要对房地产和股票市场价格的增长情况进行监测，因为这些价格很容易成为投机对象。在监测和识别因资产价格产生的金融稳定风险时，应当对与其相关的信贷增长情况保持密切关注。尽管在事前判断这些市场的资产价格是否偏离基本面并产生泡沫非常困难，但与历史平均水平和不同国家进行比较也能够提供一些有用的提示。上文曾提及，博里奥和罗威[8]以及博里奥和德赫曼[9]建议使用缺口方法来比较实际（剔除通胀）资产价格与其历史趋势（一种可行的方法是用统计平滑后的长期趋势线代表,例如采用霍德里克—普莱斯考特(Hodrick – Prescott)过滤法将短期波动从长期趋势中过滤掉,仅剩下变量的长期趋势线)。

对于房地产市场,需要对不同类型的房产分别进行监测,因为投资可能集中于某一类型的房地产(比如住房与商业性房产、豪华公寓与独栋房产等)或某一地理区域的房产。对于股票市场,除了股票价格外,整个市场及其不同行业的市盈率也需密切关注。

11.1.6　宏观经济与金融稳定性之间的关联

世界各国的历史经验已然表明,经济中的上述任一层面出现债务支付困难或资产价格泡沫破灭的时候,金融部门往往也陷入泥潭。当违约率上升时,贷款给问题经济部门的金融机构不得不吸收损失。这些机构会减少信贷或收回已发放的贷款。同时,由于金融机构往往是金融市场的主要参与者,金融市场的活跃度也会因此受到抑制。当金融机构削减信贷,金融市场流动性出现枯竭时,经济活动也将放慢或收缩,这将进一步削弱经济的偿债能力。

博里奥和罗威[10]以及博里奥和德赫曼[11]的论文实证证明,信贷和资产价格的强劲增长往往发生在银行危机之前,这种增长预示着系统风险正不断累积。信贷的急剧扩张,显示经济主体处于严重的负债中,并缺乏足够吸收冲击的能力;资产价格的强劲增长则反映了价格错配较为严重。在这种情况下,一场资产价格冲击就能导致经济体系陷入危机。

11.2　金融机构的风险监测与识别

对由金融机构产生的金融稳定性风险进行监测和识别,不仅要关注单家金融机构,而且还要关注整个金融体系。在当今世界,通过直接或间接持有风险敞口,金融机构之间的联系变得更为紧密,风险在不同金融机构之间更容易传染,系统性银行挤兑变得更容易发生。图11.2讲述的影响金融稳定的金融机构因素,不仅体现在金融机构自身,而且通过三个领域的相互联系在宏观经济和金融市场中也有所体现。

11.2.1 单一金融机构的主要风险类型:信用风险、市场风险、流动性风险和操作风险

如前所述,如果经济主体处于过度负债或偿债困境中,金融机构将不得不承担损失。假如市场认为这些损失太过巨大,足以吞噬相当部分的银行资本,那么这家银行可能陷入严重的财务危机,甚至发生挤兑。银行的债务人或交易对手未能依照贷款合同约定偿还债务,或者未能履行对银行的义务,这就构成了所谓的信用风险。

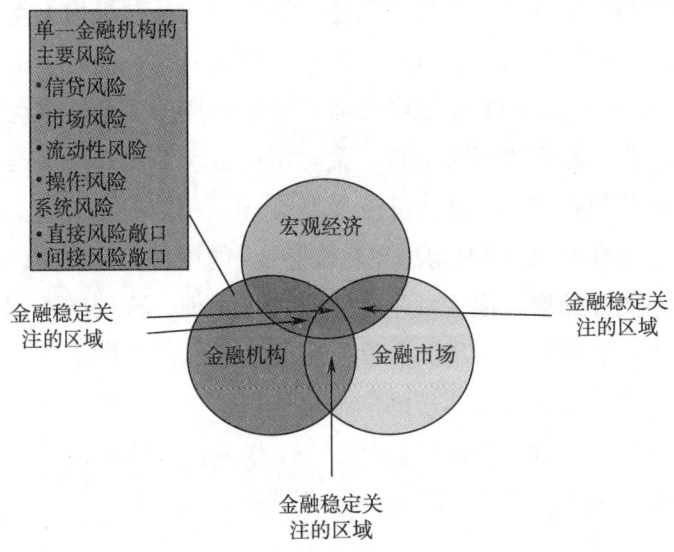

图 11.2　金融稳定在金融机构方面的问题

金融机构面对的主要风险不仅仅是信用风险,而且包括其他风险,如市场风险、流动性风险和操作性风险。当市场利率和价格变动(如利率、汇率和股票价格变动)对金融机构的财务状况产生不利影响时,市场风险就会出现。当一家机构可能无法履行到期义务(可能是因为这家机构的资产难以变现或难以获得足够的融资),或者在市场崩溃时因缺少交易对手而不得不抛售资产,造成巨额损失

的时候，就会发生流动性风险。操作风险源于日常操作出现问题（例如，违反内控规定、欺诈或无法预料的灾难等），操作风险会导致意外损失[12]。

11.2.2 单一机构风险评估

传统上，监管机构通过 CAMELS 评估单家机构的安全性和稳健性（如第三章所述，CAMELS 是指资本充足率、资产质量、管理、盈利、流动性和市场风险敏感度）。由于银行业务和金融机构日趋复杂（例如海外分支机构和子公司的不断增加、复杂衍生工具的运用日益盛行等），监管机构意识到应更加关注机构的风险管理措施和内控措施。与此同时，值得注意的是，只要金融机构规模不大或不具备系统重要性，一家或几家这样的金融机构倒闭，并不一定会危及整个系统的稳定。事实上，每年美国有许多小银行倒闭，政府也没有采取救助措施。

11.2.3 监测与识别金融机构体系的风险

这次的金融危机再次证明除了监测与单一机构相关的金融风险外，监测与识别金融机构体系内在风险的重要性[13]。对金融机构体系进行监测，部分是由于合成谬误问题：由于金融机构个体之间复杂的内部联系、流程与相互作用，看似极其健康的单家机构，并不能真正反映整个系统的健康程度和复原能力。

例如，在正常情况下，单家金融机构看似有足够的资本应对冲击。在恐慌情况下，恐慌的产生将令金融机构之间停止拆借，这反过来将加剧整个系统的信用风险和流动性风险。另一种可轻易导致问题恶化的情况是：为应对风险的增加，所有机构将可能同时减价出售资产（以预防或减少盯市计价下的损失或筹集资本），这将导致所有机构资产价格的降低。

监测与识别金融系统性风险的技术尚处于早期发展阶段。在此次国际金融危机后，在一些监测与识别方法中，金融网络的风险分布分析和系统重要性金融机构（SIFIs）风险集中度分析引起了众人的关注（详见古德哈特和赛戈维亚诺在 2009 年[14]、米诺尤（Mino-iu）和雷耶斯（Reyes）2011 年[15]及陈楼（Chan – lau）2010 年[16]的论文研究，巴塞尔银行监管委员会 2011 年、2012 年的报告[17]）。

11.2.4　金融网络的风险分布

金融系统可以被看作是金融机构（银行和非银行）由于彼此借贷而发生互动的一种网络。在此网络中，流动性过剩的机构向流动性不足的机构提供资金，提高了单家机构的应变能力[18]。但如前所述，此网络也将导致风险跨机构传播。风险的传播或直接通过资产负债表反映的风险敞口进行，或间接通过资产组合中持有相同类型资产反映的风险敞口进行。

2007～2010 年的国际金融危机显示，随着金融网络变得更为复杂，风险能够通过多种途径进行传导，这些途径包括银行间拆借市场的崩溃、导致更大损失的资产贱卖等。金融网络内联系的信息不透明也加剧了问题的严重性，它使得金融机构和监管部门难以准确定位风险点和薄弱环节，并难以有效处置风险。

为了掌握风险在金融系统中的分布状况，网络分析技术越来越多地应用于金融系统中。此前，网络分析已在医学（疾病传染）、生态学（生态系统）和工程学（电力网络）等领域得到成功应用，因此相信它也可以帮助我们识别和定位金融网络中各个金融机构之间直接和间接的联系[19]。

通过持续监测金融网络内的金融机构及其相互间直接和间接的联系，监管机构可以更好地了解金融系统风险的传导与分布。目前，该领域中的研究尚处于初期发展阶段，研究人员和监管部门正努力解决关于金融系统内机构间更完整联系以及风险扩散情况等的相关数据问题，详见赛戈维亚诺和古德哈特在 2009 年的论文研究[20]。

11.2.5 风险集中：系统重要性金融机构（SIFIs）

除了运用网络分析方法定位金融系统风险分布之外，监管机构还需要对每家金融机构（银行和非银行）的系统重要性进行评估。由于系统重要性金融机构（SIFIs）的破产将危及整个系统，因此可以说单家SIFIs内生性地集合了系统性风险。为了监测和识别系统性风险，监管当局需要监测和识别SIFIs的风险敞口。

在2008年雷曼兄弟破产之前，银行业系统风险集中的概念基本上就是指"大而不能倒"。"大而不能倒"的金融机构主要指那些由于规模庞大，其倒闭将导致整个系统崩溃，因而监管机构总会设法救助的金融机构。自那以后，银行业系统风险集中的概念也开始包含"关联太广而不能倒"和系统重要性金融机构（SIFIs）[21]。

当雷曼兄弟——这家中等规模的全球投资银行，在国际金融危机中期宣布破产时，世界范围内的金融恐慌和压力几乎导致金融系统的崩溃。事后看来，尽管雷曼兄弟不是最大的银行，但它与全球其他金融机构和市场存在的深入和广泛的联系，意味着即使中型银行的倒闭也可能危及整个金融系统。

在国际金融危机过后，认识到系统风险可能集中于某些系统重要性或核心金融机构（不管是否使用"大而不能倒"这一术语），研究人员和监管机构已开始研究监测和评估金融机构的系统重要性。巴塞尔银行监管委员会（BCBS）在2011年和2012年分别提出了评估单家机构在全球（即全球系统重要性银行，G-SIBs）和国内（即国内系统重要性银行，D-SIBs）系统重要性的指导意见[22]。

巴塞尔银行监管委员会2011年的报告提出了识别全球系统重要性银行的五大类衡量指标，包括规模、关联性、可替代性、全球活跃度和复杂度。运用这五类指标，报告确定了25家金融机构为全球系统重要性银行。巴塞尔银行监管委员会2012年的报告认为，由于系统重要性银行的区分在很大程度上受各国特定国情影响，因此最好由所在国对国内系统重要性银行进行识别。巴塞尔银行监管委员会为各国监管机构提供的指导性原则包括了四大类衡量指标,除全球活跃度外,其余四类指标均与全球系统重要性银行指标对应,全球活跃度归并到了复杂度类别之中[23]。

通过对国内系统重要性银行的识别,中央银行能够更全面地获知国内银行系统的风险是如何集中的,从而能更有效地进行监测和评估。与此同时,对全球系统重要性银行进行识别,有利于监管部门更好地识别和监测本国银行系统对全球系统重要性机构的风险敞口。

案例:宏观压力测试

从20世纪最初10年的中期起,宏观压力测试就受到了越来越多的关注。宏观压力测试用于评估金融机构在负面宏观经济环境下的经营状况。在进行宏观压力测试时,监管部门通常首先给出合理存在但相当不利的宏观经济情景假设,并假设如经济增长、通货膨胀和利率等相应的宏观经济变量发生变化;然后运用计量经济模型或其他相关模型测度这些宏观经济变量将如何影响金融机构的财务状况(例如对金融机构信贷资产组合的违约率、利润和资产价格产生的影响)。很重要的是,在得到最终结果之前,还需要考虑交易对手的信用风险和流动性风险等交互影响因素[24]。

在理想状态下,宏观压力测试在帮助监管机构确定整个金融系统的安全性和合理性方面非常有效。可惜的是在2007~2010年国际金融危机爆发时,宏观压力测试技巧的发展尚处于初期阶段。我们对金融机构间的关联性仍然缺乏足够了解,部分原因是银行业务日趋复杂,另外就是影子银行的出现。尽管金融部门业务的不断发展可能会降低宏观压力测试预测风险来临的成功率,但监管机构最近发现,宏观压力测试是在危机爆发后用于缓解恐慌的有力沟通工具。

在2007~2010年国际金融危机之后,美国监管机构运用压力测试评估美国大型银行的稳健性。尽管结果显示一些银行没有足够的资本应对进一步的冲击,可能需要额外融资,但大部分银行处于良好状态,所需的额外资本处于可管控的水平。从这个意义上说,除了衡量危机后银行应对进一步冲击的能力,宏观压力测试也是一个很好的公众沟通工具,可避免没有根据的担心成为恐慌。在欧洲主权债务危机后,欧盟区的监管当局借鉴了美国的成功经验,利用宏观压力测试结果来加强公众对欧洲银行业的信心。

在后危机时代,美国监管机构对宏观压力测试进行了校准,并将其变成维持金融稳定的先行工具。美联储不允许那些没有通过宏观压力测试的银行提高股息支付或进行股票回购[25],主要目的就在于鼓励股东和银行的管理者更加关注自己所面临的风险。

尽管宏观压力测试逐渐成形,博里奥和德赫曼仍告诫中央银行不要让宏观压力测试给自己造成安全的假象,根据他们2009年的研究,宏观压力测试包含以下几个潜在的棘手问题:(1)传统的宏观经济模型并没有很好地涵盖一些金融变量;(2)宏观经济模型中的冲击源往往来自于宏观经济因素,而金融系统的冲击并不一定如此;(3)宏观经济风险因素和信用风险之间的相关性尚未很好地建模;(4)可能影响金融机构财务状况的重要因素有时没有包含在金融机构的资产负债表中,例如表外业务[26]。

11.3 金融市场

金融市场指标能提供关于金融部门风险累积程度、压力和动荡程度的有效信息。金融市场的风险指标通常能从金融市场的交易数据中提取,这些交易数据既有金融产品价格和收益的变化,也有市场参与者净头寸的变化。在许多情况下,金融市场的频繁交易意味着这些指标几乎能实时反映金融系统的状况。图11.3显示出与金融市场相关的因素不仅可以通过市场本身,而且可以通过宏观经济和金融市场相互交叉的领域对金融稳定产生影响。

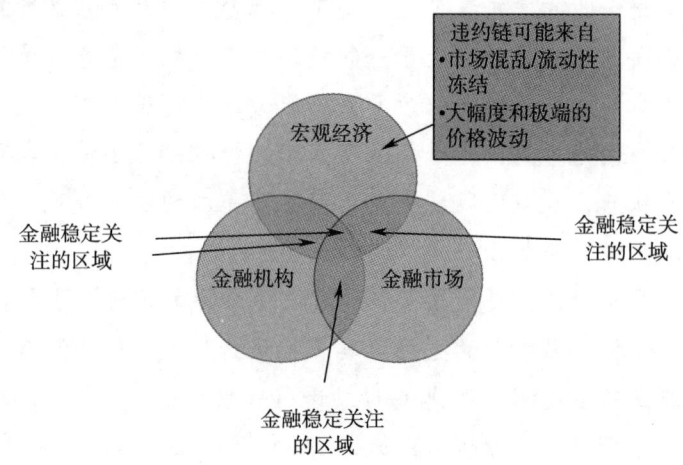

图 11.3　金融稳定在金融市场方面的问题

11.3.1　价格和收益

尽管在金融市场中存在信息不对称问题，金融产品（如股票、债券、外汇和货币市场借款）和金融衍生品（如信用违约互换）的价格和收益仍应该合理反映这些产品公开可获得的信息。因此，金融产品价格和收益的异常变动可以向中央银行提示源自金融市场的金融稳定风险。

1. 风险累积

如前所述，股票价格快速上涨和信贷增长同时发生，可以反映投机活动和资产价格泡沫带来的风险累积[27]。通常情况下，金融产品无论是股票、债券还是次级抵押贷款支持证券的价格快速上涨，在价格上行期间都能吸引越来越多的市场主体参与其中。

为了获取更高的收益，市场参与者通常使用杠杆化操作（即借款）购买金融产品。只要产品的价格继续上涨，参与者就会倾向于加大杠杆化操作购买更多的产品，且可能通过使用购买的产品本身作为担保品增大借款额。一旦价格开始下跌，大规模的杠杆化操作将使市场参与者及借款给参与者的机构遭受巨额损失。在投机性资产价格泡沫中，金融产品的价格能上涨到远超过经济基本面所支撑的价格水平，因此杠杆水平越高，导致的损失越严重。

实践中，尽管"事前"很难确定金融产品的价格是否已经上涨至超过经济基本面支撑的价格水平，但是中央银行密切监测金融产品价格异常的快速上涨还是十分重要的，即便中央银行自身不交易这些产品也应如此。

2. 压力和动荡

金融产品价格的快速上涨反映了金融系统中风险累积的上升程度，金融产品价格的波动性增大则反映金融市场中压力和动荡程度增加。由于金融市场价格反映与市场相关的公开信息，价格的波动性增大表明市场参与者对获取的信息质量还不是十分肯定，并对新信息非常敏感。由于存在这样的不确定性，市场参与者可能只愿意在极端的价格水平上交易金融产品（以对冲缺失的信息）或干脆停止交易。金融市场中的压力和动荡将不仅仅影响市场参与者，而且可能通过金融系统和宏观经济产生涟漪效应。

实践中，对价格波动性的测量有两个重要指标：一是历史波动率，这个指标能从历史价格数据中计算得出；二是期权隐含波动率，这个指标可通过能进行期权交易的基础金融产品的期权价格计算得出。在这两种测量方法下，金融市场价格波动增大反映了不确定性程度的上升和有可能形成金融市场的压力和动荡。

11.3.2 价差

按金融市场的术语，价差通常指两类金融产品在收益率上的差异。例如，相同期限的公司债券和政府债券存在价差，说明两种债券收益率不同。

1. 风险累积

一般来说，由于高风险产品的购买者需要较高的收益作为溢价来弥补他们承担的额外风险，高风险产品的收益（如公司债券）应高于低风险或无风险产品（如政府债券）的收益。高风险金融产品和低风险金融产品的收益价差就是通常所说的信用价差（就信用风险而言）。当经济形势较好时，风险产品和无风险产品的收益价差可能收窄。因为在经济形势较好的时候，即使产品的风险较高，其违约率也会较低，其购买者仅需要一个较小的风险溢价。

但是，当高风险产品和无风险产品的收益价差在一段长时期内均保持很窄的水平时，经济中的风险累积可能已经明显上升。由于信用价差较低，高风险项目将更易于获得资金。经济中高风险项目的数量也将可能高出正常水平。这正是在 2007~2010 年国际金融危机前的国际金融市场上所发生的事情，当时信用价差在相当长一段时期维持着较低水平。博里奥和德赫曼将信用价差较低，而信贷增长和资产价格却快速上涨的状态定义为"金融稳定悖论"[28]。

实践中，没有现成的规则来判断价差太窄还是太宽。中央银行通常将目前的信用价差水平和历史水平相对比，再结合金融市场的其他指标进行分析。

2. 压力和动荡

与上述情况相反，当经济形势不好时，风险金融产品和无风险金融产品的收益价差可能变大，高风险项目失败的可能性也将因此上升。在此期间，打算承担额外风险的高风险产品的购买者会要求获得更高的风险溢价。这将导致项目的资金成本上升，进一步增大项目失败的实际可能性。在极端的情况下，如 21 世纪初期的欧洲主权债务危机，高风险的希腊政府债券和较低风险的德国政府债券的收益利差变得很大，以至于希腊政府难以为其债券再行融资，并不得不寻求国际支持。

在 2007~2010 年的国际金融危机中，Libor – OIS 利差变宽，也成为反映压力和动荡的重要晴雨表，因为该利差可以反映银行系统的信用风险、市场对本国经济风险的看法和金融市场中的流动性风险（详见"案例：Libor – OIS 利差是反映压力和动荡的一个重要指标"）。

第十一章 金融稳定：风险监测与识别

案例：Libor - OIS 利差是反映压力和动荡的一个重要指标

在 2007~2010 年国际金融危机期间，由于 Libor - OIS 利差反映了银行系统的信用风险和金融市场的流动性风险，因此，该利差成为重要的金融监测变量。

伦敦银行间同业拆借利率（Libor）

伦敦银行间同业拆借利率是伦敦主要银行间进行无抵押借款所要求的利率。Libor 使用 10 种货币、15 种期限（从隔夜到 1 年）进行计算。在计算银行之间以及其他金融市场参与者之间的短期资金成本时，Libor 是一个通用的基准[29]。

隔夜指数掉期（Overnight - Indexed - Swap，OIS）

隔夜指数掉期是固定利率/浮动利率互换，即交易对手同意换出一定期限（如 3 个月）一定金额由参考浮动利率决定的复利，在到期日获得相同金额的固定利率（即 OIS 利率）。这个参考浮动利率通常与隔夜利率挂钩，譬如中央银行的政策利率（如在美国就是联邦基金利率）。因此，OIS 利率反映了市场对某期限互换合同上参考隔夜利率的平均水平的预期[30]。

通过监测 Libor - OIS 利差来估计风险

Libor - OIS 利差是 Libor 利率和 OIS 利率的差额。由于 Libor 交易没有抵押品担保，借款的银行有可能违约，因此 Libor 利率通常包括信用风险。另外，在 OIS 中，由于交易没有包括任何初始的现金流，两个交易对手仅在合同到期时发生支付，OIS 就几乎没有包括信用风险。

由于 Libor 利率包括信用风险，它通常高于相同期限的 OIS 利率。在面临金融压力的时期，Libor - OIS 利差可能是衡量银行系统中信用风险的一个有用指标。Libor - OIS 利差的大小反映了银行对其他银行是否存在拆借资金违约的看法。在 2007 年 8 月前，Libor - OIS 利差在 13 个基点左右（0.13%），在 2008 年 9 月 17 日雷曼兄弟破产一段时期后,利差变宽到 350 个基点（3.5%）。2009 年 4 月 6 日,虽然 3 个月和 6 个月的 Libor – OIS 利差仍然较雷曼破产前高,但 1 个月期的 Libor – OIS 利差收窄到了 28 个基点[31]。

直观地说,Libor – OIS 利差不仅主要反映银行系统中的信用风险,也能反映市场对本国经济风险的看法。并且,它还能反映出金融市场的流动性风险。较高的 Libor – OIS 利差表明大型银行贷款意愿下降,可用的流动性较低[32]。但在实践中,要从这样一个利差中将流动性风险和信用风险区分开来是十分复杂的[33]。

11.3.3 净敞口头寸（Net Open Positions）

金融产品的净敞口指参与者在特定产品上的总资产和总负债不相等的一种状态。如果参与者在特定产品上的资产多于负债,则称参与者在这个产品上为净多头。如果参与者的负债多于资产,则称参与者为净空头。

1. 风险累积

在数据可获得的情况下,中央银行会发现监测一种关键金融产品（如外汇）的总净敞口头寸非常有用（参见林（Lim）等人在 2011 年的研究[34]）。外汇净敞口头寸的急剧上升（无论是多头还是空头）意味着系统中风险累积正在上升,因为市场参与者将自己暴露在汇率反向变动的风险之中。

2. 压力和动荡

将金融产品的净敞口头寸与产品的价格或收益变动相结合,也能反映特定市场的压力和动荡程度。例如,21 世纪早期的欧洲主权债务危机期间,芝加哥商品交易所国际货币市场（IMM）数据所反映的美元净敞口头寸,是监测市场参与者如何在不确定状况下做出反应,以及美元与欧元之间多空反复转换的一个有用指标。在这个例子中,该指标甚至对欧洲和美国以外的中央银行都是有用的,因为美元和欧元之间汇率的大幅波动对其他货币也有影响。

概念：一个监测和识别风险的综合方法：或有权益分析

虽然把金融稳定的领域划分为宏观经济、金融机构和金融市场将使分析更易于处理，但在实践中，三者之间的内在联系表明中央银行在监测和识别金融稳定风险时需要一个综合的方法。从最基础的层面来说，中央银行会构建一个复合指标或绘制一张集合了宏观经济、金融机构和金融市场发展状况的热点图。

不过也有越来越多的监管机构转向使用或有权益分析法（CCA）这类更先进的分析方法。这种方法内含前瞻性元素，是可用于评估风险在不同经济部门间传播的一种更综合的方法[35]。

或有权益分析（Contingent Claims Analysis，CCA）

CCA 是使用金融市场数据来估计某经济实体违约率的一种分析方法，其理论基础是 1973 年布莱克—斯科尔斯（Black‑Scholes）和默顿开创的期权价格理论[36]。

2008 年格雷（Gray）、默顿和博迪（Bodie）[37]，以及格雷和马龙（Malone）[38]的研究提出使用 CCA 分析方法来监测和判定金融稳定风险，该方法为多部门的风险评估提供了一种使之互为关联的综合分析框架。

CCA 分析方法的要点是它关注实体（如单个家庭、单个企业或经济部门）的资产负债表，并调整实体资产受到随机冲击的概率，这个概率可能影响实体偿还债务的能力，即实体的违约率。对资产价值的一个正向冲击，将降低实体偿债的违约概率。相反的，对资产价值的一个反向冲击，可能增大实体偿债的违约概率。如果实体违约，债权人将对实体的资产拥有一定权利。

从这个角度看，实体的负债（包括债务和权益）可以被看成实体资产方的或有权益。鉴于市场上交易的有价证券，如抵押贷款支持证券（家庭的负债）、养老基金和共同基金（家庭的资产）、公司债券和股票（公司的负债）、政府债券（政府的负债等的市场价格及其波动可直接进行观测，这些产品的价格及波动就可被用于评估这些基础资产的内在价值和波动率，进而评估这些部门的违约概率。

实践中，尽管在许多案例中普遍存在着数据局限，但2008年格雷、默顿和博迪、格雷和马龙的研究仍然提供了一些克服困难的方法。就公司部门（所有非金融公司的集合）和金融机构（银行和非银行）而言，国内股票市场能为计算资产内在价值、波动性和预期违约率提供定价和波动性信息。对未上市的企业和金融机构，可以用已上市交易对手提供的信息为指导描绘出类似关系。

对政府部门的评估，其资产价值虽然不能直接进行观测，但却能从国际市场价格（包括外汇市场）和政府资产负债表中特定债务在国内市场的价值及其波动等相关信息中推断得到。

对家庭部门的评估，由于没有可交易的股票以估算其资产，格雷、默顿和博迪在2008年的研究中建议，可使用宏观经济数据和家庭自身的信息直接评估家庭资产组合价值。家庭资产负债表中的资产包括金融资产和预计的劳务收入。反映家庭持有不动产情况的资产负债表附表也可以从不动产价格、波动性以及相关的债务中去估计。

当四部门的资产负债表准备就绪，格雷、默顿和博迪、格雷和马龙的研究指出，监管机构可将不同部门或有权益的资产负债表联系起来（可能增加对外部门以代表对外权益），以便通过统一的方式去评估风险如何在部门间扩散。进一步的，通过将CCA分析模型和在货币政策方面使用的宏观经济模型联系起来，中央银行可以评估经济活动、金融活动和经济违约率之间的相互联系。

尽管使用CCA作为监测和评估金融稳定的框架仍在发展完善之中，但它已显现出几个具有前景的特征：第一，它使用金融市场的定价及波动性信息，因此具有传统的资产负债表数据没有的前瞻性元素。格雷在2012年的研究证明在实时基础上使用CCA，

第十一章 金融稳定：风险监测与识别

> 可预测导致1997年亚洲金融危机和2007~2010年国际金融危机的金融压力[39]。第二，通过将不同经济部门的资产负债表联系起来，CCA能被用来评估风险在部门间的传播。第三，CCA风险指标能将宏观经济变量和宏观经济模型联系起来，从而对压力情景作进一步检验和模拟。

小结

在宏观经济中，中央银行需要监测和识别经济主体偿债风险。在此之前则需要识别居民、企业和政府部门以及国内经济主体对外是否存在过度负债的风险。

在金融机构方面，拥有银行监管职能的中央银行应该对单个金融机构的风险（无论是信用风险、市场风险、流动性风险或操作风险）进行检验。同时也需要监测和识别金融机构体系中的风险分布和风险集中度。

在金融市场中，中央银行需要监测金融工具的价格、收益、利差和净敞口头寸，以便识别金融市场中的风险累积程度以及市场的压力和动荡。

或有权益分析法（CCA）有望成为监测评估不同经济部门风险的综合方法，但目前仍需要进一步发展完善。CCA利用可观测的市场实时数据评估不同部门的违约概率，并以综合方式评估部门与部门之间违约概率的相互联系。

关键术语

或有权益分析　　　　　　　宏观压力测试
或有负债　　　　　　　　　期限错配
信用违约互换（CDS）　　　净多头

第三部分 金融稳定

货币错配　　　　　　　　　净敞口头寸
国内系统重要性银行（D-SIBs）　　净空头
合成谬误　　　　　　　　　金融稳定悖论
缺口测量　　　　　　　　　违约概率
全球系统重要性银行（G-SIBs）　　公共债务占GDP比例
历史波动率　　　　　　　　价差
居民债务　　　　　　　　　系统重要性金融机构（SIFIs）
隐含波动　　　　　　　　　大而不倒
伦敦银行间同业拆借利率与隔夜指数掉期利率的利差
关联太广而不能倒

复习思考题

1. 中央银行监测居民层面以保证金融稳定的指标有哪些？
2. 中央银行监测企业层面以保证金融稳定的主要指标是什么？
3. 中央银行监测政府部门以保证金融稳定的主要指标是什么？
4. 中央银行监测对外部门以保证金融稳定的主要指标是什么？
5. 中央银行监测资产价格以保证金融稳定的主要指标是什么？
6. 根据博里奥和罗威在2002年的论文以及博里奥和德赫曼在2009年的论文，预警银行系统危机的较好指标是什么？
7. 宏观经济中的金融失衡是如何影响金融稳定的？
8. 请说明单个金融机构通常面对的主要风险种类。
9. 在监测评估金融机构风险时，一个被广泛应用的分析框架是CAMELS，请说明什么是CAMELS？
10. 在金融机构体系中，什么是合成谬误问题？
11. 网络分析是如何帮助识别金融体系中的风险构成的？
12. 请举例说明如何识别和监测金融体系中的风险聚集情况？
13. 请说明宏观压力测试背后的基本原理？
14. 宏观压力测试是如何作为维护金融稳定的先行工具的？
15. 价格和收益在金融体系中是如何事前反映风险积聚的？

第十一章 金融稳定：风险监测与识别

16. 为何事前使用价格和收益来识别风险积聚是困难的？

17. 价格和收益如何在事后反映金融体系中的压力和动荡？

18. 长时间窄幅信用价差为何能反映风险积聚？为什么这有悖常理？

19. 在压力和动荡期间，为何无风险资产与风险资产之间的价差会扩大？

20. 为何货币的净敞口头寸上升会反映风险积聚、压力和动荡，或两者兼而有之？

21. 请说明或有权益分析法的观点。

22. 根据或有权益分析方法，什么可作为某实体资产的或有权益进行估值？

第十二章 金融稳定：干预工具

学习目标

1. 介绍在危机爆发之前和危机发生以后，中央银行可用来减缓宏观经济、金融机构和金融市场的风险以维护金融稳定的各种工具；

2. 区分《巴塞尔协议Ⅰ》、《巴塞尔协议Ⅱ》和《巴塞尔协议Ⅲ》。

第十一章我们回顾了监测和识别金融稳定风险的工具。本章我们将学习一些干预、维护和恢复金融稳定的工具。按照前几章使用的分析框架，我们仍然在以下三个重点关注的领域中展开探讨：(1) 宏观经济，(2) 金融机构，(3) 金融市场。在每个领域中，我们将重点阐述在金融危机前可采用的方法（如降低金融危机发生的概率，或者减少金融危机可能造成的损失来保持金融稳定），以及在金融危机后可采用的方法（如控制金融危机蔓延，或者采取救助的措施）。

12.1 宏观经济

在宏观经济中，中央银行干预和维护金融稳定的核心工具是：(1) 货币政策，(2) 宏观审慎工具，特别是与信贷相关的宏观审慎工具[1]。虽然货币政策通常用于维护价格稳定，但由于货币政策具有抑制经济周期放大效应的潜力，因此它也可以在危机前后被用来维护金融稳定。不过，货币政策是一种作用力较大的工具，会对宏观经济的每一个部门都产生影响。由于宏观审慎工具相对而言更具精确性,因而在应对危机前宏观经济特定领域中出现的风险积累或金融失衡现象时,该工具更为适用(见表12.1)。

表 12.1　　　　　　处理金融不稳定的可选工具

重点领域	可选工具	
	事前	事后
宏观经济	• 紧缩性货币政策 • 宏观审慎工具	• 扩张性常规货币政策 • 扩张性非常规货币政策 • 宏观审慎工具
金融机构	• 监管行动 • 资本充足率要求 • 与非银行金融机构监管者的协调	• 最后贷款人 • 对问题金融机构的特别处置方案
金融市场	• 在中央银行监督下对市场参与者进行监管 • 与市场监管者进行协调	• 最后贷款人 • 直接市场干预(如资产购买)

12.1.1　运用货币政策维护金融稳定的争论

即使在 2007~2010 年国际金融危机以后,对应当如何运用货币政策维护金融稳定的问题依然存在争论[2]。一些人认为在资产价格泡沫形成之初就应该运用货币政策来遏制资产价格过快上涨,这将有助于控制经济中的风险叠加,即使发生风险也能减少危机的危害性。

但另外一些人则认为应该在资产价格泡沫破灭之后才使用货币政策,以消除危机后的影响。这一阵营的人认为货币政策工具只能在资产价格泡沫完全破灭之后才能运用来恢复经济。他们反对泡沫形成之初就运用货币政策的理由是:(1)危机发生前市场价格能够反映所有相关信息,因此,对于资产价格是否已经偏离经济基本面而形成泡沫,中央银行不一定比公众知道得更多;(2)货币政策是一种相当刚劲的工具,它会影响整个经济体系中的资金成本,而不是仅仅针对形成泡沫的某一领域;(3)将金融稳定作为货币政策的一个额外目标，有可能会增加货币政策的负担并且损害其公信力[3]。

这些人还认为，中央银行只能在金融稳定已经明显受到损害的情况下（即价格骤跌或违约率显著增加）才能介入。本质上，他们认为，货币政策作为一种影响所有领域的政策，应该只有在金融不稳定已明显形成而且已对所有部门产生威胁时才能使用。

汲取 2007~2010 年国际金融危机的经验教训，人们反思了货币政策在处理资产价格泡沫中应发挥的作用问题[4]。若不及早干预，那么经济中过高的负债率可能会演变成为一个严重的问题，并且可能最终压倒中央银行维护金融稳定的能力[5]。还有一条途径是使用宏观审慎工具作为货币政策的补充来维护金融稳定，以分担货币政策维护金融稳定的责任[6]。

12.1.2 维护金融稳定：事前应对危机对宏观经济的威胁

为了维护金融稳定，中央银行希望在风险演变为真正的危机之前尽早予以处置。在 2007~2010 年国际金融危机以后，人们逐渐认识到中央银行能够在危机发生前使用货币政策工具及宏观审慎工具来处置风险。货币政策工具是一种有效但又相对刚劲的工具，会影响到宏观经济的每一个领域。宏观审慎工具相对而言更加精准，并且能够针对经济中特定的领域使用。当然，中央银行也可以考虑以一种相互补充的方式同时使用两种工具。

由于金融不稳定和价格稳定可能同时存在，中央银行就有必要在做货币政策决策时，将经济主体（无论是居民还是企业）的过度负债考虑进去。日本在 20 世纪 80 年代末和 90 年代初的教训表明，即使经济出现严重资产价格泡沫和经济主体出现过高负债的情况，通胀率也可能维持在较低水平[7]。

自从泡沫破裂后，日本经济主体的过度负债令日本经济陷入债务—通缩恶性循环之中，并且在之后的二十年也无法摆脱。为了使货币政策的制定兼顾金融稳定，政策制定者的视线不能按常规那样仅停留在未来两年通货膨胀水平之内。加拿大中央银行尝试过的一种做法是：在决定货币政策时，将风险因素，比如供给冲击或资产价格等一并考虑在内[8]。而澳大利亚中央银行采用的方法则有所不同，其把政策调整的视野范围拓宽到整个经济周期，而不仅限于常规的未来两年[9]。两种方法均要求：即使是为了维护价格稳定，在制定货币政策时也需要考虑一个较长的时期，因为对长期而言，金融不稳定有可能会威胁到价格稳定这一货币政策主要目标。

实践中，如果中央银行认为经济主体不断累积了过多债务，或者资产价格上涨过快，已超过了经济基本面支撑的水平以致存在大量的投机行为，中央银行可以通过提高政策利率收紧货币政策。提早收紧货币政策可以防止风险发展到不可收拾的地步。否则真到了这种地步，局势将严重恶化，后续处置也会更加困难。

然而，用货币政策来防止经济主体过度负债或者提前化解资产价格泡沫需要注意很多方面。货币政策通常影响经济的每个部门，而并非仅作用于那些过度负债的部门或主体。比如，如果中央银行通过提高利率来减缓逐渐上升的居民负债水平，尽管企业层面不是政策调整的目标，但很有可能也会受到资金成本提高的影响。另外一个重要问题是，中央银行又怎么知道各经济主体的债务水平是否过高，或者资产价格上升是否过快呢？

1. 宏观审慎工具的使用

认识到货币政策可能是一种相对猛烈的工具，不能有针对性地处理特定领域风险，相关当局开始转向使用"宏观审慎工具"。它是专门针对特定领域风险而设定的，这些特定领域风险假如不能得到有效抑制，可能会威胁到整个经济稳定。尽管到现在为止还没有一种对宏观审慎工具的统一界定，但宏观审慎工具大致可分为与信贷相关、与流动性相关和与资本相关三大类。

在化解宏观经济领域的金融稳定风险时，主要的宏观审慎工具是与信贷相关的工具，因为它们主要针对的是特定经济部门过度借贷产生的风险*。与信贷相关工具主要包括限制按揭贷款成数、限制贷款收入比、限制贷款总额或增速，以及限制外币贷款（详见2011年林等人的研究论文[10]）

尽管如此，需要说明的是，在实践中如何使用上述宏观审慎工具来维护金融稳定仍处于探索阶段，仍未达成共识。接下来的讨论将提供这些工具的基本概念，不过如何运用这些工具要根据具体情况而定。

2. 限制按揭贷款成数

限制按揭贷款成数（LTV）主要用于解决住房交易市场形成的风险[11]。限制按揭贷款成数通过规定购买住房的首付比例来限定居民的借款能力。比如，在某个住房交易市场中，假如实行80%的LTV比率，则意味着购买者需要支付相当于房价20%的首付款，因为在该市场内银行只允许提供等值于房价80%的贷款。如果LTV比率降到70%，购买者则需要筹备更多的资金用于支付相当于房价30%的首付款。通过降低LTV比率，房地产市场的投机行为可以大为减少。

实践中，限制按揭贷款成数可以有很多方式。中央银行可如上述那样马上降低贷款成数，也可以使用其他方式，比如对于不同的贷款成数适用不同的风险权重，那么当商业银行决定贷款给贷款成数更高的客户时，就得保留更高的资本储备。

3. 限制贷款收入比

贷款收入比（DTI）同样也可以用于处理产生于住房交易市场的风险。当限制贷款收入比后，只有当居民的每月还款额（含按揭贷款、信用卡贷款、汽车贷款等）不超过其收入的一定比例时，贷款机构才能对居民发放新的贷款。中央银行可以通过降低贷款收入比来达到限制居民借款总额的目的[12]。

实践中，降低贷款收入比可以与限制按揭贷款成数配合使用。

---

* 与流动性相关以及与资本相关的宏观审慎工具更多地同解决来自金融机构体系的风险有关，这将在下文讨论。

当中央银行认为居民债务增长过快以至于损害金融稳定时,可以同时降低按揭贷款成数和贷款收入比[13]。

4. 信贷增长上限

信贷增长上限可以针对所有银行贷款,或针对对部分部门的贷款[14]。一般来说,对所有银行贷款采取限制信贷增长上限能够降低经济周期的扩张效应。在这种措施下,商业银行必须在符合条件的借款者中进行信贷分配。另外,通过对特定区域设置信贷增长上限,监管当局可以更有针对性地处置风险积累问题。

5. 未对冲外汇贷款上限

设置未对冲外汇贷款上限主要是针对那些可以从海外市场借入外币、再贷给国内借款者的银行机构[15]。限制未对冲外汇贷款上限能够减少因对外借款产生的未对冲汇率风险。在此措施下,当银行向国内借款者发放外币贷款时,应按中央银行规定要求借款者对冲汇率风险,否则将对其外汇借款进行限制。

在采取上述措施后,借款者的外汇风险敞口会受到限制,贷款银行的信用风险也会减少。设定未对冲外汇贷款上限对实行固定汇率体制的新兴经济体尤其重要,因为当国内利率高于国外利率时,商业银行将以较低利率从国外借入资金,然后再以较高利率贷给本土借款人,商业银行并没有考虑到如果这种交易规模很大,中央银行可能无法维持固定的汇率水平。

12.1.3 维护金融稳定:事后处置宏观经济中的风险

一旦过度负债现象开始引起链式违约,或者当资产价格泡沫开始破灭,中央银行仍能进行事后干预,处置由宏观经济引起的对金融稳定的威胁。这些干预可以通过以下方式进行:(1)使用宽松的货币政策,(2)使用宏观审慎工具[16]。

1. 宽松的货币政策

常规的放松货币政策的方法一般是降息,但当面临更为严峻的情况时,就可同时采用一些非常规工具,如向金融机构提供贷款、向金融市场注入流动性以及从私人部门购买长期债券（即量化宽松）[17]。

（1）常规的宽松货币政策。降息是一种常规的宽松货币政策，它是通过降低经济主体风险特别是信用风险来维护宏观经济和金融稳定。在金融稳定正处险境的情况下，货币政策的放松能够降低经济中不同部门的信用风险，特别是当借款者的收入在顺周期地减少时，降息能有助于减轻借款者的利率负担。在较轻的利率负担下，经济主体就能较好地应对收入的降低，而不至于被迫让债务违约。

（2）非常规的宽松货币政策。在经济危机背景下，中央银行除放松货币政策外，还可以采取其他措施。2007~2010年的国际金融危机之后，美联储采用了一些现在看来是非常规的政策工具。我们在第六章曾经提到，这些政策工具包括三个方面：其一，借款给金融机构，其二，向主要信贷市场注入流动性，其三，购买长期债券[18]。美联储前主席伯南克认为，非常规工具的一个共同特点就是依靠中央银行扩大信贷或购买债券[19]。

正如我们在第六章所讨论的，前面两项措施（即借款给金融机构和对主要信贷市场注入流动性）属于最后贷款人类型，在危机高峰期过后已退出。最后一项措施，即购买长期债券（政府债券和私人部门发行的资产支持证券），是为了向私人部门注入流动性、消除私人部门资产负债表中的有毒资产，以及拉低长期政府债券的收益率。事实上，第三项措施在本书出版的时候依然在继续使用，前两项措施可纳入博里奥在2012年研究中所定义的危机管理范畴，而第三种则可成为危机解决措施，因为它能帮助经济回到持续复苏的道路上[20]。

2. 宏观审慎工具

为了在事后维持宏观经济和金融稳定，中央银行可以放宽与信贷相关的宏观审慎工具，如放宽在经济上行时曾收紧的LTV、DTI，或者信贷增长上限[21]。在最近的金融危机后，与信贷相关的宏观审慎工具的逆周期使用越来越受关注,但它是否能够在危机中扭转下行的趋势仍有待考察。在危机中,当 LTV 和 DTI 仍处于较低水平时,经济主体申请更多贷款的意愿会减少。危机后,这些工具的松解至少能释放出货币政策正在放松的信号。

12.2　金融机构

为了事前维护金融机构的稳定,拥有银行监管职能的中央银行应运用各种工具对银行和其他金融机构进行监管。监管者可根据具体情况,从微观审慎和宏观审慎的视角运用这些工具。没有银行监管职能的中央银行也可以同银行监管机构协调实施有关规定和采取有关措施。危机发生后,不论中央银行是否具有银行监管权,都可以通过向问题金融机构紧急注入流动性或采取其他特殊解决措施来维护金融稳定。

12.2.1　维护金融稳定:事前应对对金融机构的威胁

为了维护金融稳定,并对源自于金融机构的风险进行事前防范,具备银行监管职能的中央银行应通过微观审慎和宏观审慎两个视角分析处理问题[22]。例如,运用微观审慎监管手段(比如说开展现场检查)可以使单个银行依法合规经营,确保其管理安全稳健;而运用宏观审慎监管手段(如动态资本充足要求和动态拨备)可确保银行体系有足够的应变能力应对经济周期放大的风险、解决跨部门风险集中的问题。

1. 微观审慎监管

对具有监管权的中央银行来说,微观审慎监管的目标是确保商业银行具有充足的资本和流动性来应对冲击,确保商业银行安全稳健地营运。微观审慎监管通常指检查以及相关的监管行为,包括强制执行法律法规以确保商业银行依法合规经营。如第三章所述,银行检查手段包括现场检查和非现场监管。

中央银行通过现场检查来确保接受监管的商业银行安全稳健地营运。在现场检查中，中央银行可以运用 CAMELS 评级体系对商业银行的资本充足率、资产质量、管理、盈利能力、流动性和对市场风险的敏感性进行评估分析。在现场检查的间隔期，中央银行可以结合非现场监管数据判断商业银行是否需要整改。在此期间，中央银行还需要分析商业银行当前及未来的有关情况，以决定下一次现场检查的重点领域。

通过现场检查和非现场监管，中央银行可以详细地了解每家商业银行的健康状况。通过法定权力和"道义劝告"，中央银行能够确保商业银行依法经营，并按照中央银行的整改要求采取措施。由于一次严重违规行为可能导致一家银行破产，所以中央银行拥有罢免出现过失或行为不当的董事和管理人员并任命临时管理层的权力。极端情况下，当一家商业银行已被确认破产或者处于破产的边缘时，中央银行可以建议将其强制出售或者清算，以防止发生挤兑。

2. 宏观审慎监管

微观审慎监管注重单个银行的风险应对能力，而宏观审慎监管更为关注金融系统整体的应变能力。中央银行运用宏观审慎工具，特别是与资本和流动性相关的工具来帮助金融机构抵御系统性风险。与资本相关的宏观审慎工具包括动态资本充足要求、动态拨备和对系统重要性银行（SIFIs）的附加资本缓冲[23]。与流动性相关的宏观审慎工具包括限制净敞口头寸（特别外币的）和限制错配（币种和期限错配）[24]，以及在 2007～2010 年国际金融危机后由巴塞尔银行监管委员会提出的流动性覆盖率（LCR）和净稳定资金比例（NSFR）[25]。

（1）与资本相关的宏观审慎工具。资本充足要求是中央银行确保银行体系应对系统性风险的一项重要工具，商业银行需持有足够的资本以应对各种风险。资本充足要求能够用来应对以下原因产生的系统性风险：一是由经济周期导致的风险放大，二是系统内的风险集中与风险分散。

第十二章 金融稳定：干预工具

概念：资本充足要求的基础：资产、负债及资本的关系

根据会计准则，银行的总资产应等于总负债。银行负债可分成债务（绝大部分为存款）及资本（银行股东持有）。银行资产负债表中的资产要么来源于债务融资，要么来自于资本融资。实践中，大部分的银行资产由对企业或个人的贷款构成，银行负债的主要部分是存款人的存款。

如果因借款人无力偿还贷款导致某银行的资产下降，因为资产负债表的平衡关系，该银行的总负债也会相应减少。依据法律，为了匹配总资产的损失，在存款人吸收损失前，该银行应首先减记自身的资本。正如第十一章所述，如果存款人害怕自己的存款受到影响，在银行资本耗尽前该银行就会被挤兑。为了缓解对资产的冲击、保证应对能力，监管当局通常要求商业银行保持一个较高的资本充足水平。图12.1展示了银行如何运用资本吸收贷款损失。

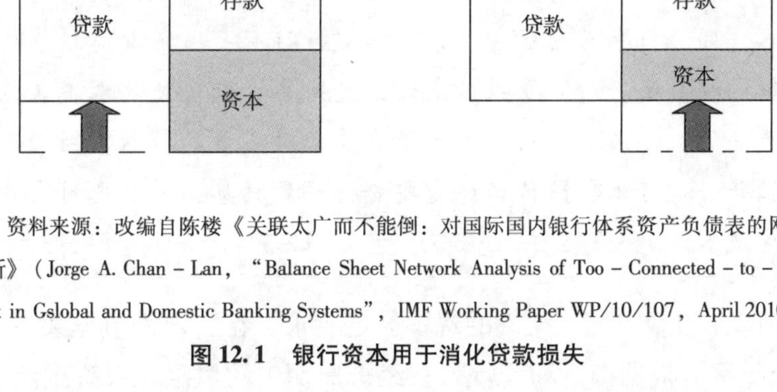

资料来源：改编自陈楼《关联太广而不能倒：对国际国内银行体系资产负债表的网络分析》(Jorge A. Chan-Lan, "Balance Sheet Network Analysis of Too-Connected-to-Fail Risk in Gslobal and Domestic Banking Systems", IMF Working Paper WP/10/107, April 2010)。

图12.1　银行资本用于消化贷款损失

资本的定义

用会计术语来说，资本是股东（相对于债权人）业务（Business）的组成部分。对于商业银行来说，资本一般包含普通股、优先股、留存收益以及法定储备。资本可分为两级，一级资本反映了商业银行的实力（或者缺乏实力），因为一级资本指银行的实收资本，以及保留盈余或损失。二级资本在某特定环境下，如发行了公司债券，可暂时增加或转化成一级资本，既包括债券，也包括固定资产价值的变化。

资本充足率

判断一家银行是否有足够的资本，可通过计算该银行的资本与加权风险资产的比率来评估。

$$资本充足率 = 资本/风险加权资产$$

在危机的冲击下，由于不同类型的资产表现不同，危机对资本的影响也会不同。由于贷款类型（住房贷款、公司贷款等）、贷款人的类型（高收入或低收入个人，大公司或中小型企业等）不同，商业银行发放的贷款风险程度也有不同。不同类型的资产对应不同程度的风险，因而商业银行需要根据资产的风险程度来决定所保有的资本量。总的来说，商业银行为应对资产风险而持有的资本多少应由以下两方面决定：一是持有了多少种不同类型的资产，二是每种资产类型的风险度。

但在实践中，商业银行维持较高水平的资本需要支付高昂的成本。因为将融入的资金当作资本进行持有，通常没有融资放贷赚取的收益高。对商业银行来说，更高的资本充足要求不仅代表了更高的机会成本，而且代表了需要面对更多的掣肘，因为无论存款是否被贷出，银行始终需要支付存款利息，并且支付自身的营运成本。

（2）宏观审慎框架下的资本充足要求。在宏观审慎框架下，资本充足率应根据银行和借款人在经济周期中的风险积聚程度及冒险行为进行调整。正因为如此,新的监管规定——例如《巴塞尔协议Ⅱ》和《巴塞尔协议Ⅲ》建议资本充足率应随时间变化。古德哈特在2013年的研究也建议把资本充足要求作为防止金融不稳定的有效工具[26]。

①动态资本充足要求。动态资本充足要求的要义在于,在经济景气时提高资本充足要求,而在经济不景气时降低资本充足要求,以便在多变的经济周期中维持银行系统的稳定。在经济景气时,经济增长和商业前景通常会向好,高风险项目会变得可行。提高资本充足要求可以自动降低商业银行形成过度风险敞口的可能性。除了减少风险敞口外,在经济景气时积累更多资本也有助于商业银行在经济不景气时更好地应对逆向冲击。

在经济不景气时,降低资本充足要求可以减轻商业银行压力。因为不要求保持较高的资本充足率,商业银行可以利用部分资本来吸收资产损失。由于具有较好的承受冲击的能力,商业银行收回贷款的压力将下降。贷款的收回不仅直接影响银行客户的生产经营,而且也会使宏观经济前景恶化,进而给商业银行资产组合造成更大压力。

通过在经济景气时提高资本充足要求,在不景气时降低资本充足要求,银行体系在面对经济周期变动时会更为稳健。但在实践中,动态资本充足要求这一概念的实际应用仍处于早期阶段。研究者仍在对包括如何衡量经济景气(不景气),何时提高(降低)资本充足要求等问题进行研究。

博里奥、德赫曼和萨特萨诺尼斯(Tsatsaronis)在2011年的研究提出:由于信贷占GDP的比例与其长期以来变化趋势之差能够反映系统脆弱性的累积情况,因而该比例差可能是一个被用来衡量是否需要提高资本充足要求的较好指标。而关于是否有必要降低资本充足要求,他们则认为另一些指标(如信用价差)较好,因为这些指标能够在信贷危机爆发前及时反映出银行部门的困境[27]。

②资本充足要求作为维护金融稳定的主要工具。古德哈特在2013年的研究中建议,当商业银行股本下降时,需要有累进式的惩

罚机制。如果某银行资本充足率下降到"最低介入点",监管当局就应当接管该银行,解散管理层和股东大会,并采取处置措施[28]。因此,资本充足要求可被用作一种更有效的宏观审慎工具,监管当局可主动将其作为一种事前维护金融稳定的管用工具,而不是被动地监测银行是否符合要求。

> **概念:《巴塞尔协议Ⅰ》、《巴塞尔协议Ⅱ》、《巴塞尔协议Ⅲ》的介绍**
>
> 中央银行通常采用的资本充足要求是由巴塞尔银行监管委员会提出来的一种国际性规则。巴塞尔银行监管委员会位于瑞士巴塞尔,是由一些中央银行和专家组成的国际委员会。如第三章所述,这个规则首先在1988年发布,被称为《巴塞尔协议》(《巴塞尔协议Ⅰ》)。《巴塞尔协议Ⅱ》于2004年发布,但由于2007~2010年的国际金融危机,《巴塞尔协议Ⅱ》并没有完全被实施。巴塞尔银行监管委员会在汲取危机教训后于2010年发布了《巴塞尔协议Ⅲ》的框架[29]。
>
> **《巴塞尔协议》(《巴塞尔协议Ⅰ》)**
>
> 1988年的《巴塞尔协议》根据信用风险水平,将银行资产分为五个等级,分别赋予0、10%、20%、50%、100%五种风险权重。最安全的资产如政府债券,赋予0的风险权重,对于这种资产,银行不需要计提任何拨备,而对另一端的公司债,《巴塞尔协议Ⅰ》将其视为高风险资产,并赋予了100%的风险权重,银行对于此类资产要计提足额的拨备。
>
> 《巴塞尔协议Ⅰ》规定,商业银行最低资本充足率为本行风险加权总资产额的8%。《巴塞尔协议Ⅰ》可表示为
>
> $$资本充足率 = 资本/风险加权总资产 \geq 8\%$$
>
> 巴塞尔银行监管委员会并没有明确解释为什么最低限额定为8%。但普遍相信8%已能保证商业银行安全运行,同时可确保国

际上不同地区的银行能在同一起跑线上竞争。

20世纪90年代，巴塞尔银行监管委员会修订了《巴塞尔协议Ⅰ》，明确将市场风险和经营风险纳入风险资本计算和监管框架。自1988年推出以后，超过100个国家采纳了《巴塞尔协议Ⅰ》作为金融机构监管指引，并根据其国家的具体需要及实际情况作了具体调整[30]。

《巴塞尔协议Ⅱ》

2004年，巴塞尔银行监管委员会颁布了新的资本要求指引，即《巴塞尔协议Ⅱ》。《巴塞尔协议Ⅱ》尝试用三大支柱改进《巴塞尔协议Ⅰ》。第一大支柱强调资本充足要求应更全面、更灵敏地对金融机构所面临风险做出反应；第二大支柱，被称作外部监管，强调银行监管者对风险权重进行调整以真实反映观察到的银行所面临的潜在风险；第三大支柱为市场约束，强调市场力量对银行经营者在警惕潜在风险方面的约束作用。

在第一大支柱下，资本充足要求更能综合反映银行面临的风险，包括操作风险、市场风险以及信用风险，并且要求对上述三大风险进行量化。对于只有简单交易的小型金融机构，对不同资产赋予的风险权重可以根据标普（S&P）或穆迪（Moody）的评级确定；对于大型金融机构或者有复杂交易业务的金融机构，《巴塞尔协议Ⅱ》允许使用内部评级模型来决定其资产负债表中不同资产的风险权重系数。《巴塞尔协议Ⅱ》强调不同类型资产间的风险可能会相互抵消（如在银行资产负债表中的某些衍生品可以抵消银行其他资产风险）。

在第二大支柱下，巴塞尔银行监管委员会强调监管机构对商业银行风险权重计算进行检查的重要性，强调监管机构应确定该权重系数是来自外部信用评级机构还是基于银行内部风险模型。然后，银行监管机构可在适当情况下要求商业银行调整风险权重，以真实反映潜在的风险。

在第三大支柱下，《巴塞尔协议Ⅱ》强调要让私人投资者验证商业银行风险管理做法的正确性，以协助监管当局对商业银行风险权重的计算进行评估；强调金融机构要具有透明度，以利于市场参与者更好地评估金融机构是否经营合理和前景良好。投资者通常会增持经营合理且有良好前景的金融机构的股票，并且通常会拉升其股价。相应的，金融机构的股价能真实反映其经营效率，并有助于促使金融机构的风险管理按监管部门提出的评价和要求进行[31]。

《巴塞尔协议Ⅲ》

尽管巴塞尔银行监管委员会在2004年就颁布了《巴塞尔协议Ⅱ》，但由于监管当局和商业银行都需要进行大量的准备，所以《巴塞尔协议Ⅱ》经历了较长时间才得以实施。但2008年国际金融危机的全面爆发暴露出《巴塞尔协议Ⅱ》存在诸多不足之处。对《巴塞尔协议Ⅱ》的修订最终促成2010年末《巴塞尔协议Ⅲ》的发布。《巴塞尔协议Ⅲ》改进了《巴塞尔协议Ⅱ》的三大支柱，并提出全球最低流动性标准，以及对系统重要性机构（SIFIs）的附加资本缓冲[32]。

对三大支柱所作的改进

汲取2007~2010年国际金融危机教训，巴塞尔银行监管委员会在《巴塞尔协议Ⅲ》中对《巴塞尔协议Ⅱ》的三大支柱进行了重大调整。

第一大支柱　巴塞尔银行监管委员会对第一大支柱的主要改进是资本的质量和数量，以及商业银行的风险范围和杠杆率。

在资本质量方面，《巴塞尔协议Ⅲ》注重使用普通股作为资本。在国际金融危机期间，尽管存在资本充足要求，但是金融机构没有足够的资本缓冲来吸收资产负债表中的损失。这其中部分原因是由于二级资本如债务和固定资产计价的变化不能被用来吸收商业银行的损失。商业银行债券的持有者不愿意在经济不景气时将其债券换成普通股，因为这会令他们失去对商业银行资产的优先要求权。商业银行的固定资产如不动产，其价值在经济不景气时也会下降。

《巴塞尔协议Ⅲ》强调普通股作为资本的重要组成部分，在危机时可直接用于冲抵损失，以提高资本质量。《巴塞尔协议Ⅲ》规定，普通股应相当于风险加权资产的4.5%。相关监管机构也可酌情要求冲销或将其他资本工具（如债券）转换为普通股权以吸收银行损失。

在资本数量方面，《巴塞尔协议Ⅲ》要求商业银行用相当于风险加权资产价值2.5%的普通股作为资本留存缓冲。此要求加上上段所述的要求，普通股总体标准上升到7%。资本留存缓冲主要用于解决在国际金融危机时凸显的一个难题：即当实际损失发生时，金融机构不能通过减记资本来吸收损失，因为减记资本会将其资本削减至最低资本充足要求水平之下。

《巴塞尔协议Ⅲ》同样要求商业银行以普通股形式持有逆周期（或动态）资本缓冲，当监管部门认为信贷增长会导致系统风险过度积累时，可对相关机构提出相当于风险加权资产0~2.5%的逆周期资本缓冲要求。

在风险范围方面，由于2007~2010年的国际金融危机爆发的部分原因是由于资产证券化以及不同类型交易对手之间衍生品交易的增长，因此，《巴塞尔协议Ⅲ》要求对证券化资产、衍生品的交易、交易对手的信用风险以及负责金融市场交易清算的中央交易对手的风险敞口进行严格监管。

除了基于风险的资本要求外，《巴塞尔协议Ⅲ》还引入了一个不基于风险的杠杆比率，即不允许商业银行持有超出资本特定比率的资产（包括表外资产）。这一比率是为了限制商业银行过度放贷或者表外业务，以使其不危及商业银行的稳健经营。

第二大支柱 对于第二大支柱，《巴塞尔协议Ⅲ》对外部监管进行了补充规定,涉及内容包括:(1) 商业银行治理及风险管理,(2) 表外风险敞口和证券化活动,(3) 银行风险集中度管理,(4) 薪酬和考评实践,(5) 金融工具的会计标准,(6) 联合监管,即由相关监管者组成联合工作组,对跨国银行集团实施持续性监管。

第三大支柱 在第三大支柱下,《巴塞尔协议Ⅲ》建议修订对所有银行机构的信息披露要求。商业银行的资产证券化风险及表外工具投资必须披露,商业银行资本的具体组成部分以及资本比率的计算方法也要披露。

对所有银行机构的全球流动性标准和对系统重要性金融机构(SIFIs)附加损失吸收能力要求

除了改进三大支柱,《巴塞尔协议Ⅲ》引入了全球流动性标准和对所有银行机构进行相应监测的要求,并且针对系统重要性金融机构提出了较高的损失吸收能力要求。

全球流动性标准 全球流动性标准引入了流动性覆盖率(LCR),要求所有商业银行拥有足够多的流动资产,以能适应监管机构设计的30天融资压力情景。同时,也引入了净稳定资金比例(NSFR)以激励商业银行使用稳定的资金来源(例如用定期存款代替货币市场借款),解决流动性错配问题。《巴塞尔协议Ⅲ》设立了一个监管框架,包括一套通用的监测指标,以帮助监管部门识别和分析个别银行和系统流动性风险趋势。

对系统重要性金融机构额外吸收损失能力的要求 《巴塞尔协议Ⅲ》要求系统重要性金融机构拥有额外的吸收损失能力。这一要求通过普通股一级资本渐进式实现,范围为1%~2.5%,根据金融机构的系统重要性而定。《巴塞尔协议Ⅲ》也建议对已计提最高额外资本的系统重要性银行再增加1个百分点的额外损失吸收资本,以防止某些银行在将来过度增加其全球系统重要性。

第十二章 金融稳定：干预工具

③动态贷款损失准备金。另外一个与动态资本充足要求相似的概念是动态贷款损失准备金。简单来说，就是要求商业银行在经济景气时提高其贷款损失准备金，在经济不景气时降低其贷款损失准备金[33]。动态资本充足要求与动态贷款损失准备金有以下两点不同之处：（1）动态借款损失准备金直接影响银行损益表，但动态资本充足要求不会；（2）动态借款损失准备金被用来应对贷款预期损失，而动态资本充足要求则是为了应对经济周期变化带来的不可预测的风险。

在经济景气的时候，商业银行贷款的数量会增加，但其贷款质量会因银行间的信贷竞争而下降，贷款预期损失也会相应增加，因此应增加贷款损失准备金。当经济不景气的时候，由于商业银行已就预期损失计提了较多的借款损失准备金，因而不会受到较大的冲击。此外，经济不景气时，商业银行也会变得更加谨慎，将贷款投向更为安全的项目，贷款数量看似减少，但是质量却有所提高，因此应要求其相应减少贷款损失准备金。

自从西班牙中央银行在2000年率先使用动态借款损失准备金后，越来越多的中央银行也采用这一举措。泽尔（Wezel）、陈楼和科伦比安（Columba）在2012年的研究中建议以动态贷款损失准备金作为动态资本充足要求的一种补充[34]。动态贷款损失准备金可充当防御的第一道防线，除非商业银行最终只能动用资本吸收损失，商业银行在经济不景气时就可用其弥补损失，以维护利润和资本。需要再次强调的是，这两种工具相互补充，动态贷款损失准备金被用来应对商业银行可预期的损失，动态资本充足要求则被用来应对商业银行的非预期损失。

（3）与流动性相关的宏观审慎工具。限制商业银行净敞口头寸（例如，在外币业务方面）可确保商业银行不会过度承受流动性风险及市场风险。如果许多商业银行同时持有大量的某外币净敞口（例如套利交易，即商业银行以较低利率借入外币，再以较高利率向国内借款人发放贷款），若汇率朝着不利于商业银行的方向变动，商业银行就会遭受损失，就需要迅速筹款来应对损失。如果这些商业银行同时需要筹款，就有可能会甩卖资产，导致情况更加恶化。通过限制净敞口头寸，商业银行就必须对未平仓的头寸进行对冲，以减少流动性风险和市场风险。

限制货币和期限错配同样可以减少流动性风险和市场风险。严重的货币错配意味着商业银行大量持有以某种货币计价的资产（如贷款），同时还大量持有以另一种货币计价的负债（如基础存款）。若汇率朝着不利于商业银行资产但有利于负债的方向变动，商业银行将蒙受损失，并可能需要尽快筹集资金。期限错配则意味着商业银行过度依赖短期贷款来维持长期贷款，如果商业银行不能顺利地筹集到短期资金，银行的流动性风险就会发生。

为了增强银行的流动性，《巴塞尔协议Ⅲ》在流动性标准中引入了流动性覆盖率（LCR）和净稳定资金比例（NSFR）（详情见"概念：《巴塞尔协议Ⅰ》、《巴塞尔协议Ⅱ》、《巴塞尔协议Ⅲ》的介绍"）。

12.2.2 维护金融稳定：事后处理对金融机构的威胁

三个版本的《巴塞尔协议》中所提出的微观审慎措施、宏观审慎措施和资本充足要求，都可被用于在事前确保金融机构处于安全和稳健状态。实践中，金融机构通常"借短贷长"，这意味着即使资本充足率较高的金融机构也很可能面临来自内部因素或外部因素引起的突发性的流动性短缺。

1. 贴现窗口

为了防止短期流动性不足导致商业银行承受过度压力并引发系统失灵，中央银行通过贴现窗口为合格的商业银行提供临时流动性。中央银行在较早时期以贴现窗口为主要操作工具，为那些需要帮助的商业银行提供资金。其后，随着公开市场操作成为货币政策的主要工具，贴现窗口成为补充工具，主要被用作安全阀门，以减轻金融机构的临时流动性压力[35]。

第十二章 金融稳定：干预工具

作为流动性的供给来源，贴现窗口开辟了另一条渠道，既可被用于为资金极度短缺的金融机构注入流动性，也可被用于流动性再分配，即通过金融机构的借款，将流动性分配至需要资金的其他经济部门。

为了从贴现窗口借款，金融机构通常以一定的贴现率向中央银行提供合格资产作为抵押品。为了防止金融机构过度依赖贴现窗口，贴现率一般会略高于政策利率。中央银行对贴现率定价较高是希望金融机构能够谨慎管理流动性，非必要时不要通过贴现窗口补充资金。因而在正常情况下，金融机构通常会先选择利率较低的其他资金来源。

中央银行尽管通常不鼓励金融机构将贴现窗口作为流动性的主要来源，但也逐渐认识到不应对那些真正需要临时流动性的金融机构过度严苛[36]。在危机时，即便营运良好的商业银行也会面临流动性紧急的情况，对贴现窗口借款的过度严控有可能阻碍这些商业银行获得急需的流动性。

为了解决这个两难问题，中央银行通常会区别对待不同级别的流动性供给，并设定不同的贴现利率。一级流动性主要是针对稳健型银行提供超短期流动性支持，其利率仅比政策利率稍高，中央银行也不设定任何条件，并且不限制用途。不符合一级流动性要求的金融机构仍然能够从贴现窗口获取流动性支持，但必须支付较高利率，并且中央银行可能要求此类金融机构确保所放贷款符合监管要求。

2. 问题金融机构的特别处置方案和"生前遗嘱"

尽管中央银行采取了多种措施，但仍有个别银行可能会破产。为了确保金融稳定性，中央银行以及其他相关部门需要制定特别处置方案，以避免问题银行以一种无序的方式破产。

根据克莱尔·麦奎尔（Claire McQuire）在2012年的研究，监管部门可采用四类特别处置方案来有序处置问题银行：（1）清算或关闭，（2）接管或临时性管理，（3）收购和承接，（4）国有化[37]。

（1）清算或关闭。如果监管部门认为关闭商业银行不会导致风险蔓延，那么对问题银行进行清算通常是最优的选择。如果选择清算，监管者将直接要求商业银行关闭，并吊销银行执照，按照破产法、商法或银行特别处置制度进行破产处置，且通过逐步出售银行资产来偿还存款人和其他债权人的债务。如果有存款保险制度，保险机构将按协议数额赔付存款人，并取得代位求偿权。银行的股东只能在其他银行债权人获得清偿后取得剩余权益。

（2）接管或临时性管理。如果监管部门认为立即关闭一家银行将引起不必要的动荡，通常就会指定一个临时管理团队去取代该行的高级管理层。在接管过程中，原有股东将失去对银行的所有权，或者被暂时限制某些权利。临时接管团队将改变银行的营运方式，以改善财务状况，实现未来将该行售卖或合并至其他金融机构的目的。

（3）收购和承接：促成另一方的收购。为了避免不必要的动荡，监管部门还可以选择进行收购和承接（P&A）。这种方法本质上是将一家问题银行的营运转移至另一家健康的银行。监管部门吊销或暂停问题银行的执照，终止股东权利，促成另一家银行接收该行的健康资产和存款，并接管问题资产以便管理和以后出售。具体操作的形式之一是监管部门构建一个"搭桥银行"来接管该银行的所有问题资产，以便以后卖给私人部门。

（4）国有化：政府承接所有权。当金融系统已处于极大压力的环境下以及以市场为基础的处置方案不能及时和有效解决问题时，监管当局就需要将问题银行国有化。在这种情况下，政府通过注入现金和改变所有制来获取问题银行的所有资产和负债。政府可能会指定新的管理层或让原管理层继续管理，以改进银行的财务状况，以便政府在将来收回投资或者将该银行出售给私人部门。

（5）"生前遗嘱"。2007~2010年国际金融危机后，监管部门认识到现代金融机构规模非常庞大，而且股权结构和与其他机构的权利义务关系异常复杂,觉得如果不事先深入了解商业银行的架构,在危机时对问题银行的处置工作就会既无效率又无效果。因此,2007~2010年国际金融危机之后的金融改革,例如美国的《多德—弗兰克华尔街改革与消费者保护法案》(Dodd-Frank Act),就要求最大型银行向监管当局签订"生前遗嘱",详细列明自己一旦破产需要终止经营时,现有的股权结构、资产、负债以及各种对外往来[38]。

"生前遗嘱"不仅有助于监管机构提前知道商业银行的股权结构和处置方案,也迫使商业银行管理层更加了解自身的运作情况及应急方案。2013年,美国11家最大型银行都与监管机构签订了"生前遗嘱",内容包括当母公司破产、变卖资产和业务以及关闭营业网点时其分支机构的资本重组等[39]。由于"生前遗嘱"在商业银行真正遇到问题之前就已制定,因此也可被视为一种事前监管工具。

12.3 金融市场

中央银行由于通常不是金融市场的直接监管者*,所以通常不会对金融市场进行监管,或者仅会采取一些选择性的、十分谨慎的途径来处理金融市场问题。正因为如此,中央银行可能并没有充足的工具来避免金融市场参与者积聚风险,但如果那些市场参与者是在中央银行监管下的银行机构,情况可能就会不同(这也仅适用于中央银行同时是银行监管者的情况)。

尽管中央银行不直接监管金融市场,但仍须采取积极的措施来减轻金融市场的风险,原因至少有以下三大点:

第一,金融市场越来越重要。2007~2010年国际金融危机凸显了中央银行维持金融市场稳定的重要性。在美国,除中央银行

---

* 金融市场的监管角色或者由一个监管机构承担(例如金融服务监管局),或者由不同的监管者对不同的金融市场进行监管(例如证券交易委员会和商品期货交易委员会),视各国国情而定。

监管下的传统存款机构之外,金融中介机构越来越多地涉足金融市场业务。同时,商业银行的资产在金融总资产中的比例下降,而证券经纪—交易商、对冲基金、共同基金的资产占比则有所提高。

随着非银行金融机构日益重要,金融机构资产(包括按揭贷款、汽车贷款和信用卡贷款)证券化不断发展,金融机构间证券化资产的交易行为也越来越重要。如果美国的金融市场发展有导向性,则其他国家的金融市场相对于传统银行业务也会变得更加重要。

第二,严重的金融市场动荡会导致流动性短缺,这可能会引起连锁性的交割失败并蔓延至整个金融系统和经济领域。对于许多金融市场已显著成长并成为经济活动重要资金来源的国家来说,这一点表现得尤为明显。维护金融稳定是中央银行的重要职责之一,中央银行对此不能袖手旁观,尤其是在金融市场动荡威胁到整个金融和经济体系的时候,中央银行更不能置之不理。

作为货币的最终创造者,中央银行拥有提供最终流动性的权责,因此有能力解决金融市场系统性资金短缺的问题。随着金融市场的重要性不断增长,金融市场、金融机构、宏观经济之间错综复杂的关系,使得中央银行在处理金融市场风险积累问题上必须发挥更为积极主动的作用。

第三,通过日常在金融市场的货币政策操作,中央银行已拥有能保持金融市场平稳运行的联系网络、工具和设施。在日常的货币政策操作中,中央银行通常处于一级交易商网络的中心,这些一级交易商可能不直接受中央银行监管,但却是不同金融市场的主要参与者。根据收集的信息,通过与一级交易商联系,中央银行就可以了解金融市场正常运行部分之外的金融动荡情况。就业务操作而言,中央银行可通过一级交易商将流动性在金融市场的各个子市场进行再分配。

12.3.1 维护金融稳定：事前应对对金融市场的威胁

中央银行通常不是金融市场的牵头监管者。然而，借助货币政策影响金融市场上的价格和成本，借助在金融市场中的广泛操作，同时借助对金融市场的主要参与者——银行拥有的监管权（对具有监管权的中央银行而言），中央银行有能力在事前处理对金融市场的威胁。

1. 运用货币政策处理金融市场的风险积聚

理论上，中央银行事前可以用紧缩的货币政策来防范金融市场的风险积聚。紧缩的货币政策将会增加金融市场参与者的资金成本，阻止投机活动。然而，实践中，中央银行很少这样做，除非特定金融市场的风险积聚已经严重威胁到金融稳定和币值稳定。若仅仅为了应对股票价格过快上涨而采取紧缩货币政策，中央银行会十分谨慎，因为紧缩的货币政策会对经济中的所有部门产生影响，同时股票的快速上涨是否有经济基本面因素的支撑也很难确定。

2. 对市场参与者的监管

与简单地使用紧缩货币政策相比，中央银行可对属其监管的金融市场参与者（如银行）进行监管。例如，限制净敞口头寸、限制货币错配以及限制期限错配等（见前文关于与流动性相关的宏观审慎监管工具的论述）。

对于那些不直接属于中央银行监管的市场参与者，中央银行就需要和其他监管部门进行协调，以确保不同的市场参与者拥有公平的竞争环境（即不同类型的市场参与者的市场行为受到的监管程度相当）。

12.3.2 维护金融稳定：事后处置对金融市场的威胁

由于中央银行可以控制货币政策并拥有最后贷款人地位，其在事后处置对金融市场的威胁方面也有很好的优势。

1. 货币政策和流动性风险

当过度负债或资产价格泡沫开始对金融稳定产生重大影响时，由于不确定借入方能否偿还借款，金融市场参与者会对同业借款心生疑虑。如果流动性较充裕的一方因顾虑而拒绝借款或设置超高利率，那些有清偿能力但又急需流动性的机构就可能陷入困境，这有可能导致整个系统产生流动性短缺的问题。

如果流动性短缺广泛扩散，并有可能影响到系统的稳定性，中央银行可采取货币政策措施来控制系统内的流动性风险。比如，降低政策利率或者降低紧急贷款利率来解决此问题。低利率政策可以降低资金的成本，从而缓解流动性不足问题。

2. 为不属于中央银行监管的金融机构提供流动性

一旦金融市场遭遇压力和动荡，中央银行可能会通过向金融市场参与者（即使不属于中央银行监管）提供流动性的方式进行事后干预。这是因为中央银行若不这样做，将会加剧金融市场的不稳定。传统上，为了防止道德风险，中央银行通常避免向那些不属于其监管的金融机构提供流动性。但随着金融市场日益重要，中央银行若仅因金融机构不属于其直接监管而不向那些系统重要性机构提供短期流动性，事态将会十分危险。

对于这一点，美联储在 2007～2010 年国际金融危机时为减轻市场流动性压力采取的做法值得借鉴。当时，美联储通过以下三条非常规渠道对金融市场进行事后干预：（1）向那些不属于其监管的机构和公司提供流动性，（2）放宽用于借入流动性的抵押品种类，（3）在某些特定情况下，除常规流动性供应之外，提供长期无追索权贷款[40]。

国际金融危机期间，美联储向不直接属于其监管的公司和机构提供流动性，这些公司和机构包括：（1）一级交易商，包括由美联储监管的银行以及那些不由其监管的非银行机构[41]。（2）货币市场共同基金，严格说来其不属于美联储监管，但是因为人们逐渐将货币市场账户中的资金视同于银行存款[42]而日益受到重视。（3）商业票据的发行人，包括很多在金融市场上发行票据来筹集营运资金，比如用来支付工资等的非金融企业。（4）资产支持证券市场的投资者，包括投资于资产支持证券的银行以及其他各种金融机构。（5）外国的中央银行。这些外国中央银行在其国内需要满足国内外企业对美元的需求[43]。

小结

如果面临明显的金融稳定风险，中央银行可以通过事前干预和事后干预两种方式来维护金融稳定。事前干预就是在危机发生之前进行干预，阻止危机发生，事后干预就是在危机发生之后重新构建金融稳定。

为应对来自宏观经济中威胁金融稳定的因素，中央银行可能采用紧缩性货币政策和宏观审慎工具以在事前防止经济部门的债务过度扩张；也有可能采用宽松的货币政策和宏观审慎工具进行事后干预，从宏观上减轻危机对经济主体的影响。

为应对金融机构体系中威胁金融稳定的因素，中央银行可以采用与资本和流动性相关的措施和工具。动态资本要求、动态贷款损失准备金、《巴塞尔协议Ⅱ》和《巴塞尔协议Ⅲ》等都属于增强银行资本的措施，而限制净敞口头寸、限制货币和期限的错配、流动性覆盖率、净稳定资金比例都属于与流动性相关的工具。在事后干预方面，中央银行可通过贴现窗口为金融机构提供流动性，以及对陷入困境的银行进行特别处置。另外，监管当局会要求大型银行提交"生前遗嘱"。

尽管中央银行在通常情况下不是金融市场的主要监管者，但也可通过货币政策和对属于其监管的银行进行监管这些事前干预措施来应对危及金融市场稳定的情况。在事后干预方面，中央银行可通过货币政策以及向那些不属于其监管的机构提供流动性等措施来重建金融市场的稳定。

关键术语

《巴塞尔协议Ⅰ》　　　　　　　　货币错配
《巴塞尔协议Ⅱ》　　　　　　　　动态贷款损失准备金
《巴塞尔协议Ⅲ》　　　　　　　　流动性覆盖率
商业票据发行商　　　　　　　　宏观审慎工具
期限错配　　　　　　　　　　　净稳定资金比例
货币市场共同基金　　　　　　　一级交易商
净敞口头寸　　　　　　　　　　动态资本要求

复习思考题

1. 根据2007~2010年国际金融危机的经验，为什么中央银行应使用货币政策来防止资产价格泡沫形成而不是在泡沫破灭后进行清理？

2. 如何运用货币政策防止资产价格泡沫？

3. 为什么中央银行在运用货币政策防止资产价格泡沫时很谨慎？

4. 资产价格泡沫破裂后中央银行应该采取何种货币政策？

5. 请举例说明四种宏观审慎工具。

6. 动态贷款损失准备金与动态资本要求有何区别？

7. 事后如何运用宏观审慎工具来维护金融稳定？这些措施是能够逆转危机，还是能够减轻危机的影响？

8. 请举例说明与资本相关的宏观审慎工具是怎样避免金融机构出现系统性风险的？

9. 与流动性相关的宏观审慎工具是怎样保护金融机构避免系统性金融风险的？请举例说明。

10. 如果注销一笔贷款，商业银行资产负债表中的哪一项会最先用来吸收损失？

第十二章 金融稳定：干预工具

11. 什么是资本充足率？

12. 《巴塞尔协议Ⅰ》是如何解释商业银行资本比率的？

13. 《巴塞尔协议Ⅱ》和《巴塞尔协议Ⅲ》的三大支柱是什么？

14. 《巴塞尔协议Ⅱ》相对于《巴塞尔协议Ⅰ》的主要改进之处有哪些？

15. 《巴塞尔协议Ⅲ》相对于《巴塞尔协议Ⅱ》的主要改进之处有哪些？

16. 举例说明怎样对出现问题的商业银行进行特别处置。

17. 为什么中央银行在运用货币政策处理金融市场风险积聚问题上会十分谨慎？

18. 为什么说金融市场上公平竞争十分重要？

19. 为什么中央银行在为那些不属于其监管的机构提供流动性时会十分谨慎？

20. 在2007~2010年国际金融危机的冲击下，美联储除了为金融市场提供流动性之外，还使用了哪些工具？

21. 美联储对哪些不属于其监管的机构提供了流动性？请举出四个例子。

22. 宏观压力测试如何在事后帮助重建金融稳定？

23. 为什么量化宽松政策有助于恢复金融稳定？

第四部分　维护未来金融稳定与货币稳定

第四部分分析中央银行面临的挑战以及应如何应对这些挑战。

第十三章讲述决定中央银行履职所处经济金融格局的三大因素：日益增强的全球化浪潮，不断发展的金融活动及尚待解决的国际金融危机遗留问题。

第十四章探讨中央银行应如何运用公共政策框架提升自身的分析能力、操作能力以及政治能力，以应对未来挑战并产生社会价值。

第十三章 中央银行未来面临的挑战

学习目标

1. 分析全球化的深入推进将对中央银行履职形成何种挑战;
2. 分析近年来金融活动的发展将对中央银行履职形成何种挑战;
3. 描述 2007~2010 年国际金融危机后推出的金融改革的主要特征。

本书第一部分讨论了数百年来中央银行如何逐渐发展其职能以应对政治、经济和金融环境的挑战。第二部分、第三部分讨论了现代中央银行业务如何在理论及实践中形成。其中,第二部分主要探讨中央银行怎样使用货币政策来履行货币稳定职责。第三部分主要阐述了中央银行汲取 2007~2010 年国际金融危机的教训,如何在货币政策之外辅以宏观审慎工具,以履行金融稳定职责。

本章我们展望未来,并讨论可能形成中央银行履职所处经济金融格局的三种主要因素:(1)全球化的深入推进;(2)金融活动的发展;(3)2007~2010 年国际金融危机的遗留问题(见图 13.1 和图 13.2)。

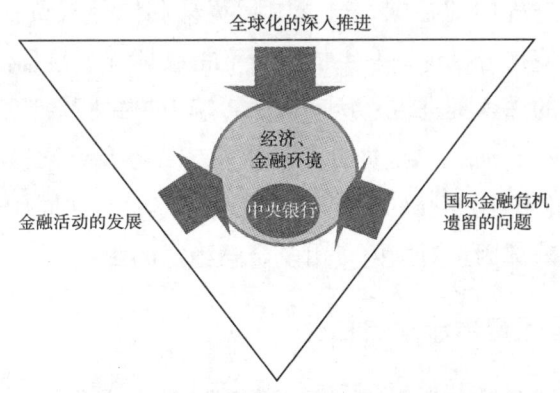

图 13.1 中央银行未来面临的三大挑战

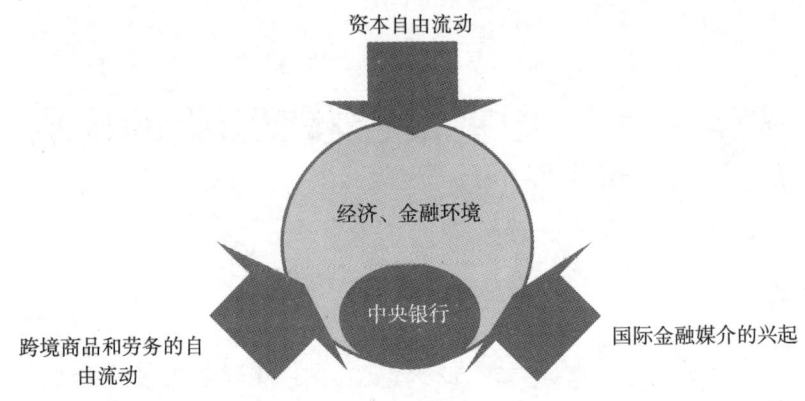

图 13.2　全球化的深入推进

13.1　全球化进程的深入推进

从经济学角度看,全球化是指国际贸易、生产、投资及人力等资源交换的双边障碍消减的过程[1]。这一过程常常通过自由化、私有化、放松市场和经济监管来实现,同时也伴随着运输、信息与通信技术的进步。

自 20 世纪 70 年代后,随着地缘政治、技术进步及市场机制观念的变化,全球化进程表现出了强劲势头。尽管存在诸多金融危机式风波,如 2007~2010 年的国际金融危机,但全球化趋势将持续发展。全球化进程中的各国,通过国际贸易和国际投资而相互依赖、联系紧密,使得分割这一联系的行为变得破坏性十足且代价巨大。

全球化的深入推进主要从三方面影响中央银行履职:(1)更自由的国际资本流动;(2)更自由的商品、劳务及要素投入的跨境流动;(3)国际金融媒介的发展。通过这三方面的共同作用,全球化进程将深化外部因素对国内货币及金融稳定的影响。

13.1.1　国际资本流动自由化

如第四章和第九章所述,国际资本流动自由化将对汇率及国内通胀水平造成压力,并催生资产泡沫。如果大量资金不加控制地流入小型开放经济体,那么该经济体的汇率可能会急剧上升。一旦资金可自由流入某国,就会造成该国经济活动猛增、价格水平上涨。通常,资金流入也会引发国内资产价格泡沫。

相反,资金流入突然转向将导致汇率大幅下跌、经济活动放缓、物价下降以及国内资产价格巨跌。因此,通过国际资本流动自由化,全球化趋势或将破坏货币与金融稳定。

案例:国际资本流动带来的挑战

至少在金本位时期,由于黄金的流出可以威胁到货币价值,人们就感受到了国际资本自由流动对中央银行的挑战。20世纪60年代和70年代投机资本对欧洲货币的攻击,80年代拉美金融危机以及90年代末的亚洲金融危机,一定程度上都是国际资本自由流动的结果。

投机性攻击及早期金融危机大部分限于一些特定国家或地区,然而随着全球化的深入推进,如今多变的国际资本流动带来的影响越来越具有全球性特点。这被发达国家量化宽松政策(用于应对2007~2010年国际金融危机)的影响所证明,量化宽松政策导致了全球范围内大量资本从发达国家流入新兴市场国家[2]。

尽管新兴市场国家中央银行大举介入外汇市场,大量的资本流入还是造成了汇率的急剧上升、国内经济活动增多和通货膨胀,同样也导致了2009~2013年不同地区新兴市场经济体资产价格的上涨。

随后,2013年中期,随着美联储宣布逐渐淡出量化宽松政策,新兴市场经济体均感受到国际资本的急剧流出。伴随着股票价格、债券价格以及大多数国家的不动产价格的回落,新兴市场国家的汇率出现下降[3]。

未来,全球资本流动将更加自由,对于经济开放小国的中央银行而言,熨平国际资本流向突变带来的资产价格波动,将成为一种挑战。

13.1.2 商品、劳务和要素投入的跨境自由流动

商品、劳务和要素投入的跨境自由流动表明,外部因素至少短期内会对国内经济行为及物价上涨产生较大影响。全球化使各国在获益于比较优势的同时,也使其对商品与劳务的进出口以及全球供应链产生依赖,境外事件将更容易对国内经济产生影响[4]。

进口方面,例如,由于进口要素价格的变化,国际价格水平的波动就可能影响国内价格。进口能源,作为许多国家经济活动的基本投入要素,受到的影响尤为明显。对严重依赖能源进口的国家而言,原油价格波动以成本推动型通货膨胀或者预期效应为途径,不仅影响这些国家国内能源价格而且会影响其物价总水平。而另一方面,向生产成本低的国家外包生产将有利于降低国内的通胀压力。

出口方面,全球需求的变化也可能影响国内经济活动及物价。例如,全球自然资源的旺盛需求很可能导致资源生产国经济活动的深化,也会给该国带来物价上涨压力。

另一方面,随着各国融入全球供应链的程度越来越高,一个国家出现问题将有可能影响他国的经济活动。例如,2011年的大洪水殃及了泰国的汽车配件及硬盘生产商,破坏了汽车及计算机生产,也损害了全球供应链中其他国家的相关活动。

案例:国际因素对国内经济活动及物价的挑战增强

过去十余年,随着全球化的深入推进,许多事件对经济活动及价格产生了跨境影响。21世纪初,互联网泡沫的破灭及美国的反恐一度使得全球需求和经济活动放缓。同时,中国在2001年加入世界贸易组织,许多低成本的亚洲新兴市场经济体加入全球贸易系统,

上述国家商品出口的冲击也拉低了全球物价[5]。为应对低通胀，包括美联储在内的多国中央银行，在此期间下调了利率。

同一时期，中国及其他新兴市场经济体迅速发展，对自然资源的需求大量增加。中国及其他新兴市场经济体能源需求的增长预期助推了原油价格，从 2000 年的约 30 美元/桶上涨到 2008 年 7 月的 140 美元/桶的峰值。这驱散了早期对通货紧缩的担忧。

为应对物价上涨，2007 年以前，包括美联储在内的多国中央银行，开始调高利率。而在雷曼兄弟破产后，它们为应对通货紧缩，又不得不降息至接近零利率。

2009 年石油价格在 35 美元/桶至 82 美元/桶之间波动，由于对埃及政治革命的担忧，到 2011 年油价又超过了 100 美元/桶。尽管油价上涨没有引起饱受国际金融危机冲击的发达国家对通货膨胀的担忧，但许多资本流入骤增的发展中国家却为此忧心。2011 年，许多亚洲的新兴市场国家开始提高利率，预防油价波动及资金流入带来的通胀压力。

长远来看，随着各国日益融入全球经济，各国中央银行要化解外部因素对国内经济及通胀的影响还任重道远。

13.1.3 国际金融媒介的兴起

过去 30 年，随着全球金融自由化的出现，金融媒介开始拓展国际业务。如第十一章所述，巴塞尔银行监管委员会关于全球系统重要性金融机构（G-SIBs）的监管指引，部分认可了跨国银行日益提升的重要性及其对全球金融稳定的意义。

在 2007~2010 年国际金融危机最艰难的时期，人们认识到跨国银行对其总部所在国和分支机构或者附属机构所在国，以及被金融交易及金融传染效应关联的国家的金融稳定，均意义重大。

此外，全球系统重要性金融机构及其他国际金融媒介的兴起，将增加中央银行监管工作的难度。通过巴塞尔银行监管委员会或者金融稳定委员会等渠道，中央银行之间单边或多边的国际协作将变得更为重要。

13.2 金融活动的不断发展

随着全球化程度的提高，金融服务的持续演变或将改变中央银行的未来，因为全球化和金融服务都将改变中央银行履职的操作空间。金融活动持续发展有两个主要特点：（1）市场主导型金融活动的兴起，（2）电子支付的兴起。

13.2.1 市场主导型金融活动的兴起

过去30年，金融自由化程度的提高，不断提升着市场主导型金融活动的重要性。银行主导的体系中，银行在吸收存款、配置资本、监督企业投资决策、提供风险管理工具以及向借款人提供资金等方面发挥了主导作用。而市场主导的体系中，证券市场与银行一道共同承担了将资金引流到企业、实施公司控制和促进风险管理等方面的主导作用（见图13.3）[6]。

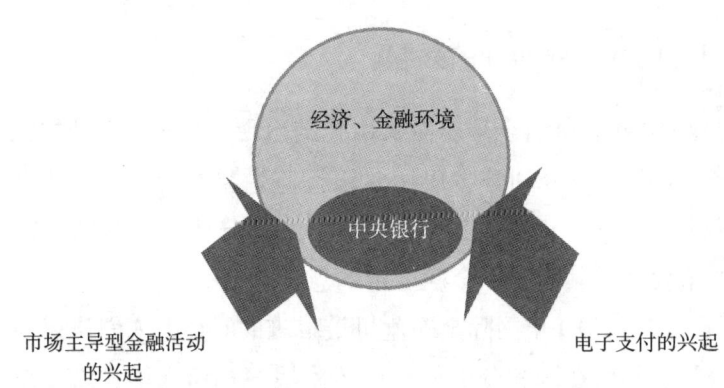

图13.3　金融活动的不断发展

市场主导型金融活动的发展体现在两方面：（1）非银行金融机

构在储蓄的组织及资金的分配中兴起，（2）银行把市场主导型金融活动纳入其经营范畴。

1. 非银行金融市场参与者的兴起

非银行金融市场参与者是那些参与投资、风险分担或者资金协议存款，但不具备银行牌照的机构[7]。这些参与者中常见的一类被称为机构投资者，包括共同基金、养老基金、保险公司和对冲基金*。一般来说，机构投资者是筹集大量资金并投资到证券或者其他资产包括不动产的公共投资渠道。

机构投资者专门代理客户进行投资。例如购买一份共同基金的个人把资金投入该基金管理的资金池，并享有基金持有的一定比例资产以及这些资产所带来的收入或者利润。通过汇集大量资金，机构投资者可以在许多债券及资产间分散投资，也可以多元化分散投资单一债券或资产所产生的某些风险。

（1）货币市场共同基金。机构投资者的出现对中央银行金融稳定履职造成了潜在威胁。机构投资者汇集散户的资金并代其投资，与商业银行履行的功能类似，但并未受到中央银行监管。雷曼兄弟公司破产后，美国货币市场共同基金的运行就存在这个明显问题（详见案例：货币市场共同基金）。

案例：货币市场共同基金

雷曼兄弟公司倒闭前，美国人把投资短期债券（如美国国债和商业票据）的共同基金当成近似储蓄账户看待。货币市场共同基金不仅净值稳定维持在1美元/份且分红固定，而且还允许个人保留本金，赚取的收益也略高于传统银行储蓄存款。

随着大量资金流入货币市场共同基金，在危机爆发的前些年间，这些基金日渐成为同业拆借市场中向企业提供短期流动性的主

---

* 一些小规模的经营者如典当行也是非银行金融机构，但其规模有限，系统性冲击相当有限。

第四部分 维护未来金融稳定与货币稳定

要融资者。许多企业和投行（如雷曼兄弟公司）通过发行货币市场共同基金愿意买卖的商业票据的方式在拆借市场筹集短期资金。

雷曼兄弟公司破产后，其发行的商业票据变得一文不值，持有这些票据的共同基金不得不吸收损失，并减记资产。在减记损失的过程中，成立于20世纪70年代，也是最悠久的货币市场共同基金——主要储备基金，发现自己发行的基金每份跌破了1美元，到了每份97美分[8]。这引起了投资者对市场的恐慌，因为人们曾一度认为投资这些基金几乎和银行存款一样安全，绝不可能损失本金。

对主要储备基金及其他货币市场共同基金的纷纷赎回不仅让基金投资者感到恐慌，也威胁到了以基金为主要短期资金来源的企业和银行。为应对这种冲击，美国财政部发布了选择性方案（与存款保险相似），保证当封闭式基金的价格跌至1美元以下时，使其恢复到1美元。

（2）对冲基金。除了共同基金的赎回可能带来挑战外，对冲基金的逐利性在金融稳定方面也对中央银行造成了威胁。对冲基金（与共同基金不同，共同基金主要汇集单个投资者的资金并以相对保守的方式进行投资）致力于汇集经验丰富或者经认证的投资者的资金，采用相对较快而且风险高的投资方式，如卖空*及杠杆化*等，获得更高收益。

由于对冲基金需要迅速利用投资机会，因此有时可能会仓促进行同类投资，这样就可能打乱市场平衡，影响金融稳定。例如热钱1992年对英镑以及1997年对泰铢进行了攻击。在这种情况下，大量对冲基金卖空某种货币会使一国中央银行蒙受巨额损失，并迫使其放弃实际上的固定汇率制度。

---

* 卖空包括卖出借入债券，希望其价格下跌以便以更便宜的价格买回。如果价格的确下降，在将债券归还给持有人前，卖方将赚取买卖差价获利。

* 杠杆化是指借入超过自身资本的资金来投资，也可以通过卖空证券来筹集资金以投资于其他证券。

第十三章 中央银行未来面临的挑战

并不是所有的对冲基金的操作都能成功，高杠杆率的对冲基金投资失败可引发系统性风险。1998年，一家高杠杆率的对冲基金公司——长期资本管理公司（LTCM）倒闭后，危及全球多家银行乃至全球金融市场，尽管该公司不属于纽约联邦储备银行的管辖范围，但纽联储最终仍不得不介入并协调救助。

（3）保险公司。2007~2010年国际金融危机之后，美联储也不得不拯救美国国际集团（AIG）——一家未受美联储监管的大型保险公司。按照常规，保险公司一般将投资分散在相对安全的资产上（比如股票、债券）来匹配负债（即保险赔款）。然而，2005年左右，AIG将业务拓展到向大量交易对手（包括大型银行）销售信用违约互换（Credit Default Swap）来为企业和金融证券的信用风险进行保险。

在信用违约互换中，一家实体向保险机构按期支付保费来投保其持有的，比如说X公司的债券。如果X公司的债券被降级，则保险公司必须向该实体交付现金抵押品。如果X公司出现违约，保险公司须进行赔付，以补偿该实体持有债券带来的损失。根据这一逻辑，AIG公司也将业务扩展到为金融证券提供保险，包括抵押担保证券和次级抵押贷款[9]。

随着次贷危机的蔓延，银行、企业和抵押担保证券纷纷被降级。AIG在信用违约互换交易中损失惨重。2008年9月雷曼兄弟公司申请破产时，AIG自身也被降级，并且由于交易对手方要求支付大量的现金抵押品，AIG处于崩溃的边缘[10]。

最后，美联储不得不出手对AIG施加救助，因为如果AIG也破产，其交易对手（包括许多大型银行）将会遭受巨大损失，从而会将整个系统推向崩溃的边缘。美联储出手救助类似长期资本管理公司（LTCM）这样的对冲基金公司，以及AIG这样的保险公司，反映出以市场为基础的金融活动和非银行金融机构已变得非常重要，以至于其可带来系统性风险。

2. 银行开拓市场主导型业务

在过去的三十年中，不仅市场主导型业务已逐渐取代银行主导型业务,而且非银行金融机构也变得十分重要。在很多国家,银行在自身业务拓展过程中已逐渐发展了市场主导型业务,其中比较重要的就是证券化和自营交易,并且在很多情况下,银行还设立市场主导型子公司来处理这些业务。

(1)证券化。证券化涉及证券发行,赋予证券持有者从特定的标的资产中获取未来现金流或收入的权利。一家实体(比如一家银行)向投资者发行并出售证券,投资者可从标的资产(比如抵押贷款)中获取收入。通过购买证券,投资者获得了对标的资产的收益权,并且当收益不能实现时,投资者具有对标的资产的索赔权。

对银行而言,证券化指的是将合同债务打包,然后出售给外部投资者。这些合同债务主要是诸如住宅抵押贷款、商业抵押贷款、汽车贷款和信用卡透支之类的传统银行资产。通过证券化,银行可以彻底地从传统银行商业模式转换到发起—分销模式。

随着证券化的问世,银行不再像传统的那样发放贷款并长期持有,而是发放贷款后,将其分散到不同的资产包。银行通过出售证券化资产获取资金,然后再次贷给资金需求者。通过重复这些过程,运用发起—分销模式的银行能从打包和分销证券资产中赚取高额手续费。

通过证券化,传统的银行资产(比如贷款)由通常的流动性较差变得易于流通和交易。通常,投资者购买这些证券化债务是因为其收益高于银行存款,并且(至少在 2007~2010 年国际金融危机之前)被认为更安全,因为债务池已将任何单一银行借款者的违约风险分散了。

(2)自营交易。自营交易是指银行为获取利润,利用自有资金在金融市场进行证券交易的一项业务。国际金融危机前,银行已经做了大量的自营交易,包括交易金融证券(比如政府债券和公司债券)以及衍生工具合约(比如债务抵押债券,CDO)。自营交易的兴起部分原因在于银行体系内的流动性充足且利率低(使得这类交易使用资金的成本很低),而且银行需要寻找途径从超额流动性中获取利润而不是简单地发放贷款。

出于盈利目的,许多银行决定成立专门部门致力于纯粹的自营交易,也就是成立所谓的自营交易部。通过自营交易,银行自身作为活跃的交易者已深深卷入金融市场活动中,并为了盈利而承担相应风险。在2007~2010年国际金融危机之后,大家已经清楚地认识到自营交易会给银行储户带来很大的风险。一旦交易出现亏损,银行资本金将会减少,这不仅危及银行股东,还会累及银行储户的利益。

> **概念:自营交易、做市和沃尔克规则(VOLCKER RULE)**
>
> 自营交易可能会给银行带来不必要的风险和对储户造成损失的共识,引致了禁止商业银行从事自营交易的提案。提案由美联储前主席沃尔克提出,他曾在20世纪80年代早期成功地控制通货膨胀,并于2009年担任奥巴马经济顾问委员会主席。该提案后来被称为"沃尔克规则"[11]。
>
> 沃尔克规则旨在确保银行回归到传统业务,而不过分注重金融市场投机活动,因为这些活动可能会给银行带来不必要的风险,并造成银行管理者、股东和储户间的利益冲突[12]。虽然沃尔克规则在2010年《多德—弗兰克华尔街改革与消费者保护法案》(Dodd-Frank Act)中被提出,但仍遇到来自商业银行的阻力,因为它们认为很难区分一家银行的自营交易和做市活动。
>
> 金融市场中的做市活动是指持有金融证券以备将来转售给客户。做市商从拟出售证券的客户手中购买证券,然后卖给有需求的客户。由于银行通常有庞大的客户群,既有想买证券的客户,也有想卖证券的客户,因此银行能利用自有资金从想卖证券的客户手中购买证券,再转售给想买证券的客户,并以此方式做市。

> 乍一看，做市和自营交易的区别十分小，银行可能都需要用自有资金从客户手中购买证券。但实际上，给定持有证券的机会成本，在做市活动中，银行会尽量在最短时期内持有尽量少的存货。而在自营交易活动中，银行会为了获得最大的收益而在较长时期内持有大量证券[13]。
>
> 虽然做市和自营交易在定义上存在模棱两可的地方，但如沃尔克规则预期的那样，2010以来很多大银行已经正式开始撤销其自营交易部[14]。

（3）市场主导型的银行子公司纷纷成立。除了证券化和自营交易，成立子公司参与市场主导型金融活动的这一趋势也表明，银行已在从事市场化业务。这一趋势的出现是由于银行看到了为客户进行财富管理能带来可观的收入。

在很多国家，银行可以成立基金子公司或被允许与第三方基金公司一道设立附属公司，并由附属公司为银行客户提供作为金融服务一部分的投资建议。虽然这些基金子公司在法律上是独立的实体，与其母行相分离，但它们反映了银行间正发生着越来越多的市场化业务这一更广泛的趋势。

随着这些子公司纷纷成立，人们也许会问（1）当银行的基金子公司面临危机时，其母行应承担多少责任？（2）那些听从银行建议而投资这些基金的客户怎么办？

基金子公司和银行虽然在法律上是分离的，但是当基金子公司使用某家银行所用的名称时，传染效应就可能会在基金子公司和母行之间产生。当基金子公司的资产规模与银行总资产规模相当，甚至超过银行资产时，这一问题将变得十分令人担忧。

2007年，美国投资银行贝尔斯登（Bear Stearns），因为担心旗下两家主要投资次贷的对冲基金子公司倒闭影响声誉，即便其在这两家基金公司的初始投资很小，还是决定实施救助并帮助吸收损失[15]。虽然贝尔斯登在危机初期幸存了下来，但其损失动摇了客户的信心,最终导致其在2008年倒闭,并在纽约联邦储备银行的帮助下,被另一家投资银行摩根大通收购。为了防止再发生类似的问题,沃尔克在奥巴马总统的支持下,力图禁止银行和拥有银行的机构成立或投资于对冲基金或者私募股权基金[16]。

13.2.2 电子支付的兴起

自中央银行成立以来,支付技术的发展对其产生了深远影响。在中央银行历史的初期,纸币的兴起取代了硬币,随后产生了准备金制度。在过去的四十年,信息和通讯技术(ICT)的发展推动了电子支付系统的产生,比如到处可见的ATM、信用卡、贷记卡、移动支付、零售层面的电子货币和批发层面的实时全额支付系统(RTGS)。

1. 电子支付的兴起潜力巨大,但全貌尚不清晰

目前,我们仍处于信息通信技术革命的初级阶段,尚不清楚技术革命最终将带我们走向何方。然而从目前信息通信技术的发展中我们可断定,电子支付的形式将不断增加。

(1)纸币的竞争对手:借记卡、信用卡、网上电子支付、移动支付、电子货币。社会经济活动中,零售交易中电子支付的使用将与纸币的使用相竞争。借记卡、信用卡、网上电子支付、移动支付、电子货币的使用将潜在地与现金和支票的使用相竞争。一方面,这有可能减少中央银行印刷和处理钞票的资源需求,另一方面,也意味着中央银行需要投入更多资源来了解电子支付方式带来的意想不到的影响。

(2)意想不到的影响:信用卡推广和韩国的家庭债务。过度的推广和使用信用卡曾导致韩国家庭债务意外增加,对金融稳定造成影响。2012年,由于一个家庭使用多张信用卡,韩国家庭债务的占比升至收入的164%,政府不得不成立专项基金来减免最贫困和负债最多的家庭的债务[17]。

(3)平民新兴融资渠道:移动支付。电子支付中移动支付的兴

起极大方便了银行未设机构但有移动信号覆盖的偏远地区（比如发展中国家的农村地区）的资金获取[18]。一些移动支付交易方式可以通过移动服务来实现，并通过电话账单进行收费。这就引发了既要确保消费者权益，又不扼杀创新的适度监管问题。

（4）另一非主流工具：电子货币。从更具体的问题看，由私营公司发起的电子支付的特定形式（比如电子货币）在理论上有可能取代主权货币，如果缺乏适当监管，还可能对货币和金融稳定形成潜在影响*。然而在实践中，虽然电子货币十年前就已经出现，但其成功程度仍然十分有限。此外，在很多要求电子货币发行者受监管的地区，相关管理规范和准则已经到位[19]（详见概念：零售电子支付概览）。

概念：零售电子支付概览

随着信息和通信技术的进步，新的电子支付方式变得日渐普及，在一定程度上取代了硬币、钞票甚至支票。下面，我们来了解日常生活中比较流行的零售电子支付：信用卡、借记卡、在线支付、移动支付和电子货币。

信用卡和借记卡

信用卡的持有者可以用信用卡对加入了信用卡网络的商户进行支付。信用卡发行者先支付给商户，然后持卡者再归还给发行者，若消费者在特定时期内未全额还款，利息会随之产生。

借记卡持有者也可以用卡给加入了借记卡网络的商户付账。与信用卡不同，借记卡允许商户在持卡者用卡支付商品和劳务时，实时从持卡者的账户中扣除相应金额。

---

* 理论上，电子货币购买者通过支付一定量纸币，能从私人发行者手中购买等量的电子货币。电子货币购买者能使用电子货币从愿意接受电子货币的商人手中购买商品、劳务。当商人数量足够多时，电子货币的发行者则在有效地发行有可能全国流通的货币，正如中央银行发行纸币那样。

在线支付

在线支付中,信用卡和借记卡的使用占据了主导地位。持卡者用信用卡或借记卡支付其网上交易的在线支付行为,近年来稳步增长。在不久的将来,类似于思快尔(Square)——一种配合手机使用的移动读卡器,使小企业和个人可以随时随地进行信用卡收款和付款——这样的创新,都将促进更多的信用卡使用来代替现金。

移动支付

移动支付是指允许使用移动电话,而非现金、信用卡或借记卡来支付商品和劳务的正规支付服务。移动支付有很多种形式。在某些情况下,使用者需要事前向移动运营商(比如 PayPal 或一家信用卡公司)注册。在其他形式中,移动支付的使用者可以不再通过银行和信用卡公司,而是直接通过它们的移动电话账户进行支付。移动支付不仅在发达经济体使交易变得便捷,在实体银行较少的发展中国家也获得广泛应用。

电子货币

电子货币通过某种设备来储存可用于商品和劳务交易的币值,这样,人们就可无需使用银行账户(因而和借记卡不同)。

电子货币的一个例子是多用途卡,电子化储存的币值可用于支付小额日常用品和公共交通服务(这些卡在比利时、荷兰、中国香港、新加坡等国家或地区使用,但成功率和使用程度差别较大)。

13.3 国际金融危机的遗留问题

虽然距 2007~2010 年国际金融危机最严重的时期已经过去了五年,但危机后的影响仍然存在,其中正在显现并且助推形成中央银行履职所处金融格局的影响包括:(1)发达经济体沉重的财政负担,(2)发达经济体货币政策的正常化,(3)推动监管改革。

13.3.1 发达经济体沉重的财政负担

发达经济体沉重的财政负担将通过其发行的政府债券的信誉影响世界经济格局和国际金融市场。主要发达经济体,比如美国、德国和日本发行的政府债券被投资者和各国中央银行认为几乎无风险。这些债券被作为基准来定价其他金融资产,也作为其他国家中央银行持有的国际储备。

许多发达经济体沉重的财政负担,尤其是美国,已经引起了国际投资者越来越多的关注,这反映在2013年10月美国政府关门时国际金融市场面临的不确定性上。虽然此次关门是因为国会未能立法为2014财年拨付资金,但金融市场参与者和奥巴马总统都认为此次关门与上调美国政府债务上限有关[20]。

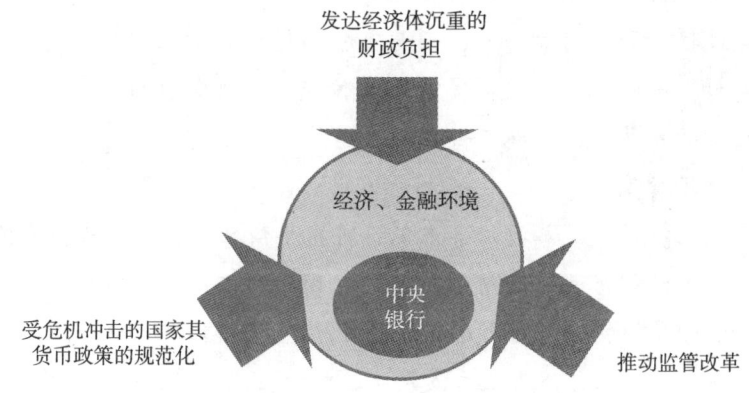

图 13.4　国际金融危机的遗留问题

案例:发达经济体沉重的财政负担

即使在2007~2010年国际金融危机之前,人们就已清楚地认识到,许多发达经济体诸如医疗保健和养老金之类的政府负债并无资金支撑,这些债务可能会在不远的将来让这些国家付出高昂的代价。除了这些无资金支持的负债,2007~2010年的国际金融危机更造成财政负担猛增,使得主要发达经济体(七国集团,G7*)公共债务占 GDP 的比例由 83.2% 上升至 2012 年的 124.8%[21]。

为应对此次金融危机,发达经济体的政府既要为救助金融体系提供支持,又要提供大量财政资金防止本国经济陷入通缩泥潭。而这些政府干预措施所用的资金主要来自政府债券的发行,这就造成了这些发达经济体政府债务的迅速增加。

在美国,日益膨胀的政府债务使得世界三大核心评级机构之一的标准普尔在 2011 年将曾是世界上最安全资产的美国国债信用评级由 AAA 降为 AA+[22]。在欧元区,银行危机和经济的大幅收缩使得很多国家政府无力为其政府债务进行再融资,这几乎导致了 2010~2012 年欧元区的解散。在日本,20 世纪 90 年代金融危机的影响依然存在。尽管注入了大量的财政资金,日本经济仍陷入通缩长达 20 多年,而大量的财政资金投入也使得日本政府债务在 2012 年达到 GDP 的 237.9%[23]。

除非这种情形能够得以及时修正,否则发达经济体巨大的公共债务可能会持续地给全球中央银行带来挑战。发达经济体财政前景任何显著的恶化都意味着,看似无风险的资产将不再零风险。这不仅将导致全球金融市场动荡,也会削弱许多新兴市场经济体的中央银行干预和保护本国金融市场的能力。这是因为许多新兴市场经济体的中央银行持有的国际储备中有很大一部分是发达经济体的政府债券。

13.3.2 发达经济体货币政策的正常化

发达经济体的中央银行面临的短期挑战,或者说 2007~2010 年国际金融危机的后期影响主要表现在量化宽松政策退出的时机方面(即何时停止购买本国国债,何时开始将国债售回到金融体系)。

---

* 七国集团包括加拿大、法国、美国、英国、德国、日本、意大利。

一方面，量化宽松政策的提前退出可能引发全球金融市场的恐慌。2013年，美联储仅表达削减购买政府债券规模的意图就引起了全球金融市场的恐慌，随后美联储因经济疲软，只得推迟削减计划[24]。另一方面，量化宽松政策较晚退出可能导致资产价格泡沫，甚至引发通货膨胀。因为量化宽松会将利率维持在低水平，导致资产价格投机增多。

新兴市场经济体的中央银行面临的短期挑战是应对发达经济体中央银行实施和退出量化宽松政策带来的溢出效应。一方面，发达经济体较晚退出量化宽松政策，将给新兴市场经济体的资本流入带来压力，导致这些国家资产价格出现投机现象；另一方面，发达经济体量化宽松政策的提前退出可能导致新兴市场经济体的中央银行不得不应对资本流动的突然中止，而这有可能导致经济波动。

13.3.3 推动监管改革

2007~2010年的国际金融危机暴露了日益复杂的国际金融体系存在的结构性弱点。而这一弱点部分反映了现有的法规并未完全跟上全球金融环境变化的步伐，也说明了监管改革的必要性。截至2013年底本书编写时，许多关于监管方面的改革提议已在国家和国际层面提出，但仅部分达成共识，许多尚待讨论。

改革提议获批与否，都将对中央银行履职所处的经济金融格局产生深远影响。改革与否，都可能会影响银行、非银行金融市场参与者以及监管者自身的行为。无论如何，我们都必须承认，虽然监管改革或许能解决现存问题，但改革本身也可能导致管理缺位领域愈演愈烈的失控行为，这些或是尚未察觉的新漏洞。因此，即使是监管改革，也会给中央银行带来新的挑战。

利用格伦·哈伯德（R. Glen Hubbard）在2009年提出的分析框架，我们将2007~2010年国际金融危机之后的监管改革分为三个方面：（1）降低系统性风险，（2）增强透明度，（3）在国家和国际层面改变金融监管机制[25]。

第十三章 中央银行未来面临的挑战

1. 降低系统性风险

国际层面降低系统性风险的行动，可通过下列举措反映：

一是巴塞尔银行监管委员会于 2010 年发布《巴塞尔协议Ⅲ》，以确保银行的资本水平与风险匹配并具备更强吸损能力。《巴塞尔协议Ⅲ》对银行监管提供了指导，使银行对风险更为敏感，从而将提升整个银行体系的弹性。

二是 2011 年，金融稳定委员会*确定并公布了全球系统重要性金融机构（G-SIFIs）名单（名单于 2012 年更新）[26]。G-SIFIs 名单的公布使得中央银行和其他监管机构更加了解这些机构的运作情况及国际协调措施对其的监管要求。

三是巴塞尔银行监管委员会于 2011 年发布了对全球系统重要性银行（G-SIBs）的评估准则以及附加损失吸收要求，并于 2012 年提出了适用于国内系统重要性银行的配套框架[27]。这些指导方针和提供的框架，将为中央银行和其他监管机构监管这些系统重要性银行提供指导*。

本章前面讨论的反对银行自营交易的"沃尔克规则"是为降低系统性风险作出的另一努力。由于美国是全球最大的金融中心，有许多国际性银行，"沃尔克规则"实施产生的影响可能远远超出美国的边界。

2. 增强透明度

为增强透明度（如第十二章中所述），《巴塞尔协议Ⅲ》通过披露银行资产证券化风险、资产负债表表外工具、银行监管资本的组成及按监管资本比率计算的详细信息来增强第三支柱（市场纪律）。

除了《巴塞尔协议Ⅲ》，后危机时代改革的另一个重要例子就

---

* 金融稳定委员会于 2009 年 G20 伦敦峰会成立，作为一个国际监督主体，为金融监管提供建议。该委员会由位于瑞士巴塞尔的国际清算银行主办。

* 必须指出的是，金融稳定委员会和巴塞尔银行监管委员会并不是直接的监管机构，虽然他们的建议可能是有帮助的，但仍取决于国际监管机构是否采用。

是努力让场外（OTC）*衍生品交易在有组织的交易所内进行[28]。

案例：将场外衍生品交易纳入交易所中

金融危机发生之前，许多衍生品的交易由金融机构、其他参与者和交易商在金融市场私下进行。没有人记录市场交易总量，或记录不同的金融机构在与对手的交易中存在何种风险敞口。一旦交易对手破产或倒闭，市场必然对风险主体和风险程度产生恐慌。

正常情况下，衍生品价格有充足的流动性作支撑，场外衍生品交易或许还能正常进行。而国际金融危机期间，这些都不复存在[29]。透明度的缺乏将降低流动性，增加定价的难度，从而导致无人接盘的恐慌性抛售。

通常，场外交易市场的交易商会持有衍生品并出售给需求方，或从卖家买回衍生品。而在金融危机期间，场外交易的交易商不愿再持有价格可能大幅波动的衍生品，并可能最终停止交易。因为没有交易商愿意继续买卖衍生品，证券变得难以顺利出手。此外，衍生品的市场价格或市值也变得难以确定。

场外交易操作不同于组织有序的交易所中的操作。在组织有序的交易所里，金融市场参与者通过一个中央平台而不是分散的交易商出价和要价，参与者可以在平台上发布其他人都能看到的价格，如果他们觉得出价和要价具有吸引力，交易就能达成。国际金融危机期间，如果市场参与者想减持资产，就会在交易所发布一个较低的卖价，如果其他参与者觉得价格合适就会买入。

交易所中更高的价格透明度有效提升了市场在危机期间的修复力。同时，交易所的中央清算系统也易于记录交易活动。交易所中交易保证金制度的采用可降低交易对手方的风险。这是因为衍生品合约的交易双方会为了遵守合约而持续交易，或者在一方因另一方

---

* 场外交易是一种协议，即交易双方（比如两家银行，或者一家银行和一家非银行对手方）私下同意执行一个衍生合同（比如信贷违约互换），而不是通过某一交易所进行交易。

第十三章 中央银行未来面临的挑战

破产而遭受重大损失前就取消合约。

虽然 G20 领导人（20 国集团财长和中央银行行长）于 2009 年在伦敦就对将衍生品交易纳入交易所的重要性达成了共识，但这项工作的完成还有待时日[30]。考虑到全球金融市场的关联性，如果一国将衍生品交易纳入交易所时，其他国家也采取同样行动，那就会产生积极结果。然而所有国家并不同步，更有一些金融市场参与者想要规避这种来自交易所的透明度。

作为 G20 伦敦会议的延续，目前来自不同国家的监管者正在一起制定将衍生品交易纳入交易所的国际规则。这些规则最终将解决下述问题：纳入交易所的产品类型、实施时机、一致性及监管措施[31]。

3. 在国家国际层面改变金融监管机制

除了努力降低系统性风险、增强透明度外，监管改革还关注于监管机制的必要改变。影子银行（即从事中介及金融活动的非银行金融机构或市场参与者）的兴起，意味着许多以市场为基础的金融交易是由不同类型的金融机构完成的，这些机构处在不同的监管领域。这种复杂性导致监管机构很难明辨各自职责，以及如何采取协调行动救助金融体系或是预防金融危机。

在美国，监管机制改革的一个重要方面就是组建了金融稳定监督委员会（FSOC），其职责在于识别危及美国金融稳定的各类风险。金融稳定委员会的组建源于《多德—弗兰克华尔街改革与消费者保护法案》。该委员会由财政部长主持，其成员为美国各金融监管部门负责人，如联邦储备委员会主席、证券交易委员会主席、商品期货交易委员会主席。

在英国，显而易见，维护金融稳定的三大机构：财政部、中央银行、金融服务管理局，在国际金融危机期间是难以相互协调的。因此，新当选的保守党决定解散先前对各种类型金融机构都有监管权的金融服务管理局，并组建两个新机构：（1）金融行为监管局，致力于关注消费权益保护，确保金融机构良性竞争；（2）审慎监管局，重点监管各种类型的金融机构，包括银行、信用社、保险以及主要的投资公司。审慎监管局隶属于英格兰银行，而金融行为监管局是一个独立的机构。

在欧洲，为应对主权债务危机，欧盟委员会于2012年提出了建立单一监管机制的建议。在这一机制下，欧洲中央银行负责欧元区大型银行的监管，并协调欧元区各国中央银行对规模较小银行的监管[32]。这是迈向欧元区银行联盟的重要一步，欧盟委员会认为这将有助于整合欧洲资源进行银行重组[33]。欧洲中央银行将于2014年开始承担监管职责，并就监管决策对欧洲议会负责[34]。

需要重点指出的是，虽然金融监管结构的变化可能有助于解决目前显而易见的问题，但它也可能导致新的、无法预料的问题。金融市场参与者经常将他们的业务转移至监管空白区域。监管机制的任何改变都会形成监管缺失地带，风险会在这些地方集聚，新的漏洞也随之产生。

13.4 综述

综上所述，中央银行所面临的全球经济金融形势在不断变化，本章所讨论的三种主要因素以各种方式相互作用，全球经济金融形势究竟将以哪种方式发展，我们不得而知。

因此，考虑到中央银行未来最主要职责仍是维护货币及金融稳定（美联储还关注充分就业），中央银行可能关注以下三方面的影响。

第一，全球化的深入推进（外在动力）——无论是表现为国际资本流动自由化，跨境商品和劳务流动自由化，还是国际金融媒介的兴起——都将对国内货币与金融环境产生影响。影响国内货币稳定及金融稳定的风险因素可能来自于中央银行管辖之外的区域。

第二，金融活动不断深化，银行的市场主导型业务及非银行金

第十三章 中央银行未来面临的挑战

融机构发挥了比以往更为重要的作用。随着信息及电子通讯技术的发展，现有的新型电子支付方式的地位将更为突出。

第三，国际金融危机的遗留问题——如主要发达经济体沉重的财政负担、受危机冲击国家货币政策的正常化、监管改革的推动——已逐渐改变了中央银行政策操作所处的金融及经济环境。

在第十四章中，我们将讨论中央银行如何做好准备，迎接挑战。

小结

总体来看，三大因素会相互影响，并最终形成中央银行政策操作所处的经济金融环境。全球化进程的深入，金融行为的演变，以及2007~2010年国际金融危机的遗留问题，增加了形势的复杂性，并对中央银行维护货币稳定与金融稳定提出了挑战。

关键术语

信用卡	国际金融媒介
信用违约互换	杠杆
商品与劳务跨境流动	做市行为
借记卡	移动支付
《多德—弗兰克华尔街改革与消费者保护法案》	货币市场共同基金
国内系统重要性银行	在线支付
电子货币	场外衍生品
金融行为监管局	自营交易
金融稳定监管委员会	审慎监管局
全球系统重要性银行	证券化
全球化	影子银行
对冲基金	单一监管机制
母国	沃尔克规则
东道国	国际资本

第四部分 维护未来金融稳定与货币稳定

复习思考题

1. 全球化如何通过国际资本自由流动影响中央银行履职？
2. 全球化如何通过商品、劳务以及要素投入的跨境自由流动影响中央银行履职？
3. 全球化如何通过国际金融媒介的兴起影响中央银行履职？
4. 货币市场共同基金的兴起会给金融稳定带来何种影响？
5. 对冲基金的兴起会给金融稳定带来何种影响？
6. 为什么中央银行会因银行拥有如共同基金等非银行机构子公司而担忧？
7. 随着信用卡作为一种支付手段的推广，我们所要关注的金融稳定的含义是什么？
8. 就多功能卡而言，什么是电子货币？
9. 为何一般情况下发达国家沉重的财政负担不利于金融市场的稳定，且在发展中国家尤甚？
10. 在2007～2010年国际金融危机中，发达国家的量化宽松政策如何影响新兴市场国家中央银行？
11. 在2007～2010年国际金融危机中，监管改革有效降低全球金融危机系统性风险的例子有哪些？
12. 自营交易与做市交易有何异同？
13. 沃尔克规则的目标是什么？
14. 在2007～2010年国际金融危机中，监管改革有效增加全球金融系统透明度的例子有哪些？这些改革是怎样运作的？
15. 在2007～2010年国际金融危机中，美国是如何进行金融监管机制改革的？
16. 在2007～2010年国际金融危机中，英国是如何进行金融监管机制改革的？
17. 为应对欧洲主权债务危机，欧洲是如何进行金融监管机制改革的？

第十四章　未来中央银行的战略及实施

学习目标

1. 阐述中央银行战略的内涵；
2. 判别哪些战略已被证明是失败的；
3. 掌握 2007~2010 年国际金融危机之后中央银行战略发生了怎样的变化；
4. 了解中央银行如何通过提高其分析能力、组织能力和政治能力更好地应对未来挑战。

第十三章讨论了形成未来中央银行所处经济、金融环境的三种主要因素。由于这些因素相互作用的方式是不可预见的，如果中央银行要在不断变化的环境下取得成功，就必须采取灵活、有弹性且可调适的操作来应对多变的外部环境。第十四章在总结公共政策文献的基础上提出了一个政策框架，中央银行可用来提高自身能力以有效驾驭环境的变化并产生社会效益。

14.1　中央银行战略

为有效应对本书第十三章提出的挑战，中央银行在履职过程中需要慎重谋划其战略。中央银行作为公共机构，其战略与私人部门战略是有差别的。根据迈克尔·波特（Michael Porter）1980 年开创的企业战略分析假定，区别于私人部门，中央银行是没有竞争对手和盈利动机的[1]。

本节将从基础和高级两个层面讨论战略的概念，并分析中央银行当前和未来采取的战略。

14.1.1 战略与中央银行

根据 2011 版图书《好战略、坏战略：差异与重要性》的作者理查德·鲁梅尔特（Richard Rumelt）的观点，从基础层面上说，战略是"扬长避短的方案"或者是"发挥优势的最佳选择"[2]。从恶性通胀、大萧条、大通胀、对新兴经济体和发达经济体的投机性冲击，以及最近一轮国际金融危机等艰难经历来看，现代中央银行的最佳选择并非着眼于短期经济增长，而是实现货币稳定和金融稳定。

从高级层面来说，鲁梅尔特认为中央银行的优势来源于两个最重要的天然特性：（1）"战略具有一致性"（即战略能使政策及其执行协调一致），（2）"通过观点的精巧转换以获得新优势"。鲁梅尔特认为，"一个好的战略不仅利用了现有的优势，而且保持了设计的连贯性"，并且"通过对竞争环境进行富有远见的重构，可以创造出一个全新的优势劣势局面"[3]。

在此高级层面，中央银行因而需要：（1）确保货币政策框架、货币政策措施、金融稳定框架和为保持金融稳定（即宏观审慎政策与货币政策）采取的政策措施之间相互协调；（2）定期反思运用优势的方式。

14.1.2 已被证明的失败战略

如果中央银行面临的外部环境不断变化，不同中央银行所处背景也迥异，那么不可能有适用于所有中央银行的最佳战略。但是，历史教训告诉我们，某些战略中央银行是不应该采用的。失败的战略例子包括：（1）直接采取财政支出手段或过于简单的货币政策以刺激短期经济增长，这将导致通货膨胀，最终造成恶性通胀的后果；（2）早期未进行充分干预，听任金融危机不断加深，就像20世纪30年代的大萧条一样，最终形成通货紧缩；（3）在面临供给冲击时，采取过度宽松的货币政策，这将导致通胀预期提高，并形成工资价格螺旋式上升，20世纪70年代的大通胀就是例子；（4）追求不可能实现的三元悖论（即试图同时维持国际资本自由流动、固定汇率制度和独立的货币政策），最终导致对货币的投机性攻击，20世纪90年代的亚洲金融危机就是例证；（5）仅仅注重在短期内维持低通胀，忽视了在此期间低利率政策可能推动形成资产泡沫，并造成金融动荡，就像2007~2010年的国际金融危机那样。

14.2 对新型中央银行战略的探索

如同此前发生的众多危机，2007~2010年的国际金融危机促使各国中央银行行长、政策制定者和经济学家们对中央银行战略进行重新审视。博里奥（2011）、波斯纳（2009）、泰勒（2009）及其他学者的研究指出，中央银行应充分认识到在长期内货币稳定与金融稳定是错综复杂的[4]。有可能正是2007~2010年国际金融危机之前的低利率导致了危机的爆发[5]。此次金融危机的程度足以表明金融不稳定可能导致债务通缩，进而影响货币的稳定。

1. 货币政策战略

从货币政策研究前沿成果来看，此次国际金融危机和日本20世纪80年代的教训表明，低通胀率和低利率可能导致资产价格投机，最终形成金融动荡，因此各国中央银行在货币政策操作方面可以借鉴加拿大中央银行和澳大利亚储备银行的做法，明确表示其政策目标期限不再仅限于惯常的两年时间。此外，中央银行如果发现使用货币政策来处理金融失衡可能过于轻率，那么也可以考虑运用宏观审慎工具在事前针对金融失衡的特定问题做些小手术。

根据以往经验，在使用货币政策确保金融稳定方面，尤其是当利率触及零利率下限的时候，通过大规模购买长期债券化解危机已逐渐成为各方的共识。截至2014年，包括美联储、欧洲中央银行、日本中央银行和英格兰银行的四大发达经济体的中央银行已经推出多种形式的类似购买计划。这些措施先前都被视为是非常规的货币政策。对新兴市场经济体来说,运用资本管控似乎更能接受一些,因为来自发达经济体大规模的资本流动可能产生过度波动,影响金融市场的稳定。

2. 监管战略

由于《巴塞尔协议Ⅲ》的引介,目前监管前沿除传统微观审慎监管之外,已对运用宏观审慎措施有所重视。自2007~2010年国际金融危机以来,各方对建立、完善宏观审慎工具以解决跨时期的风险聚集(采取动态资本要求和动态贷款损失准备等措施)及跨机构的风险聚集(采取宏观压力测试、全球流动性标准和系统重要性机构的额外损失吸收要求等措施)表现出极大的兴趣。宏观审慎措施的运用应该也可以帮助减轻货币政策在维持金融稳定方面的负担。

2007~2010年国际金融危机之后监管者之间的密切合作成为另一项流行战略。这是因为不同类型的金融机构(如银行、资产管理公司和保险公司)区别越来越模糊。美国建立金融稳定监督委员会(Financial Stability Oversight Council)、英格兰银行引入审慎监管局(Prudential Regulation Authority)、欧元区建立单一监管机制(Single Supervisory Mechanism,SSM)都反映出该战略方向。

除上述战略外,最近的危机也促使人们重新审视中央银行的未来地位。古德哈特在2010年关于中央银行的历史角色的论文中提出了一个比较激进的观点。在该文中,他认为如果将利率设定职能从中央银行剥离出去,交给一家分设的独立机构可能会更好,而中央银行只保留流动性管理职能(中央银行的本职就是提供流动性)和金融稳定职能[6]。

案例:对中央银行未来角色的彻底反思

经济学家古德哈特2010年的论文认为中央银行的本质是通过操

作自己的资产负债表创造流动性,因此中央银行的主要作用应该是管理金融体系的流动性(通过公开市场操作),而不是设定实际利率。利率设定可以交由其他机构来做[7]。在这篇论文中,古德哈特引用了英格兰银行前任行长的话,即中央银行是银行而不是"研究机构"[8]。

按照这个观点脉络,古德哈特建议将利率设定职能(即货币政策的实施)从中央银行剥离出去,交给一家无政治倾向的研究机构。中央银行应专注于流动性管理和与中央银行资产负债表相关的其他任务(如最后贷款人及当利率触及零利率边界时的量化宽松操作)。在正常时期,中央银行可以运用公开市场操作确保短期利率接近研究机构设定的利率[9]。

即使古德哈特认为中央银行剥离利率设定职能较好(因为流动性管理、危机解决与预防需要同政府紧密联系,但是利率设定需要政策独立),他也承认在实际操作中,利率设定和公开市场操作是货币政策两个紧密联系的方面。如果设定利率的机构在中央银行以外,那什么机构将决定量化宽松操作规模呢?还有,如果利率上涨超过零利率边界,什么机构将设定利率走廊区间和贴现窗口条件呢[10]?

14.3 中央银行战略的有效实施

不管中央银行最终采取什么战略,中央银行目标的实现也极大地依赖于战略的有效实施。本节将运用公共政策分析框架考察中央银行提高其战略实施能力的各种途径。

这里需要强调的是虽然中央银行也是一家银行,但在现代社会中它实质上是一家公共机构。现代中央银行在社会中的职能是实现货币稳定和金融稳定。货币稳定和金融稳定本质上是公共产品,而市场无法对公共产品正确定价,所以私人部门不可能做到有效供给。因此，我们在这里使用公共政策框架来分析如何提高中央银行的战略执行能力。

14.3.1 加强中央银行战略执行能力的公共政策分析框架

为了成功制定战略以迎接未来挑战，中央银行首先需要评估未来可能所处的环境。正如前面章节讨论的，全球化的加剧、金融行为的不断演变和国际金融危机后遗症都可能发生根本变化并影响中央银行所处的全球经济、金融环境，而且不同中央银行的实际环境也不尽相同。

为了在复杂的、充满不确定性的新环境下成功运营并产生社会效益*，中央银行需要：（1）理解中央银行经营的环境变化并做好充分的应对准备；（2）灵活而有创造性地运用政策工具；（3）当执行必要政策产生得利者和失利者时，能够获得公共支持。

吴（Wu）、拉梅什（Ramesh）、豪利特（Howlett）和费里茨恩（Fritzen）在其2010年出版的著作中提出的分析框架，对于中央银行应对未来挑战应该是十分有用的。他们认为，公共机构有效实施其政策需要具备三种能力：（1）分析能力，（2）组织能力，（3）政治能力[11]。

我们认可这个分析框架，是因为它认为中央银行要在不确定的环境中成功运营，不仅需要分析能力，还需要有效执行和协调政策的能力，从而形成社会效益。

中央银行并不是在真空中运营，的确存在有倾向性的或共事合作的利益相关者。因此，如果中央银行要产生社会效益（像通过维持货币和金融稳定等职责，或实现其他职责，如美国的充分就业等），分析能力、组织能力及政治能力就都是基本要素。

---

* 在现代社会，中央银行对社会的贡献体现在其维护货币稳定、金融稳定的职能，美联储还包括充分就业职能。

第十四章 未来中央银行的战略及实施

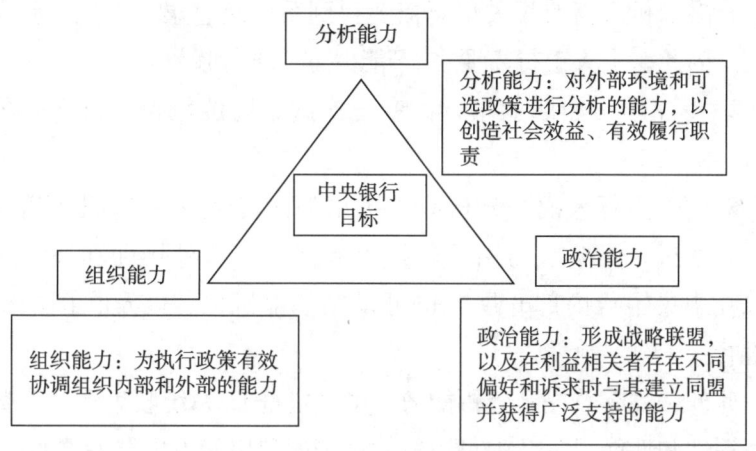

资料来源:根据吴、拉梅什、豪利特和费里茨恩的《公共政策入门:管理政策过程》(2010年,纽约劳特利奇(Routledge)出版社)改编。

图14.1 中央银行的公共政策分析框架

14.3.2 分析能力

本书中的分析能力是指中央银行有效分析经济金融环境发生怎样变化可能影响其正常履职,以及选择什么样的政策可以应对这些变化的能力。此种能力的高低取决于中央银行员工的认知能力、专业能力、实践经验,以及分析所需数据的可获得性。

1. 更加强调跨学科的深厚知识

在过去的40年中,中央银行注重维持货币稳定,更多地关注宏观经济领域的分析能力。但是,随着全球化加剧、金融市场增长和国际金融中介增加等诸多挑战的出现,金融稳定方面的分析能力显然变得非常重要。为了确保下个时代货币和金融的稳定,中央银行将不仅需要宏观方面的专业知识,而且需要金融、法律、会计和金融风险管理方面的知识。

为了有效提高分析能力,需要通过对宏观经济、金融市场和金融机构这三个重要交叉领域的内部运作机制,及其风险因素怎样相互影响的实践、理解和讨论来增进专业技术知识。最为重要的是,经济金融分析所需的相关信息需要得到系统地收集、整理、储存和使用，因此，中央银行需要在IT能力方面进行投资。

2. 专业学习和职业培训、亲身实践、岗位轮换、数据收集与发布

对中央银行来说，分析能力可以通过专业学习与职业培训来获得，通过亲身实践与岗位轮换得到提高。这种培训和岗位轮换可以在中央银行内部开展，也可以在外部机构，以及在国内或国际进行。

此外，要有效提升分析能力，中央银行IT系统收集和共享数据的适用性和性能，以及中央银行对系统的利用能力也至关重要。

2007~2010年国际金融危机后英格兰银行、美联储、欧洲中央银行、日本中央银行的选帅反映了在宏观经济、金融、风险管理等重要领域提升分析能力的必要性。这些主要国家的中央银行首脑既有经济学专业的高等学位，也有经营国际金融市场和管理金融机构的丰富经验[*]。

14.3.3 组织能力

组织能力指有效协调组织内部各方以及外部利益相关者的能力。因为宏观经济、金融市场和金融机构三个关键领域中的风险因素既可能独立显现，也可能跨领域相互影响，所以中央银行在应对这些风险时，其组织行为既要灵活又要富于弹性。这要求组织内部之间以及与外部机构（譬如与境内外的其他监管机构）之间有效地进行协调。中央银行有效协调组织内外的能力有利于政策的制定和实施。

1. 内部协调

内部协调包括在组织内部进行数据共享以及协同解决问题。譬

---

[*] 马里奥·德拉吉（意大利人）2011年成为欧洲中央银行主席，马克·卡尼（Mark Carney，加拿大人）2013年成为英格兰银行的行长；黑田东彦（Haruhiko Kuroda）2013年成为日本中央银行行长；珍妮·耶伦（Janet Yellen）2014年成为美联储主席。

如，银行监管部门可以将信用卡和抵押贷款上升的数据与负责货币政策和货币稳定的部门进行共享，后者可能正监控到家庭债务已然上升。另一个例子是外汇市场干预部门、监管银行外汇敞口的部门与监测汇率对宏观经济影响的部门之间可实现数据共享。

如果需要改进内部数据共享和协同解决问题的方式，中央银行可以成立内部委员会以便协调内部各方的行动或进行决策。但是，最为关键的是确保这一委员会能够灵活而有弹性地进行风险识别。在可能的环境下，还可赋予该委员会风险处置的职责。

2. 外部协调：国内协调与国际协调

影响稳定的风险还可能来源于中央银行管辖权以外的领域（譬如货币市场基金和保险公司）。因此，在识别与管理风险方面中央银行与外部监管机构进行有效的协作十分重要。中央银行可以主动接触其他监管机构，或者通过跨机构论坛参与协作。例如美国汲取2008年雷曼兄弟公司破产的教训，在2010年成立了由财政部部长牵头，多个监管机构和美联储的首脑组成的金融稳定监督委员会（Financial Stability Oversight Council）。

除了与本国监管机构的外部协调以外，如果境外因素对本国稳定产生越来越重要的影响，中央银行也需要与境外相关机构和监管当局——诸如国际货币基金组织（IMF）、国际清算银行（BIS）等跨国金融机构进行有效协调。在2008~2010年国际金融危机高峰时期，各国中央银行向美联储放开货币互换交易限额，确保国际市场具有充足的美元头寸，从而避免了潜在的全球恐慌。

14.3.4 政治能力

本书中的政治能力是指中央银行为有效地实现职责目标、产生社会效益而建立战略同盟以及与重要利益相关者和公众结成联盟并寻求支持的能力*。这个能力非常重要，因为中央银行的许多政策的执行会导致社会上一部分人得利，另一部分人受损，而受损者会采取政治抵制。但是，从长远看，这些政策将极大地扩大公共利益，因而是十分必要的。

1. 为政策争取共识和合法性的能力

由于全球化不断加深、金融市场不断壮大以及国际金融媒介的增多，中央银行所处的营运环境将日趋复杂。在此情形下，中央银行打交道的利益相关者之间可能存在利益冲突和观点对立。如果要有效地执行政策，中央银行就需要获得利益相关者的信任，使他们充分相信中央银行代表了公众的最大利益。

为了实现这一目标，中央银行首先要确认核心利益相关者以及他们的利益所在。然后需要向其清晰表明中央银行政策的终极目标，以及政策在短期、在长期会产生怎样的影响。

譬如，为了确保货币和金融的长期稳定，中央银行可能需要提高利率以使过热的经济金融活动降温。但是，这一决定既可能招致政府部门的批评和政治抵制，因为他们理所当然地希望拉高经济增长率；也可能引发企业界的反感，因为对其而言，他们更希望降低资金成本。

如果中央银行没有足够的政治能力，就可能需要花费大量精力为其政策立场进行辩护。更为糟糕的是，缺乏足够政治能力的中央银行可能被迫放弃原本可以整体提升公共福利的决策。

案例：在小型的开放经济体中汇率政策方面的政治能力

在小型的开放经济体中，资本快速涌入会影响不同的利益相关者，这也意味着不同利益相关者对资本涌入的反应存在冲突。在这种情况下，小型开放经济体的中央银行需要运用政治能力确保政策决策的有效性。

在这个例子中，突然涌入的资金可以迅速推高小型开放经济体的汇率。而快速飙升的汇率会对进口商、消费者、出口商以及与进口商竞争的本地生产商产生影响。一方面，进口商和消费者由于汇率上升提升了购买力；另一方面，出口商和本地生产商则由于产品的成本劣势可能遭受损失。

由于进口商和消费者得到的收益大都分散于众多的个人和企业之中,因此他们可能对其获得的额外收益保持沉默。但是,由于出口商和本地生产商认为他们承受了汇率快速升值引发的冲击,因而他们可能对所处状况颇有微词。与此同时,政府会认为这是说服(至少通过媒体)中央银行降息的好机会。他们通常使用这套说辞,即正因为现有的国内利率高于发达经济体的利率,所以才吸引了大量资本流入。许多企业出于降低融资成本的动机会支持政府推动降息。

与上述声音不同,中央银行的内部研究表明,在资本流入情形下应当提升实际利率以维持货币和金融稳定。内部研究还表明资本流入确是受到外部因素(如量化宽松)的影响,因为处于同一地区的所有国家利率水平都相近,并且都受到了资本流入的影响。

在此复杂情况下,为了尽可能迅速而有效地贯彻决策,中央银行需要成功化解来自各方利益相关者的压力。它要用最清晰的方法向不同的利益相关者阐述自己的研究结论,寻求他们的信任。此外,中央银行还需要与媒体和研究机构建立战略联盟,以向公众阐述目前的状况并寻求支持(该案例反映了泰国中央银行 2010~2013 年中期面临的情况[12])。

2. 与核心利益相关者建立战略联盟并与公众沟通交流

为了确保政策获得共识并取得合法性,中央银行需要同各种有影响力的角色建立战略联盟,这些人包括媒体、学者、智库以及其他有助于向公众宣传其政策立场的利益相关者。运用政治能力的典型案例是在 2009 年国际金融危机达到顶峰时时任美联储主席伯南克不循常例地决定接受一个广受关注的电视新闻调查栏目——《60分钟》的独家专访[13]。

在采访中,伯南克主席带领采访者进入华盛顿美联储大楼,并走进负责货币政策决策的联邦公开市场委员会(FOMC)的办公室。

他还将采访者带到他在南卡罗来纳州的童年故居。伯南克用简洁的语言回答了众多美国人对美联储政策的疑问[14]。通过打开美联储大门，人性化、清晰地表述美联储的立场，伯南克获得了公众支持。许多人认为公众支持极大地帮助了美联储后续的金融危机的处置工作。

14.4 结语：过去、现在与未来

中央银行在近400年历史中不断进化。从建立最简单的组织形式、帮助分类金属硬币开始，中央银行逐渐成为现代经济金融的中心。虽然不同中央银行的实际操作和组织架构不同，但是目前国际上广泛认为维持货币稳定和金融稳定（也可能包括充分就业，至少在美国是这样）一直以来就是中央银行的核心职责。

中央银行目前的形态一方面基于理论研究的发展，另一方面成形于从危机和动荡中获得的惨痛教训。在货币稳定方面，目前普遍认为中央银行最好运用货币政策确保较低而稳定的通胀率来支持长期经济增长。在较低而稳定的通胀率的背景下，经济主体能够有效地做出投资和消费决定。中央银行通过宽松的货币政策刺激经济在短期内的增长很可能归于无效，并且由于助长了通货膨胀还会产生不利影响。

在金融稳定方面，日本20世纪90年代的危机和2007～2010年的国际金融危机表明，没有金融稳定就没有货币稳定。在较低和稳定的通胀时期也可能出现金融失衡。一旦这些失衡与成型的金融危机相结合，经济将陷入通缩漩涡。在这种威胁下，中央银行仅仅注重较低而稳定的通胀是远远不够的，它还需要警惕低通胀时期的低利率货币政策也可能造成金融失衡。

但是，2007～2010年的国际金融危机的教训也显示出货币政策并不是一剂万能灵药。原因之一就是，货币政策对经济中的每个人都产生影响，因过于生猛而难以解决金融失衡问题。2007～2010年国际金融危机的教训显示了宏观审慎工具能够发挥更为重要的作用,它可以用来解决经济中特定部门之间的金融失衡问题。许多宏观审慎工具目前处于早期发展阶段,而且正在不断优化(详见第十二章案例)。

展望未来,全球化不断加深、金融市场的发展壮大以及2007~2010年金融危机的后遗症都增加了中央银行履职所处的经济、金融环境的复杂性。为了保持货币和金融稳定,并创造社会效益,中央银行行长需要对宏观经济、金融市场和金融机构这三个至关重要且相互交织的领域有充分认知,掌握其内部运行机制,并能够进行相应操作。中央银行可以用本章前面讨论的公共政策框架提升自身政策执行能力。该框架注重加强中央银行的分析能力、组织能力和政治能力,使之更好地应对未来挑战,创造社会效益。

小结

根据鲁梅尔特的观点,战略是一种"扬长避短的方案"。中央银行的优势来自于两个天然特性:(1)"战略具有一致性",即战略能使政策及其执行协调一致;(2)"通过观点的精巧转换以获得新优势"。

经验告诉我们,中央银行追求短期经济增长(不论是通过向财政直接融资还是运用过度宽松的货币政策)、太晚出台抑制金融危机恶化的干预措施、受到供给冲击时采取过度宽松的货币政策、谋求无法实现的三元悖论以及眼光仅限于防止通胀而忽视资产价格泡沫都是失败的战略。

2007~2010年的国际金融危机引起了人们从货币政策和监管职能的角度对中央银行的战略进行反思。现在普遍认为货币稳定和金融稳定是内在关联并相互影响的,货币政策和宏观审慎工具可以一并被使用。

为了有效应对未来挑战、创造社会效益,作为公共机构的中央银行需要通过提高其分析能力、组织能力和政治能力来加强其政策的执行力。吴、拉梅什、豪利特和费里茨恩在2010年提出的公共政策框架中对前面三种能力做了明确定义。

为了提高分析能力,中央银行要确保(1)中央银行员工精通宏观经济、金融机构和金融市场方面的技术与实践知识;(2)中央银行能够获得用于分析宏观经济、金融机构和金融市场的数据和工具。

为了提高组织能力,中央银行要确保内部(中央银行内部)与外部(与其他监管机构和利益相关者)的有效协调。

为了提高政治能力,中央银行要能够在履职时向利益相关方清晰表达自身的权衡取舍及政策的协同效果,以便增强政策执行的有效性。

关键术语

分析能力	战略联盟
组织能力	战略
政治能力	研究机构
公共机构	

复习思考题

1. 根据鲁梅尔特的观点,战略的基本概念是什么?
2. 哪些战略已被证明是失败的?
3. 随着2007~2010年国际金融危机的爆发,中央银行战略有了什么样的变化?
4. 作为公共机构,哪些因素影响现代中央银行的职责?
5. 要应对诸如全球化加深、金融服务迅速变革以及2007~2010年国际金融危机遗留的问题等未来挑战,中央银行哪些方面的分析能力至关重要?
6. 怎样提升中央银行的分析能力?

第十四章　未来中央银行的战略及实施

7. 要应对诸如全球化加深、金融服务迅速变革以及 2007～2010 年国际金融危机遗留的问题等未来挑战，中央银行哪些方面的组织能力至关重要？

8. 怎样提升中央银行的组织能力？

9. 要应对诸如全球化加深、金融服务迅速变革以及 2007～2010 年国际金融危机遗留的问题等未来挑战，中央银行哪些方面的政治能力至关重要？

10. 怎样提升中央银行的政治能力？

注　释

第一章　中央银行概述

1. 梅洁瑞·迪恩（Majorie Deane）和罗伯特·普林格（Robert Pringle），《中央银行》（*The Central Banks*），纽约：维京企鹅出版公司，1995年。

2. 同上。

3. 迪恩（Deane）和普林格（Pringle），《中央银行》（*The Central Banks*）；斯蒂芬·奎因（Stephen Quinn）和威廉·罗伯茨（William Roberds），《大额钞票存在大问题：阿姆斯特丹银行与中央银行的起源》（*The Big Problem of Large Bills: The Bank of Amsterdam and the Origins of Central Banking*），亚特兰大联储，2005年。

4. 迪恩（Deane）和普林格（Pringle），《中央银行》（*The Central Banks*）。

5. 同上。

6. 同上。

7. 同上。

8. 麦克·D. 波尔多（Michael D. Bordo），《中央银行简史》（*A Brief History of Central Banks*），《经济评论》，克利夫兰联储，2007年12月。

9. 迪恩（Deane）和普林格（Pringle），《中央银行》（*The Central Banks*）。

10. 同上。

11. 同上。

12. 同上。

13. 同上。

14. 同上。

15. 同上。

16. 查尔斯·古德哈特（Charles Goodhart）和迪克·舒马克（Dick. Schoenmaker），《货币政策和银行监管的职能应该分离吗？》（*Should the Functions of Monetary Policy and Banking Supervision Be Separated?*），《牛津经济论文集》，新辑第47卷，第4期（1995年10月）：第539~560页。

17. 同上。

18. 古德哈特（Goodhart），《银行监管的组织架构》（*The Organizational Structure of Banking Supervision*），《银行稳定研究所专题选刊》第1期，2005年10月25日。

19. 同上。

20. 古德哈特（Goodhart）和舒马克（Schoenmaker），《货币政策和银行监管的职能应该分离吗？》（*Should the Functions of Monetary Policy and Banking Supervision Be Separated?*）

21. 古德哈特（Goodhart），《银行监管的组织架构》（*The Organizational Structure of Banking Supervision*）。

22. 莫里斯·奥伯斯法尔德（Maurice Obstfeld）和保罗·克鲁格曼（Paul Krugman），《国际经济学：理论与政策》（*International Economics: Theory and Policy*），第8版，新泽西州上鞍河区：培生艾迪生—韦斯利出版社，2009年。

23. 波尔多（Bordo），《中央银行简史》（*A Brief History of Central Banks*）。

24. 奥伯斯法尔德（Obstfeld）和克鲁格曼（Krugman），《国际经济学：理论与政策》（*International Economics: Theory and Policy*），第8版。

25. 查尔斯·古德哈特（Charles Goodhart），《货币信息和不确定性》(Money Information and Uncertainty), 第2版, 伦敦：麦克米伦出版社, 1989年。

26. 同上。

27. 古德哈特（Goodhart）,《货币信息和不确定性》(Money Information and Uncertainty)；弗雷德里克·S. 米什金（Frederic S. Mishkin）,《不同货币政策体制的国际经验》(International Experiences with Different Monetary Policy Regimes),《美国国家经济研究局工作报告》, 第6965号, 1999年。

28. 拉尔斯·E. O. 斯文森（Lars E. O. Svensson）, "通胀目标制"（Inflation Targeting）,《新帕尔格雷夫经济学字典》, 第2版, 主编：拉里·百隆（Larry Blum）和斯蒂文·杜鲁夫（Steven Durlauf）。

29. 米什金（Mishkin）,《不同货币政策体制的国际经验》(International Experiences with Different Monetary Policy Regimes)。

30. 奥伯斯法尔德（Obstfeld）和克鲁格曼（Krugman）,《国际经济学：理论与政策》(International Economics: Theory and Policy)。

31. 欧洲中央银行,《银行监管》(Banking Supervision), 2013年, 2014年2月13日摘自 www.ecb.europa.eu/ssm/html/index.en.html。

第二章　国际货币体系简要回顾

1. 莫里斯·奥伯斯法尔德（Maurice Obstfeld）和保罗·克鲁格曼（Paul Krugman）,《国际经济学：理论和政策》(International Economics: Theory and Policy), 第8版, 新泽西州上马鞍河镇：培生艾迪生—韦斯利出版社, 2009年。

2. 同上。

3. 梅洁瑞·迪恩（Majorie Deane）和罗伯特·普林格（Robert Pringle）,《中央银行》(The Central Banks), 纽约：维京企鹅出版公司, 1995年；奥伯斯法尔德（Obstfeld）和克鲁格曼（Krugman）,《国际经济学：理论与政策》(International Economics: Theory and

Policy)。

4. 奥伯斯法尔德（Obstfeld）和克鲁格曼（Krugman），《国际经济学：理论与政策》(*International Economics: Theory and Policy*)。

5. 同上。

6. 奥伯斯法尔德（Obstfeld）和克鲁格曼（Krugman），《国际经济学：理论与政策》(*International Economics: Theory and Policy*)；迪恩（Deane）和普林格（Pringle），《中央银行》(*The Central Banks*)。

7. 同上。

8. 奥伯斯法尔德（Obstfeld）和克鲁格曼（Krugman），《国际经济学：理论与政策》(*International Economics: Theory and Policy*)。

9. 同上。

10. 奥伯斯法尔德（Obstfeld）和克鲁格曼（Krugman），《国际经济学：理论与政策》(*International Economics: Theory and Policy*)；詹姆斯·M. 鲍顿（James M. Boughton），《国际货币基金组织与历史的影响：塑造该机构的十大事件与十大思想》(*The IMF and the Forces of History: Ten Events and Ten Ideas that Have Shaped the Institution*)，《国际货币基金组织工作报告》，04/75号，2004年5月。

11. 同上。

12. 奥伯斯法尔德（Obstfeld）和克鲁格曼（Krugman），《国际经济学：理论与政策》(*International Economics: Theory and Policy*)。

13. 同上。

14. 同上。

15. 同上。

16. 同上。

17. 同上。

18. 奥伯斯法尔德（Obstfeld）和克鲁格曼（Krugman），《国际经济学：理论与政策》(*International Economics: Theory and Policy*)；威廉·L. 西尔伯（William L. Silber），《沃尔克：坚持就是胜利》(*Volcker: The Triumph of Persistence*)，纽约：布鲁姆斯伯里出版社，

2012 年。

19. 奥伯斯法尔德（Obstfeld）和克鲁格曼（Krugman），《国际经济学：理论与政策》（International Economics: Theory and Policy）。

20. 同上。

21. 爱德华·纳尔逊（Edward Nelson），《70 年代大通胀：到底发生了什么？》（The Great Inflation of the Seventies: What Really Happened?），《圣路易斯联储工作报告》，2004-001 号，2004 年 1 月。

22. 查尔斯·A. E. 古德哈特（C. A. E. Goodhart），《货币信息与不确定性》（Money Information and Uncertainty），第 2 版，伦敦：麦克米伦出版社，1989 年。

23. 奥伯斯法尔德（Obstfeld）和克鲁格曼（Krugman），《国际经济学：理论与政策》（International Economics: Theory and Policy）。

24. 同上。

25. 同上。

26. 塞巴斯蒂安·马拉比（Sebastian Mallaby），《富可敌国》（More Money than God），纽约：企鹅出版社，2010 年。

27. 本·S. 伯南克（B. S. Bernanke）、托马斯·劳巴克（T. Laubach）、弗雷德里克·S. 米什金（F. S. Mishkin）和亚当·S. 波森（A. S. Posen），《通胀目标制：国际经验》（Inflation Targeting: Lessons from the International Experience），新泽西州普林斯顿：普林斯顿大学出版社，1999 年；吉列尔莫·A. 卡尔沃（Guillermo A. Calvo）和卡门·M. 莱因哈特（Carmen M. Reinhart），《浮动恐惧》（Fear of Floating），《经济学季刊》第 107 卷，第 2 期（2002 年 5 月）：第 379~408 页。

28. 马拉比（Mallaby），《富可敌国》（More Money than God）。

29. 汉斯彼得·K. 谢勒（Hanspeter K. Scheller），《欧洲中央银行：历史、定位与职能》（The European Central Bank: History, Role, and Functions），德国法兰克福：欧洲中央银行，2004 年。

30. 同上。

31. 同上。

32. 奥伯斯法尔德（Obstfeld）和克鲁格曼（Krugman），《国际经济学：理论与政策》（*International Economics：Theory and Policy*）。

33. 理查德·A. 波斯纳（Richard A. Posner），《2008～2009 年金融危机的根本原因》（*Underlying Causes of the Financial Crisis of 2008～2009*），《金融服务监管新指南》（*New Directions in Financial Services Regulation*），主编：罗杰·B. 波特（Roger B. Porter）、罗伯特·R. 格劳伯（Robert R. Glauber）和托马斯·J. 希利（Thomas J. Healey），马萨诸塞州坎布里奇：麻省理工学院出版社，2009 年。

34. 同上。

35. 同上。

36. 同上。

37. 詹姆斯·R. 巴斯（James R. Barth）、杰勒德·卡普里奥（Gerard Caprio Jr.）和罗斯·列文（Ross Levine），《金融守护者：如何使监管机构为公众利益服务》（*Guardians of Finance：Making Regulators Work for Us*），马萨诸塞州坎布里奇：麻省理工学院出版社，2012 年。

38. 兰德尔·S. 克罗兹纳（Randall S. Kroszner），《如何使市场更加稳健》（*Making Markets More Robust*），《美国金融市场改革：反思及多德—弗兰克法案之后》（*Reforming US Financial Markets：Reflections and Beyond Dodd-Frank*），主编：本杰明·弗里德曼（Benjamin Friedman），马萨诸塞州坎布里奇：麻省理工学院出版社，2011 年。

39. 巴斯（Barth）、卡普里奥（Caprio）和列文（Levine），《金融守护者：如何使监管机构为公众利益服务》（*Guardians of Finance：Making Regulators Work for Us*）。

40. 同上

41. 格雷戈里·维斯库斯（Gregory Viscusi），《欧盟国家投入 1.3 万亿欧元救助银行（第 3 版）》（*EU Nations Commit 1.3 Trillion*

Euros to Bank Bailouts（Update3）），彭博社，2008 年 10 月 13 日，www. bloomberg. com/apps/news? pid = newsarchive&sid = aAAqUi9CW. h4。

42. 玛利亚·伍兹（Maria Woods）和西沃恩·欧康纳（Siobhan O'Connell），《爱尔兰金融危机：比较研究》（*Ireland's Financial Crisis: A Comparative Context*），《季度简报》，2012 年 10 月，爱尔兰中央银行。

43. 路透社，《2014 年年底西班牙国债接近 GDP 的 100%》（*Spain's Public Debt to Approach 100 Percent of GDP End – 2014*），2013 年 9 月 30 日，http://uk.retuers.com/aricle/2013/09/30/uk-spain-debt-economy-idUKBRE98T0G320130930。

第三章 现代中央银行的定位和职能：中央银行究竟是什么

1. 弗雷德里克·S. 米什金（F.S. Mishkin），《货币、银行和金融市场经济学》（*The Economics of Money, Banking, and Financial Markets*），第 6 版，马萨诸塞州：艾迪生—韦斯利出版社，2001 年。

2. 梅洁瑞·迪恩（Majorie Deane）和罗伯特·普林格（Robert Pringle），《中央银行》（*The Central Banks*），纽约：维京企鹅出版公司，1995 年。

3. 安东尼·M. 圣多马罗（Anthony M. Santomero），《基于美国视角的支付体系变革模式》（*A United States Perspective on the Changing Pattern of Payments*），"21 世纪的中央银行"，西班牙中央银行会议，马德里，2006 年；库尔奇奥·吉安尼尼（Curzio Giannini），《中央银行时代》（*The Age of Central Banks*），英国切尔滕纳姆：爱德华·埃尔加出版社，2011 年。

4. 麦斯威尔·J. 弗莱（Maxwell J. Fry）、艾萨克·克拉特（Isaack Kilato）、桑德拉·罗杰（Sandra Roger）、克里斯托夫·桑德罗维茨（Krzysztof Senderowicz）、大卫·谢帕德（David Sheppard）、弗朗西斯科·索利斯（Francisco Solis）和约翰·特朗德（John Trun-

dle),《支付系统国际展望》(Payment Systems in Global Perspective),货币银行国际研究,伦敦,1999 年;汤普·古格罗(Gertrude Tumpel – Gugerell),《支付结算系统变革的驱动力》(Driver for Change in Payment and Securities Settlement System),"21 世纪的中央银行",西班牙中央银行会议,马德里,2006 年。

5. 同上。

6. 同上。

7. 弗莱(Fry)、凯拉托(Kilato)、罗杰(Roger)、桑德罗维茨(Senderowicz)、谢帕德(Sheppard)、索利斯(Solis)和特朗德(Trundle)、《支付系统国际展望》(Payment Systems in Global Perspective)。

8. 迪恩(Deane)和普林格(Pringle),《中央银行》(The Central Banks)。

9. 塞维尔·弗雷克斯(Xavier Freixas)、库尔奇奥·吉安尼尼(Curzio Giannini)、格伦·霍格斯(Glenn Hogarth)和法鲁克·苏塞(Farouk Soussa),《最后贷款人:文献综述》(Lender of Last Resort: A Review of the Literature),《金融稳定报告》,1999 年 11 月。

10. 同上。

11. 同上。

12. 托宾斯·阿德里安(Tobias Adrian)、克里斯托弗·R. 伯克(Christopher R. Burke)和詹姆斯·J. 麦克安德鲁斯(James J. McAndrews),《美联储一级交易商融资工具》(The Federal Reserve's Primary Dealer Credit Facility),《经济金融现刊》第 14 卷,2009 年第 4 期。

13. 托宾斯·阿德里安(Tobias Adrian)、卡琳·金布罗(Karin Kimbrough)和迪娜·马基尼(Dina Marchioni),《美联储的商业票据融资工具》(The Federal Reserve's Commercial Paper Funding Facility),《纽约联储经济政策回顾》,2011 年 5 月。

14. 迪恩(Deane)和普林格(Pringle),《中央银行》(The

Central Banks）。

15. 格伦·塔斯基（Glenn Tasky），《银行监管简介》（*Introduction to Banking Supervision*），美国国际发展局，2008 年 6 月 25 日。

16. 同上。

17. 塔斯基（Tasky），《银行监管简介》（*Introduction to Banking Supervision*）；J. 贝弗利·荷托（J. Beverly Hirtle）和琼斯·A. 罗伯茨（Jose A. Lopez），《监管信息和银行检查的频率》（*Supervisory Information and the Frequency of Bank Examinations*），《纽约联储经济政策回顾》，1999 年 4 月。

18. 塔斯基（Tasky），《银行监管简介》（Introduction to Banking Supervision）；美联储系统管理委员会，《美联储系统：目标和功能》（*The Federal Reserve System: Purposes and Functions*），华盛顿州：美联储系统管理委员会，2005 年。

19. 塔斯基（Tasky），《银行监管简介》（Introduction to Banking Supervision）。

20. 荷托（Hirtle）、罗伯茨（Lopez），《监管信息和银行检查的频率》（*Supervisory Information and the Frequency of Bank Examinations*）。

21. 西蒙·格雷（Simon Gray），《中央银行资产负债表和存款准备金要求》（*Central Bank Balances and Reserve Requirements*），《国际货币基金组织工作报告》，11/36 号，2011 年 2 月。

22. 同上。

23. 同上。

24. 塔斯基（Tasky），《银行监管简介》（Introduction to Banking Supervision）。

25. 同上。

26. 克莱尔·L. 麦奎尔（Claire L. McGuire），《处置问题银行的简单工具》（*Simple Tools to Assist in the Resolution of Troubled Banks*），华盛顿州：世界银行，2012 年。

第四章 现代中央银行职能概述:中央银行试图达到的目的是什么

1. 英格兰银行,《核心目标》(Core Purposes),2013年11月28日摘自:www.bankofengland.co.uk/about/pages/corepurposes/default.aspx。

2. 丹尼尔·L.桑顿(Daniel L. Thornton),《双重职能:美联储改变其目标了吗?》(The Dual Mandate: Has the Fed Changed its Objectives?),《圣路易斯联储评论》,第94卷,2012年第2期。

3. 欧洲中央银行,《任务》(Tasks),2013年11月28日摘自www.ecb.europa.eu/ecb/tasks/html/index.en.html;日本银行,《日本银行概述》(Outline of the Bank),2013年11月28日摘自http://www.boj.or.jp/en/about/outline/index.htm/。

4. 托马斯·巴克斯特(Thomas Baxter Jr.),《金融稳定:美联储的作用》(Financial stability: the Role of the Federal Reserve System),在欧盟会议上关于未来银行监管的发言,德国法兰克福,2013年11月15日,www.newyorkfed.org/newsevents/speeches/2013/bax131120.html;弗雷德里克·S.米什金(Frederic S. Mishkin),2007年,《货币政策及其双重职能》(Monetary and the Dual Mandate),弗吉尼亚州布里奇沃特,在布里奇沃特大学的演讲,2007年4月10日,www.federalreserve.org/newsevents/speech/mishkin20070410a.htm。

5. 巴克斯特(Baxter),《金融稳定:美联储的作用》(Financial stability: the Role of the Federal Reserve System)。

6. 亚伦·斯迪尔曼(Aaron Steelman),《美联储的双重职能:观念的演变》(The Federal Reserve's "Dual Mandate": the Evolution of an Idea),《经济简介》,里士满联储,2011年12月;桑顿(Thornton),《双重职能:美联储改变其目标了吗?》(The Dual Mandate: Has the Fed Changed its Objectives?)。

7. 同上。

8. 克劳迪奥·博里奥(Claudio Borio)和菲利普·罗威(Philip

Lowe),《资产价格、金融和货币稳定:承上启下的探索》(Asset Prices, Financial and Monetary Stability: Exploring the Nexus)《国际清算银行工作论文》,第114号,2002年7月。

9. 理查德·A. 波斯纳(Richard A. Posner),《2008~2009年金融危机的根本原因》(Underlying Causes of the Financial Crisis of 2008~2009),《金融服务监管新指南》(New Directions in Financial Services Regulation),主编:罗杰·B. 波特(Roger B. Porter)、罗伯特·R. 格劳伯(Robert R. Glauber)和托马斯·J. 希利(Thomas J. Healey),马萨诸塞州坎布里奇:麻省理工学院出版社,2009年。

10. 桑顿(Thornton),《双重职能:美联储改变其目标了吗?》(The Dual Mandate: Has the Fed Changed its Objectives?)。

11. 同上。

12. 同上。

13. 同上。

14. 英格兰银行,《核心目标》(Core Purposes)。

15. 克劳迪奥·博里奥(Claudio Borio)和马蒂耶斯·德赫曼(Mathias Drehmann),《一个金融稳定的可操作性框架:模糊测度和结果》(Towards an Operational Framework for Financial Stability: "Fuzzy" Measurement and Its Consequences),《国际清算银行工作论文》,第284号,2009年6月;盖瑞·希纳西(Gary Schinasi),《定义金融稳定》(Defining Financial Stability),《国际货币基金组织工作报告》,华盛顿,2004年10月。

16. 同上。

17. 博里奥(Borio)和罗威(Lowe),《资产价格、金融和货币稳定:承上启下的探索》(Asset Prices, Financial and Monetary Stability: Exploring the Nexus);希纳西(Schinasi),《定义金融稳定》(Defining Financial Stability)。

18. 博里奥(Borio)和罗威(Lowe),《资产价格、金融和货币稳定:承上启下的探索》(Asset prices, financial and monetary stabili-

ty: exploring the nexus);克劳迪奥·博里奥（Claudio Borio），《重究金融稳定政策的宏观根源：旅程、挑战和前进的道路》（Rediscovering the Macroeconomic Roots of Financial Stability Policy: Journey, Challenges and a Way Forward），《国际清算银行工作论文》，第 354 号，2011 年 9 月；克劳迪奥·博里奥（Borio）和威廉·怀特（William White），《货币还是金融稳定？政策演变的启示》（Whither Monetary and Financial Stability? The Implications of Evolving Policy Regimes），《国际清算银行工作论文》，第 147 号，2004 年 2 月。

19. 博里奥（Borio），《重究金融稳定政策的宏观根源：旅程、挑战和前进的道路》（Rediscovering the Macroeconomic Roots of Financial Stability Policy: Journey, Challenges and a Way Forward）；弗雷德里克·S. 米什金（Frederic S. Mishkin），《中央银行该如何应对资产价格泡沫，后危机时代的"遏制或清理"之争》（How Should Central Banks Respond to Asset‑Price Bubbles? The "Lean" versus "Clean" Debate After the GFC），《澳大利亚储备银行第二季度公报》，2011 年。

20. 同上。

21. 博里奥（Borio），《重究金融稳定政策的宏观根源：旅程、挑战和前进的道路》（Rediscovering the Macroeconomic Roots of Financial Stability Policy: Journey, Challenges and a Way Forward）；《中央银行该如何应对资产价格泡沫，后危机时代的"遏制或清理"之争》（How Should Central Banks Respond to Asset‑Price Bubbles? The "Lean" versus "Clean" Debate After the GFC）。

22. 博里奥（Borio）和怀特（White），《货币还是金融稳定？政策演变的启示》（Whither Monetary and Financial Stability? The Implications of Evolving Policy Regimes）。

23. 白塚重典（Shigenori Shiratsuka），《20 世纪 80 年代日本的资产价格泡沫：金融和宏观稳定的教训》（The Asset Prices Bubbles in Japan in the 1980s: Lessons for Financial and Macroeconomic Stability），

国际货币基金组织和国际清算银行关于房地产指标和金融稳定的主题会议论文，国际货币基金组织，华盛顿，2003年10月27~28日，www. bis. org/publ/bppdf/bispap21e. pdf；博里奥（Borio）和罗威（Lowe），《资产价格、金融和货币稳定：承上启下的探索》（Asset Prices, Financial and Monetary Stability: Exploring the Nexus）。

24. 同上。

25. 白塚重典，《20世纪80年代日本的资产价格泡沫：金融和宏观稳定的教训》(The Asset Prices Bubbles in Japan in the 1980s: Lessons for Financial and Macroeconomic Stability)；博里奥（Borio）和罗威（Lowe），《资产价格、金融和货币稳定：承上启下的探索》（Asset prices, financial and monetary stability: exploring the nexus）。

26. 波斯纳（Posner），《2008~2009年金融危机的根本原因》(Underlying Causes of the Financial Crisis of 2008—2009)；约翰·B. 泰勒（John B. Taylor），《危机的起源和政策启示》(Origins and Policy Implication of the Crisis)，《金融服务监管新指南》(New Directions in Financial Services Regulation)，主编：罗杰·B. 波特（Roger B. Porter）、罗伯特·R. 格劳伯（Robert R. Glauber）和托马斯·J. 希利（Thomas J. Healey），马萨诸塞州坎布里奇：麻省理工学院出版社，2009年。

27. 斯蒂凡·英戈务（Stefan Ingves）（2011年），《中央银行治理和金融稳定：研究组报告》(Central Bank Governance and Financial Stability: a Study Group Report)，国际清算银行，瑞士巴塞尔，2011年5月。

28. 斯迪尔曼（Steelman），《美联储的双重职能：观念的演变》(The Federal Reserve's "Dual Mandate": the Evolution of an Idea)。

29. 同上。

30. 斯迪尔曼（Steelman），《美联储的双重职能：观念的演变》(The Federal Reserve's "Dual Mandate": the Evolution of an Idea)；桑顿（Thornton），《双重职能：美联储改变其目标了吗？》（The Dual

Mandate: Has the Fed Changed its Objectives?)。

31. 同上。

32. 同上。

33. 同上。

34. 美联储系统管理委员会,《美联储如何据其目标对联邦基金利率进行前瞻指导,以支持经济复苏?》(How Does Forward Guidance about the Federal Reserve's Target for the Federal Funds Rate Support the Economic Recovery? Current FAQs), 2013 年, www.federalreserve.gov/faqs/money_19277.htm。

35. 同上。

36. 约翰·B. 泰勒 (John B. Taylor),《实践中自由裁量权和政策法则》(Discretion versus Policy Rules in Practice), 关于国际经济政策和改革的卡内基—罗彻斯特会议, 1993 年, 第39篇, 第195~214页。

37. 理查德·克拉日达 (Richard Clarida), 马克·格特勒 (Mark Gertler), 霍尔迪·加利 (Jordi Galí),《实践中的货币政策法则:一些国际经验》(Monetary Policy Rules in Practice: Some International Economic Policy and Reform),《欧洲经济评论》, 1998年:第1033~1067页。

38. 国际经济政策和改革委员会,《中央银行业务的再思考》(Rethinking Central Banking), 布鲁金斯学会, 华盛顿, 2011年9月。

39. 桑顿 (Thornton),《双重职能:美联储改变其目标了吗?》(The Dual Mandate: Has the Fed Changed its Objectives?)。

40. 斯蒂凡·英戈务 (Stefan Ingves) (2011年),《中央银行治理和金融稳定:研究组报告》(Central Bank Governance and Financial Stability: a Study Group Report), 国际清算银行, 瑞士巴塞尔, 2011年5月; 国际经济政策和改革委员会,《中央银行业务的再思考》(Rethinking Central Banking)。

41. 英戈务 (Ingves),《中央银行治理和金融稳定:研究组报告》(Central Bank Governance and Financial Stability: a Study Group Report);国际经济政策和改革委员会,《中央银行业务的再思考》(Rethinking Central Banking)。

42. 同上。

43. 博里奥(Borio)和德赫曼(Drehmann),《一个金融稳定的可操作性框架:模糊测度和结果》(Towards an Operational Framework for Financial Stability: "Fuzzy" Measurement and Its Consequences);国际经济政策和改革委员会,《中央银行业务的再思考》(Rethinking Central Banking)。

44. 国际经济政策和改革委员会,《中央银行业务的再思考》(Rethinking Central Banking);波斯纳(Posner),《2008～2009年金融危机的根本原因》(Underlying Causes of the Financial Crisis of 2008—2009)。

45. 博里奥(Borio)和德赫曼(Drehmann),《一个金融稳定的可操作性框架:模糊测度和结果》(Towards an Operational Framework for Financial Stability: "Fuzzy" Measurement and Its Consequences);英戈务(Ingves),《中央银行治理和金融稳定:研究组报告》(Central Bank Governance and Financial Stability: a Study Group Report)。

46. 桑顿(Thornton),《双重职能:美联储改变其目标了吗?》(The Dual Mandate: Has the Fed Changed its Objectives?);美联储系统管理委员会,《美联储如何根据其目标对联邦基金利率进行前瞻性指导,以支持经济复苏?》(How Does Forward Guidance about the Federal Reserve's Target for the Federal Funds Rate Support the Economic Recovery?), Current FAQs。

47. 波斯纳(Posner),《2008～2009年金融危机的根本原因》(Underlying Causes of the Financial Crisis of 2008—2009)。

48. 博里奥(Borio)和罗威(Lowe),《资产价格、金融和货币稳定:承上启下的探索》(Asset Prices, Financial and Monetary Stabili-

ty: *Exploring the Nexus*)。

49. 同上。

50. 博里奥（Borio），《重究金融稳定政策的宏观根源：旅程、挑战和前进的道路》（*Rediscovering the Macroeconomic Roots of Financial Stability Policy*: *Journey, Challenges and a Way Forward*)。

51. 同上。

52. 桑顿（Thornton），《双重职能：美联储改变其目标了吗？》（*The Dual Mandate*: *Has the Fed Changed its Objectives*?）。

53. 桑顿（Thornton），《双重职能：美联储改变其目标了吗？》（*The Dual Mandate*: *Has the Fed Changed its Objectives*?）；克拉日达（Clarida）、格特勒（Gertler）、加利（Galí，《实践中的货币政策法则：一些国际经验》（*Monetary Policy Rules in Practice*: *Some International Economic Policy and Reform*)。

54. 桑顿（Thornton），《双重职能：美联储改变其目标了吗？》（*The Dual Mandate*: *Has the Fed Changed its Objectives*?）。

第五章　现代货币政策实践的理论基础

1. 查尔斯·古德哈特（Charles Goodhart），《货币信息和不确定性》（*Money Information and Uncertainty*），第 2 版。伦敦：麦克米伦出版社，1989 年。

2. 丹尼尔·L. 桑顿（Daniel L. Thornton），《流通速度为什么重要？》（*Why Does Velocity Matter*?），圣路易斯联储评论，1983 年 12 月。

3. 古德哈特（Goodhart），《货币信息和不确定性》（*Money Information and Uncertainty*）；N. 格里高利·曼昆（N. Gregory Mankiw），《经济学原理》（*Principles of Economics*），第 6 版，俄亥俄州梅森：圣智学习出版公司，2012 年。

4. 古德哈特（Goodhart），《货币信息和不确定性》（*Money Information and Uncertainty*）。

5. 梅洁瑞·迪恩（Majorie Deane）和罗伯特·普林格（Robert Pringle），《中央银行》（The Central Banks），纽约：维京企鹅出版公司，1995 年。

6. 保罗·A. 萨缪尔森（Paul A. Samuelson）和威廉·N. 诺德豪斯（William N. Nordhaus），《经济学》（Economics），第 16 版，纽约：麦格劳·希尔公司，1998 年。

7. 古德哈特（Goodhart），《货币信息和不确定性》（Money Information and Uncertainty）；马柯·A. 埃斯皮诺萨维加（Marco A. Espinoza–Vega）和斯蒂芬·拉舍尔（Steven Russel），《NAIRU（非加速通胀的失业率）的历史和理论——批判的视角》（History and Theory of the NAIRU: A Critical Review），亚特兰大联储评论，1997 年第二季度。

8. 同上。

9. 艾德蒙德·S. 费尔普斯（Edmund S. Phelps），《一段时期内的菲利普斯曲线、通胀预期和最佳失业率》（Philips Curves, Expectations of Inflation and Optimal Unemployment Over Time），《经济学杂志》第 34 卷，1967 年第 3 期：第 254~281 页。

10. 米尔顿·弗里德曼（Milton Friedman），《货币政策的作用：在美国经济学会的主席发言》（The Role of Monetary Policy: Presidential Address to the American Economic Association），《美国经济评论》，1968 年。

11. 古德哈特（Goodhart），《货币信息和不确定性》（Money Information and Uncertainty）。

12. 弗里德曼（Friedman），《货币政策的作用：在美国经济学会的主席发言》（The Role of Monetary Policy: Presidential Address to the American Economic Association）。

13. 约瑟夫·斯蒂格利茨（Joseph Stigliz），《对自然失业率假说的思考》（Reflections on the Natural Rate Hypothesis），《经济前景》，第 11 卷，1997 年第 1 期：第 3~10 页。

14. 劳伦斯·波尔 (Lawrence Ball) 和 N. 格里高利·曼昆 (N. Gregory Mankiw),《NAIRU (非加速通胀的失业率) 的理论与实践》,《经济前景》, 第 16 卷, 2002 第 4 期: 第 115~136 页。

15. 罗伯特·J. 高登 (Robert J. Gordon),《菲利普斯曲线存在且有效: 经济缓慢复苏时期的通胀和 NAIRU (非加速通胀的失业率)》(The Philips Curve Is Alive and Well: Inflation and the NAIRU During the Slow Recovery),《美国国家经济研究局工作报告》, 第 19390 号, 2013 年 8 月。

16. 艾德华德·S. 科诺特克二世 (Edward S. Knotek Ⅱ),《奥肯法则的作用何在?》(How Useful Is Okun's Law),《堪萨斯联储评论》, 2007 年第四季度; 亚瑟·M. 奥肯 (Arthur M. Okun),《潜在 GDP 的测算方法及显著性》(Potential GDP, Its Measures and Significance),《考尔斯基金会论文》, 第 190 号, 1962 年, 从 1962 年美国统计学会《商业和经济统计前沿论文集》中重印。

17. 科诺特克 (Knotek),《奥肯法则的作用何在?》(How Useful Is Okun's Law); 奥肯 (Okun),《潜在 GDP 的测算方法及显著性》(Potential GDP, Its Measures and Significance)。

18. 同上。

19. 迈克尔·T. 金雷 (Michael T. Kiley),《产出缺口》(Output Gaps), 美联储统计和货币研究局《金融和经济学讨论集丛》(2010-27), 华盛顿特区, 2007 年。

20. 金雷 (Kiley),《产出缺口》(Output Gaps); S. 贝弗里奇 (S. Beveridge) 和 C. R. 纳尔逊 (C. R. Nelson),《将经济时间序列分解为永久性和暂时性数据的新方法, 特别针对商业周期的测算》(A New Approach to the Decomposition of Economic Time Series into Permanent and Transitory Components with Particular Attention to Measurement of the Business Cycle),《货币经济学》, 1981 年第 7 期: 第 151~174 页。

21. 奥肯 (Okun),《潜在 GDP 的测算方法及显著性》(Poten-

tial GDP, Its Measures and Significance)。

22. 罗伯特·卢卡斯（Robert Lucas），《计量经济政策评价：批判》（Economic Policy Evaluation：A Critique），《卡内基—罗彻斯特会议集丛：公共政策》，菲利普斯曲线和劳动力市场主题，第1版，主编：K. 布鲁纳尔（K. Brunner）和 A. 梅尔策（A. Meltzer），（美国纽约，爱思维尔出版社，1976年），第19~46页。

23. 托马斯·萨金特（Thomas Sargent）和尼尔·华莱士（Neil Wallace），《理性预期和经济政策理论》（Rational Expectations and The Theory of Economic Policy），《货币经济学》，第2期（1976年4月）：第169~183页。

24. 查尔斯·古德哈特（Charles Goodhart），《货币理论和实践：以英国为例》（Monetary Theory and Practice：The UK Experience），（伦敦：麦克米伦出版社，1984年）。

25. 本内特·T. 麦克库伦（Bennett T. McCullum），《理性预期和宏观稳定政策综述》（Rational Expectations and Macroeconomic Stabilization Policy：An Overview），《货币、信贷和银行学》，第2卷，1980年第4期。

26. 同上。

27. 芬恩·E. 基德兰德（Finn E. Kydland）和爱德华·C. 普雷斯科特（Edward C. Prescott），《规则而非相机决策：最佳政策的非连续性》（Rules Rather than Discretion：the Inconsistency of Optimal Plans），《政治经济学》，第85期：第473~490页。

第六章 货币政策制度：中央银行如何运用货币政策规则实现货币稳定

1. 弗雷德里克·S. 米什金（Frederic S. Mishkin），《不同货币政策体制的国际经验》（International Tirole Experiences with Different Monetary Policy Regimes），《美国国家经济研究局工作报告》，第6965号，1999年；弗拉基米尔·克尤夫（Vladimir Kyuev），菲尔·

注 释

德艾莫斯（Phil de Imus）和克利须那·斯里尼瓦桑（Krishna Srinivasan），《非常时期的非常选择：发达经济体的信贷和量化宽松》（*Unconditional Choices for Unconditional Times*: *Credit and Quantitative Easing in Advanced Economies*），《国际货币基金组织职员报告》，SPN/09/27，2009年11月4日。

2. 本·S. 伯南克（B. S. Bernanke）、托马斯·劳巴克（T. Laubach）、弗雷德里克·S. 米什金（F. S. Mishkin）和亚当·S. 波森（A. S. Posen），《通胀目标制：国际经验》（*Inflation Targeting*: *Lessons from the International Experience*），新泽西州普林斯顿：普林斯顿大学出版社，1999年。

3. 伯南克（Bernanke）、劳巴克（Laubach）、米什金（Mishkin）和波森（Posen），《通胀目标制：国际经验》（*Inflation Targeting*: *Lessons from the International Experience*）；弗里德里克·S. 米什金（Frederick S. Mishkin），《货币政策》（*Monetary Policy*），《美国国家经济研究局工作报告》，2001/2002年冬，www.nber.org/reporter/winter02/mishkin.html。

4. 米什金（Mishkin），《不同货币政策体制的国际经验》（*International Experiences with Different Monetary Policy Regimes*）。

5. 同上。

6. 同上。

7. 威廉·H. 布朗森（William H. Branson）和卢卡·T. 卡策莉（Louka T. Katseli），《货币篮子和实际汇率》（*Currency Baskets and Real Exchange Rates*），《美国国家经济研究局工作报告》，第666号，1981年4月。

8. 布朗森（Branson）和卡策莉（Katseli），《货币篮子和实际汇率》（*Currency Baskets and Real Exchange Rates*）。

9. 克里斯托弗·J. 尼利（Christopher J. Neely），《汇率体系目标区间的控制：所知几何？》（*Realignments of Target Zone Exchange Rate Systems*: *What Do We Know?*），《圣路易斯联储评论》，1994年

9/10 月；米什金（Mishkin），《不同货币政策体制的国际经验》（*International Experiences with Different Monetary Policy Regimes*）。

10. 香港金融管理局，《香港货金融管理局的介绍》（*An Introduction to the Hong Kong Monetary Authority*），2013 年 12 月 14 日摘自 www. kma. gov. hk/media/eng/publication – and – research/reference – materials/intro_ to_ hkma. pdf。

11. 米什金（Mishkin），《不同货币政策体制的国际经验》（*International Experiences with Different Monetary Policy Regimes*）。

12. 弗里德里克·S. 米什金（Frederick S. Mishkin），《从货币目标制到通胀目标制：工业国家的教训》（*From Monetary Targeting to Inflation Targeting: Lessons from the Industrialized Countries*），（墨西哥银行会议，《稳定和货币政策：国际经验》（*Stabilization and Monetary Policy: The International Experience*），墨西哥城，2000 年 11 月 14 ~ 15 日）。

13. 同上。

14. 同上。

15. 威廉·L. 西尔伯（William L. Silber），《沃尔克规则：坚持就是胜利》（*Volcker: The Triumph of Persistence*），纽约：布鲁姆斯伯里出版社，2012 年。

16. 米什金（Mishkin），《从货币目标制到通胀目标制：工业国家的教训》（*From Monetary Targeting to Inflation Targeting: Lessons from the Industrialized Countries*）。

17. 同上。

18. 同上。

19. 同上。

20. 同上。

21. 米什金（Mishkin），《从货币目标制到通胀目标制：工业国家的教训》（*From Monetary Targeting to Inflation Targeting: Lessons from the Industrialized Countries*）；西尔柏（Silber），《沃尔克：坚持

就是胜利》(*Volcker: The Triumph of Persistence*)。

22. 米什金 (Mishkin),《从货币目标制到通胀目标制:工业国家的教训》(*From Monetary Targeting to Inflation Targeting: Lessons from the Industrialized Countries*)。

23. 同上。

24. 米什金 (Mishkin),《从货币目标制到通胀目标制:工业国家的教训》(*From Monetary Targeting to Inflation Targeting: Lessons from the Industrialized Countries*);艾伦·格林斯潘 (Alan Greenspan an Greenspan),《货币政策的不确定性》(*Monetary Policy under Uncertainty*),在堪萨斯联储主办的学术会议上的讲话,怀俄明州杰克逊霍尔,2003 年 8 月 29 日)。

25. 米什金 (Mishkin),《从货币目标制到通胀目标制:工业国家的教训》(*From Monetary Targeting to Inflation Targeting: Lessons from the Industrialized Countries*)。

26. 同上。

27. 同上。

28. 同上。

29. 同上。

30. 查尔斯·古德哈特 (Charles Goodhart),《货币信息和不确定性》(*Money Information and Uncertainty*),第 2 版,伦敦:麦克米伦出版社,1989 年;米什金 (Mishkin),《从货币目标制到通胀目标制:工业国家的教训》(*From Monetary Targeting to Inflation Targeting: Lessons from the Industrialized Countries*)。

31. 丹尼尔·L. 桑顿 (Daniel L. Thornton),《流通速度为什么重要?》(*Why Does Velocity Matter?*),《圣路易斯联储评论》,1983 年 12 月,http://research.stlouisfed.org/publications/review/83/12/volocity Dec1983.pdf。

32. 同上。

33. 桑顿 (Thornton),《流通速度为什么重要?》(*Why Does Ve-*

locity Matter?）；古德哈特（Goodhart），《货币信息和不确定性》（Money Information and Uncertainty）；米什金（Mishkin），《从货币目标制到通胀目标制：工业国家的教训》（From Monetary Targeting to Inflation Targeting：Lessons from the Industrialized Countries）。

34. 古德哈特（Goodhart），《货币信息和不确定性》（Money Information and Uncertainty）。

35. 查尔斯·A. 古德哈特（Charles A. Goodhart），《货币理论和实践：以英国为例》（Monetary Theory and Practice：The UK Experience），伦敦：麦克米伦出版社，1984年。

36. 古德哈特（Goodhart），《货币信息和不确定性》（Money Information and Uncertainty）。

37. 同上。

38. 伯南克（Bernanke）、劳巴克（Laubach）、米什金（Mishkin）和波森（Posen），《通胀目标制：国际经验》（Inflation Targeting：Lessons from the International Experience）；米什金（Mishkin），《不同货币政策体制的国际经验》（International Experiences with Different Monetary Policy Regimes）；格林斯潘（Greenspan），《货币政策的不确定性》（Monetary Policy under Uncertainty）。

39. 米什金（Mishkin）《不同货币政策体制的国际经验》（International Experiences with Different Monetary Policy Regimes）；格林斯潘（Greenspan），《货币政策的不确定性》（Monetary Policy under Uncertainty）。

40. 艾伦·格林斯潘（Alan Greenspan），《民主社会中央银行的挑战》（The Challenge of Central Banking in a Democratic Society），在美国公共政策研究会议上的发言，华盛顿，1996年12月5日，www.federalreserve.gov/boarddocs/speeches/1996/19961205.htm。

41. 约翰·B. 泰勒（John B. Taylor），《实践中自由裁量权和政策法则》（Discretion versus Policy Rules in Practice），关于国际经济政策和改革的卡内基—罗彻斯特会议，1993年，第39篇，第195~

214 页。

42. 米什金（Mishkin）《不同货币政策体制的国际经验》（International Experiences with Different Monetary Policy Regimes）；格林斯潘（Greenspan），《货币政策的不确定性》（Monetary Policy under Uncertainty）。

43. 约翰·B. 泰勒（John B. Taylor），《危机的起源和政策启示》（Origins and Policy Implication of the Crisis），《金融服务监管新指南》（New Directions in Financial Services Regulation），主编：罗杰·B. 波特（Roger B. Porter）、罗伯特·R. 格劳伯（Robert R. Glauber）和托马斯·J. 希利（Thomas J. Healey），马萨诸塞州坎布里奇：麻省理工学院出版社，2009 年。

44. 伯南克（Bernanke）、劳巴克（Laubach）、米什金（Mishkin）和波森（Posen），《通胀目标制：国际经验》（Inflation Targeting: Lessons from the International Experience）；拉尔斯·E. O. 斯文森（Lars E. O. Svensson），《金融危机后的通胀目标》（Inflation Targeting after the Financial Crisis），"金融危机背景下对中央银行的挑战"，国际研究会议，孟买，2010 年 2 月 12 日，www.bis.org/review/r1002164.pdf?frame=0。

45. 查尔斯·弗里德蒙德（Charles Freedmand）和道格拉斯·拉克斯顿（Douglas Laxton），《通胀目标支柱：透明度和问责制》（Inflation Targeting Pillars: Transparency and Accountability），《国际货币基金组织工作报告》，09/262 号，2009 年。

46. 伯南克（Bernanke）、劳巴克（Laubach）、米什金（Mishkin）和波森（Posen），《通胀目标制：国际经验》（Inflation Targeting: Lessons from theInternational Experience）；弗里德蒙德（Freedmand）和拉克斯顿（Laxton），《通胀目标支柱：透明度和问责制》（Inflation Targeting Pillars: Transparency and Accountability）。

47. 伯南克（Bernanke）、劳巴克（Laubach）、米什金（Mishkin）和波森（Posen），《通胀目标制：国际经验》（Inflation Targe-

ting: Lessons from theInternational Experience)。

48. 默文·金（Mervyn King），《英国货币政策变化：操作的规则与相机抉择》（Changes in UK Monetary Policy: Rules and Discretion in Practice），《货币经济》，1997 年第 39 期：第 81~97 页；斯文森（Svensson），《金融危机后的通胀目标》（Inflation Targeting after the Financial Crisis）。

49. 米什金（Mishkin），《不同货币政策体制的国际经验》（International Experiences with Different Monetary Policy Regimes）；伯南克（Bernanke）和格特勒（Gertler），《黑匣子：货币政策传导的信贷渠道》（Inside the Black Box: The Credit Channel of Monetary Policy Transmission），《经济展望》，第 9 卷，1995 年第 4 期：第 27~48 页；劳伦斯·J. 克里斯安诺（Lawrence J. Christiano）、马丁·艾肯鲍姆（Martin Eichenbaum）和查尔斯·L. 伊万斯（Charles L. Evans），《货币政策冲击的名义刚性和动态效应》（Nominal Rigidities and the Dynamic Effects of a Shock to Monetary Policy），《政治经济》，第 113 卷，2005 年第 1 期：第 1~45 页。

50. 米什金（Mishkin），《不同货币政策体制的国际经验》（International Experiences with Different Monetary Policy Regimes）；克里斯托弗·拉根（Christopher Ragan），《货币政策：运行机理及必要条件》（Monetary Policy: How It works, and What It takes），加拿大银行，《加拿大展望》，货币政策问题专栏，2005 年，www.bankofcanada.ca/monetary-policy-introduction/why-monetary-policy-matters/4-monetary-policy/；伯南克（Bernanke）和格特勒（Gertler），《黑匣子：货币政策传导的信贷渠道》（Inside the Black Box: The Credit Channel of Monetary Policy Transmission）；艾肯鲍姆（Eichenbaum）和伊万斯（Evans），《货币政策冲击的名义刚性和动态效应》（Nominal Rigidities and the Dynamic Effects of a Shock to Monetary Policy）。

51. 斯文森（Svensson），《金融危机后的通胀目标》（Inflation Targeting after the Financial Crisis）。

注 释

52. 伯南克（Bernanke）、劳巴克（Laubach）、米什金（Mishkin）和波森（Posen），《通胀目标制：国际经验》（Inflation Targeting: Lessons from the International Experience）。

53. 乔纳森·斯派瑟（Jonathan Spicer），《历史性的转变，美联储建立通胀目标》（In Historic Shift, Fed Sets Inflation Target），路透社，2012年1月25日，www.reuters.com/article/2012/01/25/us–usa–fed–inflation–target–idUSTRE80025C20120125。

54. 美联储公开市场委员会，新闻发布会，2012年1月25日，www.federalreserve.gov.newsevents/press/monetary/20120125cd.htm；斯派瑟（Spicer），《历史性的转变，美联储建立通胀目标》（In Historic Shift, Fed Sets Inflation Target）。

55. 斯文森（Svensson），《金融危机后的通胀目标》（Inflation Targeting after the Financial Crisis）。

56. 同上。

57. 同上。

58. 斯文森（Svensson），《最优通胀目标，"保守"的中央银行和线性通胀紧缩》（Optimal Inflation Targets, "Conservative" Central Banks, and Linear Inflation Contracts），《美国国家经济研究局工作报告》，第5251号，1995年9月。

59. 克劳迪奥·博里奥（Claudio Borio）和菲利普·罗威（Philip Lowe），《资产价格、金融和货币稳定：承上启下的探索》（Asset Prices, Financial and Monetary Stability: Exploring the Nexus），《国际清算银行工作论文》，第114号，2002年6月。

60. 白川方明（Masaaki Shirakawa），《量化宽松政策下的一年》（One Year under 'Quantitative Easing'），《日本银行货币和经济研究局研讨报告》，2002–E–3号；理查德·A. 波斯纳（Richard A. Posner），《2008~2009年金融危机的根本原因》（Underlying Causes of the Financial Crisis of 2008—2009），《金融服务监管新指南》（New Directions in Financial Services Regulation），主编：罗杰·B. 波特

(Roger B. Porter)、罗伯特·R. 格劳伯（Robert R. Glauber）和托马斯·J. 希利（Thomas J. Healey），马萨诸塞州坎布里奇：麻省理工学院出版社，2009年。

61. 白川方明（Masaaki Shirakawa），《量化宽松政策下的一年》(One Year under "Quantitative Easing")；博里奥（Borio）和罗威（Lowe），《资产价格、金融和货币稳定：承上启下的探索》(Asset-Prices, Financial and Monetary Stability: Exploring the Nexus)。

62. 克劳迪奥·博里奥（Claudio Borio），《重究金融稳定政策的宏观根源：旅程、挑战和前进的道路》(Rediscovering the Macroeconomic Roots of Financial Stability Policy: Journey, Challenges and a Way Forward)，《国际清算银行工作论文》，第354号，2011年9月。

63. 同上。

64. 澳大利亚储备银行，《通胀目标》(Inflation Target)，《货币政策》，2013年 www.rba.gov.au/monetary-policy/inflation-taget.html。

65. 斯蒂凡·英戈务（Stefan Ingves）(2011年)，《中央银行治理和金融稳定：研究组报告》(Central Bank Governance and Financial Stability: a Study Group Report)，国际清算银行，2011年5月。

66. 克尤夫（Kyuev）、德艾莫斯（DeImus）和斯里尼瓦桑（Srinivasan），《非常时期的非常选择：发达经济体的信贷和量化宽松》(Unconditional Choices for Unconditional Times: Credit and Quantitative Easing in Advanced Economies)；白川方明（Masaaki Shirakawa），《量化宽松政策下的一年》(One Year under "Quantitative Easing")。

67. 本·S. 伯南克（B. S. Bernanke），《危机和政策反应》(The Crisis and the Policy Response)，2009年1月13日在伦敦经济学院上的讲话，www.federalreserve.gov/newsevents/speech/bernanke 20090113a.htm；克尤夫（Kyuev）、德艾莫斯（de Imus）和斯里尼瓦桑（Srinivasan），《非常时期的非常选择：发达经济体的信贷和量化宽松》(Unconditional

Choices for Unconditional Times: Credit and Quantitative Easing in Advanced Economies)。

68. 伯南克（Bernanke），《危机和政策反应》(*The Crisis and the Policy Response*)。

69. 伯南克（Bernanke），《危机和政策反应》(*The Crisis and the Policy Response*)；克尤夫（Kyuev），德艾莫斯（de Imus）和斯里尼瓦桑（Srinivasan），《非常时期的非常选择：发达经济体的信贷和量化宽松》(*Unconditional Choices for Unconditional Times: Credit and Quantitative Easing in Advanced Economies*)。

70. 伯南克（Bernanke），《危机和政策反应》(*The Crisis and the Policy Response*)。

71. 伯南克（Bernanke），《危机和政策反应》(*The Crisis and the Policy Response*)；克尤夫（Kyuev）、德艾莫斯（de Imus）和斯里尼瓦桑（Srinivasan），《非常时期的非常选择：发达经济体的信贷和量化宽松》(*Unconditional Choices for Unconditional Times: Credit and Quantitative Easing in Advanced Economies*)。

72. 同上。

73. 美联储公开市场委员会，新闻发布会，美联储董事会，2012年9月13日，www.federalreserve.gov/newsevents/press/monetary/20120913a.htm。

74. 克尤夫（Kyuev）、德艾莫斯（de Imus）和斯里尼瓦桑（Srinivasan），《非常时期的非常选择：发达经济体的信贷和量化宽松》(*Unconditional Choices for Unconditional Times: Credit and Quantitative Easing in Advanced Economies*)。

75. 路易斯·阿米德斯戴德（Louise Armidstead），《债务危机：德拉吉向欧洲中央银行执委会提出"无限量"购买债券计划》(*Debt Crisis: Draghi Presents "Unlimited" Bond Buying Plan to ECB Council*)，《每日电讯》，2012年9月5日，www.telegraph.co.uk/finance/fiancialcrisis/9523871/Debt-crisis-Draghi-presents-unlimit-

ed‑bond‑buying‑plan‑to‑ECB‑council.html。

76. 同上。

第七章 货币政策实施与金融市场操作

1. 科瑞·恩何（Corrine Ho），《21世纪初货币政策实施：亚洲乃至世界范围内的操作程序》（Implementing Monetary Policy in the 2000s: Operating Procedures in Asia and Beyond），《国际清算银行工作论文》，第253号，2008年6月。

2. 货币政策委员会，《货币政策传导机制》（The Transmission Mechanism of Monetary Policy），英格兰银行，1999年，www.bankofengland.co.hk/publcations/doctuments/other/monetary/montrans.pdf。

3. 罗伯特·N.麦考利（Robert N. McCauley），《亚洲的金融市场发展及货币政策操作》（Developing Financial Markets and Operating Monetary Policy in Asia），金融市场发展及其货币政策实施：马来西亚中央银行—国际清算银行会议，2007年8月13日。

4. 伯南克（Bernanke），《危机和政策反应》（The Crisis and the Policy Response）。

5. 滋维·博迪（Zvi Bodie）、亚历克斯·凯恩（Alex Kane）和艾伦·马库斯（Alan Marcus），《投资的本质》（Essentials of Investments），第九版，纽约：麦格劳·希尔公司，2013年。

6. 弗兰克·J.法博齐（Frank J. Fabozzi）、史蒂夫·V.曼恩（Steve V. Mann）和穆拉德·乔德利（Moorad Choudhry），《全球货币市场》（The Global Money Markets），纽约：约翰·威利父子出版社，2002年。

7. 美联储系统管理委员会，《美联储系统：目标和功能》（The Federal Reserve System: Purposes and Functions），华盛顿州：美联储系统管理委员会，2005年，http://www.federalreserve.gov/pf/pdf/pf_complete.pdf；恩何（Ho），《21世纪初货币政策实施：亚洲乃至世界范围内的操作程序》（Implementing Monetary Policy in the

2000s：Operating Procedures in Asia and Beyond)。

8. 恩何（Ho），《21 世纪初货币政策实施：亚洲乃至世界范围内的操作程序》(Implementing Monetary Policy in the 2000s：Operating Procedures in Asia and Beyond)。

9. 恩何（Ho），《21 世纪初货币政策实施：亚洲乃至世界范围内的操作程序》(Implementing Monetary Policy in the 2000s：Operating Procedures in Asia and Beyond)；美联储系统管理委员会，《美联储系统：目标和功能》(The Federal Reserve System：Purposes and Functions)。

10. 波斯纳（Posner），《2008~2009 年金融危机的根本原因》(Underlying Causes of the Financial Crisis of 2008—2009)。

11. 同上。

12. 美联储系统管理委员会，《美联储系统：目标和功能》(The Federal Reserve System：Purposes and Functions)。

13. 同上。

14. 恩何（Ho），《21 世纪初货币政策实施：亚洲乃至世界范围内的操作程序》(Implementing Monetary Policy in the 2000s：Operating Procedures in Asia and Beyond)；美联储系统管理委员会，《美联储系统：目标和功能》(The Federal Reserve System：Purposes and Functions)。

15. 恩何（Ho），《21 世纪初货币政策实施：亚洲乃至世界范围内的操作程序》(Implementing Monetary Policy in the 2000s：Operating Procedures in Asia and Beyond)。

16. 皮第·迪斯亚特（Piti Disyatat），《货币政策实施：误区及后果》(Monetary Policy Implementation：Misconceptions and Their Consequences)，《国际清算银行工作论文》，第 269 号，2008 年 12 月。

17. 同上。

18. 恩何（Ho），《21 世纪初货币政策实施：亚洲乃至世界范围内的操作程序》(Implementing Monetary Policy in the 2000s：Operating

Procedures in Asia and Beyond）；美联储系统管理委员会，《美联储系统：目标和功能》（*The Federal Reserve System：Purposes and Functions*）；大卫·E. W. 莱德勒（David E. W Laidler）和威廉·B. P. 罗布森（William B. P. Robson），《2%的目标：加拿大1991年后的货币政策》（*Two Percent Target：Canadian Monetary Policy Since 1991*），多伦多：贺维研究会，2004年。

19. 恩何（Ho），《21世纪初货币政策实施：亚洲乃至世界范围内的操作程序》（*Implementing Monetary Policy in the 2000s：Operating Procedures in Asia and Beyond*）；美联储系统管理委员会，《美联储系统：目标和功能》（*The Federal Reserve System：Purposes and Functions*）。

20. 美联储系统管理委员会，《美联储系统：目标和功能》（*The Federal Reserve System：Purposes and Functions*）；恩何（Ho），《21世纪初货币政策实施：亚洲乃至世界范围内的操作程序》（*Implementing Monetary Policy in the 2000s：Operating Procedures in Asia and Beyond*）。

21. 恩何（Ho），《21世纪初货币政策实施：亚洲乃至世界范围内的操作程序》（*Implementing Monetary Policy in the 2000s：Operating Procedures in Asia and Beyond*）。

22. 同上。

23. 乔治·A. 卡恩（George A. Kahn），《走廊框架下的货币政策》（*Monetary Policy under a Corridor Operating Framework*），《经济评论》，第95卷，2010年第4期：第5页；恩何（Ho），《21世纪初货币政策实施：亚洲乃至世界范围内的操作程序》（*Implementing Monetary Policy in the 2000s：Operating Procedures in Asia and Beyond*）。

24. 恩何（Ho），《21世纪初货币政策实施：亚洲乃至世界范围内的操作程序》（*Implementing Monetary Policy in the 2000s：Operating Procedures in Asia and Beyond*）；美联储系统管理委员会，《美联储系统：目标和功能》（*The Federal Reserve System：Purposes and Func-*

tions)。

25. 美联储系统管理委员会,《美联储系统:目标和功能》(The Federal Reserve System: Purposes and Functions)。

26. 博迪(Bodie)、凯恩(Kane)和马库斯(Marcus),《投资的本质》(Essentials of Investments)。

27. 同上。

第八章 货币政策传导机制:利率变幻如何影响居民、企业、金融机构、经济活动和通胀

1. 货币政策委员会,《货币政策传导机制问题》(The Transmission Mechanism of Monetary Policy),英格兰银行,1999年,www.bankofengland.co.uk/publications/Documents/other/monetary/montras.pdf;加拿大银行,《货币政策如何运行:货币政策的传导》(How Monetary Policy Works: The Transmission of Monetary Policy),背景资料,2012年,www.bankofcanada.ca/wp-content/uploads/2010/11/how_monetary_policy_works.pdf;本·S.伯南克(Ben S. Bernanke)和马克·格特勒(Mark Gertler),《黑匣子:货币政策传导的信贷渠道》(Inside the Black Box: The Credit Channel of Monetary Policy Transmission),《经济展望》,第9卷,1995年第4期:第27~48页。

2. 货币政策委员会,《货币政策传导机制问题》(The Transmission Mechanism of Monetary Policy);加拿大银行,《货币政策如何运行:货币政策的传导》(How Monetary Policy Works: The Transmission of Monetary Policy);伯南克(Bernanke)和格特勒(Gertler),《黑匣子:货币政策传导的信贷渠道》(Inside the Black Box: The Credit Channel of Monetary Policy Transmission)。

3. 国债直接系统,《通胀保护债券》(Treasury Inflation-Protected Securities, TIPS),美国财政部财政服务局,2013年,https://www.treasurydirect.gov/indiv/products/prod_tips_glance.htm。

4. 约瑟夫·G.豪布里希(Joseph G. Haubrich)、乔治·彭纳齐

(George Pennacchi)、彼得·芮肯 (Peter Ritchken),《通过国债收益率、通胀预期和通胀掉期利率,预测名义和实际利率期限结构》(*Estimating Real and Norminal Term Structures Using Treasury Yields*, *Inflation*, *Inflation Forecasts*, *and Inflation Swap Rates*),《克利夫兰联储工作论文》,第 0810 号,2008 年,www. clevelandfed. org/research/workpaper/2008/wp0810. pdf。

5. 货币政策委员会,《货币政策传导机制问题》(*The Transmission Mechanism of Monetary Policy*);克里斯托弗·拉根 (Christopher Ragan),《货币政策:运行机理及必要条件》(*Monetary Policy*: *How It works*, *and What It takes*),加拿大银行,《加拿大展望》,货币政策问题专栏,2005 年,www. bankofcanada. ca/monetary – policy – introduction/why – monetary – policy – matters/4 – monetary – policy/。

6. 货币政策委员会,《货币政策传导机制问题》(*The Transmission Mechanism of Monetary Policy*)。

7. 货币政策委员会,《货币政策传导机制问题》(*The Transmission Mechanism of Monetary Policy*);拉根 (Ragan),《货币政策:运行机理及必要条件》(*Monetary Policy*: *How It works*, *and What It takes*)。

8. 货币政策委员会,《货币政策传导机制问题》(*The Transmission Mechanism of Monetary Policy*)。

9. 同上。

10. 同上。

11. 货币政策委员会,《货币政策传导机制问题》(*The Transmission Mechanism of Monetary Policy*);加拿大银行,《货币政策如何运行:货币政策的传导》(*How Monetary Policy Works*: *The Transmission of Monetary Policy*);伯南克 (Bernanke) 和格特勒 (Gertler),《黑匣子:货币政策传导的信贷渠道》(*Inside the Black Box*: *The Credit Channel of Monetary Policy Transmission*)。

12. 货币政策委员会,《货币政策传导机制问题》(*The Trans-*

注 释

mission Mechanism of Monetary Policy)。

13. 同上。

14. 货币政策委员会,《货币政策传导机制问题》(*The Transmission Mechanism of Monetary Policy*);加拿大银行,《货币政策如何运行:货币政策的传导》(*How Monetary Policy Works: The Transmmission of Monetary Policy*)。

15. 货币政策委员会,《货币政策传导机制问题》(*The Transmission Mechanism of Monetary Policy*);拉根(Ragan),《货币政策:运行机理及必要条件》(*Monetary Policy: How It works, and What It takes*);伯南克(Bernanke)和格特勒(Gertler),《黑匣子:货币政策传导的信贷渠道》(*Inside the Black Box: The Credit Channel of Monetary Policy Transmission*)。

16. 货币政策委员会,《货币政策传导机制问题》(*The Transmission Mechanism of Monetary Policy*)。

17. 同上。

18. 同上。

19. 货币政策委员会,《货币政策传导机制问题》(*The Transmission Mechanism of Monetary Policy*);伯南克(Bernanke)和格特勒(Gertler),《黑匣子:货币政策传导的信贷渠道》(*Inside the Black Box: The Credit Channel of Monetary Policy Transmission*)。

20. 货币政策委员会,《货币政策传导机制问题》(*The Transmission Mechanism of Monetary Policy*)。

21. 同上。
22. 同上。
23. 同上。
24. 同上。

25. 莱德勒(Laidler)、罗布森(Robson),《2%的目标:加拿大1991年后的货币政策》(*Two Percent Target: Canadian Monetary Policy Since 1991*);伯南克(Bernanke)和格特勒(Gertler),《黑匣

子：货币政策传导的信贷渠道》(Inside the Black Box: The Credit Channel of Monetary Policy Transmission)。

26. 同上。

27. 同上。

28. 同上。

29. 同上。

30. 货币政策委员会，《货币政策传导机制问题》(The Transmission Mechanism of Monetary Policy)。

31. 货币政策委员会，《货币政策传导机制问题》(The Transmission Mechanism of Monetary Policy)；加拿大银行，《货币政策如何运行：货币政策的传导》(How Monetary Policy Works: The Transmission of Monetary Policy)。

32. 货币政策委员会，《货币政策传导机制问题》(The Transmission Mechanism of Monetary Policy)；拉根(Ragan)，《货币政策：运行机理及必要条件》(Monetary Policy: How It works, and What It takes)。

第九章 汇率和中央银行

1. 杰弗里·阿马托(Jeffery Amato)、安德鲁·菲拉尔多(Andrew Filardo)、嘉布里尔·加拉茨(Grabriele Galati)、格茨·冯·彼得(Goetz von Peter)和朱峰(Feng Zhu)，《汇率和货币政策研究：概览》(Research on Exchange Rates and Monetary Policy: An Overview)，《国际清算银行工作报告》，第178号，2005年6月。

2. 同上。

3. 同上。

4. 同上。

5. 同上。

6. 巴里·埃森格林(Barry Eichengreen)和劳尔·加西亚(Raul Razo-Garcia)，《过去和将来20年里的国际货币体系》(The

International Monetary System in the Last and Next 20 Years),《21世纪经济政策》,第21卷,2006年第47期:第393~442页;莫里斯·奥伯斯法尔德(Maurice Obstfeld)和保罗·克鲁格曼(Paul Krugman),《国际经济学:理论与政策》(*International Economics: Theory and Policy*),第8版,新泽西州上鞍河区:培生艾迪生—韦斯利出版社,2009年。

7. 同上。

8. 国际货币基金组织,《汇率制度和货币政策框架的事实分类》(*De Facto Classification of Exchange Rate Regimes and Monetary Policy Frameworks*),年报,附录表2.9,2013年4月30日,www.imf.org/external/pubs/ft/ar/2013/eng/pdf/a2.pdf;托尼·莱特(Tony Latter),《汇率制度的选择》(*The Choice of Exchange Rate Regime*),《中央银行指南》,第二册(伦敦:中央银行研究中心,英格兰银行,1996年5月);斯坦利·费希尔(Stanley Fischer),《汇率制度:两极分化的观点是否正确?》(*Exchange Rate Regimes: Is the Bipolar View Correct?*),关于政府经济学的国际前瞻讲座,源于美国经济协会和政府经济学家联合会举办的美国经济协会的会议,新奥尔良州,2001年1月6日。

9. 莱特(Latter),《汇率制度的选择》(*The Choice of Exchange Rate Regime*);费希尔(Fischer),《汇率制度:两极分化的观点是否正确?》(*Exchange Rate Regimes: Is the Bipolar View Correct?*)。

10. 莱特(Latter),《汇率制度的选择》(*The Choice of Exchange Rate Regime*)。

11. 同上。

12. 国际货币基金组织,《汇率制度和货币政策框架的事实分类》(*De Facto Classification of Exchange Rate Regimes and Monetary Policy Frameworks*)。

13. 香港金融管理局:《香港货金融管理局的介绍》(*An Introduction to the Hong Kong Monetary Authority*),2013年12月14日摘自

www. kma. gov. hk/media/eng/publication – and – research/reference – materials/intro_ to_ hkma. pdf。

14. 莱特（Latter），《汇率制度的选择》（*The Choice of Exchange Rate Regime*）。

15. 国际货币基金组织，《汇率制度和货币政策框架的事实分类》（*De Facto Classification of Exchange Rate Regimes and Monetary Policy Frameworks*）。

16. 莱特（Latter），《汇率制度的选择》（*The Choice of Exchange Rate Regime*）。

17. 同上。

18. 国际货币基金组织，《汇率制度和货币政策框架的事实分类》（*De Facto Classification of Exchange Rate Regimes and Monetary Policy Frameworks*）。

19. 莱特（Latter），《汇率制度的选择》（*The Choice of Exchange Rate Regime*）。

20. 伊格内修斯·卢（Ignatius Low）、斐娜·陈（Fiona Chan）、盖布里埃尔·陈（Gabriel Chen）等，《维持稳定，服务新加坡——1971～2011年的四十周年纪念》（*Sustaining Stability, Serving Singapore - 40th Anniversary 1971—2011*），新加坡：新加坡金融管理局，2011年。

21. 阿马托（Amato）、菲拉尔多（Filardo）、加拉茨（Galati）、冯·彼得（von Peter）和朱（Zhu），《汇率和货币政策研究：概览》（*Research on Exchange Rates and Monetary Policy : An Overview*）。

22. 基斯·比尔宾（K. Pilbeam），《国际金融》（*International Finance*），伦敦：麦克米伦出版社，1992年。

23. 杰弗里·弗兰克尔（Jeffrey Frankel），《汇率决定的货币和资产组合均衡模型》（*Monetary and Portfolio Balance Models of Exchange Rate Determination*），摘自《经济的独立性和灵活汇率》，1987年第二版，杰弗里·弗兰克尔（Jeffrey Frankel）所注附录，主编：贾格迪·班达里

(Jagdeep Bhandari) 和布鲁夫德·布特南 (Bluford Putnam),马萨诸塞州坎布里奇:麻省理工学院出版社,1993 年, www. hks. harvard. edu/fs/jfrankel/Monetary&PB%20Models%20Model%20ExRateDetermtn. pdf;比尔宾 (Pilbeam),《国际金融》(International Finance)。

24. 弗兰克尔 (Frankel),《汇率决定的货币和资产组合均衡模型》(Monetary and Portfolio Balance Models of Exchange Rate Determination);比尔宾 (Pilbeam),《国际金融》(International Finance)。

25. 同上。

26. 弗兰克尔 (Frankel),《汇率决定的货币和资产组合均衡模型》(Monetary and Portfolio Balance Models of Exchange Rate Determination)。

27. 比尔宾 (Pilbeam),《国际金融》(International Finance);弗兰克尔 (Frankel),《汇率决定的货币和资产组合均衡模型》(Monetary and Portfolio Balance Models of Exchange Rate Determination)。

28. T. 安德斯 (T. Anderse)、T. 博勒斯利 (T. Bollerslev)、F. 迪堡 (F. Diebold) 和 C. 唯加 (C. Vega),《宏观政策对微观的影响:汇率的实时价格发现》(Micro Effects of Macro Announcements: Real – Time Price Discovery in Foreign Exchange),《美国经济评论》,第 93 卷,2003 年第 1 期:第 38 – 62 页;J. 泽托迈亚 (J. Zettlemeyer),《货币政策对汇率的影响:来自于三个小的开放经济体的证据》(The Impact of Monetary Policy on the Exchange Rate, Evidence from Three Small Open Economies),《货币经济学》,第 51 卷,2004 年第 3 期:第 635 ~ 652 页;乔纳森·卡恩斯 (Jonathan Kearns) 和菲尔·迈纳斯 (Phil Manners),《货币政策对汇率的影响:日间数据研究》(The Impact of Monetary Policy on the Exchange Rate: A Study Using Intraday Data),2006 年第 4 期。

29. 莱特 (Latter),《汇率制度的选择》(The Choice of Exchange Rate Regime)。

30. 同上。

31. 同上。

32. 同上。

33. 同上。

34. 同上。

35. 同上。

36. 同上。

37. 同上。

38. 盖瑞·希纳西（Garry Schinasi），《金融稳定定义》（Defining Financial Stability），《国际货币基金组织工作报告》，04/187号，华盛顿，2004年10月。

第十章 金融稳定：定义、分析框架与理论基础

1. 克劳迪奥·博里奥（Claudio Borio）和威廉·怀特（William White），《货币还是金融稳定？政策演变的启示》（Whither Monetary and Financial Stability? The Implications of Evolving Policy Regimes），《国际清算银行工作论文》，147号，2004年2月。

2. 克劳迪奥·博里奥（Claudio Borio）和马蒂耶斯·德赫曼（Mathias Drehmann），《一个金融稳定的可操作性框架：模糊测度和结果》（Towards an Operational Framework for Financial Stability："Fuzzy" Measurement and Its Consequences），《国际清算银行工作论文》，第284号，2009年6月；克劳迪奥·博里奥（Claudio Borio），《重究金融稳定政策的宏观根源：旅程、挑战和前进的道路》（Rediscovering the Macroeconomic Roots of Financial Stability Policy: Journey, Challenges and a Way Forward），《国际清算银行工作论文》，第354号，2011年9月。

3. 博里奥（Borio）和德赫曼（Drehmann），《一个金融稳定的可操作性框架：模糊测度和结果》（Towards an Operational Framework for Financial Stability: "Fuzzy" Measurement and its Consequences）；博里奥（Borio），《重究金融稳定政策的宏观根源：旅程、

挑战和前进的道路》（*Rediscovering the Macroeconomic Roots of Financial Stability Policy: Journey, Challenges and a Way Forward*）；O. 阿帕切斯（O. Aspachs）、C. 古德哈特（C. Goodhart）、M. 赛戈维亚诺（M. Segoviano）、D. 索默克斯（D. Tsomocos）和 L. 齐基诺（L. Ziccino），《寻找金融稳定的度量》（*Searching for a Metric for Financial Stability*），《金融稳定实践》（*Financial Stability in Practice*），主编：C. 古德哈特（C. Goodhart）和 D. 索默克斯（D. Tsomocos），英国切尔滕纳姆：爱德华·埃尔加出版社，2006 年。

4. 本·S. 伯南克（B. S. Bernanke）和马克·格特勒（Mark Gertler），《金融脆弱性和经济表现》（*Financial Fragility and Economic Performance*），《经济学季刊》，第 105 期（1990 年 2 月）：第 87~114 页。

5. 阿施帕赫（Aspachs）、古德哈特（Goodhart）、赛戈维亚诺（Segoviano）、索默克斯（Tsomocos）和齐基诺（Zicchino），《寻找金融稳定的度量》（*Searching for a Metric for Financial Stability*）。

6. 查尔斯·古德哈特（Charles Goodhart），《学术界能对金融稳定研究作出什么贡献？》（*What Can Academics Contribute to the Study of Financial Stability?*），《经济和社会评论》，第 36 卷，2005 年第 3 期：第 189~203 页。

7. 博里奥（Borio）和德赫曼（Drehmann），《一个金融稳定的可操作性框架：模糊测度和结果》（*Towards an Operational Framework for Financial Stability: "Fuzzy" Measurement and Its Consequences*）。

8. 盖瑞·J. 希纳西（Gary J. Schinasi），《定义金融稳定》（*Defining Financial Stability*），《国际货币基金组织工作报告》，华盛顿，2004 年 10 月。

9. 马克·格特勒（Mark Gertler），《金融结构及总体经济活动综述》（*Financial Structure and Aggregate Economic Activity: An Overview*），《货币、信贷和银行业务》，第 20 卷，1988 年第 3 期。

10. 克劳迪奥·博里奥（Claudio Borio）和菲利普·罗威（Philip Lowe），《资产价格、金融和货币稳定：承上启下的探索》（AssetPrices, Financial and Monetary Stability: Exploring the Nexus），《国际清算银行工作论文》，第 114 号，2002 年 7 月；Thammarak Moenjak，Warangkana Imudom 和 Siripim Vimolchalao，《货币和金融稳定：在通胀目标下寻找适当的平衡》（Monetary and Financial Stability: Finding the Right Balance under Inflation Targeting），泰国中央银行研讨会，2004 年 9 月。

11. 欧文·费雪（Irving Fisher），《大萧条的债务通缩理论》（The Debt-Deflation Theory of Great Depressions），《计量经济学 1》，第 337~357 页，1933 年 10 月。

12. 约翰·G. 格利（John G. Gurley）和 E·S. 肖（E. S. Shaw），《经济发展的金融问题》（Financial Aspects of Economic Development），《美国经济评论 XLV》，第 4 期，1955 年。

13. 海曼·P. 明斯基（Hyman P. Minsky），《稳定动荡的经济》（Stabilizing an Unstable Economy），康涅狄格州，纽黑文：美国耶鲁大学出版社，1986 年。

14. 查尔斯·P. 金德尔伯格（Charles P. Kindleberger），《疯狂、惊恐和崩溃：金融危机史》（Manias, Panics and Crashes: A History of Financial Crises），纽约：约翰·威利父子出版社，1978 年。

15. 伯南克（Bernanke）和格特勒（Gertler），《金融脆弱性和经济表现》（Financial Fragility and Economic Performance）。

16. 博里奥（Borio）和怀特（White），《货币还是金融稳定？政策演变的启示》（Whither Monetary and Financial Stability? The Implications of Evolving Policy Regimes）。

17. 克劳迪奥·博里奥（Claudio Borio）和菲利普·罗威（Philip Lowe），《评估银行危机风险》（Assessing the Risk of Banking Crisis），《国际清算银行季度评论》，2002 年 12 月。

18. 同上。

19. 道格拉斯·W. 戴蒙德（Douglas W. Diamond）和菲利普·H. 迪布韦克（Philip H. Dybvig），《银行挤兑，存款保险和流动性》(Bank Runs, Deposit Insurance, and Liquidity)，《政治经济学》，第 91 卷，第 3 期，第 401~419 页，1983 年。

20. J. C. 罗歇（J. C. Rochet）和 J. 泰勒尔（J. Tirole），《银行间借贷和系统风险》(Interbank Lending and Systemic Risk)，《货币、信贷和银行业务》，第 28 卷，第 4 期，第 733~762 页，1996 年。

21. F. 艾伦（F. Allen）和 D. 盖尔（D. Gale），《金融传染》(Financial Contagion)，《政治经济学》，第 108 卷，第 1 期：第 1~33 页，2000 年。

22. 塞维尔·弗雷克斯（Xavier Freixas）、B. 帕里吉（B. Parigi）和 J. C. 罗歇（J. C. Rochet），《系统风险、银行间关系和中央银行流动性供应》(Systemic Risk, Interbank Relations and Liquidity Provision by the Central Bank)，《货币、信贷和银行业务》，第 32 卷，第 3 期：第 611~638 页，2000 年。

23. 安德鲁·霍尔丹（Andrew Haldane），《反思金融网络》(Rethinking the Financial Network)，在金融学生协会的发言，阿姆斯特丹，2009 年 4 月。

24. 乔治·G. 阿克洛夫（George G. Akerloff），《柠檬市场：质量不确定性和市场机制》(The Market for "Lemons": Quality Uncertainty and the Market Mechanism)，《经济学季刊》，第 84 卷，1970 年第 3 期。

25. 约瑟夫·E. 斯蒂格利茨（Joseph E. Stiglitz）和安德鲁·韦斯（Andrew Weiss），《不完美市场条件下的信贷配给》(Credit Rationing in Markets with Imperfection)，《美国经济评论》，第 71 卷，1981 年第 3 期。

26. 欧文·费雪（Irving Fisher），《大萧条的债务通缩理论》(The Debt-Deflation Theory of Great Depressions)，《计量经济学 1》(1933 年 10 月)：第 337~357 页。

27. 格特勒（Gertler），《金融结构及总体经济活动综述》（Financial Structure and Aggregate Economic Activity: An Overview）。

28. 格利（Gurley）和肖（Shaw），《经济发展的金融问题》（Financial Aspects of Economic Development）。

29. 金德尔伯格（Kindleberger），《疯狂、惊恐和崩溃：金融危机史》（Manias, Panics and Crashes: A History of Financial Crises）。

30. 海曼·P. 明斯基（Hyman P. Minsky），《稳定动荡的经济》（Stabilizing an Unstable Economy）康涅狄格州，纽黑文：美国耶鲁大学出版社，1986 年。

31. 伯南克（Bernanke）和格特勒（Gertler），《金融脆弱性和经济表现》（Financial Fragility and Economic Performance）。

32. 博里奥（Borio）和罗威（Lowe），《资产价格、金融和货币稳定：承上启下的探索》（AssetPrices, Financial and Monetary Stability: Exploring the Nexus）。

33. 博里奥（Borio）和怀特（White），《货币还是金融稳定？政策演变的启示》（Whither Monetary and Financial Stability? The Implications of Evolving Policy Regimes）。

34. 博里奥（Borio）和德赫曼（Drehmann），《一个金融稳定的可操作性框架：模糊测度和结果》（Towards an Operational Framework for Financial Stability: "Fuzzy" Measurement and Its Consequences）。

35. 博里奥（Borio），《重究金融稳定政策的宏观根源：旅程、挑战和前进的道路》（Rediscovering the Macroeconomic Roots of Financial Stability Policy: Journey, Challenges and a Way Forward）。

36. 克劳迪奥·博里奥（Claudio Borio），《金融周期和宏观经济：我们学习到什么？》（The Financial Cycle and Macroeconomics: What Have We Learnt?），《国际清算银行工作报告》，第 395 号，2012 年 12 月。

37. 卡门·莱因哈特（Carmen Reinhart）和肯尼思·罗格夫

(Kenneth Rogoff),《债务增长》(Growth in a Time of Debt),《美国国家经济研究局工作报告》,第15639号,2010年1月。

38. 海曼·P. 明斯基(Hyman P. Minsky),《稳定动荡的经济》(Stabilizing an Unstable Economy)。

39. 格利(Gurley)和肖(Shaw),《经济发展的金融问题》(Financial Aspects of Economic Development)。

40. 金德尔伯格(Kindleberger),《疯狂、惊恐和崩溃:金融危机史》(Manias, Panics and Crashes: A History of Financial Crises)。

41. 同上。

42. 海曼·P. 明斯基(Hyman P. Minsky),《稳定动荡的经济》(Stabilizing an Unstable Economy)。

43. 伯南克(Bernanke),《金融危机的非货币效应对大萧条蔓延的影响》(Nonmonetary Effects of Financial Crisis on the Propagation of the Great Depression),《美国经济评论》,第73卷,1983年第3期:第257~276页。

44. 格特勒(Gertler),《金融结构及总体经济活动综述》(Financial Structure and Aggregate Economic Activity: An Overview);博里奥(Borio),《金融周期和宏观经济:我们学习到什么?》(The Financial Cycle and Macroeconomics: What Have We Learnt?)。

45. 格特勒(Gertler),《金融结构及总体经济活动综述》(Financial Structure and Aggregate Economic Activity: An Overview)。

46. 弗兰科·莫迪格利安尼(Franco Modigliani)和默顿·米勒(Merton Miller),《资本成本、公司财务和投资理论》(The Cost of Capital, Corporation Finance, and the Theory of Investment),《美国经济评论》,第48期(1958年6月):第261~297页。

47. 米尔顿·弗里德曼(Milton Friedman)和安娜·施瓦茨(Anna J. Schwartz),《美国货币史:1867~1960年》(A Monetary History of the United States: 1867-1960),新泽西州普林斯顿:普林斯顿大学出版社,1963年。

48. 博里奥（Borio），《重究金融稳定政策的宏观根源：旅程、挑战和前进的道路》（Rediscovering the Macroeconomic Roots of Financial Stability Policy: Journey, Challenges and a Way Forward）。

49. 戴蒙德（Diamond）和迪布韦克（Dybvig），《银行挤兑、存款保险和流动性》（Bank Runs, Deposit Insurance, and Liquidity）。

50. 艾伦（Allen）和盖尔（Gale），《金融传染》（Financial Contagion）。

51. 弗雷克斯（Freixas）、帕里吉（Parigi）和罗歇（Rochet），《系统风险、银行间关系和中央银行流动性供应》（Systemic Risk, Interbank Relations and Liquidity Provision by the Central Bank）。

52. 戴蒙德（Diamond）和迪布韦克（Dybvig），《银行挤兑、存款保险和流动性》（Bank Runs, Deposit Insurance, and Liquidity）。

53. 同上。

54. J. C. 罗歇（J. C. Rochet）和 J. 泰勒尔（J. Tirole），《银行间借贷和系统风险》（Interbank Lending and Systemic Risk），《货币、信贷和银行业务》，第 28 卷，1996 年第 4 期：第 733~762 页。

55. 艾伦（Allen）和盖尔（Gale），《金融传染》（Financial Contagion）。

56. 弗雷克斯（Freixas）、帕里吉（Parigi）和罗歇（Rochet），《系统风险、银行间关系和中央银行流动性供应》（Systemic Risk, Interbank Relations and Liquidity Provision by the Central Bank）。

57. 霍尔丹（Haldane），《反思金融网络》（Rethinking the Financial Network）。

58. 艾伦（Allen）和盖尔（Gale），《金融传染》（Financial Contagion）。

59. 霍尔丹（Haldane），《反思金融网络》（Rethinking the Financial Network）。

60. 同上。

61. 格特勒（Gertler），《金融结构及总体经济活动综述》（Fi-

nancial Structure and Aggregate Economic Activity: An Overview)。

62. 海曼·P. 明斯基（Hyman P. Minsky），《稳定动荡的经济》(Stabilizing an Unstable Economy)。

第十一章 金融稳定：风险监测和识别

1. 克劳迪奥·博里奥（Claudio Borio）和马蒂耶斯·德赫曼（Mathias Drehmann），《一个金融稳定的可操作性框架：模糊测度和结果》(Towards an Operational Framework for Financial Stability: "Fuzzy" Measurement and Its Consequences)，《国际清算银行工作论文》，第284号，2009年6月；C. 林（C. Lim）、F. 科伦比安（F. Columba）、A. 科斯塔（A. Costa）、P. 孔萨特（P. Kongsamut）、A. 大谷（A. Otani）、M. 赛义德（M. Saiyid）、T. 泽尔（T. Wezel）和X. 吴（X. Wu）《宏观审慎政策：工具及操作方法，基于国家的经验教训》(Macroprudential Policy: What Instruments and How to Use Them? Lessons from Country Experiences)，《国际货币基金组织工作报告》，第11/238号，2011年；克里斯蒂娜·韦斯托弗（Christian Weisstroffer），《宏观审慎监管：恰当应对系统性风险的探索》(Macroprudential Supervision: In Search of an Appropriate Response to Systemic Risk)，《全球金融市场现刊》，德意志银行，2012年5月24日。

2. 克劳迪奥·博里奥（Claudio Borio）和菲利普·罗威（Philip Lowe），《资产价格、金融和货币稳定：承上启下的探索》(Asset Prices, Financial and Monetary Stability: Exploring the Nexus)《国际清算银行工作论文》，第114号，2002年7月；克劳迪奥·博里奥（Claudio Borio）和菲利普·罗威（Philip Lowe），《评估银行危机的风险》(Assessing the Risk of Banking Crisis)，《国际清算银行季度评论》，2002年12月。

3. 博里奥（Borio）和罗威（Lowe），《评估银行危机的风险》(Assessing the Risk of Banking Crisis)。

4. 博里奥（Borio）和德赫曼（Drehmann），《一个金融稳定的可操作性框架：模糊测度和结果》（Towards an Operational Framework for Financial Stability: "Fuzzy" Measurement and Its Consequences）。

5. 博里奥（Borio）和罗威（Lowe），《资产价格、金融和货币稳定：承上启下的探索》（Asset Prices, Financial and Monetary Stability: Exploring the Nexus）；博里奥（Borio）和罗威（Lowe），《评估银行危机的风险》（Assessing the Risk of Banking Crisis）。

6. 博里奥（Borio）和德赫曼（Drehmann），《一个金融稳定的可操作性框架：模糊测度和结果》（Towards an Operational Framework for Financial Stability: "Fuzzy" Measurement and Its Consequences）。

7. 林（Lim）等人，《宏观审慎政策：工具及操作方法，基于国家的经验教训》（Macroprudential Policy: What Instruments and How to Use Them? Lessons from Country Experiences）。

8. 博里奥（Borio）和罗威（Lowe），《资产价格、金融和货币稳定：承上启下的探索》（Asset Prices, Financial and Monetary Stability: Exploring the Nexus）；博里奥（Borio）和罗威（Lowe），《评估银行危机的风险》（Assessing the Risk of Banking Crisis）。

9. 博里奥（Borio）和德赫曼（Drehmann），《一个金融稳定的可操作性框架：模糊测度和结果》（Towards an Operational Framework for Financial Stability: "Fuzzy" Measurement and Its Consequences）。

10. 博里奥（Borio）和罗威（Lowe），《评估银行危机的风险》（Assessing the Risk of Banking Crisis）。

11. 博里奥（Borio）和德赫曼（Drehmann），《一个金融稳定的可操作性框架：模糊测度和结果》（Towards an Operational Framework for Financial Stability: "Fuzzy" Measurement and Its Consequences）。

12. 马克·凯里（Mark Carey）和雷内·M. 斯塔尔茨（Rene

M. Stultz),《金融机构的风险》(The Risks of Financial Institutions),《美国国家经济研究局工作报告》,第11442号,2005年6月。

13. 林(Lim)等人,《宏观审慎政策:工具及操作方法,基于国家的经验教训》(Macroprudential Policy: What Instruments and How to Use Them? Lessons from Country Experiences)。

14. 米格尔·A. 赛戈维亚诺(Miguel A. Segoviano)和查尔斯·古德哈特(Charles Goodhart),《银行业稳定措施》(Banking Stability Measures),《国际货币基金组织工作报告》,第09/4号,2009年。

15. 卡梅利娅·米诺尤(Camelia Minoiu)和哈维尔·A. 雷耶斯(Javier A. Reyes),《全球性银行的网络分析:1978~2009年》(A Network Analysis of Global Banking: 1978—2009),《国际货币基金组织工作报告》,第11/74号,2011年4月。

16. 乔治·A. 陈楼(Jorge A. Chan–Lau),《关于全球及国内银行业体系中"关联密切而不能倒"的风险的资产负债表网络分析》(Balance Sheet Network Analysis of Too–Connected–to–Fail Risk in Global and Domestic Banking Systems),《国际货币基金组织工作报告》,第10/107号,2010年4月。

17. 巴塞尔银行监管委员会,《全球系统重要性银行:评估方法和附加吸损能力的要求:规则文本》(Global Systemically Important banks: Assessment Methodology and the Additional Loss Absorbency Requirement: Rules Text),国际结算银行,2011年11月;巴塞尔银行监管委员会,《处理国内系统重要性银行的框架》(A Framework for Dealing with Domestic Systemically Important Bank),国际结算银行,2012年10月。

18. 富兰克林·艾伦(Franklin Allen)和安娜·巴布斯(Ana Babus),《金融网络》(Network in Finance),《互联世界的网络挑战、战略、利润和风险》(The Network Challenge, Strategy, Profit, and Risk in an Interlinked World),主编:保尔森·R. 克雷恩多佛(Paul R. Kleindorfer)、Yorram Wind 和罗伯特·E. 巩尔特(Robert

E. Gunther),新泽西州上鞍河区:培生教育出版社,2009 年。

19. 艾伦(Franklin Allen)和巴布斯(Babus),《金融网络》(*Network in Finance*);霍尔丹(Haldane),《反思金融网络》(*Rethinking the Financial Network*)。

20. 赛戈维亚诺(Segoviano)和古德哈特(Goodhart),《银行业稳定措施》(*Banking Stability Measures*)。

21. 陈楼(Jorge A. Chan-Lau),《关于全球及国内银行业体系中"关联密切而不能倒"的风险的资产负债表网络分析》(*Balance Sheet Network Analysis of Too-Connected-to-Fail Risk in Global and Domestic Banking Systems*);巴塞尔银行监管委员会,《处理国内系统重要性银行的框架》(*A Framework for Dealing with Domestic Systemically Important Bank*)。

22. 巴塞尔银行监管委员会,《全球系统重要性银行:评估方法和附加吸损能力的要求:规则文本》(*Global Systemically Important banks: Assessment Methodology and the Additional Loss Absorbency Requirement: Rules Text*);巴塞尔银行监管委员会,《处理国内系统重要性银行的框架》(*A Framework for Dealing with Domestic Systemically Important Bank*)。

23. 同上。

24. 博里奥(Borio)和德赫曼(Drehmann),《一个金融稳定的可操作性框架:模糊测度和结果》(*Towards an Operational Framework for Financial Stability: "Fuzzy" Measurement and Its Consequences*)。

25. 杜威·米德曼(Douwe Miedeman),《美联储在年度银行业健康体检中设定严厉的测试》(*U.S. Fed Sets Tough Tests in Annual Bank Health War Games*),路透网,2013 年 11 月 1 日,www.reuters.com/article/2013/11/01/us-banks-fed-tests-idusbre9A00w120131101。

26. 博里奥(Borio)和德赫曼(Drehmann),《一个金融稳定的可操作性框架:模糊测度和结果》(*Towards an Operational Frame-*

work for Financial Stability: "Fuzzy" Measurement and Its Consequences)。

27. 博里奥（Borio）和罗威（Lowe），《资产价格、金融和货币稳定：承上启下的探索》(AssetPrices, Financial and Monetary Stability: Exploring the Nexus)。

28. 博里奥（Borio）和德赫曼（Drehmann），《一个金融稳定的可操作性框架：模糊测度和结果》(Towards an Operational Framework for Financial Stability: "Fuzzy" Measurement and Its Consequences)。

29. 英国银行家协会，《英国银行家协会伦敦同业拆放利率》(BBA Libor), http://www.bbalibor.com。

30. 拉蒂普·森古普塔（Rajdeep Sengupta）和于满堂（Yu man Tam），《将伦敦同业拆放利率与隔夜指数掉期利率的利差作为概要指标》(The Libor-OIS Spread as a Summary Indicator)，《经济纲要》，圣路易斯联储，2008年，2014年3月10日摘自：http://research.stlouisfed.org/publications/es/08/es0825.pdf。

31. 丹尼尔·L.桑顿（Daniel L. Thornton），《伦敦同业拆放利率与隔夜指数掉期利率的利差说明什么》(What the Libor-OIS Spread Says)，《经济纲要》，圣路易斯联储，2009年5月，2014年3月10日摘自：http://research.stlouisfed.org/publications/es/09/es0924.pdf。

32. 史蒂文·德罗布尼（Steven Drobny），《看不见的手：非正式对冲基金——反思现金》(The Invisible Hands: Hedge Funds Off the Record—Rethinking Real Money)，纽约：约翰·威利父子出版社，2010年。

33. 拉蒂普·森古普塔（Rajdeep Sengupta）和于满堂（Yu man Tam），《将伦敦同业拆放利率与隔夜指数掉期利率的利差作为概要指标》(The Libor-OIS Spread as a Summary Indicator)，《经济纲要》，圣路易斯联储，2008年，2014年3月10日摘自：http://re-

search. stlouisfed. org/publications/es/08/es0825. pdf。

34. 林（Lim）等人，《宏观审慎政策：工具及操作方法，基于国家的经验教训》（*Macroprudential Policy：What Instruments and How to Use Them? Lessons from Country Experiences*）。

35. 戴尔·格雷（Dale Gray）、罗伯特·C. 莫顿（Robert C. Merton）和滋维·博迪（Zvi Bodie），《分析和管理宏观金融风险和金融稳定的新框架》（*A New Framework for Analyzing and Managing Macrofinancial Risks and Financial Stability*），《美国国家经济研究局工作报告》，第1607号，2007年11月。

36. 费希尔·布莱克（Fischer Black）和迈伦·斯科尔斯（Myron Scholes），《期权和公司负债定价》（*The Pricing of Options and Corporate Liabilities*），《政治经济学期刊》，1973年第81卷，第637~654页；罗伯特·C. 莫顿（Robert C. Merton），《合理期权定价理论》（*Theory of Rational Option Pricing*），《贝尔经济学和管理学期刊》，兰德公司第4卷，1973年第1期：第141~183页。

37. 戴尔·格雷（Dale Gray）、罗伯特·C. 莫顿（Robert C. Merton）和滋维·博迪（Zvi Bodie），《分析和管理宏观金融风险和金融稳定的新框架》（*A New Framework for Analyzing and Managing Macrofinancial Risks and Financial Stability*），《美国国家经济研究局工作报告》，2008年8月。

38. 戴尔·格雷（Dale Gray）和萨穆尔·W. 马隆（Samuel W. Malone），《宏观金融风险分析》（*Macrofinancial Risk Analysis*），纽约：约翰·威利父子出版社，2008年。

39. 戴尔·格雷（Dale Gray），《衡量和分析动态风险、主权风险和宏观风险的或有要求权分析方法》（*Using Contingent Claims Analysis (CCA) to Measure and Analyze Systemic Risk, Sovereign and Macro Risk*），国际货币基金组织宏观金融建模会议发言，2012年9月13日。

注 释

第十二章 金融稳定：干预工具

1. 克劳迪奥·博里奥（Claudio Borio）和马蒂耶斯·德赫曼（Mathias Drehmann），《一个金融稳定的可操作性框架：模糊测度和结果》(Towards an Operational Framework for Financial Stability: 'Fuzzy' Measurement and Its Consequences)，《国际清算银行工作论文》，第 284 号，2009 年 6 月；C. 林（C. Lim），F. 科伦比安（F. Columba），A. 科斯塔（A. Costa），P. 孔萨特（P. Kongsamut），A. 大谷（A. Otani），M. 赛义德（M. Saiyid），T. 泽尔（T. Wezel）和 X. 吴（X. Wu），《宏观审慎政策：工具及操作方法，基于国家的经验教训》(Macroprudential Policy: What Instruments and How to Use Them? Lessons from Country Experiences)，国际货币基金组织工作报告，11/238 号，2011 年。

2. 克劳迪奥·博里奥（Claudio Borio），《重究金融稳定政策的宏观根源：旅程、挑战和前进的道路》.(Rediscovering the Macroeconomic Roots of Financial Stability Policy: Journey, Challenges and a Way Forward)，《国际清算银行工作论文》，第 354 号，2011 年 9 月。

3. J. 帕特里斯·雷恩斯（J. Patrick Raines）、J. 阿什利·麦克劳德（J. Ashley Mcleod）和查尔斯·G. 莱瑟斯（Charles G. Leathers），《股票价格理论和关于股票市场泡沫的格林斯潘—伯南克方法》(Theories of Stock Prices and the Greenspan – Bernanke Doctrine on Stock Market Bubbles)，《后凯恩斯经济学期刊》，第 29 卷，2007 年第 3 期：第 393 – 408 页；博里奥（Borio）《重究金融稳定政策的宏观根源：旅程、挑战和前进的道路》(Rediscovering the Macroeconomic Roots of Financial Stability Policy: Journey, Challenges and a Way Forward)；克里斯蒂娜·韦斯托弗（Christian Weisstroffer），《宏观审慎监管：恰当应对系统性风险的探索》(Macroprudential Supervision: In Search of an Appropriate Response to Systemic Risk)，《全球金融市场现刊》，德意志银行，2012 年 5 月 24 日；国际货币基金组织，《宏观审慎政策：一个组

织框架》(Macroprudential Policy: An Organizing Framework), 2011 年 3 月 14 日摘自 www. imf. org/external/np/pp/eng/2011/031411. pdf; 金融稳定委员会,《宏观审慎政策工具和框架：给 G20 的进度报告》(Macroprudential Policy Tools and Frameworks—Progress Report to G20), 2011 年 10 月 27 日摘自 www. financialstabilityboard. org/publications/r_111207b. htm。

4. 博里奥（Borio）《重究金融稳定政策的宏观根源：旅程、挑战和前进的道路》(Rediscovering the Macroeconomic Roots of Financial Stability Policy: Journey, Challenges and a Way Forward)。

5. 理查德·A. 波斯纳（Richard A. Posner），《2008~2009 年金融危机的根本原因》(Underlying Causes of the Financial Crisis of 2008~2009),《金融服务监管新指南》(New Directions in Financial Services Regulation), 主编：罗杰·B. 波特（Roger B. Porter）、罗伯特·R. 格劳伯（Robert R. Glauber）和托马斯·J. 希利（Thomas J. Healey），马萨诸塞州坎布里奇：麻省理工学院出版社，2009 年；约翰·B. 泰勒（John B. Taylor），《危机的起源和政策启示》(Origins and Policy Implication of the Crisis),《金融服务监管新指南》(New Directions in Financial Services Regulation), 主编：罗杰·B. 波特（Roger B. Porter）、罗伯特·R. 格劳伯（Robert R. Glauber）和托马斯·J. 希利（Thomas J. Healey），马萨诸塞州坎布里奇：麻省理工学院出版社，2009 年。

6. 博里奥（Borio）《重究金融稳定政策的宏观根源：旅程、挑战和前进的道路》(Rediscovering the Macroeconomic Roots of Financial Stability Policy: Journey, Challenges and a Way Forward)。

7. 克劳迪奥·博里奥（Claudio Borio）和菲利普·罗威（Philip Lowe），《资产价格、金融和货币稳定：承上启下的探索》(Asset Prices, Financial and Monetary Stability: Exploring the Nexus),《国际清算银行工作论文》，第 114 号，2002 年 7 月。

8. 加拿大中央银行（Bank of Canada），《货币政策》(Monetary

Policy），背景材料（Backgrounders），2012 年，www.bankofcanada.ca/wp-content/uploads/2010/11/monetay_policy.pdf。

9. 澳大利亚储备银行，《通胀目标》（Inflation Target），《货币政策》，2013 年，www.rba.gov.au/monetary-policy/inflation-taget.html。

10. 林（Lim）等人，《宏观审慎政策：工具及操作方法，基于国家的经验教训》（Macroprudential Policy: What Instruments and How to Use Them? Lessons from Country Experiences）。

11. 同上。

12. 同上。

13. 同上。

14. 同上。

15. 同上。

16. 本·S.伯南克（B. S. Bernanke），《危机和政策反应》（The Crisis and the Policy Response），2009 年 1 月 13 日在伦敦经济学院上的讲话，www.federalreserve.gov/newsevents/speech/bernanke20090113a.htm；弗拉基米尔·克尤夫（Vladimir Kyuev）、菲尔·德艾莫斯（Phil de Imus）和克利须那·斯里尼瓦桑（Krishna Srinivasan），《非常时期的非常选择：发达经济体的信贷和量化宽松》（Unconditional Choices for Unconditional Times: Credit and Quantitative Easing in Advanced Economies），《国际货币基金组织职员报告》，SPN/09/27，2009 年 11 月 4 日。

17. 伯南克（B. S. Bernanke），《危机和政策反应》（The Crisis and the Policy Response）；克尤夫（Kyuev）、艾莫斯（Imus）和斯里尼瓦桑（Srinivasan），《非常时期的非常选择：发达经济体的信贷和量化宽松》（Unconditional Choices for Unconditional Times: Credit and Quantitative Easing in Advanced Economies）。

18. 同上。

19. 伯南克（B. S. Bernanke），《危机和政策反应》（The Crisis and the Policy Response）。

20. 克劳迪奥·博里奥（Claudio Borio），《金融周期和宏观经济：我们学习到什么？》（The Financial Cycle and Macroeconomics: What Have We Learnt?），《国际清算银行工作报告》，第395号，2012年12月。

21. 林（Lim）等人，《宏观审慎政策：工具及操作方法，基于国家的经验教训》（Macroprudential Policy: What Instruments and How to Use Them? Lessons from Country Experiences）。

22. 博里奥（Borio）《重究金融稳定政策的宏观根源：旅程、挑战和前进的道路》（Rediscovering the Macroeconomic Roots of Financial Stability Policy: Journey, Challenges and a Way Forward）。

23. 林（Lim）等人，《宏观审慎政策：工具及操作方法，基于国家的经验教训》（Macroprudential Policy: What Instruments and How to Use Them? Lessons from Country Experiences）。

24. 同上。

25. 巴塞尔银行监管改革委员会，"《巴塞尔协议Ⅲ》摘要表"（Basel III Summary Table），2013年5月11日摘自，www.bis.org/bcbs/basel3/b3summarytable.pdf。

26. 查尔斯·古德哈特（Charles Goodhart），《比率控制需要重新考虑》（Ratio Controls Need Reconsideration），《金融稳定期刊》第9卷，2013年第3期：第445~450页。

27. 马蒂耶斯·德赫曼（Mathias Drehmann）、克劳迪奥·博里奥（Claudio Borio）和卡斯达特·萨特萨诺尼斯（Kostas Tsatsaronis），《锚定资本缓冲：信贷总量的角色》（Anchoring Capital Buffers: The Role of Credit Aggregates），《国际清算银行工作报告》，第355号，2011年11月。

28. 同上。

29. 巴塞尔银行监管委员会，《就〈巴塞尔协议Ⅲ〉实施给G20财政部长和中央银行行长的报告》（Report to G20 Finance Ministers and Central Bank Governors on Basel III implementation），2012年10月。

30. 巴塞尔银行监管委员会,《资本衡量和资本标准的国际趋同》(International Convergence on Capital Measurement and Capital Standards),国际清算银行,1998年7月,摘自 www.bis.org/publ/bcbs04a.pdf。

31. 巴塞尔银行监管委员会,《资本衡量和资本标准的国际趋同:一个修订框架》(International Convergence on Capital Measurement and Capital Standards: A Revised Framework),国际清算银行,2005年11月,摘自 http://www.bis.org/publ/bcbs118.pdf。

32. 巴塞尔银行监管改革委员会,"《巴塞尔协议Ⅲ》摘要表"(Basel III Summary Table)。

33. 林(Lim)等人,《宏观审慎政策:工具及操作方法,基于国家的经验教训》(Macroprudential Policy: What Instruments and How to Use Them? Lessons from Country Experiences)。

34. 托斯顿·泽尔(Torsten Wezel)、乔治·A. 陈楼(Jorge A. Chan-Lau)和弗朗西斯·科伦比安(Francesco Columba),《动态贷款损失计提:效果模拟和实施指导》(Dynamic Loan Loss Provisioning: Simulations on Effectiveness and Guide to Implementation),《工作报告》,第12/110号,2012年。

35. 全球金融体系委员会,《应对金融风波的中央银行操作》(Central Bank Operations in Response to the Financial Turmoil),《全球金融体系委员会工作报告》,第31号,国际清算银行,2008年7月;科瑞·恩何(Corrine Ho),《21世纪初货币政策实施:亚洲乃至世界范围内的操作程序》(Implementing Monetary Policy in the 2000s: Operating Procedures in Asia and Beyond),《国际清算银行工作论文》,第253号,2008年6月。

36. 全球金融体系委员会,《应对金融风波的中央银行操作》(Central Bank Operations in Response to the Financial Turmoil)。

37. 克莱尔·L. 麦奎尔(Claire L. McGuire),《处置问题银行的简单工具》(Simple Tools to Assist in the Resolution of Troubled Banks),

华盛顿州：世界银行，2012 年。

38. 杰西·汉密尔顿（Jesse Hamilton），《银行发布解体意愿和计划》（Banks File Living Wills Outlining Plans to Dismantle），彭博社，2013 年 10 月 4 日摘自 www.bloomberg.com/news/2013-10-03/banks-file-living-wills-outlining-plans-to-dismantle.html。

39. 同上。

40. 托宾斯·阿德里安（Tobias Adrian）、克里斯托弗·R.伯克（Christopher R. Burke）和詹姆斯·J.麦克安德鲁斯（James J. McAndrews），《美联储一级交易商融资工具》（The Federal Reserve's Primary Dealer Credit Facility），《经济金融现刊》第 14 卷，2009 年第 4 期，www.newyorkfed.org/research/current_issues；托宾斯·阿德里安（Tobias Adrian）、卡琳·金布罗（Karin Kimbrough）和迪娜·马基尼（Dina Marchioni），《美联储的商业票据融资工具》（The Federal Reserve's Commercial Paper Funding Facility），《纽约联储经济政策回顾》，2011 年 5 月。

41. 阿德里安（Adrian）、伯克（Burke）和麦克安德鲁斯（McAndrews），《美联储一级交易商融资工具》（The Federal Reserve's Primary Dealer Credit Facility）。

42. 阿德里安（Adrian）、金布罗（Kimbrough）和迪娜·马基尼（Dina Marchioni），《美联储的商业票据融资工具》（The Federal Reserve's Commercial Paper Funding Facility）。

43. 同上。

第十三章 中央银行未来面临的挑战

1. 国际货币基金组织，《全球化：威胁还是机遇？》（Globalization: Threat or Opportunity），2000 年，www.imf.org/external/np/ib/2000/041200to.htm#II。

2. 彼得·J.摩根（Peter J. Morgan），《美国量化宽松货币政策对亚洲新兴国家的影响》（Impact of US Quantitative Easing Policy on

Emerging Asia),《亚洲开发银行研究院工作论文》,第 321 号,亚洲开发银行,2011 年 11 月;《非洲电子支付:现金受到威胁》(*Electronic Payment in Africa: Cash Be Cowed*),《经济学人》,2013 年 9 月 14 日。

3. 《非洲电子支付:现金受到威胁》(*Electronic Payment in Africa: Cash Be Cowed*),《经济学人》,2013 年 9 月 14 日。

4. 国际货币基金组织,《全球化如何影响通货膨胀》(*How has Globalization Affected Inflation*)(《世界经济展望》,第三章,2006 年 4 月),www.imf.org/external/pubs/ft/weo/2006/01/pdf/c3.pdf。

5. 黑田东彦(Haruhiko Kuroda)和河合正弘(Masahiro Kawai),《全球再次转向通胀的时点》(*Time for a Switch to Globalization*),英国《金融时报》主页,2012 年 12 月 1 日。

6. 阿斯利·德米尔古克(Asli Demirguc-Kunt)和罗斯·列文(Ross Levine),《银行主导与市场主导的金融系统:跨国比较》(*Bank-Based and Market-Based Financial Systems: Cross-Country Comparisons*),《政策研究论文》,第 2143 号,世界银行,1999 年 7 月。

7. 杰弗里·卡迈克尔(Jeffrey Carmichael)和波默·里诺(Michael Pomerleano),《非银行金融机构的发展与规范》(*Development and regulation of Non-bank Financial Institutions*),华盛顿:世界银行,2002 年。

8. 克里斯耗弗·康顿(Christopher Condon),《主要储备货币基金下跌至每单位不足 1 美元》(*Reserve Primary Money Fund Falls Below $1 a Share*),彭博社,2008 年 9 月 16 日,www.bloomberg.com/news?pid=newsarchive&sid=a5o2y1go1GRU。

9. 萨特雅吉特·达斯(Satyajit Das),《超级货币:掌控全球和风险崇拜》(*Extreme Money: Masters of the Universe and the Cult of Risk*),新泽西州:约翰·威利父子出版社,2011 年。

10. 同上。

11. 威廉·L. 西尔伯（William L. Silber），《沃尔克法则：坚持就是胜利》（*Volcker：The Triumph of Persistence*），纽约：布鲁姆斯伯里出版社，2012 年。

12. 保罗·沃尔克（Paul Volcker），《金融危机的视角》（*The Financial Crisis in Perspective*），（发表于哈佛肯尼迪政府学院的演讲），《金融服务监管新方向》（*New Direction in Financial Service Regulation*），主编：波特（Porter）、格劳伯（Glauber）和希利（Healey），马萨诸塞州坎布里奇：麻省理工学院出版社，2009 年。

13. 西尔柏（Silber），《沃尔克法则：坚持就是胜利》（*Volcker：The Triumph of Persistence*）。

14. 同上。

15. 朱莉·克雷斯韦尔（Julie Creswell）和维卡斯·巴贾吉（Vikas Bajaj），《贝尔斯登投入 32 亿美元救援基金公司》（\$3.2 Billion Move By Bear Stearns to Rescue Fund），《纽约时报》，2007 年 6 月 23 日，www.nytimes.com/2007/06/23/business/23bond/html。

16. 白宫（2010 年），《总统奥巴马要求对金融机构的大小和经营范围实行新的限制来遏制过度扩张和保护纳税人》（*President Obama Calls for New Restrictions on Size and Scope of Financial Institutions to Rein in Excesses and Protect Taxpayers*），2010 年 1 月 3 日，www.whitehouse.gov/the–press–office/president–obama–calls–new–restrictions–size–and–scope–financial–institutions–rein–e。

17. 露西·威廉姆森（Lucy Williamson），《韩国日益增长的信贷问题》（*South Korea's Growing Credit Problem*），BBC，2013 年 9 月 16 日，www.bbc.co.uk/news/world–asia–24059038。

18. 《非洲电子支付：现金受到威胁》（*Electronic Payment in Africa：Cash Be Cowed*），《经济学人》。

19. 欧洲中央银行，《电子货币报告》（*Report on Electronic Money*），1998 年 8 月 31 日，www.ecb.europa.eu/press/pr/date/1998/html/pr980831.en.html。

20. 英国广播公司,《美国政府关闭:奥巴马警告违约风险》(*US Shutdown*:*Barack Obama Warns of Default Danger*),2013 年 10 月 2 日,www.bbc.co.uk/news/world-us-canada-24375591。

21. 国际货币基金组织、世界经济展望数据库,2013 年 4 月,http://www.imf.org/external/pubs/ft/weo/2013/01weodata/index.aspx。

22. 标准普尔,《因政治风险、债务负担加重、前景黯淡,美国政府长期债券评级降至 AA+》(*United States of America Long-Term Rating Lowered to 'AA+' Due to Political Risks, Rising Debt Burden*:*Outlook Negative*),新闻稿,2011 年 8 月 5 日,www.standardpoors.com/ratings/articles/en/us/?assetID=1245316529563。

23. 国际货币基金组织、世界经济展望数据库,2013 年 4 月,http://www.imf.org/external/pubs/ft/weo/2013/01weodata/index.aspx。

24.《美联储和新兴市场:事件之终结:美国量化宽松政策的前景动摇了新兴市场货币和债券市场》(*The Fed and Emerging Markets*:*The End of the Affair*:*The Prospect of Less Quantitative Easing in America Has Rocked Currency and Bond Markets in the Emerging Word*),《经济学人》,2013 年 6 月 15 日;马丁·克拉辛格(Martin Crutsinger),《美联储推迟债券数量削减行动,以待更多数据支撑》(*Fed Delays Bond Tapering, Wants to see More Data*),美联社,2013 年 9 月 18 日,http://finance.yahoo.com/news/fed-delays-bond-tapering-wants-180106376.html。

25. R. 格伦·哈伯德(R. Glen Hubbard),《启程之初:金融监管改革蓝图》(*The Morning after*:*A Road Map for Financial Regulatory Reform*),《金融服务监管新方向》(*New Direction in Financial Service Regulation*),主编:波特(Porter)、格劳伯(Glauber)和希利(Healey),马萨诸塞州坎布里奇:麻省理工学院出版社,2009 年。

26. 金融稳定委员会,《监管系统重要性金融机构的政策措施》(*Policy Measures to Address Systemically Important Financial Institutions*),2011 年 11 月,www.financialstabilityboard.org/publications/r

111104bb. pdf；金融稳定委员会，《更新全球系统重要性银行》（Update of Group of Global Systemically Important Banks），2012 年 11 月，www. financialstabilityboard. org/publications/r 12103ac. pdf。

27. 巴塞尔银行监管委员会，《全球系统重要性银行：评估方法和附加吸损能力的要求：规则文本》（Global Systemically Important banks: Assessment Methodology and the Additional Loss Absorbency Requirement: Rules Text），国际结算银行，2011 年 11 月。

28. 哈伯德（Hubbard），《启程之初：金融监管改革蓝图》（The Morning after: A Road Map for Financial Regulatory Reform）；沃尔克（Volcker），《金融危机的视角》（The Financial Crisis in Perspective）；兰德尔·多德（Randall Dodd），《市场：交易所或场外交易》（Markets: Exchange or Over - the - Counter），《金融与发展》，国际货币基金组织，2012 年 3 月，摘自 www. imf. org/external/pubs/ft/fandd/basics/markets. htm；美国证券交易委员会，《领导人就监管跨境场外衍生品市场的经营原则和探索领域的监管发表联合声明》（Joint Press Statement of Leaders on Operating Principles and Areas of Exploration in the Regulation of the Cross - Border OTC Derivatives Market），2012 年 12 月。

29. 多德（Dodd），《市场：交易所或场外交易》（Markets: Exchange or Over - the - Counter）。

30. 美国证券交易委员会，《领导人就监管跨境场外衍生品市场的经营原则和探索领域发表联合声明》（Joint Press Statement of Leaders on Operating Principles and Areas of Exploration in the Regulation of the Cross - Border OTC Derivatives Market）。

31. 同上。

32. 欧盟委员会，《委员会提议赋予参与银行联盟的欧洲中央银行对银行的监管权》（Commissions Proposes New ECB Powers for Banking Supervision as a Part of Banking Union），新闻稿，2012 年 9 月 12 日，摘自 http: //europa. eu/rapid/press - release_ IP - 12 - 953_

en. htm; 欧洲中央银行,《什么是银行监管?》(*Banking Supervision*: *What Is It?*), 2014 年 2 月 20 日摘自 www. ecb. europa. eu/ssm/html/index. en. html。

33. 欧盟委员会,《委员会提议赋予参与银行联盟的欧洲中央银行对银行的监管权》(*Commissions Proposes New ECB Powers for Banking Supervision as a Part of Banking Union*)。

34. 欧盟委员会,《委员会提议赋予参与银行联盟的欧洲中央银行对银行的监管权》(*Commissions Proposes New ECB Powers for Banking Supervision as a Part of Banking Union*);欧洲中央银行,《什么是银行监管?》(*Banking Supervision*: *What Is It?*)。

第十四章 未来中央银行的战略及实施

1. 迈克尔·波特(Michael Porter),《竞争战略》(*Competitive Strategy*),纽约:自由出版社,1980 年。

2. 理查德·鲁梅尔特(Richard Rumelt),《好战略、坏战略:差异与重要性》(*Good Strategy, Bad Strategy*: *The Difference and Why It Matters*),纽约:皇冠出版社,2011 年。

3. 同上。

4. 克劳迪奥·博里奥(Claudio Borio),《重究金融稳定政策的宏观根源:旅程、挑战和前进的道路》(*Rediscovering the Macroeconomic Roots of Financial Stability Policy*: *Journey, Challenges and a Way Forward*),《国际清算银行工作论文》,第 354 号,2011 年 9 月;克劳迪奥·博里奥(Claudio Borio),《后危机时代的中央银行业务:一片苍茫,欲往何方?》(*Central Banking Post – Crisis*: *What Compass for Uncharted Waters?*),《未来中央银行业务》(*The Future of Central Banking*),主编:罗伯特·普林格(Robert Pringle)和克莱尔·琼斯(Claire Jones),伦敦:中央银行研究中心,2011 年;理查德·A. 波斯纳(Richard A. Posner),《2008~2009 年金融危机的根本原因》(*Underlying Causes of the Financial Crisis of 2008~2009*),《金融

服务监管新指南》（*New Directions in Financial Services Regulation*），主编：罗杰·B. 波特（Roger B. Porter）、罗伯特·R. 格劳伯（Robert R. Glauber）和托马斯·J. 希利（Thomas J. Healey），马萨诸塞州坎布里奇：麻省理工学院出版社，2009 年。

5. 波斯纳（Posner），《2008～2009 年金融危机的根本原因》（*Underlying Causes of the Financial Crisis of 2008～2009*）；泰勒（Taylor），《危机的起源和政策启示》（*Origins and Policy Implication of the Crisis*）。

6. 查尔斯·古德哈特（Charles Goodhart），《中央银行的角色转变》（*The Changing Role of Central Banks*），《国际清算银行工作论文》，第 326 号，2010 年。

7. 同上。

8. 同上。

9. 同上。

10. 同上。

11. 吴（Wu）、M. 拉梅什（M. Ramesh）、豪利特（M. Howlett）和 S. A. 费里茨恩（S. A. Fritzen），《公共政策的初级读本：管理政策过程》（*The Public Policy Primer：Managing the Policy Process*），纽约：劳特利奇出版社，2010 年。

12. Suttinee Yuvejwattana、Yumi Tesco，《财政部长奇迪拉与中央银行行长关于泰铢升值的不同意见》（*Kittiratt Cites Rift With Bank of Thailand Chief as Baht Rises*），彭博社，2013 年 4 月，www. bloomberg. com/news/2013 - 04 - 19/kittiratt - cites - rift - with - bank - of - thailand - chief - as - baht - rises. html；Yumi Tesco，《由于资本流入债市，泰铢升至 16 年来最高》（*Thai Baht Climbs to 16 - Year High on Capital Inflows Into Bonds*），彭博社，2013 年 4 月 22 日，www. bloomberg. com/news/2013 - 04 - 22/thai - baht - climbs - to - 16 - year - high - on - capital - inflows - into - bonds. html；丹尼尔·坦·凯特（Daniel Ten Kate）、Suttinee Yuvejwattana，《财政部长奇迪拉主张

利率下调 25 个基点》(*Kittiratt Urges Thai Rate Cut Exceeding Quarter Percentage Point*),彭博社,2013 年 5 月 10 日,www. bloomberg. com/news/2013 – 05 – 10/kittiratt – urges – thai – rate – cut – exceeding – quarter – percentage – point. html;Yuvejwattana,《泰国维持利率不变,因为泰国中央银行反对政府降低利率的主张》(*Thailand Holds Key Rate as BOT Resists Government Call for Cut*),彭博社商业周刊,2013 年 5 月 2 日,www. businessweek. com/news/2013 – 05 – 02/thailand – holds – key – rate – as – bot – resists – goverment – call – for – cut。

13. 哥伦比亚广播公司新闻,《美联储主席伯南克谈经济》(*Fed Chairman Bernanke On The Economy*),60 分钟栏目,2010 年 12 月 4 日,www. cbsnews. com/video/watch/? id = 7120553n。

14. 同上。

索 引

绝对购买力平价, 197-198
积极的货币政策, 15-16
适应性预期, 93
发达经济体的
 财政债务负担, 316-317
 通胀目标制, 16-17
 货币政策的正常化, 317-318
 货币投机性冲击, 33-37
逆向选择, 238, 241-242
美国国际集团 (AIG), 309
乔治·阿克洛夫 (Akerloff, George), 228
F. 艾伦 (Allen, F.), 233, 236-237
分析能力, 331
20世纪90年代的亚洲金融危机, 205-207
资产价格泡沫, 132, 228, 247-248, 252-253
货币政策的资产价格效应, 175, 176-177

国际收支平衡危机, 29
资产负债表渠道, 180-181
中央银行作为银行的银行, 10-11, 58
政府的银行, 9-10

国际清算银行 (BIS), 333
银行体系网络, 236-237
阿姆斯特丹银行, 8-9
英格兰银行
 银行监管职能的授权, 20
 大萧条, 26
 历史背景, 9, 10
 影响力, 25
 货币稳定, 76
 货币供应量增长目标, 122-123
 监管职能, 13, 67, 330
法兰西银行, 10
日本银行
 银行监管职能的授权, 20
 通胀目标制, 17
 货币政策, 81
 监管职能, 13
西班牙银行, 10
斯德哥尔摩银行, 8-9
美国银行, 12
银行挤兑, 226-227, 229-236
银行(参见中央银行;商业银行)
 多样性, 237
 历史背景, 8-11
 颁发银行牌照, 62
 从事市场主导型金融活动,

索 引

309 – 311

对问题银行的特别处置，289 – 291

银行分支机构，312 – 313

银行监管职能

中央银行，12 – 13, 19, 61 – 65

有关专题，66 – 67

新策略，327 – 328

在英国，13

巴塞尔协议（Basel I），282 – 283, 319

巴塞尔协议（Basel II），283 – 284, 319

巴塞尔协议（Basel III），284 – 286, 319

巴塞尔银行监管委员会（BCBS），257 – 258, 282

基础货币，51

一篮子货币，35, 116

贝尔斯登，39, 42, 312

以邻为壑策略，27

本·伯南克（Bernanke, Ben），130, 222, 233, 276, 335

巨无霸指数，198

债券价格与利率，174

克劳迪奥·博里奥（Borio, Claudio），223

通胀平衡率，171

通胀平衡收益，171

布雷顿森林体系

国际收支平衡危机，29

终结，31

含义，15 – 16, 27

国际货币基金组织（IMF），28

压力，28 – 29

特里芬难题，30 – 31

美国一揽子宏观政策，29 – 30

CAMELS 评级体系，63, 255, 278

资本，280

资本充足率，282

资本流动，118 – 119

影响，118 – 119

汇率目标，119 – 120

全球化与国际化，302 – 303

监管，211 – 212

资本比率，280

资本要求，

资产，负债，279 – 280

巴塞尔银行监管委员会，282 – 286

含义，63 – 65

金融稳定，281 – 282

宏观审慎措施，278, 280 – 281

动态资本充足要求，278, 281

信贷增长上限，275

中央银行职能

平衡，84 – 88

演变本质，71 – 73

金融稳定，78 – 82, 88

充分就业，20, 74 – 75, 82 – 83, 88 – 89

职能的自然交叉，73 – 74

货币稳定，75 – 78, 88

前景，89

中央银行货币策略
    有效执行，329 – 334
    演进，336 – 337
    功能，325 – 326
    寻求新策略，327 – 328

中央银行
    "银行的银行"职能，10 – 11
    银行监管职能，61 – 67
    现代中央银行共性，18 – 19
    现代中央银行的多样性，19 – 20
    电子支付，313 – 315
    金融稳定，18 – 19，20，49，221 – 223，225 – 226
    金融系统，11 – 12
    充分就业，20
    未来挑战，301，322 – 323
    2007～2010年国际金融危机，14，20 – 21，80 – 82，85 – 88，315 – 322，327
    全球化，302 – 306
    金本位制，14 – 15
    历史背景，7 – 11
    在货币市场的影响力，147 – 149
    最后贷款人职能，11 – 12，60 – 61
    市场主导型金融活动，306 – 313
    货币政策，14 – 16，19，49，56 – 58，84 – 85，204 – 205
    货币稳定，18，19，49
    货币创造，50 – 56
    运作的独立性，109
    支付系统的监管，58 – 59
    金融系统的保护器，11 – 12
    监管职能，12 – 14，20

    政府间的关系，9 – 10
    职能和定位，49 – 50，67 – 68
    常备便利，152 – 153
    收益曲线，157 – 156

中国、全球化，304 – 305
硬币，8
硬币分类，19
商业银行
    合规度，64 – 65
    检查和监管，63 – 64
    监管要求，64 – 65
    问题银行的处置，66
    相关风险，12 – 14

商业票据融资工具（美联储），61
商业票据发行者，294 – 295

共同货币，190 – 191
接管，290
或有权分析，265 – 267
或有负债，251
协调失灵，240 – 241
企业债务，250
爬行钉住，116，193
信用卡，313，314
信贷渠道，180 – 181
信用违约掉期（CDS），251
信贷宽松，135 – 136
信贷市场，144
信用风险，222 – 223，252
商品和劳务的跨境流动，304
货币
    国内需求，117 – 118
    含义，51

索　引

自由浮动，190
货币发行局，191－192
货币错配，252，294

借记卡，311
债务
　　企业部门债务，261
　　对外部门债务，262－263
　　国际金融危机，315－317
　　政府部门债务，262－263
　　家庭部门债务，260－261
贷款收入比（DTI），274
通货紧缩，39，55
去杠杆化，136
存款便利，147，153－155
道格拉斯·戴蒙德（Diamond, Douglas），227，232－234
戴蒙德－迪布韦克模型，235－236
对政府的直接借出，18
贴现窗口，288
《多德—弗兰克华尔街改革与消费者保护法案》，291，311
国内系统重要性银行（D－SIBs），257，319
互联网泡沫，40－41
马蒂耶斯·德赫曼（Drehmann, Mathias），222
菲利普·迪布韦克（Dybvig, Philip），226，227，233－236
动态贷款损失准备金，278，276－286
动态随机一般均衡模型（DSGE）276－286

1997～1998年东亚货币危机，34－36
经济活动和货币创造过程，50，54－55
电子支付
　　零售层面，314－315
　　兴起，313－314
新兴市场经济体
　　通胀目标，16
　　国际资本流入，44
　　投机性货币冲击，33
电子货币，314－315
费雪交易方程式，95
货币市场均衡，146－147
均衡汇率，207－210
欧元，16，38－39
欧洲中央银行（ECB）
　　银行监管功能，19
　　职责，17，38，40，190，322
　　货币政策，19
　　主权债务危机，136－137
欧盟委员会，322
欧洲经济共同体（EEC），38
欧洲货币体系（EMS），
　　对成员国货币的投机性冲击，34－35
欧洲主权债务危机，44，136－137
欧洲联盟（EU），17，38
事前分析，80，270，293
汇率
　　亚洲金融危机，205－207
　　布雷顿森林体系，27，29
　　影响，186－187
　　均衡，207－210
　　含义，187

　　　　固定的，194，206
　　　　浮动的，33
　　　　利率，通货膨胀，204
　　　　宏观概念，203－210
　　　　汇率和官方外汇储备，212－214
　　　　汇率在操作层面，210－212
　　　　汇率和购买力平价，209－210
　　　　汇率和新加坡，195－196
货币政策传导的汇率效应，175
汇率市场微观结构理论，201－202
汇率政策，政治地位，333－335
汇率机制
　　　　含义，189
　　　　范围，189－203
汇率风险，亚洲金融危机，205－207
汇率目标制
　　　　资本流动，118
　　　　含义，114－115
　　　　货币政策独立性，119－120
　　　　程式化模型，115－119
汇率理论
　　　　汇率政策，201－202
　　　　理论综述，187，196
　　　　购买力平价，196－198，202
　　　　无抛补利率平价，198－202
货币政策传导预期效应，178－179
事后分析，80，270，293－294
外部协调，333
外部性，241

要素投入，304－305
成分问题谬误，255
联邦基金利率，147

美联储
　　　　美国国际集团（AIG），309
　　　　商业票据基金便利，61
　　　　联邦基金利率，147
　　　　充分就业，15－20，82－83
　　　　2007－2010年国际金融危机，40，
　　　　　　41，42，318，333
　　　　政府债券购买，318
　　　　通胀目标制，17，127
　　　　货币供应量增长目标制，122－
　　　　　　124，126
　　　　一级交易商贷款便利，61
　　　　回购与逆回购，150
　　　　风险管理方法，125－126
联邦储备法案（1977年），82
联邦公开市场委员会（FOMC），74
联邦储备体系的历史背景，12
交互影响，183，258
金融资产，非货币，232
金融市场行为监管局，321
金融机构
　　　　资产负债表渠道，181
　　　　信贷渠道，180－181
　　　　金融稳定性，224－226，232－
　　　　　　236，277－291
　　　　货币政策，79－180
　　　　监测和识别风险，255－258
　　　　问题金融机构的特别处置方案，
　　　　　　289－291
金融市场
　　　　中央银行金融市场操作，
　　　　　　143－154
　　　　含义，143－145，225

索　引

失败，236－237

金融稳定性，236－241，233－237，291－295

2007~2010年国际金融危机，237

关键列表，144

货币市场，144－149

未平仓净多头头寸，264

金融市场操作，57－58

金融市场价格与收益，259－261

金融市场风险累积，259

价差，261－263

金融网络

　含义，227－229，236

　金融网络中的风险分布，256

金融稳定

　分析框架，224－225

　中央银行，18，19，20，49，72，73，85－86，225－226

　含义，221－223

　汇率，188

　事前和事后分析，80

　金融机构，224－225 233－237 277－291

　金融市场，237－243，259－267，291－295

　职能，78－80

　市场失灵的影响，243

　重要性，81

　流动性短缺，79

　宏观经济，224－232，255，270－277

　宏观审慎工具，87

　宏观压力测试，258－259

　货币政策，87，270－272

　经济主体的过度负债，79

　悖论，262

　需求，246

　宏观经济风险，236－55

　金融机构风险，236－255

　理论基础，226－242

金融稳定监督委员会，321，328，333

金融监管委员会（FSA），66，67

金融体系

　银行监管职能，12－13

　中央银行的保护职能，11－12

企业行为

　资产价格效应，176－177

　汇率效应，177

　预期效应，178－179

　融资成本效应，175－176

　货币政策，175－176

　持续传导效应，179

财政政策，积极主义的出现，15

欧文·费雪（Fisher, Irving），95，170，227

费雪方程式，170

固定汇率，193，206

灵活的通胀目标制，130－132

浮动汇率，31

外商直接投资，211－212

外汇干预，210－211

外汇投资，206，211－212

外汇市场，144

外债，206

自由浮动机制，189，192－193

米尔顿·弗里德曼（Friedman, Milton），232
充分就业使命
    背景，82 – 83
    沟通，86 – 87
    含义，82 – 83
    美联储，20，72 – 73
    重要性，83
    相关事项，74 – 75
    货币稳定性，72
基本均衡汇率，207，208
货币政策传导的融资成本效应，175 – 176，186
外汇互换，152

二十国集团（G20），321
盖尔·D（Gale, D.），236 – 237
缺口测量，248，249，251
德国
    银行监管，12 – 13
    恶性通货膨胀，96
    货币供应量增长目标制，123
    购买力平价，196，197
马克·格特勒（Gertler, Mark），222，232，238
2007~2010 年国际金融危机
    中央银行 13，20，80 – 81，85 – 87，325
    合作失败，240 – 241
    影响，32，42，315 – 322，336
    就业使命，83
    含义，39
    美联储，40，42，318，333

    金融市场，237，291
    通胀目标制，16 – 17
    信息不对称，240 – 241
    主要代理人问题，238 – 239
    监管改革，318 – 319
    危机后的自我反省，20
    次贷危机，39 – 43
全球化
    国内通货膨胀，304
    商品、劳务的跨境流动，304
    全球化的加剧，301 – 302
    国际资金流动，303
    国际中介，305
全球系统重要性银行 G – SIBs），257，258，319
金本位
    背景，13
    含义，25
    大萧条，26
    货币政策，14，16，26
查尔斯·古德哈特（Goodhart, Charles），124，222，281，328 – 329
古德哈特定律，105，106，124
国债收益率曲线
    作为定价基准，157，158
    含义，156
国债市场，144
国债收益率曲线，156，157
政府债券收益率曲线，134
20 世纪 30 年代大萧条
    金融体系崩溃，233
    金本位制，14，25 – 26
20 世纪 70 年代大通胀，32 – 33

索　引

希腊债务危机，43
艾伦·格林斯潘（Greenspan, Alan），
　　125, 126

安德鲁·霍尔丹（Haldane,
　　Andrew），236
避险性融资，230
对冲基金，308
历史波动率，261
总部所在国，305
香港金融管理局，19
分支机构所在国，305
家庭行为
　　汇率效应，175
　　预期效应，178－179
　　收入效应，173－174
　　跨期替代效应，171－172
　　货币政策，171, 175
　　二次效应，179
　　财富效应，174
家庭债务，249－250
房地产泡沫，40－42, 135－136
R·格伦·哈伯德（Hubbard,
　　R. Glen），318
恶性通货膨胀（另见通货膨胀含
　　义），55
　　德国情况，96

隐含波动率，261
三角悖论，207
货币政策传导的收入效应，173－174
通货膨胀（另见恶性通货膨胀）
　　通货膨胀保护政府债券，171

通胀与汇率，利率的关系，204
含义，55
国内通胀与全球化，304－305
通胀与货币供给，16
20世纪70年代通货膨胀，32－33
通货膨胀与菲利普斯曲线，
　　96, 97
通货膨胀预期，171
通胀保护债券，171
通货膨胀目标制
　　应用，129
　　中央银行，17, 19
　　含义，127－128
　　灵活的通货膨胀目标制，
　　　　130－132
　　模型，127－129
信息不对称，241－242
机构投资者，307
保险公司，309
利率与汇率，通货膨胀，204
　　长期利率，156
　　政策利率，57, 148, 149, 155
　　　　－164
　　利率与次贷危机，39－40
利率走廊，148, 155－154
内部协调，332
国际资本，303
国际经济会议（1992年），26
国际金融媒介，305
国际货币基金组织（IMF），28－
　　29, 333
国际货币市场（IMM）
　　数据，264

国际货币体系
  后布雷顿森林体系，30 – 40
  布雷顿森林体系，27 – 30 第二次世界大战结束前的状况，25 – 26
  未来影响因素，94
跨期替代效应，171 – 172
反向收益率曲线，163

日本
  金融危机，80，336
  通货膨胀，272
摩根大通，42，312

乔治·梅纳德·凯恩斯（Keynes, John Maynard），15

雷曼兄弟公司，42，305，307，333
最后贷款人，12，60 – 61
常备借贷便利，152 – 154
贷款标准，2007 ~ 2010 年国际金融危机，40
杠杆，308
Libor/OIS 息差，263 – 264
清算，66，290
流动性覆盖率（LCR），278，287
流动性偏好理论，161
流动性问题，12，61
与流动性有关的宏观审慎措施，287
流动性风险，254
流动性短缺，金融稳定，79
生前遗嘱，290 – 291
贷款价值比（LTV），274

长期菲利普斯曲线
  含义，96，97
  非加速通胀的失业率，98，99

长期资本管理公司（LTCM），309
卢卡斯批判，104 – 105

宏观经济模型，183
1965 ~ 1968 年一揽子宏观经济政策，29
宏观经济
  经济金融周期，228 – 232
  金融稳定，223 – 225，253，270 – 276
  监测和识别风险，247 – 252
宏观审慎措施
  资本相关的宏观审慎措施，278
  含义，272
  流动性相关的宏观审慎措施，287
  使用，273，275，278
宏观审慎监管，278
宏观审慎工具，86，87
宏观压力测试，258
浮动管理制，193
托管（见中央银行托管）
市场主导型的金融活动
  银行，309 – 310
  银行子公司，312 – 313
  含义，306 – 307
市场主导型的子公司，309
做市，311 – 312
市场风险，254

索 引

市场分割理论，161-163

期限错配，252，293

最高的就业水平，681

克莱尔·麦奎尔（McQuire, Claire），289-290

贵金属作为交易媒介，7-8

1994年墨西哥货币危机，35

微观审慎监管，277-278

宏观审慎工具，87

默顿·米勒（Miller, Merton），232

海曼·P·明斯基（P. Minsky, Hyman），228-231，233，240

移动支付，313，315

弗兰科·莫迪格利安尼（Modigliani, Franco），232

金管局新加坡金融管理局（MAS），19，194-196

货币政策

    发达经济体的货币政策，317

    积极货币政策的出现，15-16

    布雷顿森林体系，15-16

    中央银行，11-18，19，49，55-58

    富松的货币政策货币政策，275-276

    汇率，210

    金融稳定，86，270-272

    金本位和消极的货币政策，14-15

    通胀目标制，16

    自然失业率，94，98-104，111

    新战略，327

    菲利普斯曲线，94，96-98，110

    货币数量论，95-96，110

    理性预期，94，104-107，111

    金融市场的风险积聚，293

    泰勒法则，84

    理论基础，93-94，110-111

    时间不一致性问题，94，108-109，111

    非常规的货币政策，132-139

    收益率曲线，163-166

货币政策执行

    中央银行在金融市场中的操作，143-155

    概述，142-143

    货币市场利率传导到其他利率，155-163

    收益率曲线，156-166

货币政策规则

    汇率目标制，116-120

    通胀目标制，127-132

    货币供应量增长目标，120-124

    概述，114-115

    风险管理方法，125-127

    非常规货币政策，132-139

货币政策传导机制

    预期效应，178-179

    金融机构，179-181

    企业行为，175-177

    费雪交易方程式，170-171

    家庭行为，171-175

    通胀预期，171

    概述，169-170

    持续传导效应，179

    时滞和不确定性，181-184

货币稳定

    中央银行，18，19，49，50，73，

85-86

汇率，188

职能，75-76

重要性，77-78

货币政策，72，86

物价稳定，76-77

货币

中央银行及其监管，56，57

持有成本，123

电子形式，50

货币发行，50-51

非货币金融资产，231-233

数量理论，93-94，110

货币创造过程

描述，51-54

影响，51，55-56

货币市场

中央银行的影响，147-149

资金需求，145

含义，143，145

利率走廊，153-154

公开市场操作，149，152

准备金要求，155

常备便利，152-153

资金供给，146-147

均衡理论，147

货币市场利率，181-182

货币市场共同基金，294，307-308

货币乘数，54

货币供给，19，54

货币供给量增长目标

经验，121-124

含义，120-121

德国做法，123-124

通货膨胀，16-17

标准化模型，121

美国和英国做法，122-123

道德风险，60，240，242-243

抵押

证券化，41-42

次贷危机，39-41

国有化，289-290

自然失业率

含义，94，98-104，110，111

奥肯定律，103-104

移动，101-102

垂直的长期菲利普斯曲线，99-100

作为净债务人的家庭，173-174

作为净债权人的家庭，173-174

净多头头寸，264

净敞口头寸，264，267

未平仓净空头头寸，264

净稳定融资比率（NSER），278，288

新西兰，通胀目标制，16-17

理查德·M. 尼克松（Nixon, Richard M.），31

名义利率，货币传导机制，170

非加速通货膨胀失业率（NAIRU）

含义，83，98-100

移动，101-102

垂直的长期菲利普斯曲线，99-100

非货币性金融资产，227-228，231-233

北岩银行，42

索 引

贝拉克·奥巴马（Obama，Barack），313，316
官方外汇储备（OFRs）
    中央银行资产负债表，213-214
    汇率政策，213
    含义，213
    管理，214-215
非现场监管，277-278
20世纪70年代的原油价格，32
奥肯定律，103-104
在线支付，315
现场检查，62-63，278
公开市场操作
    含义，60，148，149
    类型，149-152
中央银行操作独立性，16
操作风险，254-255
组织能力，332-333
有组织的交易所，320
产出缺口，103-104
买断式交易，149，150
隔夜指数掉期（OIS），263，264
场外交易的衍生品，320-321

金融稳定的悖论，262
金本位制下消极的货币政策，14-15
传递效应，188-189
支付系统监管，58-59
支付系统服务，59
钉住
    布雷顿森林体系，27，29，189
    含义，15-16，25
    爬行，116，193-194
    刚性，189-191
中国人民银行（PBOC），19
A. W. 菲利普斯（Phillips, A. W.），96
菲利普斯曲线
    经济微调，97
    含义，94，96，110
    长期的菲利普斯曲线，96-101
政策无效论，104，106
政策利率
    中央银行，147
    含义，57，148
    长期收益率曲线，162-164
    货币状况调整，56-58
政治能力，333-335
庞氏融资，229-231
迈克尔·波特（Porter, Michael），325
汇率的投资组合平衡模型，200，201
组合投资，200
葡萄牙债务危机，43-44
贵金属作为交易媒介，7-8
优先量产理论，161-163
物价稳定
    含义，221-223
    作为货币政策目标，32
    货币稳定与物价稳定，75-77
一级交易商信贷便利（美联储），61
一级交易商，294
委托—代理问题，238-243
违约概率，222，265
自营业务，311

自营交易，310-312
审慎监管局，327-328
公共债务占 GDP 比率，251
公共机构，329，330，337
公共政策分析，330-331
收购与承接，290
购买力平价
 汇率与购买力平价，209
 含义，196-198，202
完全预期理论，159-160

量化宽松
 信贷宽松加量化宽松，135-136
 效果，44
 含义，17，133
 标准化模型，133-135
 退出时间，138
货币数量论
 含义，95-96，110
 恶性通货膨胀与货币数量论，96
量子基金，37，38

理性预期假设
 含义，94，104，111
 非理性与理性预期假说，107

 卢卡斯批判，105-106
 政府无效论，106-107
实际利率，货币传导机制，170
衰退
 含义，55
 20 世纪 80 年代的衰退，33
相对购买力平价，197，203

回购交易，150-152
回购协议，150
 另见回购交易，151
准备金余额，147
澳大利亚储备银行
 金融稳定，273
 通胀目标，131-132
 监管职能，13，20
新西兰储备银行，16，129
准备金率，54
准备金要求
 中央银行与准备金要求，56，64-65，147
 含义，54
 货币市场与准备金要求，155
准备金，54
零售电子支付，314
逆回购交易，150-152
逆回购协议，151
严格挂钩
 含义，189，190
 基本原理，191
风险
 商业银行风险，12-13
 汇率风险，205-207
 金融机构风险，253-259
 宏观经济风险，247-253，275-277
 减少系统性风险，319
 系统性风险，257-258
风险累积，260-261
风险集中
 含义，255

索 引

系统重要性金融机构，257-258
金融网络中的风险分布，255
风险管理方法
    含义，125
    美联储的风险管理，126
    风险管理的标准化模型，
      125-126
风险溢价，200，206
加权风险资产（RWAs），280
理查德·鲁梅尔特（Rumelt, Richard），326

盖瑞·希纳西（Schinasi, Gary），222
安娜·施瓦茨（Schwarz, Anna），232
美国第二银行，12
货币政策传导的二次效应，179
证券化，41，310，319
米格尔·塞戈维亚诺（Segoviano, Miguel），222
影子银行，321
卖空，308
新加坡的汇率管理，194-196
单一监管机制，322
偿付能力问题
    商业银行与偿付能力问题，12
    含义，60-61
乔治·索罗斯（Soros, George），37
韩国，313
主权债务评级，251
对货币的投机攻击
    发达欧洲经济体的相关情况，
      33-38
    剖析，37

    防御措施，37-38
    新兴市场经济体的相关情况，
      34-35
    潜在原因，36-37
投机金融，230
价差，251，261-262
（四方公司）支付盒子，315
不稳定经济体的稳定化（明斯基）
    （Minsky），229
滞涨，32-33，122
常备便利，148，152-153
对冲式外汇干预，211
约瑟夫·斯蒂格利茨（Joseph Stiglitz），228
股票价格与利率，174
价值储藏
    含义，19
    贵金属与价值储藏，7-8
战略联盟，330，334，335
战略，325，326
研究机构，329
次级借款人，41，241
2007~2010年的次贷危机
    次贷危机效应，39，309
    充分就业任务，74-75
    恶化的贷款标准，41
    低利率与次贷危机，40-41
    新金融创新的不透明与次贷危
      机，41-42
    次贷危机的后果，42-43
监管规则（见银行监管规则）
供给冲击
    通胀与供给冲击，129-130

货币政策与供给冲击，32-33
瑞典中央银行，8-9
系统重要性机构（SIFIs），257-258
系统性银行挤兑，227，236，254
系统性风险，319

目标区间，116
约翰·B·泰勒（Taylor, John B.），84
泰勒规则
 含义，84
 风险管理方法与泰勒规则，125-126
时间不一致问题
 中央银行操作独立性与时间不一致问题，109
 含义，94，108-111
 货币政策规则与时间不一致问题，108-109
货币政策传导时滞，181-183
时变资本需求，278，281
托宾税，212
大而不能倒，257
关联太广而不能倒，257-258
传统的固定汇率体制，193
暂时失业，83
罗马公约，38
罗伯特·特里芬（Triffin, Robert），31
特里芬难题，30-31
季米特里奥斯·索默克斯（Tsomocs, Demetrios），222

货币政策传导的不确定性，181-184

非常规货币政策（另见货币政策）
 受到的挑战，137-139
 宽松与非常规货币政策，276
 含义，132-133
 量化宽松与非常规货币政策，133-135
 美国的非常规货币政策，135-136
 收益率曲线与非常规货币改革，165-166
无抛补利率平价
 中央银行与无抛补利率平价，204-205
 无抛补利率平价偏差，201
 举例，198-199
 含义，198
 投资组合平衡模型，200，201
 用途，199-200
自然失业率，94，98-104，111
未对冲外币贷款，275
英国
 银行监管职能，13-14
 国际金融危机，321-322
 货币供应量增长目标，122-123
美国
 金融市场中的金融中介，291-292
 财政债务负担，316-317
 政府债券评级下降，317
 货币供应量增长目标，122-123
 非常规货币政策，135-136
 记账单位，8
无息准备金，212

索 引

美元
  黄金储备，30–31
  与黄金挂钩，15–16，27，30–31
  后布雷顿森林体系，32，116

流通速度，95
保罗·沃尔克（Vocker，Paul），33，
  122，311，312
沃尔克法则，311–312，319

工资—价格螺旋，32
货币政策传导的财富效应，174
安德鲁·韦斯（Weiss，Andrew），228
第一次世界大战，金本位，14，25

收益率曲线
  中央银行的影响，158–159
  含义，156–157
  国债收益率曲线，134
  政府债券收益率曲线，156–158
  作为经济的领先指标，165
  流动性偏好理论，161
  市场分割与期限偏好理论，
    161–163
  货币政策与收益率曲线，
    163–166
  纯粹预期理论，159–160
  收益率曲线的形状，157，
    159–163
  非常规货币政策与收益率曲线，
    165–166

利·齐基诺（Zicchino，Lea），222